수능해킹

수능 해킹

사교육의 기술자들

문호진·단요 지음

창비
Changbi Publishers

서문

옛날의 시험은 인재를 얻으려는 방법이었지만, 오늘날의 시험은 그 반대다. 어릴 때부터 시험 보는 법만을 가르쳐서 몇해 내내 그것만 생각하게 만들면 그후로는 병을 고칠 수 없다. 운 좋게 시험에 붙으면 그날부로 배운 바를 모두 잊는다. 평생의 정기를 시험에 소진했는데도 정작 그 사람을 쓸 곳이 사라지는 셈이다.[1]

이 인용문을 읽는 즉시 떠오르는 시험이 하나 있을 것입니다. '시험'이라는 단어를 '과거'로 바꾸어 다시 읽어봅시다. 느낌이 금방 달라지지요. 이 글은 18세기 말의 실학자인 박제가(朴齊家)가 쓴 『북학의(北學議)』의 일부입니다. 박제가는 조선을 일으켜세우기 위해 전면적인 개혁이 필요하다고 주장하며, 두 꼭지에 걸

1 박제가 『쉽게 읽는 북학의』, 안대회 엮고 옮김, 돌베개 2014, 106면에서 인용했습니다. 다만 인용 용도에 어울리도록 몇군데 임의로 수정하였습니다.

쳐 과거제도의 폐단을 기술했습니다. 그런데 300년 전에 쓰인 글의 내용을 21세기의 대한민국에 적용시키더라도 별다른 위화감이 없는 것을 보면, 시험제도의 병폐는 예나 지금이나 마찬가지인 모양입니다.

재필삼선, 즉 '재수는 필수, 삼수는 선택'이라는 말을 넘어 '무한 N수'가 보편화된 시대입니다. 대학 당국이 아무리 제도를 정비해보아도 대학수학능력시험(수능) 재도전을 위해 떠나는 재학생들을 붙잡기엔 역부족입니다. 2024학년도 수능 응시자의 N수생(재수생 이상 응시자 및 검정고시 합격 후 응시자) 비율은 35.2%로 28년 만에 최고였습니다.[2] 수능이 근 30년 된 시험임을 감안하면 사실상 '역대 최고'인 셈입니다. 마찬가지로 2021년의 초·중·고 사교육비 총액은 23.4조원 규모, 2022년의 총액은 26조원 규모로 역대 최고 기록을 잇달아 경신했지요.[3] 더 나아가 의대 정시 합격자 중 4수생 이상 비율은 2020학년도 9.2%에서 2022학년도 17.1%로 증가했고, 3수생 비율도 2022학년도 기준 24.8%를 기록했습니다.[4]

---

2 2024학년도 수능에 응시한 수험생은 444,870명이며 그중 재학생은 287,502명, 졸업생과 검정고시 합격자 등은 157,368명으로 재학생 이외 응시자 비율이 35.2%에 달했습니다(졸업생만 계산할 경우 31.7%). 한국교육과정평가원 「2024학년도 대학수학능력시험 채점 결과」, 2023. 12. 7. 이후 별도의 출처를 밝히지 않고 인용하는 수능 응시자 관련 수치는 한국교육과정평가원에서 매년 발표하는 대학수학능력시험 채점 결과에 의거한 것입니다.

3 통계청 「2022년 초중고사교육비조사 결과」, 2023. 3. 7. 이후 별도의 출처를 밝히지 않고 인용하는 사교육 관련 수치는 통계청에서 매년 발표하는 사교육비조사 결과에 의거한 것입니다.

4 「"의대 포기 못해" 3수, 4수, 5수 … 정시 합격자 80%가 'N수생'」, 『머니투데이』 2023. 3. 2.

이상 징후는 숫자 바깥에서도 나타납니다. ADHD(주의력결핍과잉행동장애)를 치료하는 데에 쓰이는 약물은 특성상 고도의 집중 상태를 유발하는데, 이 때문에 '공부 잘 하는 약'이라 불리며 암암리에 팔려나가곤 합니다. 강남 3구에서의 ADHD 약물 처방량은 근 5년 사이 2.5배가량 급증했습니다(송파구와 강남구는 2.6배, 서초구는 2.4배).[5] 연 단위로 보면 9월부터 증가세를 보이다가 11월 하순에는 다시 감소하지요. 수능이 매년 11월 초중순에 시행된다는 점을 생각하면 의미심장한 패턴입니다. 한편 유아 대상 의대 설명회가 열렸다거나, 과학탐구 문제를 어떻게 찍을지 알려주는 신점이 있다거나 하는 이야기도 심심찮게 들려옵니다. 그걸 곧장 괴담이나 우스갯소리로 치부할 수 없는 것은, 우리가 정말로 그럴 만한 세상을 살고 있기 때문일 겁니다.

수능시험의 공정성을 믿고 개개인의 자유를 인정하는 사람일지라도 지금의 세태가 사회 전체의 비효율과 낭비로 귀결된다는 사실에는 동의할 것입니다. 보수와 진보를 막론하고 수능을 향한 비판이 거세지는 것도 당연합니다. 그런데 묘한 점은, 정작 당사자인 학생들은 비판 여론에 냉소를 보낸다는 것입니다. 작년(2023) 6월, 윤석열 대통령이 킬러 문항이라는 화두를 던지면서 한국교육과정평가원 원장이 사퇴하는 사태가 벌어졌을 때도 학생들의 반응은 '제발 수능판을 흔들지 말아라'는 것뿐이었습니다. 이 구도에서 가장 힘든 것은 학생들 스스로일 텐데, 어째서 다들

5 「[인싸_이드] 강남3구 처방 1위 '공부 잘하는 약', 실체는?」, TBS, 2023. 3. 10.

교육개혁이라는 말에는 흰눈을 뜨게 된 것일까요. 구체성과 실질성의 결여가 그 원인일 것입니다.

암으로 드러누운 환자가 있다고 가정해봅시다. 병증의 심각성을 규명하려면 환자의 상태와 생활습관을 우선 확인할 필요가 있겠습니다만, 회복을 위해서는 종양과 신체의 작동 기전을 정확히 파악해야만 합니다. 과음은 간암의 원인이 된다, 간암에 걸려서 심한 피로감을 느낀 것이다 하는 말들은 물론 귀담아들을 가치가 있지만 그 자체로는 별 소용이 없지요. 방사능 치료기를 작동시키든, 개복수술을 통해 종양을 들어내든 간에 지금 당장의 치료에는 몸에 대한 이해가 필수적입니다. 그리고 잘못된 이해는 도리어 회복을 방해합니다.

교육 문제도 이와 같습니다. '시험 경쟁이 아이들을 병들게 한다' '시험능력주의가 한국의 경쟁력을 저해시킨다' 등등은 대한민국 사회를 향한 진단으로서는 타당합니다만 치료법이 되진 못합니다. 한편 실질을 외면한 연구를 그대로 이식하려는 시도는 하지 않느니만 못하며, 보완과 개선에 성공하더라도 그 이전의 피해자들은 보상받을 길이 없습니다. 2008년의 수능 등급제 사태가 그 일례고, 2020년대의 수능 또한 그렇습니다. 지금의 수험생들은 개악(改惡)과 실패의 역사 위에 선 세대지요. 더 나은 미래가 있다는 말에 냉소로 반응하는 것은 불가피한 귀결이겠습니다.

달리 말하면, 당사자가 반기는 개혁을 성공시키기 위해서는 경험에 대한 이해가 선행되어야만 합니다. 스스로, 온몸으로 입시를 헤쳐나가는 당사자들이 실제로 무엇을 겪는지 알아야 하지요. 그 경험의 세 기둥은 수능으로서 나타나는 교육제도와, 인터넷강의를 비롯한 사교육과, 학교 현장으로 대표되는 공교육입니다. 교육 문제를 해결하려면 사교육 시장이 정확히 어떻게 작동하는지, 그렇게 작동하는 사교육이 공교육과 어떤 상호작용을 주고받는지, 교육정책과 수능 출제에는 어떤 영향을 끼쳐왔는지 들여다볼 필요가 있다는 것입니다.

물론 기존에도 사교육을 조명하는 시선이 있었습니다만 충분치 않았습니다. '족집게 고액 과외' 등의 키워드를 통해 공분을 불러일으키거나 「SKY 캐슬」처럼 신비스럽고 두려운 환상을 심어주는 경우가 대부분이었지요. 그러나 평론가인 조영일이 지적한 바와 같이, 무지(無知)의 숙주는 환상입니다. 대치동의 특수성만을 강조하는 접근은 교육이 처한 곤경을 가십거리로 전락시켰을 뿐입니다. '대치동에 문제가 있는 건 알겠지만 그건 돈 많은 사람들 이야기일 뿐, 우리와는 아무 관련이 없다'는 회의와 냉소가 대중을 문제의 핵심으로부터 눈 돌리게 만든 것입니다.

이 책에서는 악마화와 신비화의 오류를 벗어나 사교육의 실질, 더 나아가 수능이라는 시험의 실질을 담으려 합니다. 여기에는 「SKY 캐슬」의 에피소드로 쓰일 법한 이야기가 없습니다. 한해에 수백억원을 벌어들이는 인터넷 강사에 초점을 맞추지도 않습니다. 대치동과 강남 3구를 비밀스러운 회당으로 묘사하지도 않습니다. 대신 이 책은 '대치동 키즈'들이 아닌 50만명의 수험생 전체를 살핍니다. 스타 강사보다는 실제로 사교육을 떠받치는 학원 조교, 검토자, 출제자에 주목합니다. 그럼으로써 수능과 사교육의 작동원리를 면밀히 기술하고 사교육과 공교육, 제도가 상호 작용하는 방식을 조명합니다. 또한 지금의 수능이 어떤 식으로, 얼마나 변질된 시험인지를 논증합니다. 그리고 이를 통해 한국 교육과 사회의 총체를 그립니다.

교육은 현재의 자원을 사용하여 미래를 이끌어나갈 아이들을 길러내는 과업으로서, 교육 종사자만이 아닌 사회 구성원 전체가 더불어 고민하고 참여해야 그 목적을 이뤄낼 수 있습니다. 그런 의미에서 교육의 실패는 곧 사회의 실패가 됩니다. 한국사회는 그 실패에 이미 한발짝을 들여놓은 것처럼 보입니다. 다른 발까지 들여놓기 전에 물러설 수 있기를, 예고된 실패보다 좋은 길을 찾아내기를, 이 책이 그 단초가 되기를 절실히 기원합니다.

*

이 책은 한때 사교육 시장에 몸담았지만 지금은 직접적인 이해당사자가 아닌 사람들이, 다양한 관계자들을 만나고 논의한 내용을 정리하여 엮은 것입니다.

이 책에서는 여러 대안들이 제시되겠지만, 속시원하고 간단명료한 해결책은 없을 것입니다. 직관적이지만 정교한 고려가 결여된 정책이 현장 상황을 맞닥뜨리며 그 취지가 무색해지는 과정을 입시판 밑바닥에서 지켜봐온 입장에서, 저자들은 우리 사회가 그런 시행착오를 되풀이하지를 않기를 바라며 이 책을 썼습니다.

이 책의 목적은 사회 전체가 함께 고민해야 하는 화두를 제시하는 것입니다.

이 책의 공저자인 **문호진**은 인하대학교 의학과를 졸업하고, 현재 서울의 한 병원에서 의사로 일하고 있습니다. 2020년부터 '인도주의실천의사협의회'(인의협) '다른 생각을 가진 의대생/전공의'(다생의)에서 공공의료 확충, 의과대학의 공공성 확보를 위해 목소리를 내왔습니다. 2010년대 초 현재 유행하는 형식의 실전모의고사의 시조 『포카칩 모의평가 수리 가·나형』을 공저하였습니다. 당시의 경험을 바탕으로 지금은 입시가 만들어내는 부조리와 불평등이 의료 등 사회의 다른 영역에 미치는 악영향에 주목하고 있습니다. 논지 방향성 정립과 대면 취재에 주로 기여했습니다.

이 책의 공저자인 **단요**는 문윤성SF문학상과 박지리문학상을 수상했으며 현직 소설가입니다. 『개의 설계사』(아작 2023) 『세계는 이렇게 바뀐다』(사계절 2023) 등 다양한 장편소설을 발표했습니다. 경기도 소재 단과학원의 운영에 참여했고, 국어 실전모의고사 비문학 세트(과학기술/인문 분야)를 다회 출제하였습니다. 논지 세밀화와 원고 작성에 주로 기여했습니다.

이 책은 저자들 개인의 경험담만이 아닌, 입시 현장에서 뛰고 있는 수많은 학생, 교사, 전현직 사교육 종사자들의 증언을 바탕으로 작성되었습니다. 덕분에 두 공저자가 대입을 치르거나 관련 업무에 종사하던 과거의 입시 상황 대신, 책이 쓰인 2024년 시점의 고교 및 대입 현장의 상황을 최대한 담아낼 수 있었습니다.

빠르게 변하는 입시 환경을 고려했을 때, 취재를 도와준 여러 입시 당사자들의 도움이 없었다면 이 책은 세상의 빛을 보지 못했을 것입니다. 공개적으로 책에 근거와 자료를 보태주신 분들도 있지만, 여러 사정으로 익명을 빌려 증언을 하거나 의견을 보태주신 분들 역시 적지 않습니다. 취지만을 듣고 어떠한 댓가도 없이, 귀중한 시간을 쪼개 도움을 주신 분들께 깊은 감사를 전합니다.

일러두기

1. 이 책의 인터뷰에는 '강사'와 '저자' 그리고 수험생들이 등장합니다. 수험생의 경우 '재학생'으로 표기될 경우 고등학생, '재수생'은 재수생, 'N수생'은 3수 이상입니다. 한편 수험생이 조교를 겸업할 경우, 서술 맥락상 그러한 직분이 강조되어야 한다면 '조교'로 표기했습니다. 이러한 표기는 모두 인터뷰 시점의 상황을 따르며, 대다수의 인터뷰는 2023년 중에 진행되었습니다. 각각의 이니셜은 서로 다른 사람 사이에 중복이 없도록 구성했으며 현실의 신상과는 무관합니다.

2. 이 책은 중립적인 시선을 위해 특정한 가치판단이 암묵적으로 전제된 용어들을 보다 현상기술적인 용어로 바꾸어 서술하고 있습니다. 예컨대 '서울 내 명문대'는 '인기 대학'으로, '최상위권'은 '수능 고득점자'로 대신하였습니다. 또한 대학을 동시에 나열할 경우 가나다순으로 기재하였습니다.

1부

수능 해킹
반교육적 시험이 되어버린 수능

1. 수능이라는 시험

매년 11월은 수험생의, 수험생을 위한 달입니다. 호박엿이나 찹쌀떡처럼 '척 달라붙는' 간식들이 날개 돋친 듯 팔려나가는 동안 고등학교 식단에서는 미역국이 빠지고, 부모들은 '떨어진다'나 '미끄러진다' 같은 말들을 삼가기 시작하지요. 한편 어떤 이웃들은 "집안에 고3이 있으니 냄새가 많이 나는 음식은 자제해달라"는 터무니없는 요구에 고개를 끄덕여주기도 합니다. 그야말로 특별대우입니다.

이런 특별대우는 대체로 11월의 세번째 목요일에 이르러 정점에 달합니다. 수험생을 주변인으로 두지 않은 사람들조차 그 영향을 체감할 정도지요. 경찰차들은 지각한 수험생들을 시험장까지 실어다주느라 도로 곳곳을 누비고, 주식시장과 은행은 한시간씩 늦게 열립니다. 영어 듣기평가 시간에는 착륙을 미루는 비행기들이 허공에서 빙빙 돌고요. 그렇게 시험이 끝나면 국어 영역의 어떤 지문이 어려웠느니, 평가원장이 수학 난이도 조절 실패에 책임을 지고 사퇴했느니 하는 기사들이 올라오고 다양한 가게들이 일제히 할인 이벤트를 시작합니다.

고등학생을 위한 시험이 명절만큼이나 중차대한 연례행사로 자리매김했다는 사실, 어른들마저도 시험의 내용에 곧잘 관심을 보인다는 사실은 그 자체로 한국사회의 특수성을 드러내는 듯합니다. 이 나라 청년들의 대학 교육 이수율이 69.6%로 OECD 국가 평균인 47.2%에 비해 월등히 높다는 사실을 떠올려봅시다.[1] 한국은 입시와 대학교 졸업이 보편적인 발달과업인 나라고, 이 발달과업의 성적표는 곧잘 평생의 소득과 인간관계를 결정합니다. 청소년들은 '서연고 서성한'으로 시작되는 대학 서열을 외우고 자신의 백분율을 받아들임으로써 그 질서를 내면화하지요.

따라서 수능이란 청소년을 한국인으로 완성시키는 관문이라고도 말할 수 있겠습니다. 그 관문을 통과하는 여정은 힘겹다 못해 고통스러울 정도이며, 그만큼 강렬한 기억으로 남습니다. 대학교를 졸업한 지 십수년이 지났는데도 아직 수능을 망치는 꿈에 시달리다가 깨어나는 사람들이 여럿이지요. 입시가 화두에 오르면 다들 기다렸다는 듯이 입을 여는 것도 그래서일 겁니다. 정치에 무관심한 사람조차 입시가 나아가야 할 방향에 대해서는 할 말이 많습니다. 지금처럼 수능 제도 자체가 뜨거운 감자가 된 시대에는 언제 어디서든 난상토론이 벌어질 수 있습니다.

---

1 「경제협력개발기구(OECD) 교육지표 2023」.

한번 이야기가 시작되면 정시 비중을 확대해야 한다느니, 그게 아니라 정시에도 내신을 반영해야 한다느니, 수능 자체에 대해서라면 수학을 쉽게 내야 한다느니, 수능 영어는 실제 영어와는 거리가 멀다느니 하는 말들이 금방 뒤섞입니다. 그런데 이런 논의가 문제의 핵심에 가닿는 경우는 거의 없는 것처럼 보입니다. 대개는 수능이라는 시험의 형태를 포착하는 데서부터 어려움을 겪지요. 사람들이 알고 기억하는 입시가 세대별로 천양지차이기 때문일 겁니다. 그 안에서도 과목에 따라 주목도가 갈리고요. 교사일지라도 담당 분야가 아니라면 실태를 모르는 경우가 대부분이니, 입시로부터 한참이나 멀어진 사람이라면 말할 것도 없겠습니다.

혹시 올해 수험생들이 탐구 영역을 몇 과목 응시해야 하는지, 수학 영역의 교과범위가 어디부터 어디까지인지, 국어 선택과목('언어와 매체'·'화법과 작문')의 차이는 무엇인지 알고 계신가요? 교육열이 강한 학부모가 아니고서야 이런 질문에 곧장 답하기는 어려울 것입니다. 2020년대 이전에 수능을 쳤다면 국어가 선택과목제로 바뀌었다는 사실부터가 낯설 테고, 특히 2010년대 이전에 수능을 쳤다면 요즘 학생들이 탐구를 딱 두 과목만 본다는 사실에 놀랄지도 모릅니다.

이처럼 대학수학능력시험은 1993년도에 첫선을 보인 후로 여러차례 그 형식과 내용이 바뀌어왔고, 그에 따라 사교육 환경도 변화를 거듭했습니다. 스타 인터넷 강사들이 '족집게 과외 선생님'의 위상을 꿰찼고, 재수학원계의 1인자였던 종로학원은 대성학원에 밀려났지요. 대성학원은 다시 시대인재학원에게 왕좌를 넘겼고요. 한편 '평가원과는 출제 스타일이 너무 달라서 풀어봤자 시간 낭비'라는 평가를 듣던 사설모의고사들은 2010년대 중후반을 지나오면서 수능 준비의 핵심 도구로 자리매김하게 되었습니다.

이 책을 읽으시는 분들의 경험은 이런 역사의 한 페이지에 멈춰 있을 것입니다. 따라서 수능의 타락을 논하려면 페이지를 차례대로 넘겨 현재를 바라볼 필요가 있겠습니다. 이 장에서는 입시의 역사를 간략하게나마 설명하고 2020년대의 수능이 어떤 시험인지를 제시하고자 합니다.

본고사에서부터 수능의 타락까지

수능 이전에는 학력고사가 있었고, 학력고사 이전에는 예비고사와 본고사가 있었습니다. 각각의 제도는 폐단을 타파하려는 혁신적 시도로 시작되어서, 시간이 흐름에 따라 점차 낡은 것으로 변해왔지요. 그 흐름을 순서대로 짚어보겠습니다.

1960년대 이전은 대학들이 본고사만을 통해 학생을 선발하던 시기로서, 대학교 입학처에 무조건적인 자율권이 주어졌습니다. 수험생들로서는 채점 기준이 무엇인지, 면접의 영향력이 얼마나 크고 시험은 얼마나 중요한지 정확히 파악할 길이 없었지요. 당연하게도 이 시기의 가장 큰 폐단은 소위 '뒷문 입학'이었습니다. 당연히 합격하리라 생각했던 사람이 낙방하고, 고등학교를 졸업했는지조차 의심스러운 사람이 대학 캠퍼스에 들어와 있기 일쑤였으니까요. 예비고사는 이런 사태를 미연에 방지하려는 목적으로 도입되었습니다. 신입생 선발에 예비고사 성적을 일차적으로 반영하도록 강제함으로써 최소한의 자격선을 마련한 것입니다.

하지만 대학에 가기 위해 시험을 두번씩이나 보아야 한다는 것은 고통스러운 일이 아닐 수 없습니다. 예비고사는 암기형 지식을 묻는 시험이었던 반면 본고사는 논술형 시험의 성격이 강했다는 점에서, 당시 학생들은 내용 면에서나 형식 면에서나 갑절의 부담을 졌던 셈입니다. 한편 1974년을 기점으로 고교 평준화가 이루어지면서 과도기적인 모순이 발생했다는 사실도 유념할 필요가 있겠습니다. 공교육 현장이 변화에 적응하지 못하고 갈팡질팡할수록 사교육이 힘을 얻기 마련입니다. 이런 불신 풍조에 대해 1979년 『경향신문』 기사는 다음과 같이 쓰고 있습니다.

> 학력차가 심한 학생들을 무작위로 뽑아 한 반에 수용함으로써 (…) 교사들은 학습 수준을 어디에다 맞추어야 할지 당황하게 되고 학생들은 학생들대로 학교 공부에 흥미를 잃게 된다. (…) 우등생은 우등생대로 학교 공부를 믿을 수 없기 때문에 과외 공부에 몰두하게 되고, 열등생은 열등생대로 뒤떨어진 학습 수준을 따라가기 위해 과외를 하게 된다.[2]

---

2 「과외망국론을 따져본다」, 『경향신문』 1979. 3. 16.

과외 열풍은 차츰 심화되다가 1980년이 되어 절정에 달합니다. 당시 신문을 확인하면 그 점을 명확히 알 수 있지요. 『조선일보』의 경우 1978년에는 '과열과외(過熱課外)'라는 키워드를 연간 14회 언급했지만 1979년에는 언급 횟수가 그 두배인 30회가 되었고, 1980년이 되자 118회로 대폭 늘어납니다. 같은 해에 5·17쿠데타로 전두환 군부정권이 들어서면서 가장 먼저 이루어진 변화 중 하나가 '대학별 본고사 폐지, 과외 전면 금지'였던 데에는 이유가 있었던 셈입니다.

이렇게 본고사가 사라지자 예비고사는 더이상 '예비고사'로 남을 수 없게 되었습니다. 1982학년도부터는 예비고사의 명칭이 '학력고사'로 변했고, 수험생들은 학력고사와 내신을 통해 대학에 가게 되었지요. 그런데 아무리 간판을 바꾸더라도 학력고사는 결국 본고사의 전 단계로 설계된 시험이었습니다. 대학 교육에 필요한 사고력을 검증하기보다는 고등학교 과정을 충실히 이수했는지 확인하는 데에 그 목적이 있었다는 것입니다. 다음의 학력고사 기출문제를 살펴봅시다.

첫번째 문제는 단편적인 지식만을 묻는 문항이고, 두번째 문제는 선지에 나열된 작품의 특성을 미리 알아야 합니다. 이처럼 학력고사는 방대한 교과내용을 고루 외워야만 풀 수 있는 암기형 시험이었습니다. 수험생의 학습 부담은 그대로였거니와 대학들도 불만이 컸지요. 어떻게 이런 시험만으로 옥석을 가려내겠냐는 겁니다. 1986학년도와 1987학년도에는 대학 당국의 요구로 논술고사가 잠시 나타났다가 사라졌고, 1987년부터는 정부 주도로 학

(…)

D) 왕뎡이 유한하고 풍경이 못 슬믜니, 유회도 하도 할샤, 객수도 둘 듸 업다. 션사랄 띄워 내여 두우로 향하살가, 션인을 차자려 단혈의 머므살가.

Q. A~D는 동일한 형식(장르)의 글이다. "이러한 형식은 ___의 붕괴로부터 형성된 듯하다."라고 할 때, ___ 속에 바르게 들어갈 것은?

ㄱ) 시조 ㄴ) 향가 ㄷ) 집단무요 ㄹ) 경기체가

Q. A~D와 글의 형식(장르)이 다른 것은?

ㄱ) 고공답주인가 ㄴ) 정동방곡 ㄷ) 환산별곡 ㄹ) 서왕가

력고사를 대체할 수 있는 시험이 개발되기 시작했습니다. 이것이 바로 우리가 아는 대학수학능력시험, 즉 수능입니다.

> 대학수학능력시험은 사고력을 중심으로 한 학력을 평가하는 시험이다. **대학수학능력시험에서는 단편적인 지식의 암기 수준에 머물지 않고 자료의 해석, 원리의 적용, 현상이나 사실에 대한 논리적 분석과 판단 등 사고력을 요구하는 문제를 중점적으로 출제한다.** 이와 더불어 사고의 과정에서 필요한 기본 개념이나 기초 지식도 포함한다. 대학

수학능력시험은 사고력 중심의 평가를 강조함으로써 고등학교 교육을 사고력 중심의 교육으로 전환하여 고교 교육의 정상화를 기해보자는 뜻이 내포되어 있다.[3]

출제기관인 평가원이 규명한 바와 같이, 대학수학능력시험의 도입 취지는 지식 암기 위주 평가에서 벗어나 분석적 사고와 추론 능력을 검증하는 데에 있었습니다. 예컨대 학력고사가 "「고공답주인가」를 알고 있느냐?"와 같은 질문을 주로 던졌다면 수능은 "기존의 지식을 복합적으로 활용하여 낯선 지문을 이해할 수 있는가?"에 주안점을 두었지요. 거기에 부합하는 새로운 유형의 문항들이 대거 출제되었고, 시험을 고통스러운 것으로만 받아들이는 대신 '아름다운 평가원 논리'에 감탄하는 학생들도 생겨났습니다. 수능이 그 자체로 교육적·문화적 현상이 된 것입니다.

이처럼 수능 도입은 한국 교육계의 패러다임을 바꿔놓을 만큼 충격적인 사건이었습니다. 수험생의 수준이 전국 단위에서 백분율로 표시되는 덕분에 학력고사 특유의 불투명성도 사라졌지요. "똑똑한 학생은 공부 없이 고득점을 거두고 평범한 학생은 아무리 노력해도 점수가 정체된다, IQ테스트나 다름없다"는 회의론도 있었지만, 그런 특성은 도리어 수능에 대한 사회적 신뢰를 강화시켰던 듯합니다. 어쨌거나 영리한 아이들이 높은 점수를 받아 좋은 대학에 간다면 무엇이 문제냐는 것이지요.

3 『대학수학능력시험 실험평가문제집』, 국립교육평가원 1992, 1면. 강조는 인용자.

당시의 인식은 아직도 신화처럼 남아 수능 확대론자와 시험능력주의자들의 목소리에 힘을 실어주고 있습니다. 수능이야말로 가장 공정하고 탁월한 시험이며 수험생들을 일렬로 줄 세우기에 충분하다는 겁니다. 그러나 영원히 새로운 시험은 없고, 수능도 마찬가지입니다. 이제는 초창기의 후광으로부터 벗어나 시험의 본모습을 직시할 때가 되었습니다.

지식암기형이 아니며 사고력 평가도 아닌 시험

물론 이 책의 궁극적인 주장은 "수능은 학력고사와 같은 지식암기형 시험으로 변질되었다"와 거리가 멉니다. 오히려 그 반대입니다. 2020년대의 수능은 그 자체로만 보면 이전 그 어느 때보다 수준 높은 사고력과 분석력을 요구하는 시험이기 때문입니다. 2023학년도 수능 '정치와 법' 과목의 한 문제를 살펴봅시다.

Q. 다음 자료에 대한 분석 및 추론으로 옳은 것은?

> 갑국의 시기별 정부 형태는 전형적인 대통령제 또는 전형적인 의원내각제 중 어느 하나에 해당한다. t~t+3시기 중 정부 형태는 1회 변경되었고, t시기의 정부 형태는 직전 시기의 정부 형태와 동

일하며, 각 시기의 정부 형태는 해당 시기 내에서 동일하다. 행정부 수반의 소속 정당은 t+1시기를 제외한 나머지 시기에서 모두 원내 제1당이다. 갑국 의회의 t시기 정당별 의석수는 A당 160석, B당 120석, C당 20석이며, 표는 시기별 각 정당의 직전 시기 대비 의석수 증감률을 나타낸다.

구분	A당	B당	C당
t+1시기	-40%	+50%	+20%
t+2시기	+25%	-20%	+50%
t+3시기	-15%	+25%	-50%

* t~t+3시기에 총의석수는 300석으로 동일하고, 각 시기 내의 정당별 의회 의석수, 행정부 수반의 당적 변화는 없음.

① t+1시기에 과반 의석을 차지한 다수당의 내각 불신임 결의로 국정 불안이 초래될 수 있다.
② t시기에 내각의 존립이 의회의 신임에 의존한다면, t+2시기 의회는 여대야소 상황이므로 행정부 수반이 제출한 법률안이 의회에서 통과될 가능성이 높다.
③ t+3시기에 국가 원수와 행정부 수반이 동일인이라면, t시기에 의회 의원이 각료를 겸직할 수 없다.
④ t+2시기에 내각이 의회 해산권을 가진다면, t+3시기 행정부 수반과 달리 t시기 행정부 수반은 법률안 거부권을 가진다.

> ⑤ t+1시기와 t+3시기에 정부 형태가 서로 같다면, t+2시기와 달리 t시기에 행정부 수반의 임기가 엄격하게 보장된다.

정보의 밀도에 따른 난도와 형식이 조금씩 다를 뿐이지, 현행 탐구 영역의 20문항은 모두 이 정도의 분석력과 사고력을 요구합니다. 단편적인 지식을 외우는 것만으로 이런 시험에서 고득점을 올리기는 불가능합니다. 수능이 아무리 왜곡되었을지라도 지식 암기형 시험일 수는 없다는 겁니다.

다만 해당 시험의 1등급 커트라인이 42점이라는 사실은 어딘가 이상해 보입니다(만점은 50점이고 쉬운 문항에는 2점, 어려운 문항에는 3점이 매겨집니다). 공직적격성평가(PSAT) 문제인지, 수능 문제인지 분간이 어려울 지경인데 고득점자들은 이걸 30분이라는 시험시간 내에 수월히 풀어 넘긴다는 것이니까요. 2010년대 이전의 탐구 영역은 이렇게까지 까다롭지 않았는데, 도대체 어떻게 된 일일까요? 근 10년 사이에 아이들의 사고력이 비약적으로 상승한 것일까요?

당연하게도 그럴 리가 없습니다. 10년 전이든 지금이든 한국의 인적 구성에는 큰 변화가 없으니까요. 하지만 그렇다고 해서 시험능력주의자들의 주장처럼 수능이 '사고력 평가 시험'으로서의 기능을 온전히 보존하고 있는 것도 아닙니다. 지식암기형 시험이 아닌데 사고력을 평가하는 시험도 아니라니, 얼핏 보기엔 모순 같습니다.

수능 해킹

루빅스큐브라는 퍼즐 장난감이 있습니다. 작은 정육면체 큐브를 3×3×3 형태로 붙여 큰 정육면체를 만든 다음 각 면에 서로 다른 색을 칠한 겁니다. 큐브를 회전시켜서 색상을 뒤섞은 뒤 본 상태로 되돌리는 게 주된 놀이법이지요. 처음 큐브를 접한 사람이라면 한참을 애써야 해결의 실마리를 잡습니다만, 숙련자들이 원상복구에 걸리는 시간은 길어봐야 1분을 넘지 않습니다. 해결 공식, 즉 퍼즐의 상태와 색 배합에 따른 행동전략이 존재하기 때문입니다. 달리 말하면 사고력이나 논리력 자체는 암기의 대상이 아닐지라도 논리 흐름과 접근법을 외우는 것은 가능합니다.

수능이 오지선다 객관식이라는 사실, 도입 당시에는 중구난방이었던 문제 유형들이 이제는 깔끔하게 정리되었다는 사실을 떠올려봅시다. 문제 유형이 표준화된다는 것은 시험이 시행착오를 거쳐 성숙기에 접어들면서 전형성과 예측 가능성이 올라간다는 의미입니다. 그렇다면 일종의 역공학(reverse engineering) 기법을 통해, 시험지로부터 출제원리를 추론하는 것이 가능할 것입니다. 그렇게 재구성에 성공하면 접근 방식과 행동전략 자체를 일반화된 공식으로 제시할 수 있겠지요. 예컨대 어떤 비문학 지문의 소재가 '법'이라면, '판례를 다루는 부분이 핵심이니 그 대목부터 우선 읽고 문제를 확인한 다음 나머지 정보를 파악하라'는 식의 지침을 제시하는 겁니다. 수험생들은 이런 지침을 숙달함으로써 복잡한 문제를 손쉽게 풀 수 있게 됩니다. 루빅스큐브 숙련자들이 눈깜짝할 사이에 퍼즐을 해치우는 것처럼요.

앞으로 이런 작업을 **수능 해킹**이라고 부르도록 하겠습니다. 사교육 업계가 지난 10년간 해온 일이 바로 수능 해킹입니다. 여기에는 「SKY 캐슬」에 등장할 법한 비밀 브로커나 뒷거래가 필요하지 않습니다. 패턴 파악에 재능이 있는 사람들을 모아놓고, 근 3개년간의 평가원 기출문제를 들여다보게끔 하면 그만이기 때문입니다. 물론 국세청 세무조사에 따르면 '대형 입시학원들이 지난 10년간 5천만원 이상의 돈을 지급한 현직 고교 교사의 규모가 130여명으로 파악된다'고 합니다만, 10년간의 누적치가 130여명이라면 솔직히 많은 수라 보긴 어렵습니다. 또한 해당 교사들이 겸직 금지를 어기고 사설모의고사 출제에 참여한 것과 수능 및 모의평가 출제 경험이 있는 현직 교사들이 평가원 내부 정보를 유출한 것은 다른 종류의 잘못이며, 절대다수는 전자의 사례일 것입니다. 만약 수능 문제가 실제로 유출되었더라면 징계만으로 끝나진 않았을 테니까요.[4]

즉, 일부 교사가 수능 해킹에 참여한 것은 사실이지만, 그 몇몇

---

4 「경찰, '수능 출제위원 문제 거래 의혹' 시대인재 압수수색」, 『중앙일보』 2023. 10. 11; 「'수능 출제' 현직교사가 일타강사와 연락하며 수억원 받아(종합)」, 연합뉴스, 2023. 10. 18.

에게 모든 책임을 돌려서는 안 됩니다. 사교육만을 탓할 수도 없습니다. 출제 기조가 바뀌면 해킹의 산물은 금방 쓸모를 잃기 때문입니다. 달리 말하면 수능 해킹의 배경에는 평가원의 수능 출제 경향 고착화가 숨어 있습니다. 그 이유를 확언하긴 어렵습니다만, 사교육계와의 적대적 공생이 불가피했으리라는 추측은 가능할 것입니다.

역대 평가원장 11명 중 8명이 3년 임기를 무사히 끝마치지 못하고 중도 사퇴했다는 사실을 떠올려봅시다.[5] 수능은 쉽든 어렵든 구설수에 오르게 되어 있습니다. 1등급 커트라인이 100점에 가까우면 물수능에 사과하고, 80점대 초반에 가까우면 불수능에 사과하는 것이 평가원장의 숙명이지요. 출제 오류가 발견될 경우 사퇴마저 감수해야 합니다. 따라서 정치적 이슈 등 특별한 사유가 없는 이상, 출제 경향을 대폭 바꾸려는 시도는 평가원에 있어 이득 없는 모험에 불과합니다. 그랬다가는 어느 방향으로든 등급 커트라인에 큰 변화가 일어날 게 분명하거니와, 수험생 아닌 대중이 분간하는 것은 결국 점수이기 때문입니다. 평가원이 "각종 문제풀이 테크닉을 봉쇄하고 정석적인 증명을 강조했기 때문에 학생들이 적응하지 못한 것입니다"라고 항변하더라도 수학 1등급 컷이 평년보다 낮게 잡히면 그해 수능은 난이도 조절에 실패

---

5 역대 12대(11명) 평가원장 가운데 3년 임기를 다 채운 평가원장은 1대(박도순), 4대(정강정), 7대(성태제), 10대(성기선)이다(정강정 전 원장은 연임했지만 5대 평가원장 재임 중 사퇴). 「수능 아닌 모의평가로 평가원장 사퇴 … "다음 원장은 검찰 출신?"」, 『한겨레』 2023. 6. 20.

한 시험으로 인식됩니다.

실제로 2011학년도까지의 수능 난이도는 매우 들쑥날쑥했습니다. 자연계열 수학의 경우 2005학년도부터 2011학년도 수능까지의 1등급 커트라인은 최고 100점, 최저 79점으로 그 편차가 21점에 달했지요. 매우 어려웠던 2011학년도 수능으로 인해 언론 지면은 연일 '불수능' 논란으로 도배되었고, 결국 당시 평가원장은 사퇴하게 됩니다.

후임 평가원장들은 보신을 위해서라도 난이도 유지에 심혈을 기울일 수밖에 없었고, 이에 따라 수능시험의 출제 경향도 고착화되기 시작했습니다. 등급 커트라인의 안정화와 문제 유형의 경직이 더불어 일어난 것입니다. 실제로 2017학년도부터 2021학년도까지의 5년간 자연계열 수학 1등급 커트라인은 92점으로 고정되었고, 평가원은 심지어 2012년부터 2014년까지는 인문계열 수학 과목의 만점자 수를 정확히 1% 근방에 맞춰놓는 기예를 펼치기도 했습니다(2012년 0.97%, 2013년 0.98%, 2014년 0.97%). 마음만 먹으면 난이도를 거의 완벽히 통제할 수 있다는 사실을 보여준 것입니다.

이는 평가원이 수능을 대하는 태도를 보여주는 동시에 사교육과의 적대적 공생을 방증합니다. 앞서 설명했듯 문제 유형의 고착화는 수능 해킹의 가능성과 동의어이기 때문입니다. 사실 사교육이 평가원을 참조하는 동안 평가원도 사교육을 참조할 수 있다는 점에서, 이러한 공생은 평가원에도 이득입니다. 상위권 학생의 절대다수는 어떤 식으로든지 사교육을 이용하니까요. 스타 인터넷 강사가 강조하는 풀이가 곧 수험생들의 풀이이고, 스타 인터넷 강사의 테크닉은 수험생들의 테크닉이 되니까요. 평가원은 이를 추론하여 수험생들의 강점과 약점을 파악하고 예상 난이도를 더욱 정밀하게 조절할 수 있습니다. 한편 사교육계의 영향이 과도하게 커지는 영역에서는, '저격 문항'을 출제하거나 신유형을 고안함으로써 경고장을 보내기도 합니다. 3장에서 설명할 '7대 대마왕 사태'가 그 일례입니다.

즉, 이런저런 사정들을 따져보건대 평가원은 불가피하면서도 실용적인 결단을 내린 것처럼 보입니다. 사교육에 완전히 포섭된 것도 아니고, 등급 커트라인 또한 안정적으로 조절하고 있으니까요. 평가원은 결국 관료 조직이며 수능 개편 같은 중대 사안을 스스로 결정할 힘은 없으니, 정치권이 변화의 의지를 드러내기 전까지는 주변 환경을 최대한 활용하는 방향이 최선일 것입니다.

하지만 평가원의 최선은 한국사회의 최선이 아니거니와 수험생과 학부모의 최선도 아닙니다. 사교육계의 수능 해킹과 평가원의 타협적 개입이 맞물리면서 수능의 난도는 기형적으로 상승했고, 표면적으로 드러나지 않는 폐단은 더욱 심각합니다. 이 책은 그러한 왜곡을 성립시키는 구조를 밝히고 문제 상황을 낱낱이 드러내기 위해 쓰인 것입니다.

거시적인 논지를 정리하자면 다음과 같습니다.

ⓐ **첫번째**는, 평가원의 타협적 개입으로 인해 수능이 비교육적이다 못해 반교육적인 시험이 되었다는 것입니다. 난이도만을 문

제삼는 것이 아닙니다. 현행 수능의 출제 기조는 학생들에게 잘못된 메시지를 보내고 있으며, 어떤 점에서는 사고력을 제한하기까지 합니다.

ⓑ **두번째**는, 사교육계의 수능 해킹이 만성화되면서 사교육 자체가 노동집약적 산업으로 바뀌었다는 것입니다. 사교육계의 표준은 이제 '수능과 출제원리가 동일한 사설모의고사를 양산한 다음, 수험생이 풀이법을 체화할 때까지 풀게끔 시키기'가 되었기 때문입니다. 그렇다면 막대한 양의 사설모의고사, 소위 '콘텐츠'를 제작하고 검토하는 인력도 여럿일 것입니다. 이러한 하부구조의 동력으로 소모되는 것이 대개 20대 초반의 N수생과 대학생들이라는 점에서, 이는 한국사회의 미래와 직결된 문제이기도 합니다.

ⓒ **세번째**는, 이러한 파행에서 공교육의 책임을 빼놓을 수 없다는 것입니다. 학교 수업과 수능 사이에는 큰 괴리가 있고, '세특'(교과 세부능력 및 특기사항)과 '창체'(창의적 체험활동), '학종'(학생부종합전형)으로 대표되는 수시 제도 역시 부작용이 큽니다. 한편 교사들이 제안하는 해결책도 대개는 자신의 담당 분야만을 중점으로 삼다보니, 정작 학생들에게는 호응을 얻지 못하는 경우가 허다합니다. 요컨대 입시에는 내신 교과와 활동, 수능의 각 과목, 가·나·다군으로 나뉘는 정시 원서 접수, 논술과 면접까지 다양한 요인이 동시에 작용하는 반면 교육 당국이 제시하는 해결안은 그 복합성을 도외시하고 있었다는 것입니다.

그리고 ⓓ **네번째**는, 사교육의 고도화가 전례없는 양극화와 불평등을 불러오고 있다는 것입니다. 수학 1등급의 서울 : 비서울 비율은 2016년 이후로 급격히 상승해 2024년 현재는 3 : 1에 이르렀습니다. 수능 해킹의 산물은 수험생들이 인터넷강의를 통해서도 누릴 수 있습니다만, 풀이 전략을 완전히 숙달하고 체화하기 위해서는 주변의 코칭과 가이드가 필요하기 때문입니다. 서울은 이러한 물적 조건을 체계적으로 제공하는 유일한 지역입니다. 한편 '의대 광풍'이나 'N수 열풍'과 같은 사회 풍조 또한 사교육의 고도화와 깊은 관련이 있습니다.

세상에는 종종, 주목받을수록 더 큰 몰이해에 사로잡히는 경우가 있는 듯합니다. '마이클 잭슨'이라는 이름에서 찬란한 팝 스타의 이미지를 읽는 사람들이 그 뒤편의 개인을 상상하지 못하듯 말입니다. 무언가가 실체 이상의 상징으로 자리매김할 때면 곧잘 그런 착오가 발생합니다. 수능도 마찬가지입니다.

진보 교육계는 오래도록 객관식 선다형 시험이 구시대적이라는 입장을 고수해왔고, 반대로 보수 교육계는 수능이 공정하다는 믿음에 사로잡혀 있었습니다. 그런 관념들이 대치하는 동안 실존하는 제도로서의 수능은 사실상 외면당했지요. 출제 경향이 정말로 교육적인 목적에 부합하는지, 아이들이 시험 준비를 통해 유의미한 성취를 얻는지 등의 디테일은 관심 바깥으로 밀려난 겁니다. 수능은 수시 최저등급 요건까지 포함해서, 대학 입시에서 최소한 절반 이상의 영향력을 발휘하는 시험인데도 말입니다.

그렇게 방치된 자리에서는 등급 커트라인 조절에만 목매는 평가원과 고도화된 사교육 시스템, 그리고 수험생들의 악전고투가 십수년간 이어져왔습니다. 수능이 만악의 근원이니 수시 비중을 늘려야 한다는 식의 단선적인 접근만으로는 이 결합을 해체할 수 없습니다. 반대로 수능 성적표에 절대적인 권위를 부여하는 태도도 현실을 직시하지 않기는 마찬가지입니다. 수능은 결국 도구에 불과합니다. 잘 운영하면 도움이 되고, 잘못 운영하면 악영향을 끼치는 도구지요. 이제는 환상을 걷어내고 실질을 볼 때가 되었습니다.

앞의 내용은 이 책 전체에서 거듭 강조될 것입니다만, 1부에서는 ⓐ를 중점적으로 다루고자 합니다. 이어질 2장에서는 수능이 어떤 점에서 반교육적인 시험인지 논증하고, 수능 해킹이 이루어지는 방식을 분석하도록 하겠습니다.

2. 수능이라는 퍼즐

2023 수능 국어 '킬러 문제' 14~17번 풀어보니 … 클라이버의 기초대사량 지문에다 어려운 과학 수학 용어 나와[6]

수험생 괴롭힌 '트리핀 딜레마' … 트렌드 반영한 '메타버스' 문항도[7]

헤겔, 니가 왜 거기서 나와? … 철학도 기자의 수능 국어 '멀미'[8]

매해 수능이 끝나면 어김없이 국어 영역에 이목이 쏠립니다. 등급 커트라인이나 정답률만이 아니라 문제 자체를 살피는 것입니다. 당연하다면 당연한 일입니다. 수학의 경우는 얼핏 보는 것만으로는 어떤 종류의 사고력을 요구하는 문항인지 분간할 수 없

6 『월간조선』 2022. 11. 18.
7 뉴스1, 2021. 11. 19.
8 『한겨레』 2021. 11. 19.

고, 영어 영역의 지문은 읽기도 싫어하는 사람이 대부분이며, 탐구는 종류가 너무나도 많은 까닭에 관심이 분산되기 때문입니다. 반면 국어는 한국인 모두가 일상적으로 사용하고 있거니와 주제만으로도 그 특징을 알아볼 수 있지요. 「관동별곡」을 보면 다들 정철을 떠올리고, '클라이버의 기초대사량' 같은 주제에는 과학적이고 전문적인 서술이 뒤따라오리라 예상하게 됩니다. 똑같은 이유로 "이게 정상적인 시험인가"와 같은 비판이 향하는 곳도 대개는 국어 영역이지요. 문학 파트에 대해서는 "시인이 자기 작품에 대한 문제를 틀렸다더라" 하는 에피소드가 곧잘 인용되고, 비문학 파트에 대해서는 난이도 자체가 문제시됩니다.

그러나 두 종류의 비판 모두가 석연찮은 구석이 있습니다. 우선 문학 파트를 살펴보지요. 수능이란 결국 객관적인 기준이 필요한 오지선다 시험으로, 그 특성상 신비평주의(New Criticism) 사조와 궤를 같이하게 됩니다. 1920년대에 태동한 신비평주의는 '저자의 의도에서 벗어나 텍스트 그 자체를 이론적 관점에서 조망하는 것'을 목적으로 삼는 비평이론의 한갈래입니다. 즉, 종래의 문예비평에서는 작가의 삶이 강력한 판단기준이었다면, 신비평주의자들은 글이 이루는 내적 질서와 외부적 이론을 통해 작품을 파악할 수 있다고 주장하는 셈입니다. 예컨대 『내 영혼이 따뜻했던 날들』(원제 *The Education of Little Tree*, 1976)의 작가가 극단적인 인종차별주의자였듯이, 하지만 해당 작품이 공존과 다양성을 강조하는 것 또한 진실이듯이, 텍스트가 작가를 배신하는 경우는 아주 많습니다. "〈보기〉를 참고하여 윗글을 감상한 내용으로 적절하지 않은 것은?"과 같은 문제 유형에는 이러한 배경이 있는 셈이지요. 따라서 시인이 자신의 작품에 대한 문제를 맞히지 못한 것은 자연스러운 상황으로, 유효한 비판의 근거가 되지 못합니다.

비문학을 향한 비판도 유사한 문제점을 공유하고 있습니다. "고등학교에서 배우는 내용이 아니니 교과 외"라는 식의 주장이 그 일례입니다. 비문학 파트는 처음 보는 글을 읽고 정보를 파악하는 능력을 검증하는 것이 그 취지이므로, 고등학교에서 배운 내용을 물었다가는 의의를 잃고 맙니다. 또한 2022학년도 수능의 '브레턴우즈 체제'와 관련된 지문 같은 예외가 아니고서야,[9] 비문학 세트는 원칙적으로 문제풀이에 필요한 정보를 지문 내에 모두 갖추고 있습니다. 따라서 단순히 낯선 주제를 다룬다는 사실만으로는 비문학 파트를 공격할 수 없습니다. 한편 "대입을 위한 시험이라고는 믿기 어려울 만큼 어렵다" "교육이 아니라 줄 세우기만을 위한 문제다"와 같은 평가는 비교적 일리가 있습니다만, 구체성이 결여되었다는 점에서 충분치 않습니다. 어려운 것이 그 자체로 잘못이라면 그 이유를 밝혀야 하고, 시험의 목적에 교육이 없다고 주장하려면 어떤 점에서 그런지를 논증해야 합니다. '척 보면 안다'는 식의 직관론은 비록 간명할지라도 해결의 발판은 될 수 없기 때문입니다. 실패를 반복하지 않으려면 과거의 실패를 철저히 파악해야 하지요.

---

9 이 세트는 출제 오류 시비가 붙을 정도였으므로 논외로 두겠습니다.

따라서 이 장에서는 수능 국어 영역의 비문학 세트가 어떻게 설계되는지를 분석하고, 그러한 설계가 반교육적인 이유를 우선 논하도록 하겠습니다. 그리고 이를 통해 **수능 해킹**의 원리와 그 영향을 알아볼 것입니다.

아무리 공부해도 점수가 오르지 않는 과목에서 공부하면 점수가 오르는 과목으로

2014학년도 수능을 기점으로 '언·수·외'는 '국·수·영'이 되었습니다. 신규 교육과정이 반영되면서 언어는 국어로, 수리는 수학으로, 외국어는 영어로 명칭이 바뀐 것입니다. 그런데 간판만 갈아끼운 것이 아닙니다. 과목의 성격 자체가 변했다고 해도 과언이 아닐 정도지요. 학부모와 학생, 그리고 공교육계의 총의 때문입니다. 언어 영역과 국어 영역의 관계가 특히 그렇습니다.

과거의 언어 영역은 아무리 공부해도 점수가 오르지 않는 과목으로 악명이 높았습니다. 수리나 외국어, 탐구는 과외와 인터넷강의로 점수를 올리는 것이 가능했던 반면 언어 영역은 '지난 12년간 얼마나 많은 글을 읽어왔는가'가 관건이었기 때문입니다. 다들 판타지 소설만 읽고 공부는 일절 하지 않았던 학생들, 그러면서도 언어 영역에서는 언제나 1등급을 거머쥐었던 학생들을 알고 계실 것입니다. 이러한 언어 영역의 특징은 '능력 검증'이라는 측면에서는 타당하면서도 '교육과 학습의 결실을 평가'한다는 측면에서는 부조리한 것이었습니다. 경험과 센스가 고득점의 핵심이고 교육과 학습은 부차적이라면, 공교육에서의 국어 과목과 수능 언어 영역 사이에 깊은 단절이 있다는 것이니까요.

"고등학교 국어 수업이 무슨 소용이냐"는 의문이 생길 법합니다. 가르치는 쪽이든 배우는 쪽이든 이런 불만을 공유하고 있었지요. 특히 언어 영역에 발목이 잡힌 이과 학생들이요. 부정적인 여론이 쌓여가면서 수능의 방향성은 타고난 센스보다 교육과정을 강조하는 쪽으로 이동했고, 이에 따라 언어 영역과 국어 영역의 차별점이 생겨났습니다. 중세국어와 국어사의 비중이 증가했고 문법 문제에서도 암기의 중요성이 극대화됐지요. 한편 비문학 지문의 서술 방식도 규격화되었습니다. 글의 구성에 일정한 스타일이 생김으로써, 수험생들이 패턴 숙달을 통해 점수를 올릴 수 있게 된 것입니다.

이 패턴이란 무엇일까요. 양상은 다양하게 나타납니다만 핵심은 반복적인 서술입니다. A라는 개념을 정의하는 데에 B라는 키워드가 사용되었다면 지문에서나 문항에서나 'A:B' 관계가 거듭되어야 하는 것입니다. 동의어나 다의어를 사용하는 상황은 최대한 피합니다. 예컨대 "고대와 중세의 세계에서 아리스토텔레스주의는 다른 관점들과 갈등 상태에 있었다"라는 문장에서는 '아리스토텔레스주의:다른 관점:갈등 상태'라는 관계가 존재합니다. 그렇다면 이후의 문장과 문단에서는 계속 '갈등'이라는 용어를 사용하고, 이를 '충돌'이나 '대립'으로 바꾸어 표현하는 상황은 가급적 피해야 하는 겁니다. 또한 문장들은 'A:B' 'B:C' 'C:D'

처럼 연속적인 관계를 맺어야 하며, 중간고리를 과도하게 생략해서는 안 됩니다. 따라서 유추 능력은 '이 문장이 도대체 어떤 의미일까? 이 문장에서 저 문장으로 넘어가는 연결고리는 어디에 있나?'를 분간하는 데에만 필요하고, 도식으로 환원될 수 없는 뉘앙스를 읽는 데에는 거의 사용되지 않습니다. 수학 기호만큼이나 분절적인 개념과 앙상한 도식만이 남아서 행간을 읽지 않더라도 기계론적 접근만으로 파악 가능한 글이 완성되는 것입니다. 이러면 언어 센스가 부족한 학생이라 해도 반복 숙달을 통해 고득점을 거둘 수 있지요.

한편 국어 영역으로의 이행과는 다소 무관한 원인입니다만, 이러한 서술 스타일에는 짧아진 지문 길이도 영향을 미쳤습니다. '처음 보는 긴 지문으로 학생들을 골탕 먹인다'는 현 정부 대통령실 관계자의 발언처럼, '과중한 난도로 인한 입시 부담'을 논할 때면 지문 길이가 주범으로 지목되기 일쑤입니다. 예컨대 2017학년도 수능의 '보험' 지문은 단일 지문이었는데도 2600자 이상으로 나와 논란이 되었지요. 메가스터디 입시전략연구소 남윤곤 소장은 해당 연도 국어 영역에 대하여 "비문학 독서제재가 (…) 지문의 장문화 경향을 보이면서 정보량이 많아져 중·하위권 수험생들이 시간 부족과 같은 어려움을 겪을 것으로 보인다"고 분석했습니다.[10]

'공부를 아무리 해도 언어 영역 점수가 오르지 않는다'는 원성

10 「2017 수능 시간표, 국어 난이도 "비문학 지문량↑, 수험생 시간 부족했을 듯"」, 『컨슈머타임스』 2016. 11. 17.

에 응답했듯이, 평가원은 '글이 너무 길어서 수험생들이 압박감을 느낀다'는 불만에도 응답할 필요가 있었습니다. 단일 지문이 1500자 전후로 짧아졌고(극단적인 경우에는 1100자로 내려갈 때도 있습니다), 복합 지문조차도 2200자에서 2700자 사이를 유지하게 되었지요.

그런데 사실 1500자는 많은 분량이 아닙니다. A4 용지라면 한 페이지당 1300자가량이, 단행본 도서라면 한 페이지당 600자가량이 들어갑니다. 8절지라는 시험지 포맷의 압박을 제하고 보면 실제로 다뤄질 수 있는 정보의 양에는 한계가 있다는 것입니다. 게다가 문항에서 묻는 정보들은 중복을 피해야 합니다. 예컨대 1번 문항에 '아리스토텔레스주의는 다른 철학적 관점과 갈등을 빚었다'라는 선지가 등장한다면, 다른 문항에서는 '아리스토텔레스주의:다른 관점:갈등 상태'라는 정보를 사용하지 못하는 것입니다. 단일 지문의 양이 2000자 전후였던 시기에는 문제 출제자들이 1지문당 4문항을 출제하면서도 손쉽게 중복을 피할 수 있었습니다만, 지문의 양이 1500자 아래로 내려간다면 요구사항을 맞추기가 빠듯해집니다.

이 상황에서 1지문당 4문항 출제를 유지하려면 어떻게 해야 할까요.

서술의 다양성과 복잡성을 최대한 줄이면 됩니다. 문장을 응축적으로 쓰고, 한번 나온 정보를 다른 방식으로 재언급하는 상황은 최대한 자제합니다. 그러면서 최대한 많은 정보를 욱여넣습니다. 이러면 자연스레 동의어나 다의어가 등장할 기회가 줄어들고,

행간과 맥락이 논해질 수도 없게 됩니다. 기계 조작 매뉴얼을 떠올리면 이해가 쉽겠습니다. 'A 버튼을 누르면 이렇게 작동하고, B 버튼을 누르면 저렇게 작동하는데, 정격 전원은 220V이고……' 처럼 정보가 빼곡한 글은 어떻게 보면 일상 언어로 쓰인 수학적 수식에 가까우니까요. 물론 이런 유형의 글은 정보가 요약적으로 제시되고 재서술의 빈도가 극히 낮은 만큼 읽기 까다로워지는 면이 있지만, 그 까다로움은 '난해한 글을 읽는' 까다로움이라기보다는 '수리논리학 명제들 간의 관계를 파악하고 정합적인 모델을 구축하는' 까다로움에 가까울 것입니다.

그러나 여전히 어려운 시험

그런데 납득이 어려운 부분이 남습니다. 분명히 지금까지의 설명대로라면 그 과정이 귀찮을 뿐이지 각 개념 간의 관계를 도식적으로 정립하면 곧바로 해결되는 글과 문제들이 나와야 할 텐데, 도리어 킬러 문제는 매년 비문학에서 등장했기 때문입니다. 2022학년도의 '헤겔 미학'이나 2023학년도의 '기초대사량' 지문처럼 말입니다. 어째서일까요. 이 수수께끼를 이해하려면 평가원의 본질을 살필 필요가 있습니다.

우선 평가원은 공공기관입니다. 그중에서도 국무조정실 산하 공공기관으로서 교육부와는 소속이 다릅니다. 따라서 상대가 대중 여론이건 정치권이건 평가원은 을의 입장이고, 공교육계와 온전한 한몸이 되는 것도 불가능합니다. 어떤 사안을 독립적으로 결정하기보다는 '이런저런 요구가 있으니 시정하라'는 지시가 내려오면 그때그때 말을 듣는 수밖에 없지요. 하지만 이런 와중에도 '수험생 줄 세우기'라는 과업만큼은 평가원의 몫입니다. 수능이 과하게 쉬워져서 만점자가 10%씩 나오면 비난이 쏟아지는 겁니다.

국민과 정치권이 시키는 대로 하면 문제가 쉬워지는데, 문제가 쉬워지면 등급 커트라인을 조절할 수 없어 대국민 사과를 해야 합니다. 딜레마가 아닐 수 없습니다. 결국 평가원은 '낮은 난이도'와 '높은 분별력'이라는, 보조가 맞지 않는 두 날개를 달고 엉거주춤 날아가는 중입니다. 물론 추락하지 않고 그나마 날아가기라도 하는 것은 어떻게든 해법을 찾았다는 의미겠지요. 그 해법 중 하나는 바로 난해한 주제와 개념어로 기선제압을 시도하는 것입니다. 아래의 두 문장을 비교해봅시다.

A) 헤겔에게 미학의 대상인 예술은 종교, 철학과 마찬가지로 '절대정신'의 한 형태이다.
B) 철수에게 식이요법의 대상인 단백질은 탄수화물, 지방과 마찬가지로 '필수 영양소'의 한 종류이다.

A와 B는 형식적으로 동등한 구조를 지니고 있습니다만, 단어가 바뀌니 느낌이 완전히 달라집니다. 수험생으로서는 글의 첫 문장이 B라면 선뜻 읽어볼 마음이 생기겠지만 A라면 시작부터

압도당하고 말지요. 주변 환경을 고려하면 부담은 더더욱 커집니다. 시험장에서는 A4 용지로 한장밖에 되지 않는 글도 터무니없이 길다고 느끼기 마련인데, '절대정신' 같은 단어를 보면 숨이 턱 막힐 수밖에 없습니다. 이로써 '언어적 센스가 없어도 공부만 열심히 하면 점수를 올릴 수 있는 시험, 글의 길이도 짧은 시험, 그러나 어려운 시험'이 완성됩니다.

그러나 기선제압은 심리적 요법에 불과합니다. 복합적인 의미를 고민하는 대신, 뜻은 적당한 수준에서만 파악하고 형식과 구조에 주의를 기울이면, 글이 놀랍게도 쉬워지지요. 단편적인 배경지식을 갖추면 심리의 함정으로부터 벗어나기가 좀더 수월해지지만,[11] 너무 많이 알면 또 곤란합니다. 그러면 자연스레 수능 바깥의 맥락을 떠올리면서 그 어려움을 과대평가하게 되니까요. 즉, 철학 전공자들이 2022학년도의 '헤겔 미학' 지문을 어렵게 느낀 이유는, 그 사람들이 전공 지식으로 인해 기선제압에 걸려들었기 때문입니다.

이런 설명만으로는 감이 잡히지 않을 테니 문제를 직접 풀어보겠습니다.

---

11 실제로 앞서 예시로 든 헤겔은 EBS 연계 소재로서, 사교육계는 수능특강·수능완성 등 EBS 교재가 출간될 때마다 해당 교재에 수록된 글과 강한 접점이 있는 지문들을 양산합니다. 여전히 내용 위주 접근을 견지하는 교사·강사들이 적지 않거니와, 유사한 주제로 출제된 문항을 많이 풀어봄으로써 특정 개념들에 대한 친숙도를 높이면 문제풀이가 쉬워지리라는 믿음이 있기 때문입니다.

(가) 정립-반정립-종합. 변증법의 논리적 구조를 일컫는 말이다. 변증법에 따라 철학적 논증을 수행한 인물로는 단연 헤겔이 거명된다. 변증법은 대등한 위상을 지니는 세 범주의 병렬이 아니라, 대립적인 두 범주가 조화로운 통일을 이루어가는 수렴적 상향성을 구조적 특징으로 한다. 헤겔에게서 변증법은 논증의 방식임을 넘어, 논증 대상 자체의 존재 방식이기도 하다. 즉, 세계의 근원적 질서인 '이념'의 내적 구조도, 이념이 시·공간적 현실로서 드러나는 방식도 변증법적이기에, 이념과 현실은 하나의 체계를 이루며, 이 두 차원의 원리를 밝히는 철학적 논증도 변증법적 체계성을 지녀야 한다.

헤겔은 미학도 철저히 변증법적으로 구성된 체계 안에서 다루고자 한다. 그에게서 미학의 대상인 예술은 종교, 철학과 마찬가지로 '절대정신'의 한 형태이다. 절대정신은 절대적 진리인 '이념'을 인식하는 인간 정신의 영역을 가리킨다. 예술·종교·철학은 절대적 진리를 동일한 내용으로 하며, 다만 인식 형식의 차이에 따라 구분된다. 절대정신의 세 형태에 각각 대응하는 형식은 직관·표상·사유이다. '직관'은 주어진 물질적 대상을 감각적으로 지각하는 지성이고, '표상'은 물질적 대상의 유무와 무관하게 내면에서 심상을 떠올리는 지성이며, '사유'는 대상을 개념을 통해 파악하는 순수한 논리적 지성이다. 이에 세 형태는 각각 '직관하는 절대정신', '표상하는 절대정신', '사유하는 절대정신'으로 규정된다. 헤겔에 따르면 직관의 외면성과 표상의 내면성은 사유에서 종합되고, 이에 맞춰 예술의 객관성과 종교의 주관성은 철학에서 종합된다.

형식 간의 차이로 인해 내용의 인식 수준에는 중대한 차이가 발생한다. 헤겔에게서 절대정신의 내용인 절대적 진리는 본질적으로 논리적이고 이성적인 것이다. 이러한 내용을 예술은 직관하고 종교는 표상하며 철학은 사유하기에, 이 세 형태 간에는 단계적 등급이 매겨진다. 즉, 예술은 초보 단계의, 종교는 성장 단계의, 철학은 완숙 단계의 절대정신이다. 이에 따라 예술-종교-철학 순의 진행에서 명실상부한 절대정신은 최고의 지성에 의거하는 것, 즉 철학뿐이며, 예술이 절대정신으로 기능할 수 있는 것은 인류의 보편적 지성이 미발달된 머나먼 과거로 한정된다.

> **Q. (가)에서 알 수 있는 헤겔의 생각으로 적절하지 않은 것은?**
>
> ① 예술·종교·철학 간에는 인식 내용의 동일성과 인식 형식의 상이성이 존재한다.
>
> ② 세계의 근원적 질서와 시·공간적 현실은 하나의 변증법적 체계를 이룬다.
>
> ③ 절대정신의 세가지 형태는 지성의 세가지 형식이 인식하는 대상이다.
>
> ④ 변증법은 철학적 논증의 방법이자 논증 대상의 존재 방식이다.
>
> ⑤ 절대정신의 내용은 본질적으로 논리적이고 이성적인 것이다.

얼핏 보기에도 난해합니다. 철학을 배우지 않았다면 무슨 뜻인지조차 알 수 없는 문장들이 한가득이지요. '대립적인 두 범주가 조화로운 통일을 이루어가는 수렴적 상향성'이나 '절대적 진리인 이념을 인식하는 인간 정신의 영역' 같은 서술어들은 추상적이기만 합니다. 지문을 똑바로 이해하는 것부터가 어려운데, 이래서야 문제를 풀기는 난망합니다. 읽은 것이 더 많고 배경지식이 더 넓은 성인들도 이렇다면 고등학생의 막막함은 말할 것도 없겠지요.

그러나 의외로 이 문제의 정답률은 46%였습니다.[12] 찍어서 맞은 사례도 많을 것입니다만 그래도 절반에 가까운 학생들이 정답을 고른 것입니다. 어떻게 된 일일까요? 수험생 특유의 절박함 덕분일까요? 이 수수께끼를 이해하기 위해서는 발상의 전회가 필요합니다. 선입견과 달리, 이 문제를 푸는 데에는 특별한 지적 능력이나 배경지식이 필요하지 않습니다. 절대정신이나 정반합의 철학적 의미 또한 몰라도 됩니다. **심지어 지문 자체를 이해하지 못하더라도 글자의 형태만 분간한다면 문제를 풀 수 있습니다.** 본문 문장과 문제의 선지를 각각 비교해보겠습니다.

① **예술·종교·철학** 간에는 인식 **내용의 동일성**과 **인식 형식의 상이성**이 존재한다.

▶ **예술·종교·철학**은 절대적 진리를 **동일한 내용**으로 하며, 다만 **인식 형식의 차이**에 따라 구분된다. (2문단)

② **세계의 근원적 질서**와 **시·공간적 현실**은 **하나의 변증법적 체계**를 이룬다.

▶ 즉, **세계의 근원적 질서**인 '이념'의 내적 구조도, 이념이 **시·공간적 현실**로서 드러나는 방식도 **변증법적**이기에, 이념과 현실은 **하나의 체계**를 이루며, (1문단)

④ **변증법**은 철학적 **논증의 방법**이자 **논증 대상의 존재 방식**이다.

▶ 헤겔에게서 **변증법**은 **논증의 방식**임을 넘어, **논증 대상 자체의 존재 방식**이기도 하다. (1문단)

---

12 '언어와 매체' 선택자 기준.

⑤ **절대정신의 내용**은 **본질적으로 논리적이고 이성적**인 것이다.

▶ 헤겔에게서 **절대정신의 내용**인 절대적 진리는 **본질적으로 논리적이고 이성적**인 것이다. (3문단)

정답, 즉 적절하지 않은 ③은 본문에 근거 문장이 없으므로 제외했습니다. 나머지 선지에서는 어순이 바뀌었을 뿐이지 본문과 거의 동일한 키워드가 그대로 반복되는 것을 확인할 수 있습니다. 이 문제를 푸는 데에 필요한 능력은 독해력이 아니라 '안력'과 '순간기억력', 그리고 '연결력'인 셈입니다. 카드패 대신 낱말을 두고 사천성 게임을 하듯이, 지문과 선지를 번갈아 곁눈질해 가면서 중복되는 키워드를 찾아내는 것이지요. 수험생들 사이에서는 **눈알 굴리기**라 불리는 테크닉입니다.

물론 평가원이 모든 문제를 이런 식으로 내는 것은 아니며 눈알 굴리기만으로 풀 수 있는 문제 유형 또한 제한적입니다. 그러나 다른 고난도 문제의 설계와 파훼도 '반복적인 서술 스타일'에 기반한 것은 마찬가지입니다. 'A:B'의 원칙이 확고한 이상 모든 글의 내용은 키워드 간의 대응 관계만으로 정리되기 때문입니다. 예컨대 지문에 'A:B', 'A=C', 'B=D=E'라는 문장이 등장하면 {A=C}:{B=D=E}라는 관계가 성립하겠지요. 이렇게 도식을 정리한 다음 각각의 구성요소를 적절히 **치환**하기만 하면 답이 나옵니다.(동일한 맥락에서, 평가원은 치환에 필요한 과정을 늘리거나 'A>C'와 같은 대소 관계 등을 추가함으로써 난도를 높이곤 했습니다).

기출 지문을 통해 치환 테크닉이 적용되는 방식을 살펴봅시다.

다음 글은 2023학년도 수능의 킬러 문항으로 지목된 '기초대사량' 세트입니다.

> 하루에 필요한 에너지의 양은 하루 동안의 총 열량 소모량인 대사량으로 구한다. 그중 기초대사량은 생존에 필수적인 에너지로, 쾌적한 온도에서 편히 쉬는 동물이 공복 상태에서 생성하는 열량으로 정의된다. 이때 체내에서 생성한 열량은 일정한 체온에서 체외로 발산되는 열량과 같다. 기초대사량은 개체에 따라 대사량의 60~75%를 차지하고, 근육량이 많을수록 증가한다.
>
> (…)
>
> 19세기의 초기 연구는 체외로 발산되는 열량이 체표 면적에 비례한다고 보았다. 즉, 그 둘이 항상 일정한 비(比)를 갖는다는 것이다. 체표 면적은 (체중)$^{0.67}$에 비례하므로, 기초대사량은 체중이 아닌 (체중)$^{0.67}$에 비례한다고 하였다. 어떤 변수의 증가율은 증가 후 값을 증가 전 값으로 나눈 값이므로, 체중이 W에서 2W로 커지면 체중의 증가율은 (2W) / (W)=2이다. 이 경우에 기초대사량의 증가율은 $(2W)^{0.67} / (W)^{0.67} = 2^{0.67}$, 즉 약 1.6이 된다.
>
> (…)

클라이버는 이런 방법에 근거하여 L-그래프에 나타난 최적의 직선의 기울기로 0.75를 얻었고, 이에 따라 동물의 $(체중)^{0.75}$에 기초대사량이 비례한다고 결론지었다. 이것을 '클라이버의 법칙'이라 하며, $(체중)^{0.75}$을 대사 체중이라 부른다. 대사 체중은 치료제 허용량의 결정에도 이용되는데, 이때 그 양은 대사 체중에 비례하여 정한다. 이는 치료제 허용량이 체내 대사와 밀접한 관련이 있기 때문이다.

Q. 윗글을 읽고 추론한 내용으로 적절하지 않은 것은?

① 일반적인 경우 기초대사량은 하루에 소모되는 총열량 중에 가장 큰 비중을 차지하겠군.

② 클라이버의 결론에 따르면, 기초대사량이 동물의 체표 면적에 비례한다고 볼 수 없겠군.

③ 19세기의 초기 연구자들은 체중의 증가율보다 기초대사량의 증가율이 작다고 생각했겠군.

④ 코끼리에게 적용하는 치료제 허용량을 기준으로, 체중에 비례하여 생쥐에게 적용할 허용량을 정한 후 먹이면 과다 복용이 될 수 있겠군.

⑤ 클라이버의 법칙에 따르면, 동물의 체중이 증가함에 따라 함께 늘어나는 에너지의 필요량이 이전 초기 연구에서 생각했던 양보다 많겠군.

이 세트는 '헤겔 미학'과는 다른 방식으로 까다로워 보입니다. 숫자와 계산이 가득한 까닭에 지레 겁을 먹게 되지요. 실제로 이 문항의 정답률은 30.3%로,[13] 찍어서 맞을 확률인 20%보다 소폭 높은 수준이었습니다. 전체 45문항 중에서도 오답률 TOP 5에 들어갔지요. 그러나 생각을 깊이 뻗는 대신 서술어를 문자 그대로 받아들이면 해결이 훨씬 쉬워집니다. 이 사실을 확인하기 위해 본문에 사용된 키워드들의 관계를 나열해보겠습니다. 근거 문장들은 본문에서 직접적으로 주어지고 있으니, 대조해가며 확인하셔도 좋겠지요.

기초대사량(모두 ⓐ로 치환):

(1) 생존에 필수적인 에너지

(2) 쾌적한 온도에서 편히 쉬는 동물이 공복 상태에서 생성하는 열량

(3) 일정한 체온에서 체외로 발산되는 열량

(4) 개체에 따라 대사량의 60~75%를 차지, 근육량이 많을수록 증가

19세기의 초기 연구(모두 ⓑ로 치환):

(1) ⓐ체외로 발산되는 열량이 체표 면적에 비례한다고 봄

(2) 체표 면적은 (체중)$^{0.67}$에 비례

13 '언어와 매체' 선택자 기준.

(3) 기초대사량은 체중이 아닌 (체중)$^{0.67}$에 비례

클라이버의 법칙(모두 ⓒ로 치환):

(1) (체중)$^{0.75}$에 ⓐ기초대사량이 비례한다고 봄

(2) (체중)$^{0.75}$을 대사 체중이라 부름

(3) 치료제 허용량은 대사 체중에 비례

기계적인 정리만으로도 서술어들이 사슬처럼 연결되는 것을 확인할 수 있습니다. 예컨대 ⓑ의 경우 '체외로 발산되는 열량'은 '체표 면적에 비례하는 것'이고, '체표 면적'은 '(체중)$^{0.67}$'에 비례하는 것입니다. 그런데 가장 처음에 제시된 '체외로 발산되는 열량'은 ⓐ-(3)에 등장하는 키워드이기도 하지요. 이런 연결 관계를 기반으로, **호환되는 레고 블록을 갈아끼우듯이 서술어들을 갈아끼우는 것이 치환 테크닉의 핵심**입니다. 테크닉을 이해했으니 문제를 풀어볼 차례입니다.

① 일반적인 경우 [기초대사량ⓐ]은 [하루에 소모되는 총열량 중에 가장 큰 비중을 차지ⓐ(4)]하겠군.

▶ 치환할 경우 'ⓐ는 ⓐ(4)이다'라는 의미입니다. 옳은 문장입니다.

② [클라이버의 결론에 따르면ⓐ=ⓒ], [기초대사량ⓐ]이 동물의 [체표 면적에 비례한다ⓑ(1)]고 볼 수 없겠군.

▶ 치환할 경우 '만약 ⓐ가 ⓒ라면 ⓐ는 ⓑ가 아니다'라는 의미

입니다. 옳은 문장입니다.

③ [19세기의 초기 연구자들ⓐ=ⓑ]은 [체중=체중^1]의 증가율보다 [기초대사량ⓐ=ⓑ=(체중)$^{0.67}$]의 증가율이 작다고 생각했겠군.

▶ 치환할 경우 '만약 ⓐ가 ⓑ라면 ⓐ는 (체중)$^{0.67}$이다. 따라서 ⓐ는 체중^{1}보다 작다'라는 의미입니다. 옳은 문장입니다.

⑤ [클라이버의 법칙에 따르면ⓐ=ⓒ], [동물의 체중이 증가함에 따라 함께 늘어나는 에너지의 필요량ⓐ=ⓒ=(체중)$^{0.75}$]이 [이전 초기 연구에서 생각했던 양ⓑ=(체중)$^{0.67}$]보다 많겠군.

▶ 치환할 경우 '만약 ⓐ가 ⓒ라면 ⓐ는 (체중)$^{0.75}$이다. 이 값은 ⓑ인 (체중)$^{0.67}$보다 많다'라는 의미입니다. 옳은 문장입니다.

④를 제외한 모든 선지가 손쉽게 치환되었습니다(④번 또한 치환에 근거한 테크닉으로 올바른지 여부를 가늠할 수 있습니다만, 다소 복합적인 기술이 필요한 까닭에 생략합니다). 이때 문제의 요구사항은 '윗글을 읽고 추론한 내용으로 적절하지 않은 것'이므로, 치환에 성공한 문장들은 정답이 아님을 알 수 있지요. 따라서 마지막으로 남은 ④를 정답으로 확정하고 넘어가면 됩니다. 테크닉을 숙달한 학생이라면 1분 30초에서 3분 내로 이 모든 과정을 끝마칠 수 있습니다.

물론 국어 교사들은 이런 접근법을 가르치지 않습니다. 그래서는 안 됩니다. "의미를 이해하려 하지 말고, 맥락과 행간도 넘어가고, 단어의 형태만 보고 적당히 짜맞춰라"라고 말하는 것은 글이라는 형식 자체를 부정하는 것입니다. 반면 사교육계는 교육의 취지와 공적인 의무로부터 비교적 자유롭습니다. 소위 '정파', 즉 정석적인 독해를 지향하는 강사들조차도 테크닉을 완전히 배제하지 않거니와 '사파' 강사들(법학적성시험LEET나 PSAT 등을 가르치다가 온 경우가 많습니다)은 아예 테크닉만 있으면 비문학 독해가 끝난다고 주장합니다. 그리고 학교 선생님의 말을 들은 학생과 인터넷 강사의 말을 들은 학생 중에서 누가 더 좋은 점수를 받느냐면, 아무래도 후자입니다.

앞서 비문학 세트의 설계가 비교육적이라고 말하는 대신 **반교육적**이라고 말한 것은 이 때문입니다. 깊은 의미와 총체적인 맥락을 이해하기보다는 단어와 단어가 맺는 관계를 피상적으로만 파악하는 태도를 권장하고 있으니까요. 명목상으로는 아니겠지만 실질적으로는 그렇습니다. 한편 국어 비문학 파트로 예시를 들었을 뿐이지, 다른 영역에서도 이런 방식의 반교육성이 거듭 나타납니다. 수학도, 영어도, 과학탐구와 사회탐구도 모두 마찬가지입니다. 그 점에서 **수능은 반교육적인 시험**이라고 칭해도 과언이 아닙니다.

퍼즐식 사고

여기서 잠시, 개를 본 적이 없는 사람에게 푸들을 보여주는 상황을 떠올려봅시다. 그 사람은 푸들이 개과라는 사실을 배우겠지만 도베르만이나 여우, 혹은 늑대가 마찬가지로 개과에 속한다는 사실은 모를 수도 있습니다. 개과 동물들이 공유하는 특징에 대한 설명을 들어야만 비로소 개에 대한 일반적인 지식이 자리잡게 되는 것입니다. 말인즉슨 비문학 파트에서의 구체적 사례를 수능의 보편론으로 확장시키기 위해서는 부가적인 논증이 필요합니다. 이 절에서는 앞서 언급한 '반교육성'을 자세히 들여다보도록 하겠습니다.

수능 비문학 지문이 이상하다는 것은 누구든지 한눈에 알아보지만, 이와 같은 설명이 없다면 그 본질을 파악하기는 어렵습니다. 한편 설명을 듣고서도 찜찜한 구석이 남습니다. 비록 고난도 비문학 문항을 푸는 데에 독해력이 필요하지 않을지라도 무언가 다른 능력은 필요한 듯한데, 그게 정확히 무엇이냐는 것입니다. 기계적 치환을 통해 해체가 가능하다는 공통점이 있을지라도 수능 비문학 지문은 여전히 기계 사용매뉴얼보다 어려운 글이고, 비문학 독해에 사용되는 테크닉은 확실히 '아무 생각 없이, 누구나' 수행할 만한 것은 아닙니다. 만약 그랬더라면 앞 문항의 정답률은 30%보다 높았겠지요.

재빨리 관계를 파악하고 키워드를 이리저리 끼워맞추는 작업에는 별도의 능력이 필요합니다. 그렇다면 이 능력의 정체는 무엇일까요? 수능은 아이들에게 어떤 능력을 요구하고 있는 것일까요? 아이들은 도대체 어떤 능력을 기르고 있는 것일까요? 이 책에서는 **퍼즐식 사고**라는 개념을 제시함으로써 의문에 응답하고자 합니다. 퍼즐식 사고란 추리가 왜곡된 형태로서, 우리의 인지과정에 반드시 필요하지만 온전한 전부는 아닌 정신 활동입니다. 이 점을 설명하기 위해 추리의 정의를 우선 살피겠습니다.

> 추론(inference)과 추리(reasoning)를 관련지어 살펴보기로 한다. (…) 추론보다 더 넓은 개념에 '인지과정' 및 '사고'가 있고, 추론 속에 추리가 포섭된다. (…) **어떤 규칙에 따라서 무엇을 생각해내는 (…) 한 생각(명제)과 다른 생각(명제)과의 관계를 논리적인 관계로 (…) 파악해서 생각해내는 것이 추리이다.**[14]

인지과정과 사고의 구성요소 중에 추론(inference)이 있고, 추론이라는 넓은 원 안에는 추리(reasoning)라는 비교적 좁은 원이 있는 셈입니다. 보통 추론과 추리는 동일어처럼 쓰이지만, 여기에서는 두 용어의 미세한 차이에 주목하겠습니다. 예컨대 다음과 같은 삼단논법이 있다고 합시다.

대전제: 모든 인간은 죽는다. (P: $\forall x\ (H(x) \rightarrow D(x))$)
소전제: 소크라테스는 인간이다. (Q: $H(S)$)
결론: 따라서 소크라테스는 죽는다. (A: $D(S)$)

소크라테스가 인간이라는 것, 모든 인간은 죽는다는 것은 명제인 동시에 암기의 대상인 지식입니다. 명제 P와 명제 Q를 종합해

14 김영채 『사고력: 이론, 개발과 수업』, 교육과학사 1998, 100~101면.

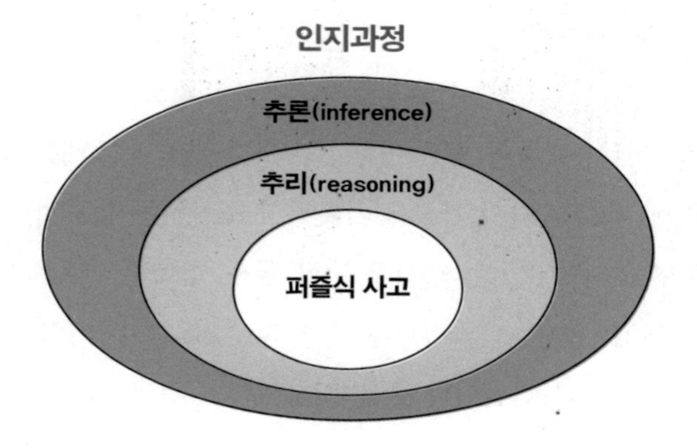

새로운 명제 A를 도출하는 작업은 추리에 속하고, P~A의 총합은 추론이 되지요. 별자리를 그리는 일과 비슷합니다. 명제라는 별들을 추리라는 선분들로 이어붙여 그럴듯한 별자리를, 추론을 완성시키는 겁니다. 한편 북두칠성이 큰곰자리의 일부인 것처럼, 추론의 결과물은 다른 추론의 기반이 되기도 합니다.

그런데 만약 별자리를 그리는 일 자체가 아니라 별과 별 사이를 잇는 능력만을 과하게 강조하면 어떻게 될까요? 어떤 별자리를 만드느냐가 아니라 선을 얼마나 빠르게 긋느냐를 묻기 시작한다면 거기에 어떤 의미가 있을까요? 추론의 목적에 대한 인식이 결여된 상태로 추리의 방법론만을 갈고 닦기란 본질적으로 스도쿠 퍼즐 연습과 동등합니다. 따라서 앞으로는 **목적 없는 추리, 형식만이 존재하는 추리**를 **퍼즐식 사고**라고 부르겠습니다. 퍼즐식 사고를 앞세워 앞의 삼단논법을 번역하면 다음과 같은 형식이 될 것입니다.

$(P \land Q) \rightarrow A$

이 형식에서 중요한 것은 명제 P와 Q의 실질적인 내용이 아니라 공식에 따라 각각의 기호를 치환하고 조작하는 능력입니다. $(P \land Q) \lor [P \rightarrow (P \land \neg Q)]$를 논할 경우, 함축법칙과 항등법칙을 사용해 $[P \rightarrow (P \land \neg Q)]$를 $\neg(P \land Q)$로 갈아끼우면 그만이지 소크라테스나 인간이나 죽음에 대해서는 결코 고민할 필요가 없는 것입니다. 또한 모든 문장이 사슬처럼 긴밀하게 얽힌 글만을 훈련할 경우, 사슬 고리가 부분적으로 생략된 글을 읽는 능력은 길러지지 않습니다. 강약이 존재하는, 긴 글에서 핵심만을 추출하는 능력 또한 그렇지요. 지문 길이가 과도하게 축소된 결과, 글 읽기에 대한 시험이 그 목적을 잃어버린 셈입니다.

여타 과목에서도 유사한 현상이 나타납니다. 2023학년도 화학I 18번을 살펴봅시다.

다음은 $A(g)$와 $B(g)$가 반응하여 $C(g)$와 $D(g)$를 생성하는 반응의 화학 반응식이다.

$$A(g) + 4B(g) \rightarrow 3C(g) + 2D(g)$$

표는 실린더에 $A(g)$와 $B(g)$를 넣고 반응을 완결시킨 실험 I~III에 대한 자료이다. I과 II에서 $B(g)$는 모두 반응하였고, I에서 반응 후 생성물의 전체 질량은

$21w$g 이다.

실험	반응 전		반응 후
	A(g)의 질량(g)	B(g)의 질량(g)	$\frac{\text{생성물의 전체 양(mol)}}{\text{남아 있는 반응물의 양(mol)}}$(상댓값)
Ⅰ	$15w$	$16w$	3
Ⅱ	$10w$	xw	2
Ⅲ	$10w$	$48w$	y

Q. $x+y$ 는?

이건 화학적 사고를 검증하는 문항이라기보다는 숫자 비율 짜 맞추기 게임이지요.

결국 2020년대의 수능은 퍼즐식 사고에 대한 시험이고, 스도쿠입니다. 스도쿠는 특정 분야의 사고력과 관련이 있을지라도 인지 과정의 모든 측면을 표상하지는 못하며, 그 자체로는 별다른 의미가 없습니다. 고난도 스도쿠를 손쉽게 풀어낸다면야 박수를 받겠지만 기대할 만한 보상은 박수가 끝이라는 것입니다. 스도쿠를 잘 푸는 사람만 의사가 될 수 있다거나, 스도쿠를 잘 푸는 사람은 그렇지 않은 사람보다 능력이 우월하다거나 하는 주장을 진지하게 개진한다면 금방 웃음거리가 되겠지요. 또한 퍼즐을 푸는 능력과 영리함의 관련성을 인정하더라도, '반드시 스도쿠로 인재를 뽑을 필요가 있느냐? 애들이 스도쿠 공식을 외워서 어디에 쓰느냐?'는 질문에는 대답할 길이 없습니다.

그런데 여기에서 또다른 논점이 발생합니다. '공식을, 접근법을, 사고방식을 외워서 사고하는 것이 진짜 사고인가?'라는 것입니다. 이것은 퍼즐식 사고와는 궤가 다른 문제입니다. 아무리 형식적인 차원일지라도 기호를 조작하는 데에는 주체적인 정신 활동이 필요한 반면, 접근법 자체를 외울 경우 그조차 사라지기 때문이지요. 앞으로는 이것을 **사고의 외주화**라고 부르겠습니다. 다시 비문학 이야기로 돌아가서 사고의 외주화가 어떻게 발생하는지 살펴볼 차례입니다.

수능 비문학 지문에는 머리, 가슴, 배가 있다

수험생 커뮤니티를 구경하다보면 '그읽그풀'과 '구조독해'를 두고 다투는 모습을 볼 수 있습니다. '그읽그풀'이란 '그냥 읽고 그냥 풀기'의 준말이고 구조독해는 '글의 구조를 염두에 두고 독해를 진행하는 방법론'인데, 무엇이 더 우월하냐는 것입니다. 이런 논쟁은 대개 '구조독해를 숙달하고 체화하면 그냥 읽고 그냥 푸는 경지에 이를 수 있다'는 결론으로 끝납니다만, 교육적인 측면에서는 찜찜함이 남습니다. 문장 차원에서든 문단 차원에서든 비문학 지문에 유형화된 구조가 존재한다는 사실만큼은 아무도 부정하지 않기 때문입니다.

앞서 수능 비문학 지문이 1100~1500자 사이로 짧아졌다고 말했습니다. 그런데 이 분량 안에서 완결된 글을 써내려면 구성이 제한될 수밖에 없습니다. 심지어 문항은 지문이 짧아지기 전처럼 네개를 출제해야 하고, 이때 문항에 사용된 정보들은 각기 중복되어서는 안 됩니다. 글 하나가 5천자, 1만자를 넘어간다면 다양한 구조와 전개를 선보일 수 있겠습니다만 1500자로는 필요한 정보를 욱여넣는 것부터가 문제인 것입니다.

결과적으로 분량이 줄어들수록 비문학 지문의 구조는 전형적으로 변해가고, 주제를 전개해나가는 방식에도 유형이 생깁니다.[15] 사교육 업체에 따라 유형을 정의하는 방식이 조금씩 다르지만, 보통은 5~10가지가 있다고 보지요. '문제 상황과 해결 방안을 설명하는 글' '기본 개념과 원리를 통해 복합적인 원리를 설명하는 글' 등입니다. 이에 따라 대부분의 지문은 초반 문단에서 '핵심 주제어'와 '기본 개념'을 소개하고 그 정의를 밝힌 후, 중반 문단에서 기본 개념이 활용된 '복합 개념 및 원리'를 소개하는 식으로 진행됩니다. 후반 문단에서는 또다른 복합 개념이 등장하거나 개념 간의 관계에 기반한 추론을 요구하는 '응용 사례'가 제시되며 마무리되고요.

글 자체를 머리, 가슴, 배로 나눠서 이해할 수 있는 셈입니다. 뿐만 아니라 문제 유형에도 규칙이 있다보니 패턴 파악은 더더욱

---

15 물론 분량이 긴 글에도 형식과 구조가 존재하는 것은 사실이지만, '한두 문단을 읽는 것만으로 남은 분량의 전개 방식을 예측할 수 있을 만큼' 유형화된 접근이 용이해진다는 것은 큰 차이일 수밖에 없습니다.

쉬워집니다. 비문학 단일 지문에는 4개 문항이 딸려 나오는데,[16] 구성이 대략 이렇습니다.

ⓐ 〈보기〉의 내용과 본문 내용을 종합한 추론을 요구하는 문제 유형입니다. 대부분의 출제 근거가 중후반 문단에서 나타나고, 예외적으로 다른 문항에서 이미 활용된 정보를 다시 사용할 수도 있습니다.

ⓑ '윗글의 내용과 일치하지 않는 것은?'처럼 지엽적인 사실 일치를 묻는 문제 유형입니다. ⓐ와 ⓒ에서 사용되지 않은 정보를 활용해서 구성하지요. 대부분의 출제 근거가 초반 문단과 최후반 문단에서 나타납니다.

ⓒ 나머지 2개 문항은 복합 개념 및 원리를 이해했는지 묻는 문제 유형입니다. '가~라에 대해 이해한 내용으로 적절하지 않은 것은?' '㉠에 대한 이해로 적절하지 않은 것은?' 등이 여기에 속하지요. 대부분의 출제 근거가 중반 문단에서 나타납니다.

지문의 길이에 한계가 존재하는 이상, 문제 유형이 정해진 이상 비문학 세트의 규격화는 필연적인 귀결입니다. 이렇게 **수능 해킹**의 레시피가 모두 준비되었습니다. 문장이 어떻게 구성되는지, 문단과 문단은 어떻게 구성되는지, 논리 전개는 어떠한지, 어떤 문항이 출제되고 선지가 어떻게 구성되는지 안다면 최단경로를

16 (가) 글과 (나) 글이 이어진 복합 지문은 6개 문항입니다.

정립할 수 있으니까요. "첫 문단을 보고 유형을 분간한 다음, 이런 유형이면 어느 부분에 주의를 기울여 읽고 저런 유형이면 문제의 요구사항부터 파악해라"와 같은 행동강령이 생기는 것입니다.

물론 과거에도 이런 물제풀이용 행동강령은 있었습니다만, 당시에는 '학생 스스로, 기출 분석을 통해 방법론을 고안하는' 자기주도학습의 성격이 강했다보니 그 나름대로 사고력을 기르는 효과가 있었습니다. 반면 이제는 사교육이 생각하는 방식 자체를 규격화된 형태로 제공하게 되었다는 점이 다릅니다. 이를 **사고의 외주화**라고도 부를 수 있을 겁니다.

이 현상은 대치동 강사의 가르침만으로 마무리되지 않습니다. 오히려 대형 학원과 연구소들이 출제하는 대량의 **실전모의고사**가 핵심입니다. 평가원의 출제원리를 그대로 옮겨놓은 복제품이지요. 수험생들은 실전모의고사를 하루에 하나씩, 많으면 두세개씩 풀면서 접근 방식을 체화합니다. 무슨 일이든 간에 일단 많이 하기만 하면 익숙해지기 마련이니까요. 똑같은 동작을 반복하고 또 반복해서, 그 움직임만큼은 정확하게 해내는 것이나 마찬가지입니다.

그런데 이런 방식의 훈련만으로 범용성 있는 신체 능력을 기를 수 있을까요. 수능 지문의 구조를 체화했다고 해서, 현실의 다양한 글들을 똑같은 방식으로 읽어낼 수 있을까요. 아무래도 회의적일 수밖에 없습니다. 퍼즐식 사고만을 검증하는 시험에서 고득점을 맞았는데, 정작 시험판을 벗어나면 그것조차 제대로 하지 못하는 아이들이 양산되는 셈입니다.

사고의 외주화와 경험에 기반한 풀이

이는 국어 영역에만 국한된 현상이 아닙니다. 탐구 영역은 물론이고, 논리적 사고와 연산이 핵심인 수학 영역에서마저도 유사한 병폐가 나타나고 있지요. 이 점에 대해 대치동 수학 강사 두분의 의견을 구했습니다. 우선 최근 학생들의 수학 학습에 대해 어떻게 생각하는지 물어보았습니다.

김우섭(학원 강사·수험서 저자) 수학과 박사과정에 있는 제 친구가 학부 2학년 수업 조교 업무도 같이 보는데, 이런 이야기를 해요. 자주 학생들이 솔루션(교과서나 과제 문항에 대한 풀이집)을 요구한다는 거죠. 고등학교 때 수업까지는 문제집이 있으면 당연히 풀이가 있었으니까, 풀이가 없는 것을 쉽게 받아들이지 못하는 거예요. 물론 옛날에, 저도 처음 대학교 들어갔을 때 당황스럽긴 했지만 그 안에서 어떻게든 자기주도식으로 적응을 했잖아요. 이 아이들은 그냥 나자빠져버리는 거죠.

강사 O 이렇게 된 지 오래된 것 같아요. 전체적으로 논리가 많이 없어지지 않았나요? 미분 문항이면 도함수와 증감표로 접근해야 하는데, 미분을 안 하고 미분하기 전의 원래 함수를 그려서 풀려 하는 식이죠. 미분을 안 하고 문제를 풀려고 한다니 그건 수학이 아니잖아요. 도형놀이 비슷한 거지. 요즘 학생들은 개형 문제를 최대한 많이 풀어보고 실전에서는 어떤 개형인지를 빠르게 파악하는 퍼즐 맞추기를 하는 거예요. 옛날에는 사고를 깊게 해야 하다보니 100점을 맞는 게 대단한 일이었는데, 요즘은 그냥 괴물이 되어야 해요. 무조건 빨리 푸는 괴물.

실전모의고사를 많이 풀어서 접근법 자체를 외우는 공부가 잘 통하는 형태, '경험에 기반한 풀이'가 통하는 방식으로 수능 문제가 출제되는 경향에 대해서는 아래와 같이 답변했습니다.

강사 O 그런 식의 찍기 풀이가 허용될수록 결국 논리적인 풀이는 다 비효율적인 풀이로 취급받게 됩니다. 학생들부터가 '선생님은 왜 이런 비효율적인 풀이를 알려주지?' 하는 식으로 반응하기 때문에, 의지가 있는 사교육 강사라도 지금 환경에서는 논리적 사고를 가르치진 못할 거라고 생각해요.

여기서 잠시 '경험에 기반한 풀이'라는 키워드를 짚고 넘어가겠습니다.

수학은 하나의 상황을 다양한 방식으로 풀어가는 것이 가능한 분야입니다. 예컨대 피타고라스의 법칙은 '$a^2+b^2 = c^2$'이라는 간단한 식으로 제시되지만, 해당 법칙을 증명하는 방식은 무수히 많으며 지금도 꾸준히 새로운 증명이 발견되고 있지요. 증명이 타당하기 위해서는 논리적인 전개와 계산이 필수적이고요. 즉, 수학이란 폭넓은 발상과 논리적 연산을 핵심으로 삼는 학문이라고 정의할 수 있겠습니다. 수학 시험의 목적은 이런 능력을 중점적으로 검증하는 것이어야 할 테고요.

그런데 만약 동일한 유형의 문항들이 반복적으로 출제된다면 어떨까요. 당락을 가르는 난제들마저 수치와 표현만 조금씩 바뀌어서 나온다면요. '이런 유형은 이렇게 하면 풀린다고 했으니 똑같이 해보자'라는 식의 접근이 당연해질 겁니다. 수학적 원리를 응용하려는 노력은 비합리적인 것으로 전락하고, 오히려 최단경로를 외우는 공부가 합리적인 것으로 받아들여지겠지요. 현재의 수능 수학 영역에도 동일한 설명을 적용할 수 있습니다.

예컨대 이과 수학의 30번은 전통적으로 초고난도로 출제되면서 최상위권과 상위권을 가르는 기능을 해왔습니다만, 지금은 그 상징성이 다소 약해진 상태입니다. 학생들 사이에서 **'30번만 잘 푸는 허수'**라는 비아냥이 공공연하게 나돌 정도니까요. 가장 어려운 30번은 수월하게 풀었는데, 정작 중간 난도 문제는 틀리고 만다는 겁니다. 왜 이런 기현상이 발생하는 것일까요. 단적으로 말해 한해 걸러 한해마다, 똑같은 자리에 똑같은 문제가 나왔기 때문입니다. 2019학년도 가형 30번, 2021학년도 가형 30번, 2023학년도 미적분 30번은 삼차함수와 삼각함수의 합성함수라는 소재, 미분을 이용해 그래프 개형을 추론하는 풀이법 면에서 완전히 동일했습니다. 사교육계가 뻔히 보이는 샛길을 내버려둘 리가 없지요.

사교육은 비슷한 유형의 문항을 수백개씩 양산한 다음 풀이법에 '실전 개념' 등의 명칭을 붙여 가르치고, 이 과정에서 기초를 제대로 학습하지 못한 학생들은 '30번만 잘 푸는 허수'가 됩니다. 요컨대 하나의 원리를 다양하게 적용하는 법을 익히는 공부와 풀이법을 유형별로 외우는 공부를 비교하자면, 당장의 가시적인 성과는 후자가 앞서지만 최종적으로는 전자가 승리를 거두게 됩니다. 유형별 공부는 신유형이 추가되거나 기존 유형에 변동이 생길 때마다 새로운 암기가 필요하므로 완성이 불가능하기 때문입니다. 공부량이 무한정 늘어나는 동시에, 풀이를 테크닉에 내맡기므로 기본적인 연산 능력조차 확보하지 못하게 되지요. 앞서 언급했던 사고의 외주화가 극단적인 결과로 이어지는 셈입니다. 한편 대부분의 문항을 수월하게 푸는 학생들이라고 해서 원리를 잘 이해하리라는 보장은 없습니다. 30번이 유달리 극단적인 사례라 예시되었을 뿐이지, 그보다 쉬운 문제들도 경험에 기반한 풀이가 가능하기 때문입니다.

정리하자면 수능 수학 영역에서 고득점을 거두는 데에는 두가지 방법이 있습니다. 하나는 발상과 논리를 기르는 것이고, 다른 하나는 사고의 외주화에 기대는 것입니다. 그런데 전자는 타인이 온전히 가르쳐줄 수 없는 영역일 뿐만 아니라 고통스러운 과정이기도 합니다. 성과가 천천히 나타나다보니 학생들로서는 매력을 느끼기 어렵지요. 따라서 대다수의 학생들은 후자를, 즉 체화와 암기의 효과가 즉각적으로 보이는 길을 택하게 됩니다. 강사가 가르치는 '실전 개념'을 적용하기만 하면 22번이나 30번 같은 고난도 문항조차 마술처럼 풀리다보니, 자연스레 유혹에 넘어가는 겁니다. 하지만 당연하게도 이와 같은 공부법으로는 수학의 본질에 가닿을 수 없고, 이렇게 얻어진 점수는 학문적 능력을 증명하지 못합니다.

그렇다면 기형적인 접근을 가능케 하는 실전모의고사가 문제일까요? 그 점에 대해서도 물어봤습니다.

김우섭 실전모의고사나 N제라는 것이 다들 뭔가 해보겠다고 만드는 건데, 만드는 사람보고 그러지 말라고 할 수는 없죠. 물론 제가 보기엔 학생들이 기출문제만 풀면 되는데, '실전모의고사보다 일단 기출문제 푸는 게 우선이야'라는 이야기를 단과 수업에서 꺼내면 씨알도 안 먹혀요.

물론 '부유한 환경의 학생들이 고품질의 교육을 받아 인기 대학에 진학하는 것 자체는 자본주의 사회에서 어쩔 수 없다'는 의견이 있을 수 있습니다. 그러나 지금 같은 상황에서는 '사교육계의 주류 학습법을 마냥 고품질의 교육으로 승인하기에는 석연찮은 수준의 반교육성이 존재한다. 또한 그 반교육성은 수능 출제 경향과 깊이 연관된 듯하다'라는 문제제기를 하지 않을 수 없지요.

김우섭 일명 '레시피'가 너무 많이 노출됐죠. 토플 같은 경우도 한국 학원들이 패턴을 파악하고 꼼수를 만드니까 형식을 두차례 바꾸었어요. 그다음부터는 토플이 그나마 진짜 영어 실력을 평가하는, 가장 권위 있는 시험으로 인정받고 있잖아요. 그런 식으로 레시피가 공개가 되면 이를 갈아엎으면서 계속 사교육 업계가 못 따라오게 만들어야 하죠. 그런데 교육과정평가원 입장에서는 드라이브를 걸 힘이 없을뿐더러 일 많아지는 것도 싫으니 땜질만 하면서 왔던 거죠. 결국 수능이 누더기가 됐다고 생각하고요.

강사 O 본인이 실전모의고사 출제를 많이 해봤다는 사람하고 한번 같이 일을 한 적이 있는데, 알고 보니까 그 사람이 자기소개를 하며 말한 성적이 거짓말이었더라고요. 그런 사람이 낸 문제를, 100점 받은 애들이 아무 생각 없이 좋다고 생각하면서 풀었다는 게 놀랍더라고요. 저는 근본적으로 사교육이 대응할 수 없도록 문제 출제가 바뀌어야 한다고 생각해요. 문제가 뻔하게, 사교육 실전모의고사랑 똑같이 나오는 것부터가 잘못된 거예요. 그걸 안 고치고 다른 것부터 바꿔야 한다고 생각하면 안 돼요. 만약 진짜로 새로운 문제가 계속 나온다, 그러면 애들이 실모를 풀겠어요? 더는 안 풀죠. 규제로 막을 게 아니라 출제로 막아야 해요. 어차피 애들이 다 알아요. 지금은 대형 학원에서 만든 실모랑 평가원이 내는 모의고사가 똑같잖아요. 적중이 안 되는 문제가 없어요. 심지어 수능도 마찬가지고요. 그러니까 애들이 당연히 실모를 풀죠. 가령 2023학년도 수능은 14번 문제 하나 빼고 싱크로율이 100%였는데, 14번은 실전모의고사 문제들보다 기출이랑 훨씬 비슷하죠. 딱 그런 식으로 새로운 걸 많이 내야 해요. 그런데 요즘 기출문제들, 최근 5~6년을 보면 접선에서 답이 안 나오는 상황이 손에 꼽힙니다. 그것도 전부 다 쉬운 문제예요. 예를 들어 방정식의 실근의 갯수가 3개가 되도록 하는 이런 것들 말이죠.

출제 경향만 바꾸면 끝날 일인가

쭉 읽으신 분이라면 '평가원 출제 경향 자체를 바꿔야 한다, 사교육을 규제하는 것만으로는 안 된다'는 강사 두분의 진단에 동의하실 것입니다. 임금님이 벌거벗었기 때문에 "임금님이 벌거벗었다!"는 외침이 나오는 것인데, 아이의 입을 틀어막아서 끝낼 일은 아닌 것입니다. 하지만 출제 경향을 바꾸는 것만으로 난관을 해결할 수 있을까요. 이 부분에 대해서는 신중한 고민이 필요합니다. '얼마나, 어떻게' 바꿀 것이냐 하는 디테일이 남아 있기 때문입니다. 실질을 결정하는 것은 언제나 구호가 아니라 디테일이지요.

앞선 인터뷰에서 "교육과정평가원 입장에서는 드라이브를 걸 힘이 없을뿐더러 일 많아지는 것도 싫으니 땜질만 하면서 왔던 거죠. 결국 수능이 누더기가 됐다고 생각하고요"라는 진단이 나왔듯이, 평가원이 이런 상황을 마냥 방임했던 것은 아닙니다. 소극적인 수준에서나마 땜질을 거듭하면서, 수능이 사교육계에 완전히 잠식당하지 않도록 최후의 보루를 지켜왔지요. 그러나 '누더기가 되었다'는 언급대로, 이 땜질은 어떤 방면으로든 충분치 않았습니다.

이어질 3장에서는 탐구 영역의 난이도 변화에 주목하며, 잘못된 처방이 수험생들에게 어떤 부담을 가하는지 알아보도록 하겠습니다. 그리고 수능 해킹을 막으려는 평가원의 타협적 개입이 장기적으로는 수험생들의 사교육 의존도를 높여왔음을 논증할 예정입니다. 이러한 해악은 수능이 전면적으로 개혁되더라도 반복될 수 있는 것이니만큼, 관료 조직과 사교육이 상호 작용하는 방식을 살피는 작업이 반드시 필요할 것입니다.

3. 수능이라는 블랙코미디

한국 청소년들의 공부량은 유별납니다. OECD 조사에 따르면 공부에 주당 60시간 이상을 할애하는 학생이 23.2%에 달했다는군요. OECD 평균은 13.3%니까, 거의 두배에 가까운 수치입니다. 반면 방과 후나 수업 전에 체육 활동을 하는 학생 비율은 46.3%로, OECD 국가 중에서는 꼴찌였다고 합니다. 한국이 청소년 대상 삶의 만족도 조사에서 최하위권을 차지한 것은 결코 우연이 아닐 겁니다.[17]

한강의 기적에는 특유의 교육열이 한몫했다지만, 이래서야 아이들의 삶이 걱정스러울 수밖에 없습니다. 자연스레 교육과정과 시험제도는 학습 부담을 줄이는 방향으로 움직여왔지요. 과거의 이과 계열 고등학생들은 미적분과 통계, 기하와 벡터를 모두 배

17 「한국학생 '삶의 만족도' 48개국 중 47위」, 『조선일보』 2017. 4. 21.

웠는데 이제는 셋 중에서 하나만 선택하면 됩니다. 수능의 EBS 교재 연계율은 50%에 달하고, 탐구 영역은 4개 과목을 응시하던 게 2014학년도를 기점으로 2개 과목으로 줄어들었습니다. '수학 문제를 너무 어렵게 출제하지 말아라, 국어 지문 길이를 줄여라' 같은 요구사항들도 학습 부담을 염두에 둔 것이고요.

그런데 이런 시도들이 의도한 효과를 거둔 것처럼 보이진 않습니다. 사교육비 규모는 매년 최고액을 경신하는 중이고, 고등학생의 사교육 참여 시간은 10년 사이에 50% 이상 늘어났으니까요. 2012년에는 주당 평균 3.9시간이었는데 2022년에는 6.6시간이 되었지요. 참여율도 마찬가지로 50.7%에서 66.0%로 상승했습니다.[18]

고등학생이 배워야 하는 내용은 줄어들었는데 어째서 공부 시간은 늘어만 갈까요. 한국의 교육열이, 성취보다는 승리에 그 목적을 두었기 때문일 겁니다. 내 아이가 미분계수의 쓰임을 이해하는 것만으로는 부족합니다. 다른 아이보다 수학 성적이 1점이라도 더 높아야 하지요. 더 좋은 대학에 가야 하고요. 달리 말하자면 청소년의 학습 부담은 안보 딜레마와 유사한 성격을 지닙니다. 한 나라가 군사력을 증강하면 다른 나라들도 앞다투어 군비 경쟁에 나서면서 최종적으로는 모든 나라의 부담과 불안이 동시에 커지듯이, 교육에 대한 투자도 마찬가지입니다. 그리고 생존을 위해서는 그럴듯한 대학 간판이 필요하다는 믿음이 사회에 팽배한 이상, 교육 전쟁은 결코 끝나지 않을 것입니다.

---

18 통계청 교육부 「초중고사교육비조사」, 2024. 6. 12. 학교급 및 특성별 학생 1인당 사교육 참여시간(주당 평균) 참조; 「2022년 초중고사교육비조사 결과」, 2023. 3. 7.

따라서 대학 교재로 쓰이는 스튜어트의 『핵심 미적분학』이나 『레닌저 생화학』 따위가 고등학교 과정으로 내려오는 상황은 경계해야겠지만, 사회 환경은 그대로 두고 교과범위나 지문 길이만을 건드리는 것은 대증요법조차 되지 못할 처방입니다. 트라우마로 인해 호흡곤란이 생긴 환자가 천식 치료제를 먹는다고 생각해봅시다. 치료에 도움이 되지 않으리라는 점은 명백하고, 괜한 부작용을 일으킬 공산도 큽니다.

여기서는 그 부작용을 논하도록 하겠습니다.

탐구 영역 불태우기

2장에서 평가원의 딜레마를 언급했던 대목을 기억하실 것입니다. '수능이 쉬워져야 학생들의 부담이 줄어든다'는 당위상의 처방이고 '수능이 쉬워지면 등급 커트라인을 조절할 수 없어 학생들이 피해를 입는다'는 현상적인 여건인데, 당위와 현상은 곧잘 충돌합니다. 낮은 난도와 높은 변별력을 동시에 충족하라는 요구는 멈춘 채로 뛰라는 요구만큼이나 부조리한 것입니다. 부조리한 요구에는 부조리한 해결책이 등장하기 마련이지요.

평가원의 입장에서 생각해봅시다. 난이도 시비를 피하면서 수험생 줄 세우기에 성공하려면 어떻게 해야 할까요. 우선 가장 많이 구설수에 오르는 과목은 국어와 수학입니다. 특히 수학은 사람들이 문제를 들여다보지도 않고, 등급 커트라인만으로 비판을 가하는 경우가 많지요. 1등급 커트라인을 80점대 중반에서 90점대 초반 사이로 조정하지 않으면 평가원은 험악한 여론을 맞닥뜨리게 됩니다. 한편 영어는 2018학년도를 기점으로 절대평가화가 이루어진 까닭에, 아무리 어려운 문항이 출제되더라도 줄 세우기라는 측면에서는 큰 쓸모가 없습니다. '원어민이 풀어봐도 어렵다더라' 식의 비판만 거세질 뿐입니다.

반면 탐구 영역에 관심을 기울이는 사람은 거의 없습니다. 국어·영어·수학에 비하면 부차적이라는 인식이 지배적이거니와, 탐구 영역 내에서도 과목이 나뉘다보니 주목도가 분산되는 겁니다. 사회탐구는 9개 과목, 과학탐구는 8개 과목인데다가 과목별 특색도 천차만별이지요. 뿐만 아니라 꽤나 전문적인 지식을 묻는 영역이다보니, 수험생이 아니라면 난이도를 파악하기가 어렵습니다. 평범한 회사원과 자영업자들이, 대중 여론을 이끄는 사람들이 2023학년도 생명과학I 시험지에서 정답률이 30%인 문항과 60%인 문항을 구분할 수 있을까요. 사실상 불가능할 것입니다. 애당초 시험지를 들여다볼 일이 없습니다. 비문학 지문쯤이야 심심풀이 삼아 읽어볼 만하지만 화학이나 동아시아사 문제는 이야기가 다르니까요. 따라서 여론이 생길 수도 없습니다.

평가원으로서는 국어·영어·수학의 난이도를 평이하게 유지하고 탐구 영역의 난도를 끌어올림으로써 높은 변별력을 노리는 것이 합리적인 선택입니다. 그리고 사실 여기까지는 수험생들에게 큰 문제가 아닙니다. 학습 능력을 검증하겠다는 것은 허울 좋은 명분일 뿐이고, 수능은 결국 줄 세우기 게임이라는 걸 다들 알고 있으니까요. 줄 세우기에 실패한다면 제일 큰 손해를 입는 것은 결국 수험생들 자신이니까요. 달리 말하자면 수능에 응시한다는 것은 생존 게임의 규칙을 받아들인다는 것입니다. 내가 100명 중에서 10등인지 20등인지만 확실히 정해달라는 것이, 10등과 30등이 뒤섞이는 상황은 피해달라는 것이 이들의 욕망이지요.

하지만 모든 일에는 정도가 있는 법이고, 현행 탐구 영역의 난도는 그 정도를 훌쩍 넘은 지 오래입니다. 생존 게임의 규칙을 철저히 내면화한 아이들이 '탐구 영역은 차라리 절대평가로 바꾸라'는 불만을 쏟아내고 있으니까요. 스타 강사들마저 몇몇 문제 앞에서는 혀를 내두르면서 이런 문제는 시험장에서 만나면 그냥 찍으라는 조언을 건네기 일쑤고, 심지어는 '찍기 특강'을 해주기도 합니다. 왜 이렇게 되었을까요. 앞서 설명한 '평가원의 합리적 선택'에 교과범위 및 응시과목 축소의 영향이 더해진 것이 문제의 단초입니다.

수능은 상대평가인 까닭에 교과범위와 응시과목이 아무리 줄어들어도 학습 부담은 그대로라는 점은 앞서 설명했습니다. 풍선의 왼편을 꾹 누르면 오른편이 치솟듯이, 공부 시간의 총량이 유지된 상태로 분야만 바뀌는 것입니다. 원리와 개념에 대한 공부가 끝나면 문제풀이 테크닉에 대한 공부가 시작되지요. 따라서 영어가 절대평가화되고 수학 교과범위도 줄어들었는데 공부 시간의 총량이 유지된다는 것은, 그만큼 많은 시간이 탐구 영역과 문제풀이 테크닉에 할애된다는 의미입니다.

그런데 탐구 영역은 2014학년도를 기점으로 4과목제에서 2과목제가 되었습니다. 얼핏 보면 공부량이 절반으로 줄어든 듯하지만, 이건 사실 상대평가 체제하에서는 치명적인 변화입니다. 기존에는 4개 과목에 응시한 뒤 2~3개 과목의 성적만을 대입에 반영하기 때문에 '버릴 과목'을 염두에 두고 탐구 영역에 응시하는 것이 가능했고, 이런 허수 응시자들이 성적 분포의 밑바닥을 깔아주었습니다. 반면 지금은 2개 과목만 응시한 뒤 그 성적을 온전히 대입에 반영하므로, 구조적으로 허수가 존재할 수 없습니다. 특히 과학탐구는 사회탐구보다 이런 경향이 더더욱 심합니다. 예체능계열 학생들은 수능보다 실기에 중점을 두므로 곧잘 허수로 빠지는데, 이들은 대개 사회탐구에 응시하기 때문입니다. 반면 과학탐구에는 의대를 노리는 고득점자들이 모이는 까닭에, 응시자 집단의 평균이 높아질 수밖에 없지요.

그러면 어떤 일이 벌어질까요. 10명 중 4등인 학생이 있다고 가정하겠습니다. 뒤에서 4명이 사라질 경우 이 학생은 6명 중 4등이 되고 맙니다. 상대적 위치로는 10명 중 4등에서 10명 중 7등으로 떨어진 셈입니다. 원래 성적을 되찾으려면 2등으로 올라서야 하는데, 다른 학생들이 가만히 있을 리가 없지요. 경쟁이 치열해집니다. 뿐만 아니라 평가원은 탐구 영역의 난도를 높여서 변별력을 맞추려 하는데, 경쟁이 치열해진 상태로 난도가 상승하니 학습 부담은 더더욱 심해집니다. 이런 순환의 결말은 모두들 짐작하시겠지요.

출제범위와 응시과목 수가 제한된 상태로 난도가 한계치까지 상승한다면, 정석적인 개념만으로는 줄 세우기가 불가능해지고 맙니다. 2016학년도 무렵부터 "어차피 다들 교과서를 달달 외웠고 기출문제 풀이법도 모두 파악했을 것이다. 따라서 지금부터는 퍼즐 점수를 기준으로 줄 세우기를 시작하겠다"라는 의지가 시험지에 엿보이기 시작하더니, 2020년대에 접어들어서는 완전한 퍼즐 시험이 되었지요. 아래의 두 문제만 보아도 그 점을 확연히 알 수 있습니다.

Q. 표는 면적이 같은 서로 다른 지역 ㉠과 ㉡에 서식하고 있는 모든 식물 종 A~F의 개체수를 나타낸 것이다. 그림은 어떤 지역에 살고 있는 뒤쥐의 대립 유전자 Q와 q, R와 r의 구성을 나타낸 것이다.

지역 \ 식물 종	A	B	C	D	E	F
㉠	50	30	28	33	51	60
㉡	110	29	7	0	30	0

(단위: 개)

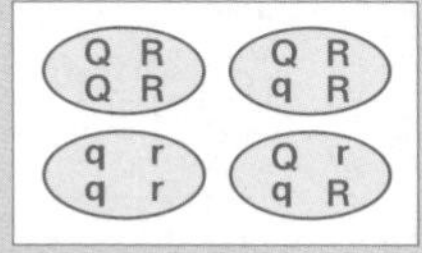

이에 대한 설명으로 옳은 것만을 있는 대로 고른 것은?

ㄱ. 식물의 종 다양성은 ㉠에서가 ㉡에서보다 높다.

ㄴ. ㉠에서 B의 개체군 밀도는 ㉡에서 E의 개체군 밀도와 같다.

ㄷ. 뒤쥐의 대립 유전자 구성이 다른 것은 생물 다양성 중 생태계 다양성에 해당한다.

Q. 다음은 어떤 가족의 유전 형질 (가)에 대한 자료이다.

- (가)는 서로 다른 상염색체에 있는 2쌍의 대립유전자 H와 h, T와 t에 의해 결정된다. (가)의 표현형은 유전자형에서 대문자로 표시되는 대립유전자의 수에 의해서만 결정되며, 이 대립유전자의 수가 다르면 표현형이 다르다.
- 표는 이 가족 구성원의 체세포에서 대립유전자 ⓐ~ⓓ의 유무와 (가)의 유전자형에서 대문자로 표시되는 대립유전자의 수를 나타낸 것이다. ⓐ~ⓓ는 H, h, T, t를 순서 없이 나타낸 것이고, ㉠~㉤은 0, 1, 2, 3, 4를 순서 없이 나타낸 것이다.

구성원	대립유전자				대문자로 표시되는 대립유전자의 수
	ⓐ	ⓑ	ⓒ	ⓓ	
아버지	○	○	×	○	㉠
어머니	○	○	○	○	㉡
자녀 1	?	×	×	○	㉢
자녀 2	○	○	?	×	㉣
자녀 3	○	?	○	×	㉤

(○: 있음, ×: 없음)

- 아버지의 정자 형성 과정에서 염색체 비분리가 1회 일어나 염색체 수가 비정상적인 정자 P가 형성되었다. P와 정상 난자가 수정되어 자

녀 3이 태어났다.

○ 자녀 3을 제외한 이 가족 구성원의 핵형은 모두 정상이다.

이에 대한 설명으로 옳은 것만을 아래에서 있는 대로 고른 것은? (단, 제시된 염색체 비분리 이외의 돌연변이와 교차는 고려하지 않는다.)

ㄱ. 아버지는 t를 갖는다.

ㄴ. ⓐ는 ⓒ와 대립유전자이다.

ㄷ. 염색체 비분리는 감수 1분열에서 일어났다.

이 두 생명과학I 문제의 오답률은 70%로 동일합니다. 다만 하나는 2015학년도 수능에 출제되었고 다른 하나는 2023학년도 수능에 출제되었는데, 해당 과목에 대한 지식이 없을지라도 출제연도를 구분할 수 있으리라 생각합니다.

난도 상승의 굴레

앞의 단락에서는 응시자들의 평균 수준이 높아진 까닭에 탐구 영역이 퍼즐 시험으로 바뀌었다고 설명했습니다만, 학생들 스스로의 노력만으로 이렇게나 기형적인 결과가 나타났을 리가 없습니다. 사교육의 영향력을 빼놓을 수 없지요.

경영학에는 '고관여 제품'이라는 개념이 있습니다. 가구나 가전기기처럼 잘못 구매했다가는 큰 손해를 보는 물건, 구매를 결정하는 입장에서도 치열한 비교가 필요한 물건을 일컫는 말입니다. 수험생들이 어떤 강사의 커리큘럼을 따라가느냐에 따라 대학의 간판이 바뀔 수 있다는 점에서, 입시 강의는 이들의 고관여 제품이라 해도 과언이 아닙니다. 해마다 수험생 커뮤니티에는 인터넷강의를 평가하는 글들이 수두룩하게 올라오고, 강사들 또한 추천 목록에 오르기 위해 사력을 다하지요. 그만큼 사교육은 변화에 신속하게 반응합니다. 출제 경향에 맞추어 스타일을 바꾸지 않으면 학생들의 선택을 받을 수 없으니까요. 탐구 영역의 성격이 바뀌어가던 시기에도, 탐구 강사들은 한바탕 물갈이를 겪었습니다. 개념과 암기를 강조하던 강사들이 떠나가고 문제풀이 테크닉에 능숙한 강사들이 급부상했지요.

그런데 탐구 영역은 특성상 당락을 가르는 대목이 명확하거니와 문제 유형이 국어·영어·수학 이상으로 경직적입니다. 생명과학I의 핵심은 유전이고, 화학I의 핵심은 양적 관계이듯 말입니다. 이에 더해 난이도 조절 실패나 출제 오류를 책임지고 평가원장이 사퇴하는 일이 잦아지면서 평가원은 더더욱 예측 가능한 문항, 정형화된 문항을 선호하게 되었습니다. 축소된 범위 내에서도, 출제가 용이한 단원에서만, 정형화된 문항을, 안전한 방식으로만 파고드니 실질적 출제범위는 훨씬 줄어드는 셈입니다. 그렇다면 이토록 패턴이 뚜렷하게 나타나는 과목에서 문제풀이 테크닉이 강조되기 시작하면 어떻게 될까요. 2장에서 설명한 수능 해킹의 조건이 완벽히 성립하겠지요.

이때 해킹을 막으려는 평가원의 개입은 본질이 아니라 표현만을 손보는 수준이었던 탓에, 도리어 학생의 부담을 늘리고 사교육 유인을 증가시켜왔습니다. 우선 난도가 높아지니 강사들이 고안하는 문제풀이 테크닉들이 필수가 됩니다. 사교육 의존도가 올라가겠지요. 이 지점에서 평가원은 진퇴양난에 처합니다. 학생들이 선호한다는 이유만으로 테크닉과 각종 전략을 그대로 내버려두면 수능이 사교육에 굴복하는 셈인데, 여기에 대응하려면 퍼즐을 까다롭게 만들 수밖에 없으니까요. 2014학년도 이전처럼 원리와 개념 위주로 출제한다는 선택지는 존재하지 않습니다. 출제 레시피가 이렇게나 철저히 분석된 상황이라면 10명 중 7명이 만점을 받을 게 뻔하기 때문입니다.

결국 인터넷 강사들이 "이 테크닉만 단련하면 50점을 받을 수 있다, 이걸 외워라, 이때는 이렇게 찍고 저때는 저렇게 찍어라"처럼 말하고 다니는 상황을 가만히 내버려둘 수는 없으므로, 평가원은 미봉책이라도 택하게 됩니다. 기존 퍼즐의 공략법이 봉쇄되고 새로운 유형의 퍼즐이 나타나지요. 이에 따라 난도가 또다시 올라가고, 사교육 의존도도 더불어 올라갑니다. 그리고 어떤 강사는 새로운 테크닉을 개발하면서 1타의 자리에 오릅니다.

이 악순환 속에서 평가원의 개입이 좌우할 수 있는 것은 개별

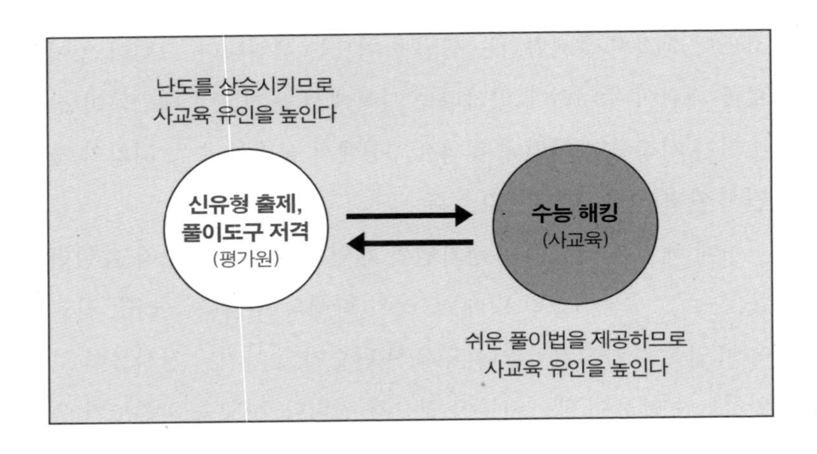

강사의 흥망성쇠뿐입니다. 퍼즐 시험이라는 기조가 큰 틀에서 유지되는 이상, 그 총합으로서의 사교육은 사그러들지 않는 것입니다. 뿐만 아니라 일선 교사들의 입지는 더더욱 애매해집니다. 문제풀이 테크닉을, 찍는 방식을 가르치는 일은 공교육의 몫이 아니거니와 해당 학문 분과와도 아무런 관련이 없기 때문입니다. 당위를 논하자면 분명히 그렇습니다. 하지만 가르치지 않는다면 학생들로서는 사교육에 기댈 수밖에 없습니다. 현행 탐구 영역을 공교육만으로 대비할 수 있다고 생각하는지 고등학교 재학 중인 학생에게 물어보았습니다.

재학생 B(사교육특구/일반계고) 저희 학교 선생님이 학벌도 좋으시고, 10년 이상 교사를 하셨을 텐데도 단과 학원 수준에 절대 미치지 못해요. 정시 대비 차원에서도 단과를 듣고 안 듣고로 성적 차이가 생겨요. 일단 자료 자체가 너무 달라요. 학교에서는 EBS 교재를 중심으로 몇몇 자료를 더한 수준이라, 단과 수업이 좋아서 듣는다 이거보다도 자료(수능 콘텐츠)를 받으러 가는 거예요. 기출문제에 대한 풀이는 학교에서도 배울 수 있지만, 솔직히 그것만으로 제한 시간 30분 안에 20문항을 해결해야 하는 수능을 풀 수 있나 싶어요. 선생님들도 시간제한을 고려해서 풀이를 해주시는 것 같지 않거든요. 수능 관련 질문에 대답을 잘 못하기도 하시고. 단과 학원의 스킬 없이 지금 수능 과탐 1등급을 받을 수 있나 생각하면 저는 회의적이에요.

이 모든 현상은 최종적으로 무엇을 가리킬까요? 교육의 실종이자 낭비입니다. 현행 탐구 영역의 퍼즐식 문항에 대해서 이봉수 선생님은 아래와 같이 대답합니다.

이봉수(좋은교사운동 서울정책위원장/덕성여자고등학교 교사) 사탐은 과탐만큼 심각하진 않지만, 그래도 퍼즐식으로 나오는 문제들이 20문항당 서너개씩 있죠. 예전에는 한 문제 정도였는데 늘어나는 중이고요.

평가원 내부 출제가 어떻게 이루어지는지는 모르지만 의아하긴 하죠. 사회학이라는 과목이 가진 특성과, 그 과목에서 반드시 짚어져야 하는 지점들이 있잖아요. 만약 내가 수능 출제위원으로 들어간 교수라면, 지식의 맥보다는 기술적인 부분이 강조되는 현재의 출제 경향에 화가 나지 않을까 싶어요. 그러다보니까 이런 방식으로 출제를 주도하는 게 교수가 아니라 교사들인가 싶은 생각이 먼저 들었고요.

현장 교사 입장에서도 한숨이 나오죠. 갑자기 몇년 전부터 퍼즐식 문항으로 완전히 바뀌어버리니까, 저뿐만 아니라 동료 교사들도 "사회 교사가 이런 걸 가르쳐야 하냐"는 생각을 하게 되는 거예요. 그 문제들을 또 풀이해줘야 하니까.

학문의 핵심을 깊이 파고들면 "이런 거 수능에 안 나오는데 왜 가르쳐요"라는 반발이 생기는 주객전도의 현실에 대해서도 덧붙였습니다.

이봉수 도표 문제를 예로 들 수 있는데, 사실 사회과의 목표 중 하나가 도표를 잘 해석하는 것이잖아요. 그때 요구되는 역량은 도표의 숨겨진 의미를 찾아내고, 비판적으로 보는 것 정도가 옳죠. 교육적 관점에서는요. 그런데 이제는 그런 수준을 넘어 아예 함정을 파기 위해 까다로운 도표를 사용한다는 생각이 드는 거예요.

잘못된 교육은 수능이나 학교 현장의 문제에서 끝나지 않습니다. 가령 '초·중등 의대반' 등 과거 사교육의 선행학습 수업은 고교 및 대학 교과서를 교재로 하여 진행되었습니다. 물론 이 역시 원리 이해보다는 암기 및 단순 적용을 통한 주입식 전달에 중점이 두어진 만큼 좋은 가르침과 거리가 멀었지만, 그래도 교과서에 기반한 수업이 이루어졌으므로 학생들이 학문의 정석을 배울 수는 있었습니다. 반면 현재의 선행학습 사교육은 퍼즐식 문항을 미리 훈련시키는 데만 방점이 찍혀 있으니 훨씬 문제가 심합니다. 이러한 학습이 인간의 생애경로와 발달과정에 직간접적인 영향을 주는 까닭이지요.

이봉수 제 고등학교 시절에는 이기백의 『한국사신론』 정도는 읽어야 한국사 만점을 받을 수 있다는 얘기가 있었어요. 그래서 읽었고 실질적으로 쓸모 있는 내용을 통해 많은 도움을 받았거든요. 지금은 좀 이상해요. 저도 교직에 20년 넘게 몸담았으니까 느끼게 되는 안타까움인데, 어쨌든 인생의 시간이라는 것은 한정적인 자원이잖아요. 그중에서 고등학교 시기는 특히 중요한 때고요. 중요한 것, 좋은 것을 배워야 할 시기에 아무 쓸모도 없는 기술을 배우는 게, 그리고 그걸 몇년씩 하는 게 너무하지 않나 하는 생각이 많이 들죠.

강사 M(과학탐구 강사/과학교육학 석사) 솔직히 말하면 애들이 과학 전공을 할 때 "내가 고등학교 때 배웠던 과학탐구가 대학 과정에 도움이 되었어"라고 말할 사람은 거의 없을 거라고 봐요. 저만 해도 대학에 진학해 생물학과에 갔을 때 도움이 된 내용은 II 과목에서 나왔지 I 과목에서는 거의 없었어요. 방형구법도 마찬가지로, 직접 동네 뒷산에 가서 밀도를 알아보자, 이런 식으로 접근하면 모를까 그냥 표 보면서 계산을 해봤자 무슨 소용이겠습니까? 솔직히 그런 계산은 생태학 시간에 배울까 말까 합니다. 그리고 솔직히 저는 교과서만 보고 과학탐구 1등급을 찍을 수 있다고 말하지 못하겠어요. 생명과학을 예로 들면 물론 1단원, 2단원 개념 문제는 교과서에 있는 그대로 나오고 쉬워요. 그런데 3단원부터는 킬러 유형, 그러니까 다인자유전이나 근육 수축 이완을 계산하는 문제들로 애들 발목을 잡거든요. 지금의 과학탐구 문제는 숫자 계산을 해서 맞는구나 틀렸구나, 아니면 이건 모르니까 찍자 하고 넘어가는 거지 과학을 배우는 게 아니에요. 만약 스킬 중심으로 학생을 가르쳐서 1등급을 만들어 원하는 대학교에 보냈다고 쳐요. 그런데 그 애는 1등급이 되는 스킬을 아는 거지 과학을 잘 알고 있냐 하면 그건 전혀 아니라고 봐요. 그런 식으로는 과학 교육뿐만 아니라 과학계 자체가 희망이 없어요.

7대 대마왕을 무찌르면

다만 추상적인 서술만으로는 와닿지 않는 면이 있으니, 실제 사례를 통해 '시험이 어려워지고 교육은 실종되는' 방식을 알아보겠습니다. 화학I의 '7대 대마왕 사태'가 좋은 예입니다.

우선 해당 과목의 특성부터 설명하겠습니다. 화학I의 핵심은 '양적 관계'와 '반응계수'입니다. 특정 원소들이 결합하고 반응하는 과정을 통해 원소 A가 원소 B와 몇 대 몇의 비율로 결합했는지, 원소 A는 무엇이고 원소 B는 무엇인지 알아맞혀야 하지요.

Q. 밀가루 2kg, 버터 1kg를 사용해 레시피대로 쿠키를 굽자 남은 밀가루와 쿠키의 무게 비율이 10:11이었다(버터는 모두 사용하였다). 만약 동일한 레시피로 쿠키를 구웠을 때 밀가루를 다 쓰고 남은 버터와 쿠키의 무게 비율이 1:2라면, 원래 준비했던 밀가루와 버터는 몇kg이었을까? (단, 쿠키를 굽는 과정에서 사라지는 수분은 고려하지 않는다. 쿠키의 무게는 반죽 상태와 구운 상태에서 동일하게 유지된다.)

① 밀가루 1kg, 버터 5kg

② 밀가루 6kg, 버터 25kg

③ 밀가루 7kg, 버터 25kg

④ 밀가루 8kg, 버터 25kg

⑤ 밀가루 9kg, 버터 25kg

문제가 보통 이런 식으로 나옵니다. 혹은 밀가루와 버터의 무게를 알려주는 대신 "재료 A가 8봉지고 재료 B가 5봉지 있을 때 제품 C를 120개 만들 수 있다. 이때 C는 마카롱일까, 식빵일까, 약과일까? 이 제품의 정확한 레시피는 무엇일까?" 같은 질문을 던지기도 하지요. 달리 말하면 화학I은 빠른 사칙연산을 통해 미지수를 찾아내는 게임입니다.

그런데 빵 레시피는 빵집마다 다르지만 자연의 레시피는 규격이 정해져 있습니다. 모든 원소의 가장 바깥 껍질에 존재하는 전자의 수가 2 혹은 8이 되어야 하기 때문입니다. 물의 분자식인 H_2O를 예로 들겠습니다. O의 바깥 전자 수는 6이고 H는 1입니다. 따라서 H 두개가 바깥 전자 하나씩을 O와 나누면, O의 바깥 전자는 8개가 되고 H는 2개가 되므로 균형이 딱 맞습니다. 암모니아의 분자식인 NH_3나 질소의 분자식인 N_2에도 모두 동일한 설명이 적용됩니다. **그렇다면 문제가 어떤 분자식을 염두에 두고 출제되었는지, 어떤 반응계수와 질량비가 등장할 수 있는지 짐작이**

가능할 것입니다. 이렇게 미지수를 확정하면 풀이가 훨씬 쉬워질 테고요.

2016학년도까지만 해도 화학I의 반응계수는 비교적 평이한 수준에서 출제되었습니다. 1:1:2나 2:1:2, 3:1:2처럼 1~3 사이의 수로만 구성되었고, 그중에서도 일곱개 조합밖에 없었지요.[19] 화학I 강사였던 ㄱ은 이 경우의 수에 '7대 대마왕'이라는 이름을 붙이면서 "반응식에 등장할 수 있는 원소는 넷밖에 없다. 수소, 질소, 산소, 네번째 플루오린. 다른 건 절대 나오지 않으니 7개 반응계수만 외워라"라며 장담했습니다. 평가원의 칼날을 부를 수밖에 없겠지요. 끝내 2017학년도 수능[20] 20번 문항에서 4:1:2라는 반응계수가 튀어나오고 맙니다.

문제는 ㄱ이 화학I 분야에서 소위 '1타 강사' 자리를 도맡고 있었다는 겁니다. 꽤 많은 수험생들이 '7대 대마왕 법칙'을 믿었지요. 침착하게 풀어낸 경우가 거의 없었고, 해당 문항은 79%의 오답률을 기록하게 됩니다. 5지선다 객관식을 찍어서 맞힐 확률의 최저선은 20%니까 대부분이 찍었다는 의미겠습니다. 결국 수능이 끝나자마자 ㄱ의 개인 커뮤니티는 수험생들의 항의로 뒤덮입니다. 시킨 대로 1, 2, 3만 넣어서 풀었는데 도무지 답이 나오지 않았으니까요. 그리고 이 사태를 계기로 ㄱ은 확고한 1타의 지위를 잃고 맙니다.

7대 대마왕이 사라졌으니 화학I에는 평화가 찾아왔을까요? 그

---

19 (1,1,2) (1,3,2) (3,1,2) (2,1,2) (1,2,2) (2,1,1) (1,2,1).

20 2016년 11월 시행.

럴 리가 없습니다. 이제는 2:4:1이나 5:1:2, 혹은 1:8:8처럼 기묘한 반응계수들이 당연스레 출제되고 있으니까요. 1~3이라는 숫자 안에서 해결이 되는 시험과 8까지 고려해야 하는 시험 중에서 무엇이 더 쉽냐면, 당연하게도 전자입니다.

자, 여기서 이제 찍어야 됩니다

이런 진화가 계속되다보면 또다시 한계선을 돌파하게 되어 있습니다. 이론적으로는 풀이에 논리가 존재할지라도, 현실적으로는 어느 누구도 그 논리를 꺼내올 수 없는 수준으로까지 문제가 어려워지는 것입니다. 생명과학I은 이런 경향이 특히나 심한 과목입니다. 화학I이 요구하는 능력이 빠르고 정확한 사칙연산이라면, 해당 과목은 정말로 스도쿠식 논리 퍼즐을 선보이기 때문입니다.

문제 상황: A거나 B다.

1. A라면 C:D가 1:1이거나 1:0인데, B라면 C:D가 2:2다.

    2-1. 만약 C:D가 2:2라면 E가 F고 G는 H다.

        2-1-1. 만약 G가 H라면 I는……

2-2. 만약 C : D가 1 : 0이라면 G가 F고 E가 H다.

2-2-1. 만약 E가 H라면 I는……

2-3. 만약 C : D가 1 : 1이라면……

(…)

결론: A고 C : D는 1:0이다. C와 E는 X염색체에 존재하고 Z는 F이다.

시간이 충분하다면 모든 가능성을 펼쳐놓고 따질 수 있겠지만, 수능에는 30분 안에 20문항을 풀어야 한다는 제약이 걸려 있습니다. 가능성을 큰 줄기별로 검토하는 데에 각각 2분이 걸린다고 치면, 앞의 논리 흐름에서는 정확히 2-2로 시작해야만 주어진 시간 내에 20문항을 해결할 수 있는 것입니다. 만약 운이 나빠서 2-1이나 2-3을 고르고 들어갔다면 어떻게 될까요? 그만큼 다른 문제를 풀 시간이 줄어듭니다. 아무리 논리를 잘 다루는 사람이라도 첫 번째 갈림길을 잘못 찍으면 큰 타격을 입는 셈이지요. 2022학년도 6월 모의평가[21] 생명과학I 14번 해설 논란이 이 사실을 단적으로 보여줍니다.

자, 여기서 이제 찍어야 됩니다. 그냥 무턱대고 가위바위보, 이런

21 2021년 6월 시행.

찍기가 아니라고 그랬지. 동전 앞면 뒷면 찍기가 아니야. 감각적으로 이제 직관이 들어와야 돼. (…) **이 모든 걸 다 정리할 수 있는 아주 기가 막힌 스킬, 딱 보이는 그런 스킬 같은 거 없나요? 없어요.**

생명과학I의 '1타 강사'였던 ㄴ은 해설 강의 도중 이와 같은 멘트를 던지면서 일약 논란에 휩싸이고 맙니다. 학생들로서는 당혹스러울 수밖에 없습니다. 명쾌한 풀이를 기대하고 강의를 재생했는데 찍는 것이 핵심이라는 말을 듣고 말았으니까요. 테크닉과 풀이 전략을 강조하던, 다른 생명과학I 강사들도 책임감 없는 발언이라며 비판에 나섰습니다. 그런데 묘한 점은 수험생 중에 옹호파가 은근히 있었다는 겁니다. 이들의 입장은 이렇습니다.

솔직히 말해 각종 기상천외한 테크닉을 이야기하는 강사들이 현장에서 그 방법을 사용하지는 않는다. 평가원이 그런 테크닉을 써서 풀라고 문제를 낸 것이 아니다. 생명과학I이라는 게 원래 어려운 문제 찍어서 맞히는 시험이다. 이걸 감각적 직관으로 찍지 않으면 풀 수 있는 방법이 없다.

여기에 대한 반대파의 재반박은 이렇습니다.

현장에서는 찍어야 하는 게 맞는데, 해설 강의가 그런 식이면 곤란하다. 강사가 '자, 18개 경우의 수가 있습니다. 딱 보면 이거죠? 답은 이겁니다' 식으로 넘어가는 걸 해설이라고 할 수 없다.

그러니까 사실 옹호파든 반대파든 간에 생명과학I이 찍기 시험이라는 데에는 이견이 없는 것입니다. 실로 탐구 영역의 현주소를 드러내는 상징적인 사건이 아닐 수 없습니다. 블랙코미디입니다.

설상가상으로 탐구 영역의 찍기는 문제풀이 자체에만 적용되지 않습니다. 어떤 문제를 풀어야 할지부터가 '찍기'의 대상이기 때문입니다. 20개 문제 중에서 1~2개는 아무리 빨리 풀더라도 5분 이상이 소요되는데, 처음부터 이런 것을 붙잡는다면 그 이후의 순서가 모두 꼬이고 맙니다. 따라서 수험생들은 버릴 문제와 풀 문제를 판단해야 하지요. 이 점에 대해서는 유명 강사들조차도 "특정 유형은 그냥 버려라" 식의 처방을 내릴 정도입니다.

그렇다면 이렇게 버려진 고난도 문제들은 어떻게 될까요. 5지선다 객관식이니까, 다른 18문제를 푼 다음 나머지 2문제는 20%의 확률에 맡기면 그만인 걸까요. 원론적으로는 그렇지만 여기에도 테크닉이 있습니다. 기법을 총동원한다면 20%의 확률을 60% 이상으로, 심지어 100%로까지 끌어올릴 수 있지요.

가장 기초가 되는 기법은 답갯수 법칙이었습니다(과거형인 이유는, 탐구의 경우 이러한 법칙이 2020학년도 이후로 약화되고 있기 때문입니다). 동일한 번호가 과도하게 반복되면 수험생들이 혼란에 사로잡힐 것이 분명하므로, 평가원은 1~5번의 정답 분포를 최대한 고르게 맞춥니다. 탐구 영역의 경우에는 20문제니까 (3, 3, 4, 5, 5)나 (3, 4, 4, 4, 5)와 같은 분포가 가장 자주 등장합니다.

즉, 18번까지 푼 상황에서의 정답 분포가 (2, 2, 4, 5, 5)라면 남은 두 문제의 정답은 1이거나 2일 확률이 높습니다. 둘 다 1로 찍는다면 최소한 하나는 맞겠지요.

그리고 이 답갯수 법칙을 골자로 각종 통계가 결합합니다. 예컨대 생명과학I의 경우에는 "17번, 19번에 등장하는 고난도 합답형에서는 선지에서 ㉢이 존재하지 않는다고 가정해라. 그러면 '㉠, ㉢'이 '㉠'으로 바뀌면서 내용이 중복되는 선지가 생길 것이다. 그중 하나가 정답이다"와 같은 행동강령이 꽤나 잘 먹혀들었습니다.[22]

11월이 가까워지면 스타 강사와 각종 사교육 업체들은 찍기 특강을 시작하고, 학생들은 그런 테크닉조차 절박하게 배웁니다. 자신이 듣는 강사는 저격당하지 않기를 기도하면서, 듣지 않는 강사는 처절하게 저격당하기를 바랍니다. 그래야만 이 불확실한 탐구 영역에서 경쟁자들을 제치고 달려나갈 수 있기 때문입니다.

정석과 요령, 공정과 부정을 구분하지 못하는 아이들

이런 출제 기조는 학생들에게 막대한 스트레스를 안겨주거니

22 평가원은 ㉠, ㉡, ㉢ 합답형의 경우 모든 선택지를 검토해야만 결론을 내릴 수 있도록 병렬적·발전적으로 문항을 설계하는데, 이를 역으로 이용하면 추론이 가능합니다. 이러한 '합답형 찍기 스킬'은 빗나갈 가능성이 있을지라도 상당한 적중률을 보여주기 때문에 '밑져야 본전' 식으로 채용되는 경우가 잦습니다. 이를 방지키 위해서는 합답형을 주관식 선택형으로 바꾸는 방안이 적합할 수 있습니다.

와 별다른 쓸모조차 없습니다. 그리고 이는 단순히 시간과 자원을 낭비하는 데에서 그치는 것이 아니라, 학생의 심리에 직접적인 악영향을 끼치기까지 합니다. 정석과 요령의 경계가 흐려지다 못해 두 영역이 완전히 뒤섞인다는 점에서 그렇습니다.

화학I을 예로 들겠습니다. 해당 과목에서 고득점을 거두기 위해서는 빠르고 정확한 계산이 필요하며, 이 계산의 재료는 각각의 원소가 지니는 구체적인 수치들입니다. 이런 수치는 기본 원리를 이해하면 3~4초 내로 추론이 가능합니다만, 그 짧은 순간을 모두 모으면 3~4분이 됩니다. 가뜩이나 시간이 빠듯한 30분짜리 시험에서 4분을 단축할 수 있다니 엄청난 일이지요. 따라서 수험생들은 연관된 수치를 당연스레 외웁니다. "산소의 S 오비탈과 P 오비탈 비율은?"이라는 질문을 받는다면 그 자리에서 즉시 '2:3'을 떠올려야 하고, "질소의 전기음성도는?"이라는 물음에는 곧바로 '3.0'이 나와야 하는 겁니다.

그런데 2014학년도 이전에는 이런 일이 드물었습니다. 화학I 문제를 풀기 위해 원소별 전기음성도를 외운다거나, 전자 전이 에너지를 외운다고 하면 신기한 사람 취급을 받았지요. 그런 요소들은 현장에서, 문제를 보고 즉석에서 추론하면 그만이었습니다. 기본 원리에 입각해 값을 추론하는 것과 모든 값을 사전에 외워버리는 것, 둘 중에서 무엇이 학문적 이해에 가까운 태도일까요. 아무래도 전자입니다. 그런데도 2020년대의 수험생들은 요령을 정석처럼 대하고 있는 겁니다.

물론 이건 개개인의 마음가짐을 탓할 사안이 아닙니다. **오히려**

그 반대로, 시험의 형식과 요구사항이 잘못된 인식을 유도하고 강제한다고 보아야 합니다. 그리고 이 잘못된 인식은 학습 태도에만 국한된 것이 아닙니다. 삶을 바라보는 관점에 광범위하게 영향을 주지요. 조작적 조건화(operant conditioning)라는 행동주의 심리학 이론이 있습니다. 보상과 처벌에 따라 특정 행동이 강화되거나 약화된다는 겁니다. 예컨대 소극적이었던 학생이 칭찬을 받고 적극적으로 발표에 나서게 된 것은 보상의 결과고, 발표에 적극적이었던 학생이 비난을 듣고 움츠러드는 것은 처벌의 결과지요. 이런 보상과 처벌은 학교 규칙처럼 명시적인 것에서부터 주변인의 반응처럼 모호한 것까지, 일상의 모든 요소를 포괄합니다. 그렇다면 고등학생들의 사고방식이 수능에 영향을 받으리라는 것도 타당한 추측이겠습니다.

2020년대의 수능은 원리 위주의 공부를 우직하게 밀고 나가면 손해를 보는 시험입니다. 반대로 수능을 최적의 공략법이 있는 게임처럼, 혹은 최선의 확률을 계산할 수 있는 도박처럼 대할수록 큰 보상을 받게 되지요. '찍기 특강'이 가르쳐주는 내용은 블랙잭 게임에서 최고의 수를 결정하는 방식과 본질적으로 동일하고, 강사들마저도 "내 과목은 찍어서 성적을 올리는 과목이다"라는 말을 꺼리지 않습니다. 이런 보상 시스템이 학생들에게 보내는 메세지는 명확합니다. 수단의 합목적성이나 최종적인 가치에 대한 고민은 무의미하고, 오로지 가시적인 성과만이 중요하다는 것입니다.

단적인 예로, 수험생 커뮤니티에는 종종 '눈풀' 팁이 올라오곤 합니다. 탐구 시간에는 감독자가 시험지를 우선 나눠준 다음 수험생들에게 OMR 카드로 문제를 가리게끔 하는데, 이때 수험생이 특정한 각도로 OMR 카드를 배치하면 문제 내용을 파악할 수 있다는 겁니다. 대기 시간 동안 쉬운 문제들을 미리 풀어두면 2~3분이나마 절약이 가능하니까, 수험생들로서는 부정행위라는 것을 알면서도 솔깃할 수밖에 없습니다. 물론 유혹을 느끼는 것까지는 자연스러운 심리겠습니다만, 정말로 문제적인 현상은 그렇게 부정행위를 부추기는 게시글이 추천을 받아 유명 수험생 커뮤니티의 베스트 게시글에 등극한다는 것입니다.

해당 커뮤니티의 베스트 게시글은 기본적으로 조회수가 수만을 넘나듭니다. 그 많은 학생들이 잘못을 보면서도 잘못이라고 말하지 않고 도리어 이용할 생각을 품는 것입니다. 이 현상을 어떻게 이해해야 좋을까요. 소수의 일탈이라기에는 규모가 크고, 개개인에게 책임을 돌리기에는 탐구 영역의 특성이 너무나도 크게 작용합니다. 유일하게 가능한 결론은 이 시험의 형식이 수험생들에게 반교육적인 가르침을 주입하고 있다는 것입니다.

근본 원인을 외면한 처방은 병을 키운다

결국 이런 형식의 시험에는 교육이 부재하거니와 능력 검증의 기능조차 없고, 어떤 면에서는 해롭기까지 합니다. 수험생들이라면 다들 그 사실을 압니다. 모두가 탐구 영역을 비웃고 평가원을 증오합니다. 그러면서도 지난 2023년 중순, 윤대통령이 '사교육 카르텔'을 비판하며 '학습 부담을 줄이기 위해 킬러 문항을 배제하라'는 지시를 내렸을 때는 모두들 반발했습니다. 제발 수능을 건드리지 말라는 게, 이대로만 내버려두라는 게 학생들의 요구였지요.

이들은 어째서 수능을 포기하지 못하는 걸까요. 정부와 사교육계의 대립에서, 기꺼이 후자의 편을 드는 이유는 무엇일까요. 현장을 모르는 어른들이, 그리고 그들이 좋은 의도로 제시한 해결책이 상황을 악화시키는 광경을 수없이 본 까닭입니다. 앞서 탐구 영역의 파행이 '수학의 교과범위를 줄이고 국어를 너무 어렵게 내지 마라' '탐구 응시 과목을 2개 과목으로 줄여라' '영어를 절대평가로 바꿔라'라는 세가지 요구의 필연적인 귀결임을 설명했지요. 학생들은 10년 전에, 개편안이 발표되자마자 그런 결말을 예상했습니다. 사교육 강사들도 마찬가지였고요. 반면 정책 입안자들은 당사자의 의견을 철저히 도외시하면서 변화를 강행했고, 그럼에도 아무런 책임을 지지 않았습니다. 지금조차 탐구 영역에서 무슨 일이 일어나는지 전혀 모른 채, 국어와 수학만으로 탁상공론을 이어갈 뿐입니다. 윤대통령이 던진 화두 역시 '국어와 수학이 어려우니 잘못된 시험이다'라는 인상비평만을 반복하는 수준에 머물렀으니, 학생들이 누구를 적으로 여기고 누구를 아군으로 여길지는 자명한 일입니다.

이처럼 당사자의 목소리가 무시당하고 현실과 해결책의 괴리가 깊어질수록 학생들은 개선 가능성을 철저히 회의할 수밖에 없습니다. 탐구 영역, 더 나아가 수능에 만연한 블랙코미디가 최선은 아닐지라도 차악은 될 수 있다고 믿는 겁니다. 혁신적인 실패보다는 각본이 정해진 실패가 나은 법이니까요. 매몰비용도 빼놓을 수 없는 요소입니다. 시험이 뒤틀릴수록 학생들은 더 많은 비용과 시간을 투자하게 되며, N수생들이라면 말할 것도 없습니다. 한편 지금처럼 사교육비 지출 상승과 '무한 N수' 경향이 심해질수록 학생과 학부모 들의 매몰비용은 커질 수밖에 없고, 변화에 대한 원망과 저항 역시 그에 비례하여 커져왔습니다. 따라서 국가가 이들에게 지금까지의 노력을 포기하고 새로운 시험을 받아들이라고 요구하기 위해서는, 그 변화가 충분히 타당하다는 믿음을 주어야겠지요.

1부 전체에 걸쳐 수능 해킹의 원리와 평가원·사교육계 간의 역학을 자세히 서술한 것은 이 때문입니다. 당위와 이상만으로는, 그럴듯한 구호만으로는 당사자들을 도울 수 없습니다. 미래를 옳은 방향으로 끌어가기 위해서는 실질을 우선해야 합니다. 현장에서 어떤 일이 일어나는지 보아야 하고, 표면적인 현상에만 주목하는 대신 그 현상을 성립시키는 요인들을 구체적으로 이해해야 합니다. 그리고 그 구체성을 기반으로 논의를 다시금 전개해나가야 합니다.

이어질 4장에서는 수능이 어떤 시험이 되어야 하는지, 그 변화에는 무엇이 필요할지를 논하며 실질적인 해법을 모색합니다. 그리고 수능 제도 자체에 대한 설명을 마무리짓는 동시에, '사교육과 한국사회'라는 더 넓은 영역으로 논의를 확장하고자 합니다.

4. 쉬운 길은 없다

시험 결과를 확인하며 “내 약점은 이거구나”라고 깨달은 경험이 있다면 누구든 동의하시겠지만, 시험은 수험자를 판단하는 도구이기 이전에 수험자를 돕는 도구입니다. 자신의 현 상태를 돌아보고 부족한 면을 점검할 기회를 제공함으로써 특정 목적을 위한 역량을 키워주지요. 그러니 1부에서의 논지를 정리하기에 앞서 수능의 공식 명칭인 ‘대학수학능력시험’의 의미부터 살펴보도록 하겠습니다. 모두들 한번쯤, 어린 시절에 이러한 명칭을 보고 수학(數學) 과목 능력만으로 대학 입시를 치르는 거냐는 오해를 한 적이 있을 것입니다. 그러나 아시다시피 대학‘수학’능력시험에 쓰인 한자는 ‘數學’이 아닌 ‘修學’으로, 이 시험을 통해 대학에서 학문을 수양할 능력을 알아보겠다는 의미가 담겨 있지요.

그런 관점에서 지금의 수능은 본질에 반할 만큼 낭비적입니다. 학생 개개인으로서는 스도쿠를 연습하든 블랙잭 게임의 달인이 되든 간에, 어떤 방식으로든 경쟁자를 제치는 것이 합리적이겠습니다만, 그들 스스로도 "내 약점은 이거구나"가 아니라 "이런 걸 왜 연습하고 있지?"를 먼저 생각하게 되는 시험은 아무래도 그 효용이 없는 것입니다. 어떤 면에서는 학력고사보다 퇴보했다고 평할 수도 있겠지요. 방대한 지식을 암기하는 일은 그 자체로 의미가 있는 반면 퍼즐의 풀이법은 쓰일 곳이 마땅치 않으니까요. 학생들이 풀이법을 스스로 개발했다면 논리적 사고라도 기를 수 있겠지만 대개는 강사가 만들어낸 공략법을 암기하는 수준에 그치고 맙니다.

'대학 교육을 소화할 역량을 검증하고, 최종적으로 현실의 다양한 문제를 해결할 수 있는 인재를 양성한다는 목적'이 실종된 상황은 그 자체로 문제적이며, 이러한 결여와 왜곡으로부터 파생되는 문제 또한 한두가지가 아닙니다. 우선 학교 현장과 수능의 괴리가 커지면서 시스템을 향한 불신이 조성된다는 점이 있겠지요. 학력고사는 교과서만 외우면 그만이었지만, 퍼즐식 문제의 공략법은 공교육이 가르쳐주지 않으니까요. 심지어 이제는 '무한 N수'라는 말이 있을 정도로 N수 열풍이 몰아닥치고 있습니다. 고등학교 3년을 갈무리하고 다음 단계로 나아가야 할 학생들이 무의미한 시험에 몇년씩 발이 묶이는 셈입니다.

이때 N수 열풍은 현행 수능의 출제 경향과 밀접한 관련이 있습니다. 사람이 재도전을 결정할 때가 언제일까요. 이 성적이 자신의 진짜 실력과 동떨어져 있다고 판단했을 때, 능력보다는 운이 작용했다고 여길 때, 한번만 더 시도한다면 제자리를 찾아갈 수 있으리라 느낄 때입니다. 즉, 지금처럼 문제가 불합리한 방식으로 어려워지고 '찍기'가 중요한 요소로 부각된다면, 실력이 똑같다고 느꼈던 경쟁자와 한발짝 차이로 당락이 갈린다면, 학생들로서는 결과에 승복할 수 없게 됩니다. 다음 기회를 노리려 하지요.

물론 한두해를 더 투자해서 만족스러운 결과를 얻어냈다면 그 학생 자신으로서는 잘된 일이겠습니다만, 여기서 강조하려는 바는 개개인의 인생사와 거리가 멉니다. 요컨대 한국은 반도체와 중공업으로 성장한 나라지 퍼즐 풀기로 성장한 나라가 아니라는 것입니다. 합당한 계산을 위해 수험생들이 들이는 시간의 총합, 사교육비의 총합, 기회비용의 총합을 장부의 오른편에 두고 퍼즐 푸는 능력을 왼편에 둬봅시다. 그리고 퍼즐 푸는 능력을 무엇과 맞바꿀 수 있을지 생각해봅시다. 어떤 식으로 값을 매기든지 간에 사회 전체로 계산을 확장하자면 이 거래는 손해일 수밖에 없습니다. 백지수표를 부도채권과 맞바꾸는 격입니다.

한국사회의 경쟁 과열을 줄일 묘수를 아는 사람은 아무도 없습니다. 죄수의 딜레마지요. 다 함께 경쟁을 멈추자고 합의하더라도, 그 약속을 배반한 누군가는 큰 보상을 얻게 됩니다. 그러니까 다들 필사적으로 달려나갈 수밖에 없습니다. 다만 거기에 소모되는 에너지의 총량이 고정적이라면, 그 에너지를 유용한 방향으로 돌려보자는 제안은 가능할 것입니다. 수능은 바뀌어야 합니다. 그것만큼은 자명합니다. 관건은 언제나 '어떻게?'입니다.

어떻게 바뀌어야 하는가

진보 교육계는 과목 수와 학습범위를 줄이자는 주장을 꾸준히 개진해왔습니다. 이유는 나름대로 타당합니다. 우선 하위권 학생들로서는 익혀야 할 개념의 총량이 감소하니 부담이 적어지고, 교사들도 훨씬 편해집니다. 학교 현장에서는 다양한 학생들의 수준을 고려하면서 제시간에 진도를 나가는 것부터가 어렵기 때문입니다. 하지만 학습범위가 줄어든 상황에서, 등급 커트라인 조절을 위해 일부 단원에서만 고난도 문항이 출제되는 식으로 '실질적 출제범위'마저 감소한다면 어떻게 될까요?

2010년대 초반까지만 해도, 수능 수학 영역에서는 수열부터 적분에 걸쳐 교과서 공식을 이해하고 정확히 계산할 수 있기만 하면 무난히 풀 수 있는 문항이 출제되었습니다. 반면 학습범위가 줄어든 지금은 사실상 미분에서만 '킬러 문항'이 출제되지요. 결과적으로 미분 문제의 복잡성은 기형적으로 상승했고, 계산량 또한 올라갔습니다.

한편 형식의 난해함을 위해 지식이 희생당하는 부작용도 큽니다. 과학 탐구 과목들에서 당락을 가르는 대목을 나열해보자면 화학I의 핵심은 양적 관계고, 지구과학I의 핵심은 별과 행성의 운동입니다. 그런데 해당 단원이 다른 단원들에 비해 학문적으로 중요하냐면, 그건 절대 아닙니다. 고난도 문제 유형의 풀이법은 과학연구 현장에서 이루어지는 일과 아무런 관련이 없으며, 그 내용도 정작 대학 수업에서는 30분 정도 다루고 넘어가는 수준이니까요. 다만 문제 출제자들이 등급 커트라인을 조절하며 반복적으로 출제하기에 용이한 단원들이 도구적으로 이용될 뿐입니다.

반면 고난도 문제를 내기에 부적합하지만 나름대로 의미가 있는 단원들은 어떻게 될까요. 역설적으로 훨씬 쉬워져서, 학습목표를 달성했는지 검증하기조차 불가능한 수준으로 전락합니다. 학생들이 문제풀이 테크닉을 연마하느라 괜한 노력을 기울이는 동안, 정작 필요한 공부는 뒷전으로 밀려나는 셈이지요.

대한수학회 측의 성명서가 이 점을 잘 드러내 보이고 있습니다.

> 교육과정 개정 때마다 이루어졌던 수학 과목 학습 내용의 축소는 '학습 부담 경감', '학습 시간 감소', '사교육 약화'라는 당초 목표했던 순기능은 전혀 달성하지 못한 채, (…) **많은 지식의 습득이 필요한 시기에 있는 고등학생에게 새로운 내용의 공부보다는 기초 수준의 내용을 이리저리 변형한 문제 풀이에 불필요한 시간과 노력을 들일 것을 국가가 강요하게 되는 것이다.**[23]

학생들 스스로도 자괴감을 느끼는 것은 마찬가지입니다. "우리는 미분과 그래프 문제는 아무리 꼬아서 내도 막힘없이 풀지만 정작 수열의 관계식은 못 세우는 학생들이다"라는 자조가 수험생 커뮤니티에서 많은 추천을 받을 정도니까요.

이때 대조적인 사실이 하나 있습니다. 과학탐구 영역의 퍼즐화

---

23 대한수학회 성명서 「대학수학능력시험에서 수학 과목 축소는 대학교육의 기반 붕괴와 과학·기술의 국가경쟁력 약화로 직결된다」, 2023. 3. 7. 강조는 인용자.

가 심화될수록 'I 과목에 비해 II 과목 출제가 정상적이다'라는 평가가 강해진다는 겁니다.[24] II 과목들이 좀더 심오한 내용이 다루어지는 까닭에, 문제풀이 테크닉이나 퍼즐식 문항이 등장할 여지가 적고 개념을 이해하기만 하면 풀 수 있는 시험이 되는 것이지요.

정리하자면 학습범위가 줄어들고 시험이 테스트하는 지식이 얕은 수준에 머무른다고 해서 학습 부담이 줄어들지는 않으며, 그렇게 구성된 시험의 경쟁 압력이 강해질 경우 시험의 합당성이나 적절성은 오히려 퇴보한다는 결론이 가능하겠습니다.

눈치를 보는 쪽, 눈치를 주는 쪽

앞선 장에서는 이 사태의 주원인 중 하나로 평가원의 보신주의를 지목했습니다. 평가원이 난이도 논란에 휘말리지 않으면서 등급 커트라인을 보기 좋게 맞추려 애쓰다보니 문제 유형이 정형화되고 수능 해킹이 용이해졌다고 설명했지요. 이것은 달리 말하면 겉보기 점수가 시험의 목적에 앞선다는 것이며 교육에 대한 철학과 소신이 부족하다는 것입니다. 평가원이 만점자가 몇 퍼센트여야 할지를 고민하는 대신 학생들이 무엇을 중점적으로 배워야 할지, 문항을 어떻게 설계해야만 해당 교과의 학습 취지에 부합할

24 과학탐구의 8개 과목은 지구과학·물리학·생명과학·화학 4개 분과가 지식의 폭과 깊이에 따라 I과 II로 분리된 형식입니다. 같은 화학 계열이라도, 화학II는 화학I보다 학습량이 많으며 더욱 폭넓은 이해를 요구합니다.

지를 깊이 고민했다면 이런 상황까지는 오지 않았겠지요.

다만 평가원만을 탓할 수는 없습니다. 눈치를 보는 쪽이 있으면 눈치를 주는 쪽도 있을 테니까요.

예컨대 2001학년도 수능은 물수능, 그다음 해는 유례없는 불수능이 된 적이 있었습니다. 언어 영역 만점이 120점이었는데도 1등급 커트라인이 98점이었으니 난이도를 짐작할 만합니다. 여기에 등급제 최초 도입 등의 문제가 겹친 탓에 결과적으로는 정권 지지율이 15%대로 곤두박질쳤고, 대통령이 직접 대국민 사과에 나서야 했지요. 즉, 수능은 국민 전체의 관심사로서, 수험생들의 입시 결과뿐만 아니라 정권의 생명력과도 직결된 문제입니다.

마찬가지로 2011학년도 수능은 유례없는 불수능으로 악명이 높았고, 수학 영역은 특히 심했습니다. 직전 해에는 463명이었던 '수리 가'형 만점자 수가 35명으로 곤두박질쳤으니까요. 역대 수능 중 최소치였습니다. 사교육비 절감을 취지로 EBS와 수능의 연계율을 70%까지 끌어올렸는데도 예상과 어긋난 결과가 나온 겁니다. "'사교육 절감'을 노린 EBS와 수능 연계는 난도만 높여 불신을 초래했다"며[25] 교육정책을 향한 불신론과 정권 위기론이 잇달아 터져나왔지요.

'2011학년도 수능점수 발표'에 따른 김성열 평가원장 문답 역시 흉흉한 분위기에서 진행되었습니다. 당시 오간 문답을 옮겨보겠습니다.[26]

---

25 「자율고 미달, EBS·수능 연계 실패 … MB 교육정책 '위기'」, 『세계일보』 2010. 12. 7.
26 「'2011학년도 수능점수 발표' 김성열 평가원장 문답」, 『머니투데이』 2010. 12. 7.

Q. 채점위원장은 이번 수능이 난이도 조절 면에서 이상적이라고 말하지만 어렵다는 평이 많다.

A. 표준점수로 비교해보면 (…) 수리 가는 만점자도 작년보다 줄었고 전체적으로 어려웠던 것은 사실이다.

Q. 내년에도 올해처럼 어려운 기조를 유지할 것인가.

A. 내년에는 올해보다 어렵지 않게 출제할 것이다. 학생들이 특히 어떤 점에서 어렵게 느끼는지 별도로 연구팀을 꾸려 학생과 교사들 의견을 수렴한 후 어렵지 않도록 출제방향을 정할 것이다.

Q. EBS와 연계한 문항들의 정답률은 별도로 조사가 됐나.

A. EBS와 연계한 문항이든 연계하지 않은 문항이든 난이도 면에서는 고르게 분포됐다. (…) 출제진이 쉽게 냈다고 생각했는데 체감 난이도는 높았던 문항들도 있고 그 반대의 경우도 있다. 자세한 이유는 내부적으로 분석할 계획이다.

Q. 수리 영역의 표준점수가 다른 영역에 비해 높고 최상위권 숫자도 적은 편인데 앞으로 최상위권의 분포를 조정할 것인가.

A. 최상위권의 변별력을 유지하는 것이 수능시험의 목적은 아니다. 언어와 외국어는 만점자 수를 응시자의 1% 미만으로 해서 약 0.99%에 근접하게 조정한다. 수리 가는 (…) 이렇게 하면 등급 블랭크가 생기니 다르게 한다는 방침이다.

이 문답에서 보이듯, 기자와 관계자 들의 질문은 등급 커트라인과 점수 분포만을 겨누고 있었습니다. 시험이 어째서 어려웠는지를 꼼꼼히 짚기보다는 기술적인 등급 커트라인에만 주목하는 것은 줄 세우기를 교육에 앞세우는 태도입니다. 이런 태도가 대중 사이에 만연하거니와 정치권 역시 그 여론을 무시할 수 없다면, 평가원으로서는 선택지가 많지 않습니다. 김성열 평가원장은 "내년에는 학생들이 수능시험을 어렵지 않게 느끼도록 출제 방향을 전환할 것"이라고 입장을 표명했다가, 다음 해 2월에는 사임을 택하고 맙니다.

그런데 묘한 점은 김성열 평가원장이 지휘한 2009학년도부터 2011학년도의 수능은 발상과 논리력 면에서 탁월했다는 것입니다. 평가원장 스스로도 "수능시험은 암기력 테스트가 아니라 사고력 평가"임을 밝히며 '이해와 응용'이 중요하다고 강조한 바 있고요.[27] 사교육에서는 비슷한 수준의 문항을 찾아볼 수조차 없었으니 유사 문항을 수백개씩 풀어 접근법을 외우는 대비법은 원천적으로 불가능했지요.[28]

---

27 「"수능, EBS와 70% 확실히 연계 … 동일한 문제는 출제 안 해"」, 『조선일보』 2010. 5. 27.

28 물론 이는 수능 제도가 성숙기에 접어들고 평가체계에 기틀이 잡혔음에도 불구하고, 사교육이 그 체계를 온전히 파악하지 못했던 과도기였던 까닭에 가능한 현상이었기도 합니다. 이후 자세히 논하겠지만, 지금은 2010년대 초반과는 제반 환경이 달라진 만큼 그 시절로 돌아가자는 식의 회고주의적 접근만으로는 유의미한 효과를 거두기 어렵습니다.

킬러 문항 사태

이쯤에서 2023년 6월의 킬러 문항 사태를 돌이켜 보겠습니다. 당시 대통령실은 '학교 교육과정에서 다루지 않는 내용을 수능 문제에 출제해서는 안 된다, 고액 사교육을 받아야만 풀 수 있는 문제를 수능에 내는 것은 공정과 상식에 위배된다'고 지적하면서 '킬러 문항 배제'를 지시했습니다. 특히 비문학, 과목 융합형 등의 문제 유형은 아예 출제하지 말 것을 지시했지요.

그렇게 6월 모의평가가 시행된 후에는 모의평가에 비문학 유형이 출제되었다는 이유로 평가원장이 사퇴하고 교육부 대입 담당 국장이 경질되는 사태마저 벌어졌습니다.[29] 더 큰 문제는 정작 11월 수능이 이전과 비슷한 기조로 출제되었을 뿐만 아니라 난도마저 상당했다는 것입니다. 국어의 경우 평시 90점대 초반에서 형성되었던 1등급 커트라인이 80점대 초중반으로까지 내려갈 만큼 어려웠고, 수학의 경우 전반적으로 높은 난도를 보여주는 가운데 공통과목 22번 오답률이 98.6%(EBS 기준)에 달했지요.

이런 상황은 멀리에서 보면 촌극이지만 수험생 당사자들에게는 비극입니다. '비문학 출제해서 사퇴한 평가원장은 역대 최초일 것'이라는 조소를 시작으로 무수한 항의 글이 수험생 커뮤니티를 뒤덮었지요. 학생들의 목소리를 요약하자면 아래와 같습니다.

---

29 「[단독] 尹, '비문학·융합형 수능 배제' 이미 지난해 지시」, 채널A, 2023. 6. 17.

(정부 당국이) 6월 모의평가 때는 정답률 낮은 문항이면 무조건 킬러 문항이라고 주장하더니, 9월 모의평가는 괜히 쉽게 냈다가, 정작 11월 본수능은 난도 잔뜩 올려서 뒤통수를 친다. '정답률이 낮은 문제는 있지만 킬러 문항은 아니다'라니 이게 도대체 무슨 소리냐? 문제 보니까 예전이랑 똑같던데?

킬러 문항이 단순히 '교육과정을 벗어나서', 혹은 '정답률이 낮아서' 문제인 것이 아니라는 사실은 1부 전체에 걸쳐 다루어졌습니다.[30] **애당초 킬러 문항이란 학생 당사자들이 '문제의 퍼즐화로 인한 난도 상승 및 그에 따른 사고의 외주화'를 현장에서 체감하며 생겨난 용어인데, 결정권자인 기성세대들은 과거의 인식에만 사로잡혀 있었던 겁니다.** 사태의 본질을 잘못 파악했으니 제대로 된 해결책이 나올 리 없고, '사교육 시장이 덜 발달된 지역의 학생들에게 불이익을 줘서는 안 된다'는 대통령실의 의도마저 무색해진 것이지요.

정답률이 낮은 문항, 교과범위를 벗어난 문항, 퍼즐식 고난도 문항 등은 비슷해 보이지만 사실은 제각기 다른 의미를 지닙니다. 가리키는 바가 다르므로 대응 역시 달라야 합니다. 이로부터 도출할 수 있는 결론은, 교육 문제를 근본적으로 해결하기 위해서는 서로 다른 유형의 어려움과 힘듦을 구분하는 태도가 선행되

---

30 물론 킬러 문항이 사교육 산업의 성장과 밀접한 관련을 맺고 있는 것은 자명한 사실입니다. 사교육과의 직접적 유착 의혹에 대해서는 2부 및 4부에서 중점적으로 다룰 것입니다.

어야 한다는 것이겠습니다.

교육적 성취에 필연적으로 수반되는 어려움과 불필요한 어려움의 차이를 깊이 다룰 차례입니다.

불수능과 어려운 수능은 다르다

'어렵다, 힘들다'라는 말은 부정적인 뉘앙스를 줍니다. 보상이 각별하지 않고서야 일부러 어렵고 힘든 일을 고를 사람은 거의 없지요. 수능을 쉽게 내야 한다는 주장, 공부량을 줄여야 한다는 주장이 그 자체로 엄청난 소구력을 지니는 것은 이 때문일 겁니다.

그러나 학습에는 기준선이 존재합니다. 변화율의 의미를 이해한다거나 미분과 적분의 관계를 알고 활용하는 것처럼, 어떤 분야를 온전히 깨치기 위해서는 반드시 넘어야 하는 관문이 있지요. 이 과정에서 수반되는 고통은 불가피한 것이고, 마찬가지로 대입시험에서도 어려움을 완전히 배제할 수는 없습니다. 대학교라는 고등학습기관으로 향하는 관문을 통과하기 위해서는 목적지에 걸맞은 사고력을 갖춰야 하는 법입니다. 아무리 고등학생 10명 중 7명이 치는 시험이라 해도, 문제가 어려워질수록 하위권 학생들의 부담이 커질지라도 절대적인 기준선은 필요합니다. 그런 부담은 학생들의 학습을 돕고 의욕을 고취하는 방식으로 해결해야 하지, 기준선 자체를 내려선 안 되지요.

따라서 관건은 어려움과 힘듦의 종류를 판별하는 데에 있습니다.

1) (3523.3/x)×327.4+552=2059.88일 때, x의 값을 계산기 없이 구하시오.

2) 흄은 미래에 대한 귀납 추론은 순환논증이므로 논리적으로 정당화될 수 없다고 주장했다. 이때 미래에 대한 귀납 추론에는 어떤 전제가 함축되어 있는지 추리하고, 그것이 순환논증이 되는 이유를 설명하시오.

이 두 문제는 까다롭습니다. 그러나 똑같은 방식으로 까다로운 것은 아닙니다. 1번 문제는 초등학교 교육과정 내의 지식을 묻고 있지만, 그 형식상 수학과 교수라도 짜증을 느낄 만합니다. 반면 2번 문제는 학부 저학년 수준의 과학철학을 묻고 있지만, 해당 분야에 식견이 있는 사람이면 한 문단 내로 간략한 설명을 끝마칠 수 있습니다. 논리학의 기초를 알고 추론 능력이 각별한 사람은 흄의 주장을 정확히 모르더라도 답을 알아낼 테고요.

즉, 시험의 난도가 올라가는 데에는 두가지 원인이 있습니다. 하나는 형식의 난해함 때문이고 다른 하나는 지식과 논리의 깊이 때문이지요. 그렇다면 현행 수능은 어떤 갈래에 속할까요. 2장과 3장에서 거듭 살폈듯이, 전자입니다. 평가원은 복잡한 퍼즐식 문항을 도구 삼아 점수 분포를 조절하고 있지요. 등급 커트라인에만 주목하면 '약한 불수능'과 적당한 난이도 사이를 오가는 것처럼 보이지만, 퍼즐을 걷어내고 그 뒤편의 지식과 논리를 들여다보면 더없이 쉬운 수능이 된다는 겁니다. 즉, 지금의 수능은 '불수능'일지 몰라도 '어려운 수능'일 수는 없습니다.

시험이 어려운 것 자체는 잘못이 아닙니다. 그럴 필요가 없는 대목에서 어려워지고, 정작 학습 목표를 최소한이라도 달성했는지 면밀히 검증할 필요가 있는 대목에서는 한없이 쉬워지면서 교육의 본질로부터 멀어지는 것이야말로 잘못입니다. 형식과 내용을 구분하지 않으면, 점수 분포를 통해 포착되는 체감 난이도와 사고의 깊이를 대언하는 실제 난이도를 구분하지 않으면 이런 사실들을 결코 알 수 없습니다. 만점자가 몇명이었는지, 1등급 커트라인이 몇점이었는지 따위로 적절성을 논하는 태도가 해로운 이유입니다.

상대적인 커트라인은 얼마든지 바뀔 수 있습니다. 진보 교육계가 문제시하는 '객관식·단답형 위주 시험' 또한, 출제의 목적이 교육을 올바로 겨눌 경우에는 유용한 수단으로 쓰일 수 있습니다. 다만 교육이라는 목적에 충실한, 일관적이면서도 내적인 정합성을 지니는 원칙이 필요합니다. 학생들은 시험에 맞춘 공부를 하기 마련이며, 그 점에서 시험의 설계는 교육의 문제가 되기 때문입니다.

출제하는 측은 소신껏 문제를 낼 수 있어야만 하고, 받아들이는 측은 점수 분포나 등급 커트라인에만 주목하는 대신 "학습 수준을 검증하는 데에는 어떤 문항 유형이 적합한가? 아이들은 이 시험을 준비하기 위해 어떤 공부를 하고 있는가? 시험을 어떻게 설계해야만 바람직한 학습과 발달을 유도할 수 있는가?"를 물어야 합니다. 그리고 이것의 공통 기반이 될 만한 교육철학을 정립하고 서로 공유해야 합니다. 그러지 않으면 평가원장을 얼마나 자주 갈아치우든 간에, 교과범위와 응시 영역을 얼마나 자주 개편하든 간에 똑같은 결과를 마주하게 됩니다.

쉬운 길은 없다

먼 옛날, 어떤 왕이 아들들의 능력을 시험하고자 그들을 모아놓고 뒤엉킨 실뭉치를 풀어보라 명했다고 합니다. 그런데 다른 모두가 실타래를 부여잡고 끙끙대는 동안, 둘째 아들은 대뜸 칼을 가져오더니 실뭉치를 싹둑 자르고는 "어지러운 것은 베어야 합니다!"라고 외쳤다는군요. 쾌도난마(快刀亂麻)의 어원입니다.

이 사자성어는 근래 들어 '난제조차 막힘없이 풀어나가는 상황, 속시원한 답을 주는 상황' 등을 일컫는 말이 되었습니다만, 원래는 폭정과 무모함을 경계하는 말이었다고 합니다. 이처럼 옛사람들은 '쉬운 길은 없다'는 사실을 잘 알고 있었습니다. 문제를 단칼에 베어낼 수 있다는 주장들은 얼핏 보기에 매혹적일지라도 결함을 숨기고 있기 마련이지요. '정시 100%화'나 '수능 자격고사화' '바칼로레아식 논·서술형 시험 도입' 등의 해결책을 선뜻 채택하기 어려운 이유입니다.

명쾌한 설명과 이분법을 경계해야 하는 이유도 동일합니다. 무엇은 좋고 무엇은 나쁘다 하는 단선적인 구분으로는 현실의 역동에 올바로 대처할 수 없기 때문입니다. 하나의 결과에는 수십 가지의 요인이 맞물려 작동하며, 반교육적인 결과에도 종종 좋은 면이 숨어 있습니다. 예컨대 2장에서는 '국어를 공부하면 점수가 오르는 과목으로 탈바꿈시킨 까닭에 과목의 퍼즐화가 진행되었다'고 설명했습니다만, 그러한 특성이 중하위권 학생들에게 동기를 부여한 것도 사실입니다. 그 이전의 수능은 IQ 테스트로서의 성격이 짙었던 탓에, 의욕에도 불구하고 좌절하는 학생들이 곧잘 생겨났으니까요.

결국 교육에 대한 기준을 바로세우기 위해서는 현실을 복합적으로 고려할 필요가 있습니다. 매력적인 구호와 그럴듯한 해외 연구를 따라가는 대신, 한국의 여건하에서 어떤 일이 일어나는지 살피고 당사자들의 의견을 폭넓게 들어야 하지요. 그 현상과 의견 밑에서 작동하고 있는 요인들을 고려해야 하고요. 이는 '한순간에, 손쉽게' 끝마칠 일이 아니거니와, 더 나아가 '끝마칠' 일조차 아닙니다. 새 시대에는 새로운 교육이 필요한 만큼, 교육철학을 정립하고 그 기준을 통해 지금의 제도를 감시하는 작업은 언제나 새롭게 이루어져야 하기 때문입니다.

그리고 여기에는 국민의 역할이 크게 작용합니다. 평가원뿐만 아니라 교육부도 결국은 공무원 조직이므로 외적인 동력이 뒷받침되지 않는다면 과단성을 보이지 못합니다. 외적인 동력이란 무엇일까요. 정치권의 의지입니다. 정치권의 의지는 어디에서 나올까요. 국민의 첨예한 문제의식으로부터 나옵니다. '우리 가족 대입만 잘 넘기면 입시 고민은 끝난다'는 마음가짐이나 '다른 나라는 이런다던데 우리나라는 이게 뭐냐'는 시선 이상이, 한국이라는 조건을 직시하고 거기에 기반한 공동체의 지속을 염려하는 태도가 필요한 것입니다.

2부로 나아가기에 앞서

1부에서는 제도로서의 수능을 중점적으로 다루며, 그 실패에 어떤 요인이 작용했는지를 살폈습니다. 그리고 명쾌한 해결책이 없는 사안인 만큼 복합적이고 폭넓은 시야가, 일관적인 교육철학이 필요하다고 주장했지요. 그 점에서는 평가원의 책임은 물론이고 국민 모두의 역할도 빼놓을 수 없으리라고 말했습니다.

그런데 이 처방에는 사교육의 역할이 빠져 있습니다. 일단은 어쩔 수 없는 일이긴 합니다. 개인의 자유를 보장하는 사회에서 특정 표현을 무턱대고 금지시킬 수는 없고, 사교육 관계자들에게 공교육 종사자들만큼의 의무를 부과할 수도 없으니까요. 또한 강사들이 학생들에게 선택받기 위해 수능 해킹을 연구한 것은, 시장경쟁이라는 측면에서는 더없이 합리적인 일이 됩니다.

하지만 '수요에 발맞추었을 뿐'이라는 이유가 사교육에 무조건적인 면죄부를 부여하지는 못합니다. 그렇게 치면 18세기 서양의 방직공장에서 일어난 착취와 불공정도 동일한 논리로 덮을 수 있을 테니까요. 각각의 시장은 내부적으로는 가치중립적인 이윤을 추구하는 듯 보일지라도, 사회의 일부로 자리매김한 점에서는 가치판단의 대상이 됩니다.

이러한 맥락하에, 2부부터 4부까지는 사교육 산업과 시장의 톱니바퀴들을 다루는 동시에 시장의 문제를 사회 전체의 문제로 확장시켜 들여다보고자 합니다. 그리고 확장된 렌즈를 통해 교육에 대한 1부의 주장을 재확인하고 공교육과 제도 전반에 대한 논의로 발전시킬 것입니다. 이때의 키워드는 '수능 콘텐츠' '사교육 고도화' '과잉' '공부의 문화화', 그리고 '열망'입니다.

막간

사교육비 규모가 역대 최대를 기록한 이 시점에 믿기 어려운 일이지만, 2010년대 중반까지만 해도 모두가 '사교육의 종말'을 이야기하고 있었습니다. 손주은 메가스터디 회장조차도 예외가 아니었지요.

손주은 메가스터디 회장은 14일 "좋은 대학을 졸업했다고 좋은 직장에 들어가고 성공하는 시대는 지났다"며 "사교육이라는 말은 10년 후면 사라질 것"이라고 말했다. (…) 그는 "대학들이 신입생의 55%를 학교생활기록부를 근거로 선발하고 EBS 등을 통해 수능시험을 출제하는 상황에서 사교육의 효과는 크지 않다"며 "이는 서울 강남권 학생들의 부진한 입시 결과를 봐도 알수 있다"고 말했다. (…) 손회장은 국내 사교육의 중심이 청장년층이나 노년층으로 옮겨갈 것이라고 전망했다.[31]

사교육 종사자가, 그것도 '인터넷강의 산업의 아이콘'이 한 말을 어떻게 곧이곧대로 믿냐고 반문할 분이 계실지도 모르겠습니다. 그렇지만 이 발언이 나온 2016년 초의 상황을 보면, 이렇게 말할 만한 이유가 있었습니다.

2015년의 사교육비 총액은 2007년 조사 시작 이후 역대 최소치인 17조 8000억원을 기록했습니다. 고등학생의 1인당 사교육비 역시 23만 6000원으로, 2007년의 19만 7000원에 비해 8년간 연평균 약 2% 상승했으니 물가상승률을 고려하면 정체된 것이나 마찬가지였지요.[32] 즉, '사교육의 종말이 임박했다'는 믿음은 손주은 회장 개인의 것만이 아닌, 당시 대중의 총의에 가까웠습니다. 학령인구 감소로 수험생 규모가 줄어들 예정이었고 수시 비율 또한 증가하고 있었지요. 학생부종합전형 덕분에 학생들이 수능 대비 사교육을 받지 않더라도 고교 생활에만 충실하면 대입이 해결되리라는 전망이 제시되었습니다. 통계도 이런 주장을 뒷받침했으니 모든 것이 괜찮아 보였습니다.

누가 보더라도, 입시 사교육은 저무는 해였습니다. 그러나 그 예상을 가볍게 비웃듯 2016년부터 초·중·고 사교육비 추이는 증가 추세로 반전됩니다. 그것도 모자라 사교육비 총액이 전년 대

---

31 「손주은 메가스터디 회장 "사교육이라는 말, 10년 후면 사라질 것」, 『한국경제』 2016. 1. 15.

32 통계청 「2007년 사교육비실태조사 결과」, 2008. 2. 22; 「2015년 초중고 사교육비조사 결과」, 2016. 2. 25.

비 7.8% 증가한 2019년부터, 사교육비 총액은 고삐가 풀린 것마냥 질주를 시작합니다. 2020년 코로나로 인해 7.8% 감소하며 잠시 숨을 고른 뒤, 서문에서 짚은 것처럼 2021년에는 급기야 21.0% 늘어난 23.4조원, 2022년에는 10.8% 증가한 26조원으로 연달아 역대 최고액을 경신합니다.

당연하게도, 학령인구가 감소했으니만큼 고교생 1인당 사교육비 지출 액수는 더욱 가파르게 증가했습니다. 2015년의 23.6만원이었던 1인당 사교육비는 연평균 약 10% 증가해 2022년에는 46만원까지 늘어, 거의 2배가 되었지요. 이는 뒤에서 설명할 '무한 N수' 시대의 N수 누증(累增)과 콘텐츠 시장의 폭발적 성장이 반영되지 않은 수치입니다(해당 통계의 사교육비란 그 정의상 '초·중·고 재학생의 학원, 개인과외, 그룹과외, 방문학습지, 인터넷 및 통신강좌 등의 수강료 지출 비용'을 의미하는 것으로, 교재비 및 재수학원 비용 등은 통계에서 누락되게 됩니다).

도대체 무슨 일이 일어난 것일까요?

지금부터 펼쳐질 논의는 이 의문을 하나하나 풀어가는 과정입니다.

우선 2부에서는 '콘텐츠 시대로의 변화'와 '수험생 커뮤니티의 대두'를 중심축 삼아, 사교육의 변천사를 풀어갈 것입니다.

3부에서는 '서울과 비서울의 수능 성적 격차 확대' '문제풀이 위주 학습의 보편화' '무한 N수', 그리고 앞서 1부에서 살펴봤던 '수능 해킹'이 '사교육 고도화'라는 키워드를 구심점으로 엮여 있음을 논할 것입니다.

4부에서는 사교육 고도화로 인한 현상을 살핍니다. 원칙적으로는 공부에 전념해야 할 수험생들까지 수능 콘텐츠 제작에 동원되어 공부와 노동이 구분되지 않고, 한편 N수생의 노동으로 인해 N수생이 증가하는 악순환의 존재를 논합니다. 나아가 이런 상황이 수험생 당사자와 사교육 종사자들의 직업 안정성과 건강까지 위협하는 상황에서도, 당사자들의 분노가 착취적인 사교육 업계가 아닌 공적 시스템을 향하고 있음을 지적합니다. 또한 그 분노가 형성되는 과정에서 수험생 커뮤니티가 중요한 역할을 하고 있음을 살핍니다.

그리고 5부에서는 최종적으로 이런 사태의 근본적인 원인이 '공교육의 구조적 무기력으로 인한 학생의 좌절' '당사자와의 소통 없이 부주의하게 설계된 제도', 무엇보다도 '대학의 탐욕과 편의주의'에 있음을 밝히고, 6부에서는 공교육, 정확히는 교육을 바로세우는 것만이 해답임을 언급하며 논의를 정리할 것입니다.

이 과정에서 동원되는 특정 학원 및 대치동 사교육에 대한 서술은 종종 "그래서 하고 싶은 말이 무엇인가? 대치동 사교육이 최고이니 수험생을 대치동에 보내란 말인가?"라는 의구심을 불러일으킬 수도 있습니다. 그러나 해당 사교육 업체들이 실제로 입시 경쟁에서 압도적인 우위를 점하고 있으며 그 우위가 문제 상황의 중추라면, '사교육이 없더라도 수능에서 고득점을 거둘 수 있다'는 진단이야말로 부적절한 것이 됩니다. 그것은 현실을 외면하는 이상론이며 기만입니다. 이 책은 이상론이나 기만과 거리를 두면서, 현장과 실질을 비판적인 시선으로 바라보는 데에 목적을 두고 있습니다.

짧지 않은 여정이겠으나, 읽는 이 스스로의 경험과 이 책의 문제의식을 조합하여 따라가다보면 '도대체 무슨 일이 일어났는지' '정확히 무엇이 문제인지'에 대한 답을 얻어갈 수 있으리라 확신합니다.

2부

사교육의 지각변동

수험생 커뮤니티의 출현과 사교육의 공진화

1. 저자와 강사의 이분법

사교육의 특징은 무엇이며, 공교육과 사교육은 어떻게 구분될까요?

교육학용어사전은 공교육을 '국가나 지방 교육 당국에 의하여 설립되어 운영·관리되는 학교교육'으로 정의합니다. 꽤나 제한적이지요. 강남구청 인터넷강의나 EBS 등의 공공서비스도 넓은 범위의 공교육에 포함시킬 수 있겠지만, 여전히 좁은 범주입니다. 그 범주를 제외한 나머지가 모두 사교육인 셈입니다.

이때 26조원 규모의 초·중·고 사교육비 총액에는 피아노 학원, 독서논술, 중국어 과외 등 각양각색의 교육 상품들에 대한 비용이 고루 포함되어 있습니다. 논의 대상을 고등 사교육으로 국한하더라도 그 종류가 상이하기는 마찬가지입니다. 메가스터디 인터넷강의의 1타 강사와 대학생 과외 선생님을 비교할 수는 없고, 『수학의 정석』과 『서바이벌 모의고사』는 완전히 다른 콘텐츠니까요.

따라서 '사교육은 이렇다'는 규정을 명확한 방식으로 내리기는 어렵습니다. 이토록 다양한 상품을 묶어주는 것은 교육과정에 포함되지 않았다는 공통점 하나뿐이기 때문입니다. 다만 논의를 진행시키기 위해 임의의 구분선을 설정하자면, 그 경계는 강의와 교재 사이에 그어질 것입니다. 인터넷강의든, 동네 학원이든, 대학생 과외든 간에 강사는 강의를 합니다. 『서바이벌 모의고사』든, 『수학의 정석』이든, 『쎈수학』이든 간에 저자는 교재를 저술합니다. 강사가 저자를 겸하는 경우도 많습니다만 어쨌거나 고교 사교육의 상품은 '강사의 강의'와 '저자의 교재'로 이분되는 것입니다.

그런데 지금껏, 저자와 교재는 논쟁의 중심부로부터 멀찍이 물러나 있었습니다. 사교육을 논할 때면 강의에만 스포트라이트가 주어졌다는 것입니다. 「SKY 캐슬」도, 고액 비밀 과외도, 인터넷 강의도, 노량진과 대치동도, 종로학원과 강남대성학원도 모두 강사들의 영역입니다. 언론의 펜 역시 그쪽을 겨눕니다. '매달 수백만원씩 나가는 학원비'나 '하루에 8시간씩 학원에 갇혀 있는 아이들' 같은 로그라인은 이야기를 만들어내기도 좋고 장면을 그리기도 쉽지만, 교재와 저자를 대상으로 한 것은 아니기 때문입니다. 교재는 결국 책의 일종입니다. 사물입니다. 학생이 펼치기 전까지는 백지와 다를 바 없고, 스스로 펼쳐져서 사람들을 겁박하고 다니지도 못합니다. 게다가 수험서 가격이래봐야 권당 2만원 남짓이니 그 각각만 보면 학원비에 비해 많아 보이지도 않습니다.

저자로서의 정체성이 희박하다는 점도 고려할 만합니다. 이 정체성이란 에고나 인격성 등으로 바꾸어 이해할 수 있는 것입니다. 우선 쓰는 사람의 입장에서 생각해보겠습니다. 2010년대 중후반부터는 별다른 이력 없이 교재 출간에 나서는 사례가 늘었지만, 저자란 기본적으로 자격요건이 강하게 요구되는 직역이었습니다. 노량진의 유명 강사라거나, 교직에 오래도록 몸담았다거나, 대기업 무역 부서에서 근무하며 실전 영어를 갈고 닦았다거나 하는 증명이 필요했다는 것입니다. 따라서 교재 집필을 통해 일가(一家)를 이룬 수준이 아니라면 기존의 커리어를 저자로서의 자의식에 앞세우기 마련입니다. 한편 배우는 입장에서도 저자를 의식하기는 어렵습니다. 강의를 듣는다면 반드시 강사를 알게 되는 반면, 교재는 저자를 몰라도 읽을 수 있도록 쓰이기 때문입니다. 『쎈수학』은 4천만부가 팔려나갔지만 사람들이 저자인 홍범준을 아는 경우는 거의 없으며, 지은이가 '○○교육연구소'로 기재된다면 누가 참여했는지조차 모르게 됩니다.

물론 오랜 과거로 거슬러 올라가면 저자들이 강사 이상으로 주목받던 시대도 있었습니다. 1950년대부터 80년대까지는 분명히 그랬습니다. 1950년대 말에 쓰인 『영어실력기초』가 500만부 이상 팔려나가며 저자인 안현필은 일약 갑부가 되었고, 『성문종합영어』의 송성문과 『수학의 정석』의 홍성대 또한 이 시기에 등장했지요. 이러한 스타 저자들은 강의 또한 겸직했지만 사람들의 기억에는 저자로 남았습니다. 즉, 저자가 주목받는 시대와 강사가 주목받는 시대가 따로 있었던 셈입니다. 이 차이는 어디서 오는 것일까요. 시대라는 단어에 정답이 있습니다.

저자 시대에서 강사 시대로

1962년 6월, 송요찬 내각수반은 개풍그룹의 이정림이나 금성방직의 홍재선 같은 거물 기업인들을 초청합니다. 그러고는 10시에 중대 발표가 있으니 함께 듣자며 라디오를 가져오지요. 중대 발표란 바로 제2차 통화개혁을 알리는 임시뉴스였습니다. '환'을 '원'으로 바꾸고 화폐단위를 1/10로 액면 절하하는 리디노미네이션(redenomination)을 단행하겠다는 것입니다. 이렇게나 큰 변화를 공식 발표 직전까지 모르고 있었다는 사실에 기업인들은 큰 충격을 받습니다만, 이제 와서 무를 수 있는 일이 아니었습니다. 군부정권은 각계의 반발을 무릅쓰고 화폐개혁을 밀어붙였지요.

이 에피소드는 사교육 시장의 역사와 직접적인 관련이 없을지라도, 1960년대 전후의 시대상을 집약적으로 보여준다는 점에서는 뜻깊습니다.

첫번째 특징은 불려 나온 기업인의 목록이 현대 한국의 재벌 목록과 영 다르거니와 '금성방직'과 같은 섬유회사가 대기업으로 손꼽혔다는 것입니다. 섬유산업은 노동집약적인 분야인 까닭에 인건비가 저렴한 개발도상국일수록 탄력을 받습니다. 반면 중공업은 어떨까요. 현대자동차는 1967년에 설립 허가를 받았고, 1976년이 되어서야 자체 제작 모델을 처음으로 출시했습니다. 삼성그룹이 전자산업에 진출한 것도 1968년입니다. 당시의 경제적 지형도는 지금과 무척이나 달랐던 셈입니다. 그렇다면 사교육은요? 대한민국에서 가장 오래된 입시학원인 종로학원은 1965년

4월에 설립되었고, 대성학원 또한 그해 5월에 문을 열었습니다.

두번째 특징은 재계와 정계의 거물들조차 당연스럽게 라디오를 듣고 있었다는 것입니다. 그렇다면 서민층의 처지는 그보다 한참이나 못할 것이 분명합니다. '개인 방송'과 '인터넷 방송'이 일상화된 지금으로서는 상상하기 어려운 일입니다만, 당시에는 텔레비전은 물론이고 개인용 라디오부터가 낯선 것이었습니다. 1970년이 되어서야 1가구당 1라디오가 보급되었고, 이때 가구당 텔레비전 보급률은 6.3%에 불과했지요. 그렇다면 원격 강의는 어떻게 진행되었을까요? 애당초 그런 서비스가 없었습니다. 1970년대의 라디오 교육방송은 기껏해야 초등학생 눈높이에 맞춰진 수준이었고, 80년대에 들어서야 겨우 '가정고교방송', 즉 고등학생 대상 텔레비전 강의가 출범했지요.

세번째 특징은 당시의 한국이 군사독재 정권하에 있었다는 것입니다. 이들은 좋게 말하면 매사에 과단성을 보였고, 달리 말하면 막무가내식으로 국가를 이끌어나갔습니다. 앞의 2차 통화개혁 사태만 해도 그렇습니다. 거물 기업인들은 물론이고 민병도 당시 한국은행 총재마저 공식 발표 직전까지 그런 상황은 상상조차 하지 못하고 있었습니다. 국가 중대사인 통화개혁마저 이렇게 처리되는 판에, 가뜩이나 눈엣가시인데다 규모도 작은 사교육은 아무렇게나 휘둘릴 수밖에 없습니다. 1979년에는 수도권 인구 재배치 계획에 따라 재수학원들이 사대문 바깥으로 쫓겨났고, 수강생 정원도 한동안 제한되었습니다. 이어지는 1980년에는 전두환 신군부의 7·30 교육개혁 조치로 고등학생 대상 사교육이 전면적으로 금지되었지요. 이 금지령은 10년이 지난 1991년이 되어서야 전면적으로 해제됩니다.

정리하자면 1960년대 전후는 대한민국이 개발도상국에 머무르던 시기이자 갖가지 시행착오를 거치던 시기입니다. 체계화된 사교육 시스템은 존재할 수 없었지요. 그 소비층 또한 얇았습니다. 수강료를 내고 강의실에 앉을 여력조차 없는 사람이 절대다수였던 겁니다. 방송 인프라가 부족하니 TV 강의를 기대할 수도 없고요. 이러한 시대적 상황하에서는 전국적으로 이름을 떨치는 강사가 나오지 못합니다. 반면 저자들은 책을 썼습니다. 출판의 힘은 인프라가 부족할수록 강해집니다. 책은 읽거나 옮기는 데 값비싼 수상기나 대규모 기지국이 필요하지 않기 때문입니다. 썩지도 않습니다. 남이 쓰던 것을 물려받을 수도 있고, 하다못해 버려진 것을 주워서 읽는 일도 가능합니다. 게다가 대다수의 수험서는 독학을 전제로 쓰이니만큼 정권의 심기를 건드릴 일이 없습니다.

결국 '스타 저자'들의 등장 시기가 1960~70년대에 집중된 데에는, 90년대가 되어서야 1세대 '스타 강사'들이 나타난 데에는 이런 배경이 있는 셈입니다. 기술 발전과 인프라 개선, 그리고 정치 구조의 변화가 맞물려 시장의 중심축이 이동한 것이지요. 즉, 한국사회는 1990년대를 기점으로 급격한 변화를 겪었고, 사교육 시장은 그 흐름 속에서 새로운 형상을 갖췄습니다. 여기에 IT 열풍과 '스타 인터넷 강사'의 등장이 가세하면서, 사교육 시장에서 저자의 존재는 갈수록 희미해졌습니다. 2010년 전후 영역별 1타 인강 강사로 이름을 날렸던 이근갑, 박승동, 김기훈만 하더라도 강의 내용이나 방식으로 유명했지, 강의용 교재는 별반 주목을 끌지 못했습니다.

그 점에서 2023년 6월의 킬러 문항 사태는 가히 상징적이라고 할 만합니다. 당시 대통령이 문제삼은 것은 강의가 아니라 문항이었습니다. 그 문항을 만든 사람들이었습니다. 언론들도 시선을 돌려 모 유명 학원은 '교재비로만 많을 땐 월 100만원씩 받는다'는 보도를 쏟아내기 시작했지요.[1] 반가운 종류의 관심은 아닙니다만, 근 30년 만에 저자들이 스포트라이트를 되찾은 것입니다. 1990년대부터 강사들의 존재감이 급격히 커진 것이 시대적 필연이었듯이, 저자들의 귀환 또한 그렇습니다.

저 문항은 해로운 문항이다

공교육 교과과정에서 아예 다루지 않는 비문학 국어 문제라든지 학교에서 도저히 가르칠 수 없는 과목 융합형 문제 출제는 처음부터 교육 당국이 사교육으로 내모는 것으로서 아주 불공정하고 부당하다. 국민들은 이런 실태를 보면 교육 당국과 사교육 산업이 한통속이라고 생각하게 된다.[2]

---

1 「학원들 '킬러 문항 마케팅' … 문제집 만들어 월 100만원씩 받아」, 『조선일보』 2023. 6. 20.

2 대통령실 공식 브리핑, 2023. 6. 16.

보통 공교육 교과과정 밖에서 복잡하게 출제되는 킬러 문항은 학생들을 사교육으로 내모는 '주범'으로 지목되는 초고난도 문제를 가리킨다. (…) 사교육 시장에서 '킬러 문항 하나가 1조원짜리'라는 말이 나돌 만큼 학원들은 이런 문제 풀이 노하우를 강점으로 부각하며, 막대한 이익을 거두는 것으로 알려졌다. (…) 지난주 교육부 대입 담당 국장을 전격 경질한 윤대통령은 오는 9월 모의고사와 수능에서 비문학·교과 융합형 문제 등 복잡한 킬러 문항을 빼라고 거듭 당부한 것으로 전해졌다. 장기적으로는 킬러 문항을 통해 손쉽게 수능 변별력을 확보해온 교육 당국과 족집게 수능 기술로 배를 불려온 학원가 사이의 '이권 카르텔' 해체에 초점을 둘 것으로 보인다.[3]

2023년 6월 당시 윤대통령은 사교육 부담의 원인으로 '공교육 과정 바깥에서 출제되는 고난도 수능 문항'을 지목했습니다. 사교육 업계와 교육 당국 간에 유착이 있다고도 지적했지요. 이어지는 28일과 30일에는 유명 사교육 업체와 스타 강사를 대상으로 한 세무조사가 시작되었고, 8월 1일부터 14일까지는 교육부 주도하에 교원 자진신고 기간이 운영되었습니다. '사교육 카르텔'에 속한 교사들은 손을 들라는 것입니다. 297명의 자진신고가 접수됐고, 건수는 총 768건이었다고 하는군요. 모의고사 출제와 교재 제작이 각각 537건과 92건입니다.[4] 겸직허가를 받지 않은 사례는

3 「대통령실, 수능서 '킬러문항' 배제 방침 … 9월 모평부터 시행」, 연합뉴스, 2023. 6. 19.
4 수학 영역이 아니라면 저자 1인이 1회분 모의고사 전체를 출제하는 경우는 흔치 않습니다. 예컨대 국어 영역 비문학의 주제는 철학·경제·법·기술·자연과학 중에서

이 중 341건이고요.[5]

그런데 이런 문제인식이 충분치 않다는 점은 1부에서 이미 보였습니다. '공교육 과정만으로는 풀지 못하는 문제가 출제된다'는 식의 진단은 부분적으로만 진실이거나 사태의 본질을 오해하는 것입니다. 다시금 강조하지만 킬러 문항은 '교육 범위 바깥에서 출제되어, 사교육 없이는 풀 수 없는 문제'와 거리가 멉니다. 단순히 어려워서 잘못인 것이 아니거니와 출제 내용 또한 대학교 과정과 같은 '교과 외 내용'이 아닌 고교 교육과정에 토대를 두고 있습니다. 다만 교과범위는 줄이고 상위권 변별력은 유지하는 흐름 속에서, 문제풀이 요령이 과도하게 강조되며 시험의 퍼즐화가 진행되었다는 것이 핵심입니다. 그래서 고난도 퍼즐의 해법을 숙달하고 체화하기 위해 출제원리를 공유하는 실전모의고사들이 필요해진 것입니다.

따라서 '교육 당국과 학원가가 이권 카르텔을 맺고 있으므로 문제를 유출하는 교사를 잡아내면 수능이 정상화된다'는 식의 접근은 구태의연합니다. '비밀 고액 과외'나 '족집게 강사'를 설명할 때와 같은 논리로 고도화된 사교육을 이해하려 한다는 점에서 그렇습니다. 이것이 개인의 일탈만으로는 존속할 수 없는, 체계화되고 조직화된 시장이자 산업이라는 사실을 상상하기 어려운 까닭에 익

4개가 선택되는데, 한 사람이 이 모두를 알 수는 없으므로 분업이 이루어집니다. 따라서 적발된 '모의고사 출제 537건'은 537회분의 모의고사를 말하는 것이 아닐 공산이 큽니다. 개별 문항 계약과 장기 출제 계약이 뒤섞여 있을 것입니다.

5 「현직 교사 297명, 학원에 킬러문항 팔아 … 5년간 5억 받기도」, 『조선일보』 2023. 8. 24.

숙한 설명틀을 가져오는 것입니다. 김행 전 국민의힘 비대위원의 발언이 이런 인식을 여실히 보여줍니다.

> 지금 연봉 300억, 400억대 1타 강사가 '킬링 캠프'라는 것을 운영하면서 학생들한테 500만원씩 받고 킬링 문항만 가르치는 캠프가 이게 좌파 이익 카르텔이라는 거예요.[6]

> 뭐 올케어팀 이렇게 다양한 형태를 통칭 우리가 킬링 캠퍼스(라고 부릅니)다. 킬링 문제만 뽑아주는. 이게 밤 10시 이후에 스터디카페 또는 프리미엄 독서실이 따로 있대요, 학원 내에.[7]

그런데 김행의 설명과 달리, 연봉 수백억대의 1타 강사가 운영한다는 '킬링 캠프'는 물리적인 캠프가 아니라 실전모의고사 교재의 이름입니다. 메가스터디 사이트에서 손쉽게 구매할 수 있고, 금방 택배로 날아옵니다. 저 발언이 나온 2023년 강의를 기준으로 하면 교재 가격은 6만 9000원인데, 모의고사 6회분이 합본되어 있으니 회당 1만 1500원 꼴입니다. 교재 풀이 강의는 6만 3000원이므로 둘을 합하더라도 15만원을 넘지 않습니다. '학생들한테 500만원씩 받고 킬링 문항만 가르치는 캠프'와는 완전히 다

6 「사교육 카르텔 文정부 탓? … 김행 "전 정부서 평가지수 없애 … 사교육비 26조 심각"」, YTN, 2023. 6. 23.
7 「[최강시사] 김행 "일타강사들, 킬링○○ 무한복제 … 통계도 안 잡혀"」, KBS, 2023. 6. 29.

르지요.

다른 교재들도 가격대가 엇비슷합니다. 인터넷 서점의 검색창에 '실전모의고사'를 쳐 넣기만 하면 다양한 교재를 확인할 수 있습니다. 『2024 이해원 모의고사 시즌 4 실전모의고사』의 경우 정가 2만 5000원, 10% 할인하여 실구매가 2만 2500원입니다. 3회분이니 회당 7500원이지요(이후부터는 회당 실구매가만 나열하겠습니다). 『2024 샤인미 모의고사 수학영역 3회분』은 회당 6000원이고, 『2024 DCAF 생명과학 1 Trailer 모의고사 Season 2』는 회당 6600원, 『2024 이로운 모의고사 시즌 2』는 회당 5940원으로 모두 회당 6천~7천원 선입니다.

나열된 교재들은 모두 킬러 문항 사태의 주범으로 지목된 학원에서 발간된 것입니다. 정확히 말하자면 유명 출제팀들이 '시대인재학원' 체인과 제휴를 맺고 모의고사 문항들을 납품하는데, 해당 학원은 '시대인재북스'라는 출판 임프린트도 운영하고 있습니다. 따라서 어떤 문항은 시대인재학원 내부 콘텐츠인 **시컨**으로 들어가고 어떤 문항은 시중에서 판매되는 교재인 **시중컨**이 되지요. 한편 강사가 출간하는 모의고사는 **강사컨**으로 불립니다.

강사컨은 1타 강사라도 회당 1만원 전후, 시중컨은 회당 7천원 전후에서 가격이 형성됩니다. 그렇다면 시컨의 가격은 얼마일까요? 학원 교재비는 일괄적으로 계산되는 까닭에 적정가 산정이 어렵지만, 중고거래 플랫폼의 시세를 통해 시컨의 가격이 전반적으로 시중컨 혹은 강사컨의 가격과 비슷한 선에서 형성된다는 사실을 알 수 있습니다. 물론 회당 6천~2만원이라는 가격이 적절한지는 논의의 여지가 있겠습니다만, 실전모의고사가 비밀 고액 과외와 완전히 다른 방식으로 작동하는 시장이라는 점은 분명합니다.

유명 출제팀들의 면면을 보면 이 점이 더욱 분명해집니다. 언론에서는 현직 교사들이 실전모의고사 출제를 부업으로 삼는 사례만을 강조하지만, 실제로는 탐구나 수학 영역의 경우[8] 20대 초반부터 저자로 이름을 날리는 경우가 절대다수이기 때문입니다. N수생이거나 대학생들이지요. 시대인재북스에서 출간된 『2024 HeLiOS 모의고사 Season 3: TROPHY 화학 1 실전 모의고사』의 저자 소개란을 예시 삼도록 하겠습니다.

Team HeLiOS는 ㈜베라디에 소속된 화학1 출제팀으로, 끊임없는 연구를 통해 수능 화학1을 미리 풀어보는 듯한 실전성을 선사하는 콘텐츠를 제작하고 있습니다.

[출제 및 검토] ○○○ 서강대학교 화공생명공학과 / ○○○ 연세대학교 신소재공학과 / ○○○ 경희대학교 치의학과 / ○○○ 서강대학교 화학과 / ○○○ 서울대학교 화학생물공학부

[출제] ○○○ 연세대학교 의예과 / ○○○ 성균관대학교 전자전기공학부 / ○○○ 한림대학교 의예과 / ○○○ 성균관대학교 자연과학 계열 / ○○○ 연세대학교 의예과 / ○○○ 경북대학교 의예과 / ○○○ 경

8 국어는 출제 난이도로 인해 이야기가 다소 달라집니다. 해당 과목의 실전모의고사 출제자들은 기업형 연구원 소속의 대졸 이상 연구원이거나 직장인·대학원생인 경우가 많습니다. 이 점에 대해서는 4부에서 다룰 예정입니다.

희대학교 한의예과 / ○○○ 연세대학교 시스템생물학과 / ○○○ 성균관대학교 공학 계열 / ○○○ 서울대학교 컴퓨터공학부 / ○○○ 서울대학교

Team HeLiOS가 소속된 ㈜베라디는 시대인재가 100%의 지분을 보유한 종속기업입니다.[9] 마찬가지로 시대인재가 30%의 지분을 보유한 관계기업인 ㈜룰브레이커스북스는 서울대학교 재학생 위주로 구성된 과학탐구 출제팀이고요.

뭔가 이상합니다. 언론은 교사들이 킬러 문항 제작을 주도하는 것처럼 묘사하는데, 정작 유명 학원 체인은 대학생이 주축인 출제팀을 여럿 보유하고 있는 겁니다. 마찬가지로 학원과 강사들은 공식 홈페이지에서 수시로 '문항 공모'를 받습니다만, 여기에도 별다른 자격 제한은 없습니다. 좋은 문제면 채택되는 것이고, 아니면 반려될 뿐이지요. 이 책의 두 공저자(문호진 및 단요) 역시 교직이나 평가원과는 아무런 관련이 없는 상태로 실전모의고사 업계에 몸담았습니다.

그렇다면 이쯤에서 의문이 생길 만합니다. 대부분의 실전모의고사 저자들이 교사가 아니라면, 심지어 별다른 이력이 없는 대학생에 불과하다면 이들은 어디에서 평가원의 출제원리를 배우는 것일까요? 대학생 출제팀은 어떻게 모이는 것일까요? 이들은 어떻게 저작물을 발표하고 명성을 얻을까요?

9 시대인재학원 체인은 법인명 ㈜하이컨시로 사업을 영위하고 있습니다. 8기 연결감사보고서 기준.

정답은 인터넷의 수험생 커뮤니티입니다. 인터넷의 대중화가 스타 인터넷 강사를 만들어냈듯이, 인터넷 커뮤니티의 확장이 출제 문화의 형성에 기여한 것이지요. 아래는 대형 수험생 커뮤니티인 '오르비스 옵티무스', 짧게 줄여 '오르비'에 올라온 출제진 모집글입니다.

> 안녕하세요, 짱르비북스예요!
>
> 올해는 어느 해보다 많은 저자 지원서를 받아서 『PIRAM 국어』 『나랏말쌈』 『국어 문법충 N제』 『물리1 천향 N제』 등등 새로운 저자들이 데뷔하고, 『출기능수』 『기출로 공략하는 사회』 『루트 생1 모의고사』 등등이 데뷔를 앞두고 있습니다.
>
> "가장 빠른 시간 내에 가장 많이 점수를 올려줄 수 있는 책"이라는 단 하나의 목표로 빠른 성장을 이뤄온 짱르비북스! 올해 모의고사 시즌에도 다양한 신간을 확보하기 위해 새로운 저자분들을 기다리고 있습니다. (…)
>
> 지금 이 글을 읽고 있는 여러분도 이 저자들 중 한명이 될 수 있다구요! 직접 출제한 문제를 수만명의 후배들이 풀어보게 될 거예요!!
>
> 지원방법
>
> 1) 본인의 학력, 경력에 대한 소개,
>
> 2) 오르비 혹은 다른 커뮤니티에서의 활동 경력,
>
> 3) 실전모의고사나 자작 문제 제작 및 배포/투척 경험 등등을
>
> 기재하셔서 *@****.** 로 보내주세요.

※ **학력 제한이 있나요?**

없습니다.[10]

오르비에는 수시로 출제진 모집 공고가 올라옵니다. 모집자는 소규모 팀일 때도 있고, 대형 출판그룹일 때도 있습니다. 고3이나 N수생들이 자작 문제를 업로드한 뒤 동료 수험생들의 평가를 받기도 하고, 공부 칼럼을 쓰다가 수험서 저자가 되는 사례도 많습니다. 한편 오르비는 부속 사이트로 '오르비 닥스'[11]라는 PDF 거래 플랫폼을 운영합니다. 커뮤니티 이용자 개개인이 직접 만든 교재를 업로드한 후, 구매가 발생하면 매출의 50%를 가져가는 구조입니다. 업로드 과정이 어렵지 않으니 시장 진입이 용이한데다가 판매 페이지에 누적인세가 표시되는 만큼 경쟁심을 자극하지요. 실전모의고사 출제는 조직화된 산업인 동시에 소규모 독립 창작, 즉 인디 문화로서의 특성 또한 지닌 셈입니다.

이런 특성은 일견 낯설어 보이지만 사실은 문화산업 전반에서 보편적으로 발견되곤 합니다. 웹툰이 좋은 예시겠지요. 1세대 웹툰 작가들은 원래 개인 블로그나 커뮤니티 게시판에 취미로 만화를 그려 올리던 사람들이었습니다. 그러다가 네이버 등 대형 플랫폼들의 '인재 영입'과 출판만화 시장의 퇴보가 맞물려서, 취미가 업으로 발전한 것이지요. 이렇게 태동한 웹툰 산업은 시간이

10 https://spica.orbi.kr/00022579177

11 https://docs.orbi.kr/docs

흐르며 조직화된 분업 구조와 등용 시스템을 갖추게 됩니다. 네이버는 '베스트 도전' 리그를 통해 아마추어들의 진입을 유도하고, '포스타입'과 같은 창작물 거래 플랫폼은 인디 창작자들의 웹툰 판매를 지원합니다. 실전모의고사 출제도 마찬가지입니다.

그러니 다시금 강조하건대 실전모의고사 출제진들이 수능 원리를 해킹한 것은 족집게 강사나 고액 비밀 과외 따위와는 완전히 다른 이슈입니다. 지난 1부에서는 평가원의 타협적 개입이 수능 해킹을 가능케 했음을 논증했습니다. 2부에서는 수능 해킹을 실현하는 토대, 즉 **출제 문화**와 **수능 콘텐츠 시장**의 역사를 논하고, 3부와 4부에서는 사회 전체의 관점에서 그 둘을 조망하고자 합니다.

중점적으로 다룰 질문은 다음과 같습니다.

ⓐ 수험생 커뮤니티 사이트 기반 출제 문화는 어떻게 형성되었으며, 이 문화는 어떻게 시장을 이루었는가?

ⓑ 그 시장을 뒷받침하는 산업 구조는 어떻게 작동하며, 수요자와 공급자는 어떤 관계를 맺는가?

ⓒ 그 산업은 사회 전체에 대해 어떤 가치와 비용을 안겨다주는가?

우선 다음 장에서 ⓐ **수험생 커뮤니티 사이트 기반 출제 문화는 어떻게 형성되었으며, 이 문화는 어떻게 시장을 형성했는가**를 들여다보도록 하겠습니다. 이런 현상은 2010년대 중후반에 접어들어서야 보편화된 까닭에, 그 역사를 처음부터 따라가지 않는 이상 대다수의 독자분께는 막연하게만 느껴질 것이기 때문입니다.

2. 놀이 문화와 지각변동

인터넷 커뮤니티를 논하기에 앞서 인터넷이 무엇인지를 설명해야 하던 시절이 있었습니다. 꽤나 오래전입니다. 이제는 2020년대가 되었고, 인터넷 커뮤니티는 TV 방송만큼이나 당연한 삶의 일부가 되었습니다. 어쩌면 그 이상일지도 모릅니다. TV는 보지 않더라도 커뮤니티에는 가입한 사람들이 갈수록 늘고 있으니까요. 해외야구 팬들은 해외야구 커뮤니티를 찾고, 시계를 모으는 사람들은 시계 커뮤니티에 모여 있으며, 신도시 거주자들은 지역 커뮤니티에서 정보를 나눕니다.

인터넷 커뮤니티는 공통분모로 엮인 사람들이 서로의 존재를 재발견하는 곳이고, 유용하거나 흥미로운 정보로 가득합니다. 그런데 사람과 정보와 가십이 모이는 곳에는 돈도 따라오기 마련이지요. 패션 커뮤니티였던 '무신사'는 7천억원대의 매출을 올리는 패션 쇼핑몰로 성장했고, 중고거래 플랫폼인 당근마켓은 '동네생활'이라는 커뮤니티 기능을 추가함으로써 이용자들의 적극적인 참여를 유도합니다.

즉, 사회적 교류의 장은 상업적인 가능성을 내포하며, 반대로 교류 자체가 상업성을 추동하기도 합니다. 그리고 이 가능성은 디지털 공간과 기술의 특성에 힘입어, 새로운 공급과 수요를 창출합니다. 인터넷 커뮤니티의 이용자가 증가하고 영향력이 커질수록 이런 경향이 가속화되지요. 수능 콘텐츠 산업 또한 그렇습니다.

수능 콘텐츠란 무엇인가

다만 본격적인 논의에 앞서, 수능 콘텐츠가 무엇인지를 설명할 필요가 있겠습니다. 1장에서는 명쾌한 설명을 위해 실전모의고사를 중심으로 논의를 전개했지만, 이 산업이 다루는 상품의 종류는 그보다 훨씬 폭넓기 때문입니다. 따라서 이 책에서는 아래의 여섯개 교재 유형을 **수능 콘텐츠**로 정의하고자 합니다.

참고서: 『수학의 정석』처럼 개념과 원리에 대한 설명이 주가 되는 유형의 교재입니다. 문항은 개념 이해를 돕기 위해 부수적으로만 제시되며, 없는 경우도 많습니다.

분석서: EBS 교재 및 평가원 기출 문항을 어떻게 풀어야 하는지, 효율적인 접근 방식은 무엇인지 분석하는 교재입니다. 학생이

직접 문제를 풀거나 개념을 이해하기보다는 저자의 사고 흐름을 습득하는 데에 주안점이 맞추어졌다는 점에서, **교재화된 강의**로 간주할 수 있습니다.

N제: '기하 N제' '미적분 N제' '고난도 문법 N제'처럼 특정한 테마의 문항이 묶여 출간되는 문제집입니다. 개념 및 원리 설명보다는 문항 자체가 핵심이 됩니다.

실전모의고사: 평가원이 주관하는 6·9월 모의고사 및 대학수학능력시험과 완벽히 동일한 형식으로 제작되는 문제집입니다. 문항 설계와 난이도별 문항 배치는 물론이고, 외적 디자인까지 평가원 모의고사와 똑같습니다. 학생들은 이를 통해 실전과 유사한 방식으로 시간 배분·풀이 순서 등을 연습할 수 있습니다.

주간지·월간지: 참고서와 분석서, 실전모의고사의 중간적 성격을 지닌 올인원(all-in-one) 콘텐츠입니다. 매주 혹은 매월 발행되며 시간적인 연속성을 지닙니다. 요컨대 3주차 주간지는 3주차 강의 학습을 전제하며 학원·인터넷강의 커리큘럼을 보완하고 복습을 돕는 역할을 합니다. 학습 칼럼·개념 정리·미니 모의고사·기출 분석 등이 포함됩니다.

손풀이: 줄글로 쓰이던 기존의 문제 해설과 달리, '직접 문제를 풀듯이' 사고의 흐름과 강조점을 문제 위에 겹쳐 쓰는 형식의 해설입니다. 단독적으로 판매되는 경우는 거의 없으며, 콘텐츠의 일부로서 제공됩니다. 비대면의 일상화와 함께 아이패드를 비롯한 태블릿 PC가 대중화되면서 널리 퍼진 풀이 형식입니다.

2000년대 후반까지만 해도 수능 콘텐츠 시장은 꽤나 단순한 구조로 이루어져 있었습니다. 기껏해야 참고서와 문제집뿐이었고 개별 선택지도 적었으니까요. 예컨대 10년 전의 학생들이 수학 문제집을 산다 치면, 보통은 진학사의 '블랙라벨 시리즈'나 좋은책신사고의 '쎈 시리즈' 중에서 결정해야 했습니다. 그 이전 세대라면 『수학의 정석』 같은 참고서와 『자유자재수학』 『디딤돌 따로 수학』 등의 문제집을 기억하실 테고요. 당시의 문제집 시장은 제도권 교육출판사 위주로 짜인, 소품종 대량생산 시장이었던 셈입니다.

지금은 그 반대입니다. 개인 저자들이 시장에 뛰어들면서 콘텐츠의 형식과 종류가 크게 다양해졌지요. 자연스레 공부법도 달라졌습니다. 불친절하고 딱딱한 참고서를 씹어 삼켜야 하는 어려움과 정보의 홍수 속에서 허우적거리는 어려움은 같을 수 없으니까요. 요컨대 과거의 수험생들은 거대한 고깃덩어리를 해체해서 자신의 것으로 만들어야 했던 반면, 지금의 수험생들은 부위별로 나뉜 고기 중에서 자신에게 가장 필요한 것을 골라 가져가야 합니다.

강사의 역할 역시 변했습니다. "상위권 강사라면 강의력은 엇비슷하니 자체 콘텐츠를 보고 수강을 결정해라"라는 조언이 당연하게 받아들여질 정도입니다. 과거의 강사 교재가 강의의 연장선에 불과했다면 이제는 콘텐츠가 강의의 골자로 기능하는 겁니다. 수능 사교육 전체가 콘텐츠 위주로 재편된 셈이지요. 한 문장으로 정리하자면, **지금의 수능 사교육 시장은 수능 콘텐츠 시장입**

니다.

그런데 이런 변화는 언제부터 시작되었을까요? 수능 콘텐츠가 본격적으로 사교육을 지배한 기점을 논한다면, 2017년에서 2019년 사이입니다. 첫번째 실전모의고사가 출간되어 문화적 현상으로 발돋움한 계기는 2010년에 있었습니다. 그리고 이 모든 것의 시작은 2005년입니다. 바로 '숨마쿰라우데 시리즈'의 첫번째 권이 '최상위권을 위한 참고서'를 표방하며 시장에 등장한 해입니다. '숨마쿰라우데 시리즈'는 오르비스 옵티무스에서 출발했습니다. 오르비스 옵티무스, 짧게 줄여 **오르비** 이야기부터 하겠습니다.

오르비스 옵티무스와 숨마쿰라우데

2000년 말에 문을 연 오르비는 대한민국 최고(最古)·최대의 수험생 커뮤니티 사이트입니다. 운영자인 lacri(이광복)가 3수를 통해 서울대 의대에 진학한 것으로 유명한 만큼(이런 경험이 오르비의 설립과 운영 자체에 직접적인 영향을 미쳤음은 물론입니다), 수능 고득점 수험생들을 주축으로 형성된 공부 문화가 특징이지요. 인터넷 강사와 콘텐츠에 대한 평가가 활발하게 공유되고, 자작 문제를 만들어 올리거나 공부 칼럼을 쓰는 수험생들도 많습니다. 한편 오르비는 교육출판과 인터넷강의, 과외 중개 등의 서비스를 시행하는 대형 영리 사이트기도 합니다. 스타 저자와 스타 강사들을 다수 배출했고, 입시 컨설팅 팀 또한 여럿 거느리고 있습니다.

그런데 오르비가 처음부터 이런 체계를 갖췄던 것은 아닙니다. 2000년대 중반까지만 해도 서버 비용에 허덕이는 중소형 커뮤니티에 불과했지요. 'Factio Alumnum Summorum', 즉 최상위 수험생 모임을 표방하며 체급을 키우긴 했지만 그 명성이 수익으로 이어지진 못했던 겁니다. 따라서 오르비 운영진의 화두는 줄곧 '돈을 어떻게 벌 것인가?'일 수밖에 없었습니다. 정확히 말하면 '서버 비용을 어떻게 충당할 것인가?'입니다. 이용자야 클릭 몇번으로 자유롭게 사이트를 드나들지만, 그 디지털 공간을 지탱하는 것은 물리적인 서버 컴퓨터입니다. 서버 컴퓨터를 가동하는 데에는 돈이 듭니다. 광고 배너 따위로는 충당할 수 없을 수준의 돈입니다.

그렇다면 재원을 어떻게 마련할 수 있을까요? 운영진은 커뮤니티의 정체성에서 탈출구를 찾았습니다. 오르비의 명성이란 이용자들 스스로가 갖가지 공부 노하우를 공유하면서, 또한 대학별 등급 커트라인을 탁월하게 예측하면서 쌓인 것이었습니다. 이런 정보들을 커뮤니티 바깥으로 들고 나가서 팔 수만 있다면 돈은 자연스레 들어오겠지요. 말인즉슨 운영진의 계획은 오르비의 유명인들을 모아서 교재를 써낸 다음, 인세를 주고 남은 수익금으로 서버 비용을 충당하자는 것이었습니다. 2004년 이야기입니다.

당시 수능은 이미 10년이 넘은 시험이었지만, 그럼에도 불구하고 '분석력과 사고력을 종합적으로 평가하는 시험'이라는 취지는 절대다수의 사교육 종사자들에게 낯선 것이었습니다. 이들은 수능 출제 경향에 어울리는 문제가 무엇인지 감을 잡지 못하고 있었지요. 학력고사와 본고사 시절의 관성이 저자와 강사 들을 단단히 붙잡아놓고 있었던 셈입니다. 이것은 수학처럼, 원천적으로 암기가 불가능한 과목에서도 마찬가지로 나타나는 문제점이었습니다.

이 점에서 오르비의 유명인들, 즉 대학생들은 자신감이 있었습니다. 현역의 감을 믿었던 것입니다. 과외 선생을 구할 때는 '처음부터 공부를 잘 했던 사람'보다는 '밑에서부터 성적을 올린 사람'을 찾아야 한다는 말이 있지요. 이처럼 실력이 월등하거나, 완성된 상태에 너무 오랫동안 머무른 사람은 학생들이 무엇을 어려워하고 무엇을 쉽게 느끼는지에 대한 감각을 잃기 쉽습니다. 또한 유명 강사들은 강조하는 풀이법과 개념이 확립된 까닭에, 주객이 전도된 교재를 펴내기도 합니다. 문제를 푸는 이들이 특정한 풀이법을 숙달해야만 높은 점수를 거두는 문제집처럼 말입니다. 반면 대학생들은 이런 함정에서 비교적 자유롭거니와 수능을 친 지 얼마 되지 않은 만큼 최신 출제 경향에 민감합니다. 아마추어리즘이 오히려 강점이 되는 셈입니다.

지금은 대학생 저자가 일반적이지만, 이 아마추어리즘이란 2004년 당시만 해도 엄청난 도전이었습니다. 무엇을 믿고 학생들이 쓴 교재를 보겠냐는 겁니다. 다행히 이투스가 서울대학교 재학생을 필진으로 삼아 '누드교과서 시리즈'를 펴내면서 오르비의 기획에도 힘이 붙습니다. 그렇게 2005년 1월이 되어 숨마쿰라우데 시리즈의 첫 권인 『숨마쿰라우데 수학 1』이 출간되고, 다른 과목들도 차차 시장에 나오기 시작합니다.

초창기의 '숨마쿰라우데 시리즈'가 좋은 교재였는지 아닌지는 의견이 분분한 문제입니다. 깊이 있는 서술을 고평가하는 사람도 있고, 쓸데없이 어려웠다고 보는 사람도 있지요. 다만 이 단락에서는 교재의 완성도보다 상업적 가능성에 주목하고자 합니다. 커뮤니티 기반 수능 콘텐츠의 가능성을 제시하고 1세대 '오르비 저자'들을 배출했다는 데에 그 의의가 있다는 것입니다. 또한 2000년대 중후반은 다양한 수능 콘텐츠들의 원형이 등장하면서 강의 업계와의 상호작용이 시작된 시기이기도 합니다.

2010년대 이전의 교재 시장에 대해 숨마쿰라우데 초기 집필진인 김우섭 선생님께 이야기를 청했습니다.

김우섭 대학원생 대학생들이 시험을 본 지 얼마 안 됐으니까 감이 좋잖아요. 저 역시 수능 끝나고 놀다보니 오르비라는 데를 알게 됐고, 칼럼 같은 걸 읽다가 이 정도면 나도 쓰겠는데 싶어서 그때 시작한 거예요. 그렇게 수학이라는 분야에서 나름대로 이름값이 생겼죠. 그러다 오르비가 수익 모델이 필요한 상황이 왔고, 노하우가 있으니 참고서를 한번 써보자 하면서 '숨마쿰라우데 시리즈'가 시작됐어요. 처음에는 기획을 여기저기서 많이 거절당하다가 이룸이앤비 출판사에 정착했죠. 시리즈가 처음 나왔을 때는 욕도 많이 먹었어요. 기존 저자들끼리 짭짤하게 나눠 먹던 시장인데, 갑자기 처음 보는 플레이어들이 나타나 주목을 받으니 학생은 공부나 해라, 하는 식의 비난을 듣기도 했고요.

제가 합류했을 때는 원래 수2 검토자 역할이었어요. 그후에 『숨마쿰라우데 10-가』와 『숨마쿰라우데 10-나』를 쓴 건데, 그때는 돈 때문보다는 신기한 마음이 더 컸죠. 지금 와서 따져보면 생각보다 돈이 됐지만요. 그 책으로 1년에 500만원에서, 많이 벌면 700만~800만원 정도를 버는데 15년쯤 됐으니 무시할 금액은 아니죠. 하지만 중요한 것은 숨마쿰라우데의 성공으로 인해 당시 커뮤니티의 유명 유저로서 참여했던 필진들, 지금도 입시판 유명인사로 남은 사람들이 '판을 키워볼 수 있겠다'라는 생각을 가질 수 있게 되었다는 점입니다.

저도 그 책을 계기로 『수학의 재구성』 등의 저자 활동을 지속적으로 이어갔죠. 『수학의 재구성』이 특별한 건, 비교적 제가 쓰고 싶은 대로 쓸 수 있었다는 거예요. 숨마쿰라우데의 경우 편집부를 거치면서 신선함이 많이 죽었거든요. 그 책 이전과 이후에 인강의 퀄리티가 달라졌다는 이야기를 다른 수학 강사들에게 많이 들었습니다. 또 『포카칩 모의평가』 등 자작 모의고사가 유행하기 전에 제가 미니 모의고사를 기획하기도 했죠. 서른 문제를 다 풀기에는 시간이 아깝고, 수능은 어차피 다섯 문제 싸움이니까 핵심적인 구간으로만 구성된 모의고사를 만든 겁니다. 어려운 문제를 30분 재고 풀어보자는 식으로. 그때 커뮤니티 반응이 괜찮았지요.

교육출판 시장을 벗어난 수능 콘텐츠

서버 비용을 충당하기에는 다소 부족했을지라도, '숨마쿰라우데 시리즈'가 호실적을 거두면서 오르비 이용자들에게도 자신감이 붙습니다. '재밌어 보이니까 한번 해보자'에 '우리도 시장에 먹히는 물건을 만들어낼 수 있다'가 더해지는 계기였다고 할 수 있겠지요.

『언어의 기술』과 『수학의 재구성』 등, 오르비에서의 활동을 토대로 삼은 교재들이 다수 출간된 것은 이런 분위기 덕분이었습니다. 이어 2010년에는 지금 현재 유행하는 방식처럼 수험생 커뮤니티에 기반하여, 수능의 형식과 내용을 그대로 본떴음을 표방한 최초의 실전모의고사인 『포카칩 모의평가(수리 가형)』이 등장했지요. 처음에는 PDF 전자책 형태로 판매되었다가, 이후 정식 출판 과정을 거쳐 연간 3만부가 팔려나갔습니다. 당시 수리 가형 응시자가 15만여명 전후였으니 다섯명 중 한명은 『포카칩 모의평가』를 풀었다는 말이 됩니다. 복사본 등을 감안하면 훨씬 많았을 테고요.

커뮤니티에 기반을 둔 저자들의 수능 콘텐츠가 높은 판매고를 올림에 따라, 오르비는 그간의 적자를 만회하고 수익성 영리 사이트라는 방향성을 확실히 굳힐 수 있었습니다. 적극적으로 저자를 발굴하고 판매 페이지를 구축하며 수능 콘텐츠 시장을 확장해 나갔지요. 『일격필살 모의고사』나 『한권으로 완성하는 수학』 등이 이 시기에 첫선을 보였고, 『이해원 N제』 『포카칩 N제』를 위시한 'N제' 형식의 문제집들이 등장했으며, 인터넷강의나 입시 상담 등의 서비스도 차츰 탑재되었습니다.

그런데 이런 의문이 생길 수 있습니다. "2000년대 전후에도 EBS 봉투모의고사나 종로학원 월례고사 등의 사설모의고사가 존재했고, 지학사나 좋은책신사고 등의 제도권 교육출판사가 발간하는 문제집도 여럿 있었다. 실전모의고사와 N제가 기존 콘텐츠와 다른 점은 무엇인가?"

분명히 교육출판사와 비슷한 수준의 문제집을 내는 것만으로는 부족합니다. 뚜렷한 차별화가 가능했기 때문에 눈에 띄는 성공을 거둔 것이고, 기존 교육출판 시장의 일부로 편입되는 대신 새로운 영역을 구축한 것입니다.

문호진 『포카칩 모의평가』를 만들기 전 시장 상황을 짚어보자면 그때도 교육출판사에서 나오는 파이널 모의고사 등이 있긴 했지만 수능과 동일한 형식이라고는 말할 수 없었습니다. 내신 시험용 문제 30개 모아서 묶어놓은 느낌이었으니까요. 문제 유형부터가 달랐고, 풀이 순서를 감안한 난이도 배치도 반영되어 있지 않다보니 실전을 전혀 대비시켜줄 수가 없었죠. 종로나 대성 같은 곳에서 치는 월례 모의고사도 마찬가지였고요.

이덕영(『포카칩 모의평가』 저자/수학교육학 석사과정) '실전'을 구현하지 못했던 거죠. 또 기존 문제집들은 양을 늘리는 데에 주력했다는 인상이 있어요. 한 문제집 안에 최소 600~700 문항이 들어가고 그랬죠. 문제 각각의 퀄리티보다는 분량을 최대한 늘려서, 분량을 기준으로 가격을 책정하려던 경향이 있었습니다. 『1등급 수학』처럼 난도를 세일즈포인트로 삼는 문제집도 있긴 했습니다만 수능 대비를 위한 고난도라고 볼 수는 없었습니다. 당시 수능, 그러니까 수리 가형은 난도가 높으면서도 납득 가능한 논리가 있었어요. 더럽게 어려운 게 아니라 깔끔하게 어렵다고 할까요. 기발한 발상이 필요한 게 아니라 필연적인 논리를 통해 전개돼요. 그런데 시중에 있는 문제는 대개 후자가 아니라 전자였던 거죠. 그렇다보니 '잘 만든 문제' '좋은 문제'에 대한 수요가 항상 있었어요. 당시에도 수험생 커뮤니티에서, 학생들이 따로 카페를 만들어서 사설모의고사나 월례고사 등을 공유했던 기억이 나요.

그전, 그러니까 2000년대 극초반까지는 수능 문제가 거의 IQ테스트다 싶게 자유분방하다가 2000년대 중후반부터 원칙과 조건을 조립하는 틀이 갖춰지기 시작한 점도 짚어야겠습니다. 그때부터 난도가 본격적으로 높아지기도 했고요. 그렇다보니 유사 문항을 만들어서 대비하면 공부가 더 수월해지겠구나라는 생각이 관련자들 사이에 생겨난 것 같아요. 『포카칩 모의평가』가 최초이긴 했습니다만 저희가 그걸 무에서 창조했다기보다는 그런 게 나올 수밖에 없던 시기였던 거죠.

이처럼 당시 교육출판사들은 개별 문항 개발에 큰 투자를 하지 않았습니다. 문항의 소재 역시 뻔했던 만큼, 교육출판 문제집들은 구성과 내용이 대동소이했지요. 따라서 학생들은 굳이 여러권의 문제집을 사서 풀 필요가 없었습니다. "문제집 열권을 한번씩 푸는 것보다, 문제집 한권을 열번 푸는 게 낫다" 같은 말이 상식처럼 통용되었죠.

그런 상황에서, 2000년대 후반부터 수능의 난도가 점차 올라가는 동시에 문제 유형에 일정한 틀이 생기면서 경직되어 있던 수능 콘텐츠 시장에 변화가 찾아옵니다. EBS-수능 연계율이 높아지면서 EBS 교재의 문항이 약간의 변형을 거쳐 수능에 출제되기 시작했으니, '적중 확률이 높은' 변형 문항을 만들기도 쉬워졌습니다. 고품질 문항에 대한 수요가 증가하는 한편 공급 또한 용이해졌던 겁니다. 후에 설명하겠습니다만 인강 시장이 성장하면서 그런 문항들을 확보하기 위해 기꺼이 큰 돈을 지불할 강사들도 생겨났지요.

'수리 가형'과 출제 문화

수능 콘텐츠 시장이 수학과 탐구, 그중에서도 '수리 가형'을 중심으로 발달했다는 사실에도 주목할 필요가 있습니다. 2010년대 초반의 실전모의고사는 절대다수가 수리 가형에서 배출되었고, 지금도 수학과 탐구의 비중이 가장 높지요. 제일 큰 이유는 마찬가지로 필요성과 용이성입니다.

다른 과목, 예컨대 영어 같은 경우는 그 특성상 학생들이 학력고사 시절 교재로 공부하더라도 어느 수준까지는 먹히기 마련입니다. 문제 유형에는 따로 적응해야겠지만, 영어 실력의 핵심은 결국 단어를 많이 외우고 문법에 익숙해지는 데에 있으니까요. 국어 역시 문해력과 사고력을 테스트하는 과목인 만큼 '책만 많이 읽으면' 통하는 부분이 있습니다. 수능 국어에서 고정적으로 1등급을 받는 학생은 잠깐만 공부하면 LEET나 PSAT을 어려움 없이 풀고, 그 역도 성립하지요.

반면 수학은 출제 경향에 따라 완전히 다른 시험이 되며, 대비 방식도 그에 따라 변화해야 합니다. 똑같은 개념과 원리를 소재로 삼더라도 논리를 전개하는 과정과 그 깊이가 상이할 수 있기 때문입니다. 요구되는 속도와 템포도 다릅니다. 본고사 문제와, 수능 문제와, 학교 내신 문제와, 수학 올림피아드 문제를 푸는 방식은 결코 같지 않지요. 수학 올림피아드에서 좋은 성과를 거뒀다고 해서 수능 수학에서 만점을 맞으리라는 보장도 없고요. 그렇다면 본고사·내신 스타일의 문제만 가득한 시장에서, 실전을 구현한 수학 모의고사는 단연 눈에 띌 것입니다.

또한 커뮤니티에 기반을 둔 저자 입장에서도 '수학 문제는 만들기 쉽고 즐겁다'는 이점이 있습니다. 학창 시절에 수학이라면 질색하셨을 분들은 이해하기 어려울 이야기지만, 다른 과목과 비교하자면 분명히 그렇습니다. 국어의 경우 문법 문항은 만들면서 즐거울 여지가 아예 없고, 문학을 좋아한다면 소설이나 시를 쓰기 마련입니다. 게다가 비문학은 소재부터가 어렵고 낯서니 학생 입장에서는 손대기조차 어렵습니다. 융의 원형 이론이나 중력 추진, CDS 프리미엄 등의 소재로 2천자 내외의 글을 쓸 수 있는 사람이 수험생 커뮤니티에 있을 확률은 낮겠지요.

반면 수학 문항 출제에는 고등학교 교과범위 이외의 지식이 필요하지 않습니다. 고난도 문항이라도 마찬가지입니다. 수능 수학의 핵심은 '수학을 얼마나 많이 알고 있느냐'가 아니라 '고등학교 교육과정 내에서 얼마나 깊은 사고가 가능한가'이기 때문입니다. 그렇다보니 N수생이나 대학생도 혼자서 모의고사 한 세트를 만들 수 있고, 그렇게 만들어진 모의고사가 시중 교재보다 훨씬 좋은 상황이 왕왕 벌어집니다.

게다가 수학은 개념과 원리를 조합해서 논리의 흐름을 설계하는 과정이 그 자체로 놀이가 됩니다. 십자말풀이나 루빅스큐브와 같은 지적 유희지요. 수학을 좋아하는 학생이라면 '나도 하나 만들어볼까?'라는 생각을 하기 마련입니다. 자작 문제를 평가하고 칭찬해주는 친구들이 있으면 출제가 더욱 즐거워지고요. 한편 커뮤니티 사이트의 특성상, 좋은 문제를 여럿 만든 저자는 '네임드 유저' 대우를 받지요. 재미있게 놀면서 명성까지 얻다니 즐거운 일이 아닐 수 없습니다.

즉, 초창기의 실전모의고사는 수험생들이 절실히 기다렸던 상품인 동시에 그들만의 놀이 문화였습니다. **출제 문화**라고도 칭할 수 있을 것입니다. '붐스코어'나 '오르비Q' 등 자작 실전모의고사를 업로드하거나 풀어볼 수 있는 온라인 플랫폼이 등장했고, 현실에서도 관련 행사가 여러차례 열렸습니다. 수험생들끼리 장소를 대관한 다음 다 함께 실전모의고사를 풀어보고 등수를 나누는 겁니다. 이 과정에서 저자들끼리 만나 친해지는 경우도 많았지요.

이덕영 그때는 다들 큰 뜻이 있었다기보다 소일거리로, 재미로 참여를 했죠. 자동차 같은 거야 우리가 못 만들지만 문제집은 장벽이 별로 높지 않으니까. 전면적으로 뛰어들 수 없더라도 소일거리로 하는 게 가능하고요. 그리고 또, 문제 만드는 게 재미있잖아요.

문호진 그리고 대접받는 느낌도 있죠. 오르비를 통해 수험생 저자라는 타이틀도 얻고 커뮤니티에서 회자되며 유명해지는 그런 작용이 수험생들을 끌어들이는 동력이 아니었나 생각하게 됩니다. 특히 N수를 하다보면 자존감이 많이 떨어지는데, 그런 수험생들에게는 커뮤니티에서 좋은 평가를 받는 게 엄청난 동기부여가 됐겠죠. 그런 기제는 지금도 유효한 것 같습니다.

이덕영 맞아요. 당시 오르비에서 유명했던 사람들은 누구든지 간에 이 산업에 직간접적으로 참여했던 것 같아요. 그 유명 저자들이 수험생들에게 일종의 롤모델이 된 것이고요. 그러니까 수능 콘텐츠 산업이 이런 형태가 된 것은, 커뮤니티 사이트에서 시작된 영향이 크다는 생각입니다.

학습 방법론의 공진화

그런데 공부는 문제풀이만으로 완성되는 게 아닙니다. 기초 개념을 어떻게 이해할지, 각종 원리를 어떻게 조합하고 응용할지에 대한 노하우가 필요하지요. 자신이 직접 문제와 맞부딪치며 학습 방법론을 정립할 수도 있지만 길라잡이 역할을 해줄 타인이 있다면 시행착오에 걸리는 시간이 훨씬 줄어듭니다.

이런 지식은 강의나 과외 등을 통해 알음알음 전달된 까닭에 접근성이 낮았습니다. 휘발성 또한 강했지요. 과거에는 사교육 산업에 대한 접근성이 지금보다 낮았고 사회 진출 역시 빨랐던 까닭에, 스스로 노하우를 터득해 원하는 대학에 합격한 학생들이 구축한 방법론들은 한철 과외 벌이에만 사용된 뒤 잊히곤 했습니다. 노하우 자체의 세련됨도 생각해볼 만한 요소입니다. 선생이 100명 있으면 100가지의 방법론이 있는 법이고, 강점과 약점도 제각기 다르기 마련입니다. 이를 종합해서 포괄적이고 심도 있는 학습 방법론을 정제할 수 있다면야 좋겠지만, 강사와 과외 선생과 수험생을 한데 모아놓고 의견을 나누게끔 할 수도 없는 노릇입니다. 인터넷강의가 전국적으로 퍼져나가고 수험생 커뮤니티가 출범하기 전까지는 분명히 그랬습니다.

인터넷강의는 수험생들이 스타 강사의 강의를 집에서도 듣게 해주었다는 점에서 학습 방법론의 보편화에 기여했고, 수험생 커뮤니티는 이용자 간의 교류를 통해 방법론의 발전과 확장에 기여했습니다. 집단지성에 의해 지식이 정련되었다고도 설명할 수 있겠지요. 수험생과 대학생 들이 오르비에 공부 칼럼을 업로드하고, 다른 사람의 노하우를 수용하거나 발전시키고, 그에 따라 적극적인 피드백을 주고받음으로써 화학 반응이 일어났던 것입니다.

『언어의 기술』(이해황), 『수학의 재구성』(김우섭), 『한권으로 완성하는 수학』(이해원) 등의 커뮤니티 기반 수험서는 이런 흐름 속에서 등장해 큰 파장을 불러일으켰습니다. 해당 수험서들은 후속 저자들이 나타나는 토양이 되었고, 종종 유명 강사들의 강의에도 영향을 끼쳤지요. 그 과정에서 학습 방법론은 더욱 세련된 형태로 발전했고요.

한편 이러한 수험서들은 앞서 설명한 실전모의고사 및 N제와도 보완적인 관계를 맺고 있었습니다. 학습 방법론을 체화하기 위해서는 실전에 가까운 테스트베드가 필요한 법이니까요. 즉, 커뮤니티 기반의 출제 문화는 놀이 문화인 동시에 '문제풀이와 학습 방법론이라는 두 요소의 공진화 과정'으로도 기능했던 셈입니다.

사교육 서비스가 고도로 발전하며 학생의 몫까지 대신하는 '사고의 외주화' 현상이 보편화되기 전까지, 초기 인터넷강의와 커뮤니티를 통한 학습 방법론의 공진화는 분명히 긍정적인 역할을 했습니다. 과거에는 좋은 선생님을 만나지 못할 경우 머리 회전이 빠른 소수 학생들만이 고득점을 거둘 수 있었던 탓에 '수능은 IQ 테스트다'라는 비관론이 강했으니까요. 반면 이러한 공진화 과정은 난생처음 보는 문항 앞에서, '무엇을 어떻게 공부해야 할지 몰라서' 좌절할 수밖에 없었던 학생들의 길라잡이가 되어주었습니다. 공부 칼럼과 수험서를 따라 성실하게 노력한다면 성적 향상을 이뤄낼 수 있다는 견해가 커뮤니티를 이용하는 수험생들 사이에 자리잡았지요. 옛 '수리 가형'처럼 기상천외한 문제 유형과 난도로 악명 높았던 과목에서 특히 그랬습니다.

아마추어리즘의 장단

이렇게 적극적인 피드백과 차용에 따른 학습 방법론의 공진화가 계속되고 인터넷강의-커뮤니티 기반 수험서-실전모의고사·N제의 보완 관계가 강화되면서, 『수학의 정석』과 같은 기존 교육출판 수험서들은 경쟁력을 잃게 되었습니다. 시장의 판도 역시 크게 바뀌었지요. 기존에는 대형 교육출판사가 수능 대비 교재 개발과 판매를 주도했다면, 이제는 독립 출제팀과 사교육 기업들이 그 역할을 물려받은 것입니다. 박리다매식 수익 모델은 다품종 소량생산 체제로 변했고, 각 출제팀의 개성을 반영한 콘텐츠들이 쏟아져 나오기 시작했습니다. 또한 그 주무대인 오르비는 성장을 거듭해, 2020년대에 접어들어서는 이런 공지를 올릴 정도가 되었습니다.

오르비에서 억대 인세를 받아보세요

내년에는 유현주T, 션T가 억대 인세를 받는 저자가 될 것이 확실시되고, 피램T도 유력합니다. (…)

션T의 『주간 KISS 2021』은 예약판매 만 하루 만에 매출 3천만원을 돌파했습니다. 이 기록은 션T 이전 최고 기록이었던 『2018 이해원 모의고사』 가형과 나형을 합친 동기간 매출보다 3배 더 많습니다. 한해 인세 최고기록인 2014년 이해원T의 3.51억도 유현주T에 의해 깨질 가능성이 매우 높습니다.

같은 콘텐츠도 오르비에서 데뷔할 때 가장 많은 잠재고객에게 도달하고 그 결과 가장 많은 매출을 기록할 수 있습니다. 이것은 오르비 커뮤니티가 매해 강력해지고 있기 때문입니다. (…)

오르비는 믿습니다. 학생들과 함께 호흡하고 입시 현장과 가장 접점이 넓은 곳에서 최고의 전문가가 나올 수 있다는 것을요.

지금 활동하는 대다수의 인기 저자, 강사, 입시전문가들은 오르비에서 배출되었거나 오르비를 거쳐갔습니다. 그리고 여러분들 중에도 미래의 스타 저자, 1타 강사가 있다는 것을 확신합니다.

입시 콘텐츠의 패러다임을 바꿀 수 있게 해주는 유일한 플랫폼은 오르비입니다. 그리고 패러다임을 바꾼 사람에게는 그에 상응하는 보상이 따릅니다.

오르비에서 여러분들의 꿈을 펼쳐보세요.[12]

이 게시글에서는 오르비의 정체성이 집약적으로 드러납니다. 글쓴이는 소속 저자들의 인세를 나열한 다음, 커뮤니티 규모를 강조하고, 마지막으로는 커뮤니티 이용자들에게 직접 저자가 될 것을 권유하며 글을 마무리합니다. 수능 콘텐츠를 판매하는 영리 사이트이자, 저자와 강사의 산실이자, 한국 최대의 수험생 커뮤니티라는 정체성은 분리될 수 없을 만큼 긴밀하게 엮인 셈이지요.

그런데 사실 여기에는 장단점이 있습니다. 인터넷 커뮤니티란 기본적으로 다양한 사람들이 빠르게 모여들었다가 빠르게 흩어지는 곳이고, 다양한 의견이 획 튀어나왔다가 획 사라지는 곳입니다. 아마추어리즘 또한 강합니다. 신생 시장에서는 각종 아이디어를 현실화하는 동력으로 기능하지만 어느 시점부터는 페널티가 되는 특성들이지요. 스타트업은 신속하고 유연한 대처를 통해 대기업과 싸워볼 수 있다지만, 대기업의 반열에 오르기 위해서는 그 강점을 포기해야 하는 것과 비슷합니다.

뿐만 아니라 단거리 주자가 마라톤에서도 좋은 성적을 거두리라는 보장이 없듯이, 단발성 출판에 성공했다는 것은 상업적 역량의 일부분만을 증명할 뿐입니다. 아마추어가 전문 저자로 발돋움하기 위해서는 수십 회차의 실전모의고사를 집필하면서 일정한 품질을 유지하는 능력, 피드백을 받아들이고 작업물에 반영하는 능력, 기간을 엄수하면서 생활 패턴을 유지하는 능력 등이 필

---

12 https://orbi.kr/00027895180

요하지요. 이는 개인의 노력으로만 될 일이 아니라 회사 차원의 관리와 보조가 필요한 부분입니다. 웹툰 PD들이 웹툰 작가들을 돕고, 편집자들이 소설가를 돕는 것처럼 말입니다. 다수 프리랜서들의 협업을 통해 작업이 진행될 경우에는 말할 것도 없습니다.

그 점에서 2010년대 초중반의 오르비는 성장에 따른 진통을 겪고 있었습니다. 수능 콘텐츠 시장이 급팽창하면서 소비자들의 눈높이가 훌쩍 올라간 상황에서, 공급·관리 역량은 그를 따라가지 못했던 겁니다. 약속했던 서비스 제공이 늦어지고, 저품질 실전모의고사가 대량으로 양산되면서 '이런 걸 돈 받고 파냐'는 불만이 커졌지요. 제대로 된 관리체계가 없다고 느낀 프리랜서들 또한 다양한 마찰을 겪으며 오르비를 떠났습니다.

한편 오르비가 공급·관리 역량을 갖춘다 해도 인터넷 커뮤니티의 한계는 여전합니다. 직접 고객에게 다가갈 수 없으며 커뮤니티에 이끌려 들어오는 사람들만을 고객으로 삼아야 한다는 점에서 시장 규모가 제한되지요. 실제 교육 현장과 거리가 멀다보니 학원과 협업하기도 어렵습니다. 인터넷 쇼핑몰 운영과 '강의 커리큘럼에 맞추어 실전모의고사를 납품하겠다'는 계약은 다를 수밖에 없으니까요.

결국 오르비의 선택지는 둘이었습니다. 하나는 체계적인 관리 시스템과 조직을 구축하고 현실로 나아감으로써 체급을 키우는 것이고, 다른 하나는 고도화를 포기하고 온라인 커뮤니티에 안주하며 한계를 받아들이는 것입니다. 이 선택에는 오르비의 정체성뿐만이 아니라 시장의 판도마저 결정할 힘이 있었습니다. 전자를 선택하겠다는 것은 미답의 영역을 또다시 뚫어내 길을 만들겠다는 의미니까요. 만약 모험에 성공한다면 수능 콘텐츠 시장은 대폭 성장하며 성숙기에 진입할 테고, 오르비는 이 시장의 1인자가 될 터였습니다.

이에 따라 오르비는 자체 인터넷강의 플랫폼을 런칭(2012)하거나, 오프라인 학원을 개설(2013)하는 등 폭넓은 외연 확장을 시도했습니다. 다만 이러한 시도들이 사교육 산업의 판도를 바꿀 만한 성과로 이어지지는 못했고, 오르비는 아마추어 창작과 영리 활동의 경계가 흐릿한 디지털 플랫폼으로 남게 되었지요. 그 중요성은 여전하지만 등용문 이상으로 도약하진 못한 것입니다. 대신 대치동의 한 학원이 개척자 역할을 넘겨받습니다. 수학 단과 학원으로 시작해 10년 만에 수천억원 규모의 매출을 올리는 중견 기업으로 성장한 (주)하이컨시, 즉 **시대인재학원** 이야기입니다.

스타 강사를 양산할 수 없다면

Q. (…) 시대인재를 '교육 스타트업'으로 소개하더라. 보통 비즈니스 모델이 검증되지 않은 분야에 도전하는 기업을 스타트업이라고 부른다. 대표님은 어떤 모델을 검증하고 싶었나?

A. 대치동의 룰 세팅을 바꾸고 싶었다. 이미 기라성 같은 업체들이 있지만, 모델은 낡아 있었다. 강의할 공간을 마련하고, 강사를 끌어오는 정도. 반면 강사는 교재 제작부터 강의 준비, 질의응답까지 도맡는

다. 그러다보니 교육 서비스 전반의 퀄리티가 정체됐다. 강사는 강의에 〔전념하고〕, 콘텐츠를 비롯한 나머지 서비스는 회사 차원에서 대단위로 기획해야 한다고 생각했다.

Q. 고도화와 산업화는 다르다. 몇가지 콘텐츠의 질을 끌어올리는 건 소수의 인력으로 감당할 수 있다. 그런데 모든 영역에서, 매년 꾸준히 만들려면 사람을 키우는 시스템이 필요해 보인다.

A. 비전문가였던 학생을 콘텐츠 전문가로 키워냈다. 진학 실적보다도 중요한 건, 우리가 사람을 파워풀하게 만드는 조직문화와 조직문화의 세팅 값을 알아냈다는 점이다. 예를 들어 팀원 중에는 당장 평가원급 문제를 만들 만한 천재도 있지만, 그렇지 않은 사람도 있다. 이들을 모아서 2주 교육을 해서 추리고, 평가 보상 시스템을 붙여서 1~2년간 운용한다. 협업을 통해서 상향 평준화하는 것이다. 이런 팀들이 빠르게 성장해서 이제 콘텐츠 개발 주력이 됐다. 그 말인즉, 뛰어난 사람에 의존하는 게 아니라 사람을 교육했을 때 더 좋은 콘텐츠가 나오더라.[13]

시대인재학원은 '단순 학원'이 아닌 '교육 스타트업'을 표방하며 대치동에 등장했고, 이런 기획의 중심에는 자체 실전모의고사 브랜드인 『서바이벌 모의고사』와 소속 출제팀이 있었습니다. 전문 저자를 육성·관리하는 체계를 마련함으로써, 또한 콘텐츠 중

---

13 「[창간 기념 인터뷰①], 오우석, 비관의 시대를 사는 낙관주의자」, 『포춘코리아』 2023년 4월호 27~28면.

심의 서비스를 제공함으로써 '강사는 강의만 하면 되는' 환경을 갖추겠다는 것이 시대인재학원의 포부였지요.

그런데 '강사는 강의만 하면 되는' 환경이란 정확히 무엇일까요? 그것은 '학원이 자체 콘텐츠와 커리큘럼을 제공하므로 누가 강사로 오더라도 엇비슷한 강의가 이루어질 수 있는' 환경이며, 그만큼 강사 개개인의 중요성이 약화되는 환경입니다.

이 점을 설명하기 위해 강사와 저자의 차이점을 논하겠습니다. 스타 강사 출신 교육평론가인 이범은 일찍이 '입시 사교육 시장은 엄청난 규모에도 불구하고 대기업이 건드리지 못하며, 입시 사교육계의 공룡 기업은 모두 강사들이 일궈낸 것'이라고 지적한 바 있습니다.[14] 대기업의 우위는 표준화와 대량생산 능력에 있기 마련인데, 강의라는 영역에서는 그러한 강점이 무색해지기 때문입니다.

고교 수준의 지식을 가르치기 위해서는 상당한 전문성이 요구됩니다. 해당 분야의 전공자라고 해서 성공적인 강의를 해낸다는 보장도 없습니다. 강의는 어조, 몸짓, 시간의 흐름과 청중의 반응처럼 비언어적이거나 명확한 규칙이 없는 요소들이 개입되는 퍼포먼스이기 때문입니다. 학생들과 깊은 유대관계를 쌓는 데에도 뚜렷한 매뉴얼이 없습니다. 이런 '성공의 방정식'은 시험의 경향, 수험생 커뮤니티, SNS 등과 끊임없이 상호 작용하며 바뀌기 마련이지요. 어제의 '1타 강사'가 여론의 질타를 당한 뒤 언급도 안

---

14 이범 『이범, 공부에 반하다』, 한스미디어 2006, 62면.

되는 처지로 밀려나는 일도 숱하게 일어납니다. 기본적인 대원칙들이야 성공 사례로부터 역으로 추론할 수 있을지라도, 그 대원칙을 실제로 행동에 옮기는 데에는 개개인의 역량과 외부 환경이 크게 작용하는 겁니다.

달리 말하면 강사 시장이란 본질적으로 규격화·산업화가 어려운 분야입니다. 양적인 팽창은 가능할지라도 시스템의 성숙도 면에서 구조적인 한계를 지니게 되지요. 2022년 6월의 메가스터디 교육 주가 폭락 사태가 이 사실을 단적으로 보여줍니다. 전속 스타 강사인 현우진이 은퇴를 시사하면서, 이틀에 걸쳐 1320억원가량의 시가총액이 증발한 것입니다.[15] 퍼센트로는 10%가 넘는 수치입니다. SM이나 JYP, 하이브 등의 엔터테인먼트사 주식과 유사한 흐름이지요. 특출난 개인에 크게 의존하며 그 의존이야말로 산업의 핵심이라는 점에서는 두 산업 분야가 본질을 공유한다고 보아도 좋을 것입니다.

자연스레 대형 학원과 인터넷강의 플랫폼의 투자는 '강사 영입 전쟁'의 양상을 띱니다. 이들은 수십억원대의 전속 계약금을 지불해가면서라도 강사를 자신의 간판 아래에 묶어두려 하지요. 이는 '학원가의 지각변동'을 막는 요인이기도 합니다. 수강생들을 끌어모으기 위해서는 좋은 강사를 영입해야 하는데, 좋은 강사를 영입하려면 자본과 명성이 충분해야 한다는 딜레마가 있으니까요. 따라서 스타 강사가 직접 학원을 차린 게 아니고서야 신규 진

15 「'연봉 200억' 현우진 발언에 메가스터디 시총 1300억 증발[특징주]」, 『서울경제』 2022. 6. 13.

입자의 한계는 명확합니다.

반면 신규 진입자가 수능 콘텐츠를 주 무기로 삼는다면 이야기가 달라집니다. 출제에는 명확한 원리와 기준이 존재하기 때문입니다. 국어 문항의 선지는 근거 문장과 합당한 논리를 지니며, 수학 문항은 각종 증명과 공식이 일정한 규칙에 따라 조합된 결과물이지요. 비록 '누구나 출제를 할 수 있다'고 말하긴 어렵습니다만, 작업 매뉴얼을 만들 수 있다는 것은 엄청난 차이입니다. 표준화된 직무 교육과 인재 양성이 가능하기 때문입니다.

수능 콘텐츠가 협업을 통해 제작될 수 있다는 점, 그만큼 '특출난 개인'의 중요도가 낮아진다는 점도 눈여겨볼 만합니다. 강의 시장에서는 모든 면에서 완벽한 사람만이 스타가 되는 반면 출제팀은 협업을 통해 서로의 약점을 메울 수 있지요. 1위 강의를 만들기 위해서는 스타 강사가 필수적이지만, 1위 콘텐츠에는 스타 저자가 존재하지 않을 수 있는 겁니다.

결국 충분한 관리 역량을 갖추었다는 전제하에, 콘텐츠에 주력하는 비즈니스 모델은 기존 학원 모델의 상위호환 격입니다. '특출난 개인을 경쟁 학원에 빼앗겨서 경영에 어려움을 겪는' 상황을 구조적으로 방지할 수 있거니와, 어떤 강사를 데려다놓더라도 최소한도의 강의 품질과 학원 특색이 유지되니까요. 또한 시장에 막 진입하는 시점의 콘텐츠는 '스타 강사를 영입하지 않더라도 대형 학원들과 싸워볼 만한' 발판으로 기능하고, 궤도에 오른 다음부터는 수익 증대의 핵심이 됩니다. 강의와 콘텐츠를 함께 판매하는 만큼 교재비에서도 수익을 거둘 수 있기 때문입니다. 이러한 강점은 시대인재학원의 매출 성장을 통해 여실히 증명됩니다.

한편 시대인재학원이 영입한 저자들이 오르비를 위시한 수험생 커뮤니티 출신이라는 점도 정착을 도왔습니다. 수험생 여론에 따라 강사를 교체하거나 콘텐츠 제공 방식을 조정해가며 학원 운영 방침을 즉각적으로 다듬어나갔지요. 커뮤니티 이용자들이 『서바이벌 모의고사』를 언급하는 빈도가 늘어나면서 마케팅 효과가 발생한 것은 덤입니다.

물론 생산·관리에만 초점이 맞춰진 설명은 반쪽짜리입니다. 판매는 고객에게 '이걸 왜 사야 하느냐'를 설득하는 과정이고, 고객의 입장을 들여다봐야 그 소구력의 원천을 알 수 있기 때문입니다. 다음 단락에서는 대치동에서 실제로 일어난 일들을 살피겠습니다.

과학탐구Ⅱ 과목, 그리고 대치동의 지각변동

2014년, 수험생 커뮤니티 출신 저자들을 대거 영입한 시대인재학원은 『서바이벌 모의고사 수리 가형』과 함께 대치동에 나타납니다. 얼마 지나지 않아 대치동에 입소문이 돌기 시작하지요. 어느 학원이 색다른 방식으로 수학을 가르친다더라, 그런데 그게 진짜 수능이랑 비슷해서 효과가 좋다더라 하는 평가가 공유된 것입니다.

이런 여론의 중심에는 『서바이벌 모의고사』와 함께 진행된 해설 강의가 있었습니다. 출제자가 아무리 좋은 문항을 만들더라도 거기에 담긴 논리를 스스로, 온전히 소화할 수 있는 학생은 많지 않습니다. 고난도 문항은 아예 풀지조차 못하는 경우가 대다수고, 해설지를 통해 전달될 수 있는 내용에도 한계가 있지요. 반면 해설 강의가 있으면 출제자는 학생에게 실전모의고사의 쓸모를 납득시키기가 용이하거니와 호평을 이끌어내기도 훨씬 쉽습니다.

그런데 이것만으로 대치동의 판세를 바꾸기는 어렵습니다. 수학을 잘 가르치는 학원이야 원래부터 많았으니까, 『서바이벌 모의고사 수리 가형』은 매력적이긴 해도 압도적인 상품은 아니었던 겁니다. 소위 말하는 킬러 콘텐츠(killer contents)가, '좋은' 수준에만 그치는 것이 아니라 그 자체로 구매자들을 유인할 수 있는 상품이 필요했던 겁니다.

이때 공교롭게도 제도 변화가 시대인재를 돕습니다. 바로 2014학년도 수능부터 본격적으로 적용된 '탐구 영역 응시과목 수 축소'입니다. 2011학년도까지 탐구 영역은 '물리학I, II' '화학I, II' '생명과학I, II' '지구과학I, II' 8개 과목(내용의 복잡성에 따라 I과 II로 구분) 중에서 4개 과목에 응시하고, 그중 2~3개 과목만을 대학 입시에 활용하는 방식이었기 때문에 II 과목 응시자 수가 어느정도 보장되었습니다. 그런데 이 체제가 '2개 과목만 응시'로 바뀌면서[16] II 과목에 지원하는 집단의 수준이 왜곡되기 시작합니다.

예컨대 4개 과목에 응시하던 시절에는 생명과학I과 화학I을 주

16 기존에는 '최대 4과목 응시'였던 것이 2012학년도에 '최대 3과목 응시'로 바뀌어 이후 1년간 유지된 후, 2014학년도부터는 '2개 과목만 응시'로 굳어졌습니다.

력 과목으로 삼는 학생들도 마음 편히 화학II에 응시할 수 있었습니다. 동일 과목의 I과 II는 연계되는 내용이 있으니만큼, 아예 관련이 없는 지구과학I보다는 화학II가 유리한 점이 있었던 겁니다. '주력 과목에만 투자하고 다른 과목은 그냥 버리자'라는 계산으로 아무 II 과목에나 응시하는 경우도 있었고요. 그런데 선택과목 자체가 2개로 줄어들면 여분의 카드가 사라지는 만큼 II 과목들이 먼저 선택지에서 배제됩니다. II 과목은 어렵고 I 과목은 쉬우니까, 어지간히 자신 있는 수험생이 아니고서야 I 과목을 택하게 되지요. 또한 2개 과목만 공부하면 되어 수험생들이 개별 과목에 투자할 수 있는 시간이 증가했고, 네 과목 중 한두 과목 정도는 망쳐도 괜찮다는 '심리적 보험'이 사라지면서 탐구 영역 자체의 난도가 전반적으로 상승했습니다. II 과목을 택한 수험생은 이중고에 처하는 셈입니다.

그럼에도 불구하고 불가피하게 II 과목에 응시해야 했던 수험생들이 있었습니다. 서울대학교를 노리거나, 의학 계열을 지망하면서도 서울대라는 보험을 달아두고 싶었던 (혹은 서울대 의과대학의 꿈을 포기할 수 없던) 유형입니다. 2023학년도 입시까지 서울대학교는 모든 자연계열 지원자에게 과학탐구II 과목 응시를 요구했습니다. 자신 없는 학생들이 모두 빠져나간 상태로, 초고득점자들끼리만 II 과목에 남아 싸워야 했던 겁니다.[17] 이에 따라 매

17 2011학년도에 9만 2000여명이었던 생명과학II(당시 명칭은 생물II) 응시자는 4년 후인 2015학년도에 3만여명으로 감소했고, 그로부터 다시 5년 후인 2020학년도에는 2011년 1/10 이하인 7190명으로 감소했습니다(한국교육과정평가원 「대학수학

년 경쟁이 격화되고 문항 난도가 가파르게 상승합니다. 설상가상으로 II 과목에 맞춰진 사교육 서비스는 아주 적었습니다. 시중에 있는 교재라고는 기껏해야 기출문제집과 EBS 교재, 그리고 몇몇 인강 강사의 콘텐츠뿐이었지요. 당장 과학탐구 영역 성적이 급한 판인데, 수험생들로서는 답답할 수밖에 없었습니다.

물론 교육출판사나 인터넷강의 업체가 II 과목 콘텐츠의 소구력과 수요를 몰랐던 것은 아닙니다. 다만 타깃 시장이 기껏해야 전체 수험생의 1~3%가량에 불과한 탓에(게다가 이 안에서도 물·화·생·지로 분산되기까지 합니다) 규모의 경제를 실현할 수 없다는 점, 가격에 차등을 두려 해도 타 과목과의 형평성을 생각할 수밖에 없다는 점으로 인해 행동에 나설 수 없었을 뿐입니다. 반면 시대인재는 상대적으로 덩치가 작았던 덕에 훨씬 유연한 대

능력시험 연도별 채점현황」, 2024. 1. 게시). 비율상으로 논할 경우 2011학년도에는 90%의 수험생이 최소한 한개 이상의 II 과목을 응시했으나 2020학년도에는 9%까지 하락했지요. '중위권 이하 수험생은 한명도 남지 않았으며 최상위권만이 잔존했다는 이론적 가정하에' 계산할 경우 2011학년도 시점에서 상위 1% 위치에 있던 수험생은 2020학년도 시점에는 상위 10%로 하락하게 됩니다. 달리 말하면 (응시자의 성적분포가 정규분포를 따르고, 이론상 최고점자가 백분위 100에 해당하는 위치에 있다고 가정했을 때) 2011학년도에 과학탐구II 과목에서 상위 1% 성적을 받아 든 학생의 점수는 최고점과 2.5점만큼의 차이가 납니다. 그런데 2020학년도에는 상위 10%까지 밀려나 최고점과의 차이가 13.0점까지 벌어지게 되지요. 중하위권이 빠져나간 집단 내에서 최상위권끼리 경쟁을 지속할 경우 그만큼의 손해를 입는다는 이야기입니다. 뿐만 아니라 의학 계열 입시에서는 많은 경우 '이론상 만점에서 감점하는 식으로' 점수를 집계하므로("이론상 만점과 ○○의대 합격 커트라인 차이가 15점이라면 과목별로 어느 정도까지의 실점이 허용되는가?") 이러한 표준점수 하락은 치명적일 수밖에 없습니다. 시대인재학원의 'II 과목 콘텐츠'가 서울대·의대 진학 지망자들을 겨냥한 '킬러 콘텐츠'로 작용한 데에는 이러한 배경이 있는 셈입니다.

응이 가능했습니다. 오르비에 기반을 둔 수험생·대학생 출제진을 대거 영입해 과학탐구 영역 문제은행 구축에 열을 올렸던 것입니다. 이에 따라 2015년부터 시대인재학원에 추가된 『서바이벌 모의고사 생명과학I·II』와 연관 강의 커리큘럼은 초고득점 수험생들 대다수를 끌어오는 계기가 됩니다.

그런데 초고득점 수험생이 모이면 그 자체로 입시 결과가 보장됩니다. "어떤 학원에서 올해 의대를 몇명 보냈다더라" 식의 입소문이 예약된 셈이지요. 마침 실전모의고사 중심의 기존 수학 강의도 호평을 받던 차입니다. 강의가 좋고 입시 실적도 훌륭하다면, 게다가 그런 방식의 강의를 제공하는 곳이 하나뿐이라면 수험생은 자연스레 몰리기 마련입니다. 2010년대 중반을 기점으로 폭발적으로 세를 불린 시대인재학원은 2017년에 재수종합반(2018학년도 수능 대비반)을 설치하고, 2020학년도 수능에서 단 2년 만에 강남대성학원을 실적으로 누르며 대치동의 패권을 거머쥡니다.[18]

---

18 「대입 재수학원가 '지각변동' … '신흥강자' 시대인재N에 '왕좌' 내준 강대」, 『UNN』 2020. 3. 13.

1부에서도 언급했다시피, 현장에 대한 면밀한 관찰 없이 시험범위를 축소한다면 학습 부담이 완화되기는커녕 의도와 정반대의 부작용을 낳게 됩니다. 물론 범위 축소가 무조건 나쁜 결과로 이어지는 것은 아닙니다만, 최소한 결정을 내리기 전에 당사자의 의견과 위험 요소를 살필 필요가 있습니다. '사교육 업계의 집중 공략 대상이 될 수 있다'는 과학탐구Ⅱ 과목의 잠재적 취약성은, 당시 입시에 조금이라도 관심이 있는 사람에게는 상식이었으니까요. 그럼에도 강행된 출제범위 축소 정책은 짧은 시간 사이에 특정 집단에서의 경쟁 압력을 극단적으로 높이고 사교육의 외연 확장과 고도화의 계기를 마련해주었습니다. 이러한 역학은 앞으로 3부 전체에 걸쳐 반복적으로 관찰될 것이니만큼 미리 언급해둡니다.

"실적이 좋은 것은 잘하는 애들을 모아놓았기 때문이 아닌가?"

"과거 대성학원이 종로학원을 추월했듯이, 그냥 1위 학원 이름만 바뀐 게 아닌가? 시대인재 역시 그들처럼 원래 명문대에 갈 만한 학생을 선별했을 뿐이다. 사교육은 원래 그런 분야인데 새삼스럽다."

시대인재학원과 사교육 시장의 콘텐츠 위주 재편에 관한 이 책의 논의에 대해서는, 이와 같은 반문이 따라붙을 수 있습니다. 시대인재가 명실상부한 업계 선두 주자로 자리매김하고 확장에 나서는 과정에서, 그런 '선발 효과'의 덕을 본 것은 사실입니다. 그러나 그것만으로 지금의 현상을 설명하기에는 부족한 점이 있습니다. 업계 1위로 올라서기 전까지는 선발 효과 자체를 얻을 수 없기 때문입니다.

대부분의 수험생이 '1위 학원'으로 쏠리는 학원가의 관성을 고려할 경우, 패권 교체는 수십년에 한번씩 일어날까 말까 할 만큼 드문 현상입니다. 당장 검증된 1등 학원을 포기하고 모험에 나설 수험생은 많지 않으니까요.

1990년대 후반 대성학원이 종로학원을 이기고 업계 1위에 등극했을 때는 '종로학원 등록을 거절당한 특목고 자퇴생들'을 받아주었다는 외부 요인이 작용했지만, 2010년대 중후반부터 2020년대까지의 변화기에는 그런 것조차 없었습니다. 강남대성학원이 급속도로 수험생의 민심을 잃을 만한 사건이 있지도 않았고요. **그럼에도 불구하고 역전이 가능했다는 것은 '원래부터 우수한 학생들을 뽑아 누리는' 선발 효과 외에 다른 요인이 매우 강하게 작용했다는 이야기입니다.**

수능 콘텐츠가 바로 그 요인입니다.

대치동의 헤게모니가 시장 전체의 헤게모니로

영원히 새로우며 고유한 것은 없기 마련입니다. 아이폰1이 처음 소개된 2008년에는 스마트폰이 곧 아이폰이었지만 2020년대에는 수많은 스마트폰 제조사가 난립하고 있지요. 퍼스트 무버(first mover)가 있으면 패스트 팔로어(fast follower)가 있기 마련이고요.

학원가의 경쟁자들이 시대인재학원의 방식을 벤치마킹하면서 사교육 시장은 급격한 체질 변화를 겪습니다. 과거에는 스타 강사를 고액에 모셔온 다음 콘텐츠는 강사 재량에 맡기는 것이 관행이었다면, 이제는 콘텐츠를 강의만큼이나 중요하고 핵심적인 분야로 대하게 된 것입니다. 뿐만 아니라 『이감모의고사』(김봉소 전 강남대성학원 강사 주도 제작)의 사례처럼, 콘텐츠가 특히 고평가받는 강사는 강사직을 은퇴하고 수능 콘텐츠 연구소 대표로 자리잡기도 했지요.

대형 학원, 특히 정규 재수종합반은 일정한 커리큘럼이 존재해야 하며 그에 따른 자료와 문항 공급이 필수적이라는 점에서, 수능 콘텐츠의 규격화와 그에 따른 커리큘럼의 규격화 자체는 (사회적인 부작용을 제외하면) 공급자에게나 소비자에게나 긍정적인 도약이었습니다.

다만 확실히 못박아둘 점이 하나 있습니다. 대형 학원의 콘텐츠가 독립 출제팀의 콘텐츠보다 반드시 월등한 것은 아니라는 사실입니다. 대형 학원에서 표준화된 절차를 통해 저자를 육성할 수 있을지라도, 출제와 교재 집필에는 여전히 창작으로서의 성격이 남아 있기 때문입니다. 특히 일정 기간마다 정해진 양의 문항을 공급해야 하는 학원 출판물은 퀄리티의 극대화보다는 기준선 유지와 규격화에 좀더 집중하기 마련이므로, 특출난 개인이 거대 자본을 이기고 주목을 끌어오는 상황이 종종 발생하지요. 이런 개개인은 대형 학원의 1호 영입 대상이지만, 독립 출제팀을 꾸리거나 직접 콘텐츠 연구소를 차림으로써 일가(一家)를 이루는 경우도 많습니다.

인터넷 커뮤니티, 즉 오르비의 영향력 역시 건재합니다. 수험생들은 자신이 푼 콘텐츠들을 평가하며 정보를 공유하고, 유명 출제팀과 연구소와 학원 들은 오르비에서 저자들을 모집하며, 신진 저자들은 참신한 문항을 제작하거나 새로운 콘텐츠 유형을 선보임으로써 시장에 영향을 미칩니다. 비록 성숙도나 매출 면에서는 비교가 불가능할지라도, 그렇다고 해서 '시대인재학원을 비롯한 대형 자본들이 오르비보다 무조건 우월하다, 오르비는 끝났다'라고 평할 수 없다는 것입니다. 맡은 역할이 다르니까요.

그런데 이쯤에서 의문이 생깁니다. 과연 오르비와 시대인재학원의 영향력만으로 시장 전체의 헤게모니가 바뀔 수 있느냐는 것입니다. 인터넷 커뮤니티가 저자의 산실이 되고 사교육특구에 지각변동이 일어난 것이 사실일지라도, 이건 결국 좁은 영역 내의 이야기니까요.

인터넷강의라는 이름의 사이버 대치동

유행 수용자의 분포는 피라미드 꼴을 그립니다. 삼각형의 꼭대기에는 유행을 만들어내고 이끄는 소수의 트렌드세터(trend setter)가 존재하고, 그 아래를 받치는 것은 다수의 대중이지요. 이런 구도에서 인터넷 커뮤니티와 대치동은 트랜드세터의 위치에, 선두에 놓여 있습니다. 머리가 움직이면 몸통이 따라 뛰듯이, 사교육 시장의 변화는 인터넷 커뮤니티와 대치동에서 시작되어 더 많은 수험생에게로 퍼져나갑니다.

그런데 머리와 몸통이 이어지기 위해서는 목이 필요한 법입니다. 이 목이란 무엇일까요? 인터넷강의입니다. 유명 인터넷 강사들은 대개 대치동 현장 강의 출신이고, 인터넷강의 데뷔 후에도 현장 강의를 병행하는 경우가 많은 만큼 대치동 동향에 민감합니다. 주된 활동 무대가 인터넷인 까닭에 수험생 커뮤니티 동향도 잘 살피기 마련이고요. 한편 인터넷강의는 전국 팔도에서 볼 수 있으니 파급력 또한 강력하지요.

비록 모든 인터넷 강사가 실전모의고사 유행에 긍정적이었던 것은 아닙니다만, 스타 강사 중에는 그런 변화를 적극적으로 받아들인 이들이 여럿 있었습니다. 수학 영역에서는 특히 많았지요. 한석원은 출제 문화가 형성되기 이전부터 (커뮤니티 기반의 실전 모의고사와는 그 기조가 다소 달랐을지라도) 자체 모의고사 라인업을 갖추고 있었고, 삽자루는 2014학년도부터 강의 커리큘럼에 『일격필살 모의고사』와 『이해원 모의고사』 등을 접목시켰습니다.

강사 ㄷ 이야기도 빼놓을 수 없습니다. '메가스터디 대표 수학 강사'인 ㄷ은 재빨리 변화를 받아들인 강사들 중에서도 단연 상징적인 존재입니다. 실전모의고사를 보조 자료로 활용하는 수준에서 그치는 대신, 대량의 고품질 콘텐츠를 커리큘럼의 뼈대로 삼았다는 점에서 그렇습니다. 콘텐츠 연구소에 적극적으로 투자하면서 문항 공모 시스템을 선도적으로 도입한 강사도 ㄷ입니다. 수험생이든 대학생이든 간에, 좋은 문항을 만들 수만 있다면 저작권료를 지급하고 저자로 대우하겠다는 것입니다. 이는 ㄷ이 초창기 오르비 유저로서 '숨마쿰라우데 시리즈' 집필에 참여했다는 사실, 그후로도 계속 수험생 커뮤니티에서 수험생들과 함께 호흡했다는 사실과도 깊은 관계가 있겠지요.

강사 ㄷ이 활동을 시작한 2014년 시점에, 그만큼이나 콘텐츠에 관심을 기울인 강사는 그 자신 외에 거의 없었습니다. 2024년에는 모두가 동일한 전략을 택하고 있습니다. 오르비에서 시작된 유행이 시대인재학원과 ㄷ을 비롯한 얼리어답터들을 거쳐 비로소 50만명의 수험생을, 시장 참여자 전체를 바꿔놓은 것입니다. 강사들은 자신의 커리큘럼대로 N제와 실전모의고사를 풀면 수능에서 고득점을 거둘 수 있다고 말하며, 학생들은 강사의 조언을 따라 문제집의 산에 파묻히고, 그러는 동안에도 저자들은 계속 새로운 콘텐츠를 쏟아냅니다. 인기 과목이라면 하루에 1회씩 실전모의고사를 풀어도 콘텐츠가 남을 정도지요.

콘텐츠가 가져온 변화?

지금까지 수험생 커뮤니티에서 시작된 출제 문화가 수능 콘텐츠 시장을 만들고, 이로 인해 강사 시장과 학원가가 재편된 과정을 알아보았습니다. 그렇다면 이들의 위상이나 기능 또한 변할 수밖에 없습니다. 아무래도 개념·원리 위주 학습이 이루어지던 시기의 강사와, 수능 콘텐츠가 본격적으로 강의 커리큘럼에 접목되기 시작한 시기의 강사와, 콘텐츠 위주 학습이 대세가 된 시기의 강사는 학생들에게 다른 느낌으로 다가올 테니까요. 또한 마찬가지로, 오프라인 학원의 역할과 작동 방식도 이전과는 달라졌을 것입니다.

3부에서 더 깊이 설명하겠습니다만, 이러한 구성요소들이 일방적인 승자나 패자로 나뉘기보다는 서로를 보완하는 방식으로 작동한다는 사실이 중요합니다. 우선 시대인재학원의 등장과 별개로, 오르비를 위시한 수험생 커뮤니티는 등용문의 자리를 확고하게 지키며 사업을 이어나가고 있습니다. 또한 라이벌 학원과 인터넷강의 업체들은 매출 구조의 변화 덕에 수익성이 대폭 개선되었습니다. 강의 자체에서 콘텐츠로 무게 추가 이동하면서 팔 수 있는 상품이 대폭 늘어났으니까요. 게다가 역설적으로, '콘텐츠가 너무 많아서 무엇을 풀어야 할지 알 수 없는 상황'에서는 학원과 강사의 존재감이 증가하는 까닭에, 수험생들의 사교육 의존도는 이전보다 높아졌습니다.

결국 콘텐츠가 입시 사교육의 핵심으로 부상했다고 해서 나머지가 밀려난 것은 아닙니다. 오히려 **강사와 저자, 학원이라는 세 요소는 이전 그 어느 때보다 긴밀하게 결합하며 서로의 중요성을 강화**하고 있지요. 그리고 이 결합의 중심에는 **수험생 커뮤니티**가 자리하고 있습니다. 이런 형세를 무엇이라고 부르면 좋을까요? 저자 시대와도, 강사 시대와도 상황이 다른 만큼 **콘텐츠 시대**라는 명칭이 가장 적합할 듯합니다.

이어질 3부에서는 콘텐츠 시대의 사교육이 작동하는 방식을 살피며, 이에 따른 사회적 변화들을 파악하고자 합니다. 그리고 자본이 승리를 거두는 과정에서 학생·학부모, 심지어 사교육 종사자들마저도 다양한 소모와 착취를 경험한다는 사실을 논하겠습니다.

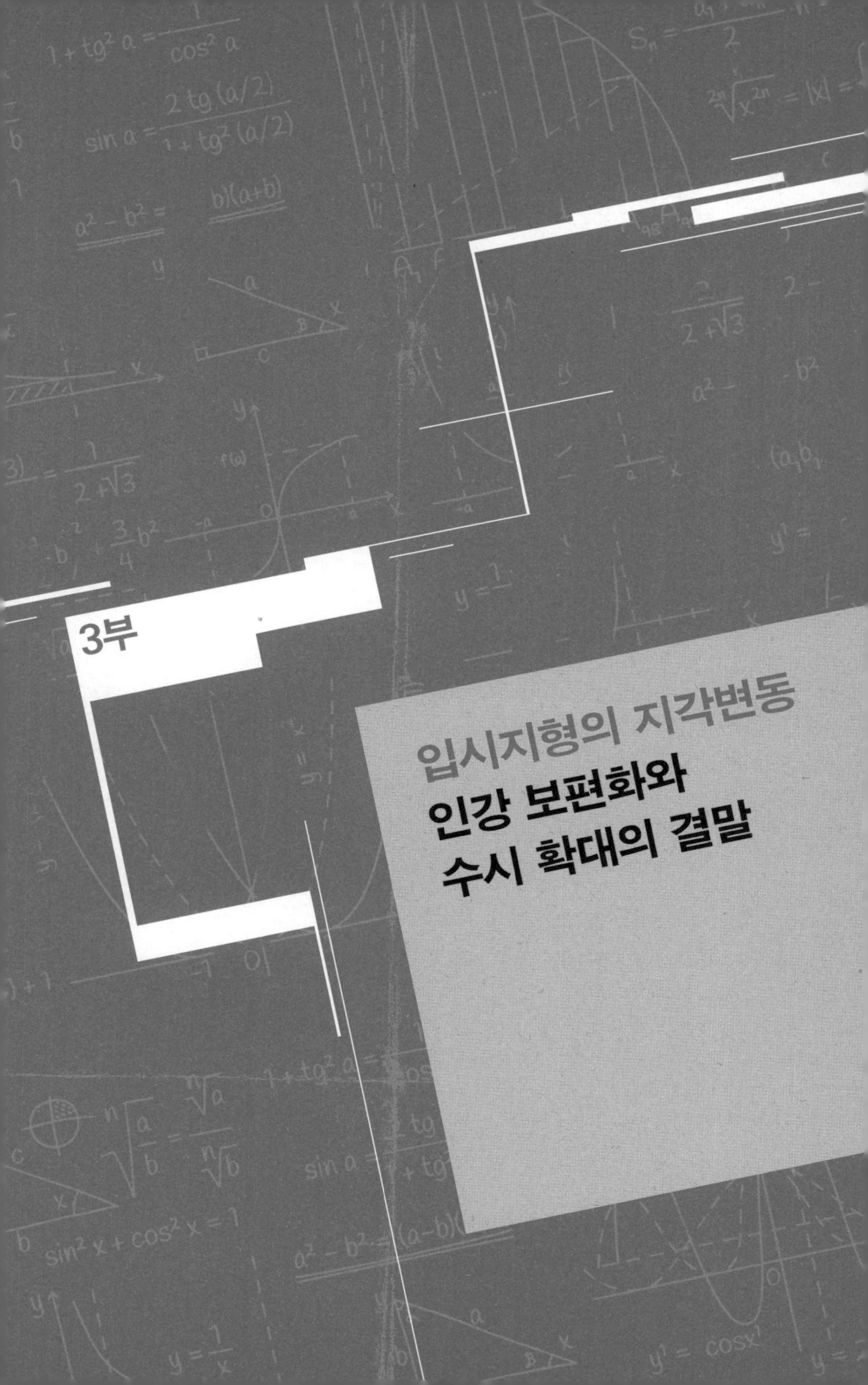

3부

입시지형의 지각변동

인강 보편화와 수시 확대의 결말

1. 인강이 격차를 해소했다는 환상

인터넷강의가 강남 대치동 학원가를 대체하고 있다고 해도 과언이 아니다. 특히 이젠 강남 대치동이 아닌 제주에서도 A급 강사 강의를 인터넷을 통해 손쉽게 들을 수 있고 비용도 3만~4만원으로 저렴해 입시과외 시장에서 지역이나 소득에 따른 격차는 많이 줄어든 상태다. 이에 따라 강남 집값 강세에 학원가가 미치는 영향에도 변화가 있을 것으로 점쳐진다. 굳이 학원에 가지 않더라도 원격과외가 가능해졌기 때문이다.[1]

2000년대는 인터넷의 급속 성장기였고, IT 기술에 대한 기대감은 그 성장세만큼이나 강렬했습니다. 신기술이 새로운 시장을 개척함으로써 사회에 발전 동력을 제공하고 지역적·경제적 격

1 「온라인학원 확산 … 대치동 안 가도 입시준비 충분」, 『매일경제』 2006. 12. 12.

차 등을 해결해주리라는 희망이 있었던 겁니다. 대중적 주목도에서 지금의 '생성형 인공지능'과 비슷한 위상을 차지했다고 해도 과언이 아닐 정도입니다. 앞의 기사에도 그러한 분위기가 담겨 있지요. 교육 당국의 시선도 예외는 아니라서, 사교육 대책으로 'EBS 인터넷강의'를 야심차게 제시했습니다.

> 사교육비 경감을 위해 정부가 추진 중인 EBS 대학수학능력시험 강의에 서울 강남 학원가의 '스타 강사'들이 대거 참여할 예정이어서 수험생과 학부모들 사이에 큰 관심을 끌고 있다. 특히 이들은 해당 분야에서 오랫동안 명강의로 실력을 검증받은 '최고수'들이어서 수험생들을 설레게 하는 반면, 학원가에서는 충격과 긴장감을 감추지 못하고 있다. (…) 이들이 EBS 강의에 참여한다는 사실 자체가 이번 사교육 대책의 성공에 기여할 것이라는 전망이 많다.[2]

그런데 스무해가 지난 시점에 이 기사들을 다시 읽어보면 이상한 기분이 듭니다. 좋게 말하면 순진했다 싶고, 나쁘게 말하면 허무맹랑한 예측을 했다 싶지요. 지역 간 입시 격차는 오히려 심각해졌고,[3] 대입 사교육 업체들은 유례없는 실적을 올리고 있거니와,[4] 대치동은 요지부동의 '사교육 메카'입니다. 강남 집값이 천

2 「스타강사 EBS서 만난다 … 수험생 "무료로 본다니" 환영」, 『동아일보』 2004. 2. 22.
3 소득 격차에 대해서는 마땅한 통계가 없습니다만, 이 또한 줄어들지는 않았으리라 추정하는 편이 올바를 개연성이 높습니다.
4 이 점에 대해서는 2장에서 다룰 것입니다.

정부지로 올랐다는 사실은 길게 설명할 필요조차 없습니다.

그러니까 '대치동 강사의 강의를 안방에서 들을 수 있으니 대치동의 영향력이 약화될 것이다'라는 명제는 애당초 사실과 거리가 멀었던 것이며, EBS 인터넷강의의 도입은 시대에 발맞추어가는 일이기 이전에 공교육이 사교육에 굴복하는 신호탄이었던 것입니다. EBS 인터넷강의가 학원가의 1타 강사를 모셔오고 강의를 일임하는 식으로 운영되었다는 점이 그 사실을 잘 드러냅니다.

이처럼, 인터넷강의라는 형식은 한국사회에 **인터넷강의 신화**라고 부를 만한 환상을 안겨주면서 사교육이 새로운 수준으로 도약할 기회를 마련했습니다. 그 결과는 사교육의 대치동 집중과 극단적인 서울과 비서울의 격차입니다. 일단은 직접적인 데이터로 논의를 열도록 하겠습니다.

데이터로 확인하는 서울/비서울 격차

매년 12월, 평가원은 공식 홈페이지에 당 학년도 수학능력평가시험 분석 결과를 업로드합니다. 2022학년도 수능은 2021년 11월에 시행되어 2022년 12월에 분석이 공개되지요. 여기에는 지역, 학생 배경, 학교 유형 등에 대한 분석이 포함되어 있고, 그중에는 고교 재학생 수험생 집단을 대상으로 산출한, 시도별 등급 비율도 있습니다. 이는 다시 말해 N수 누증으로 인한 격차를 고려하지 않은, 각 지역 재학생들의 성적만 1 대 1로 비교한 자료를 통해

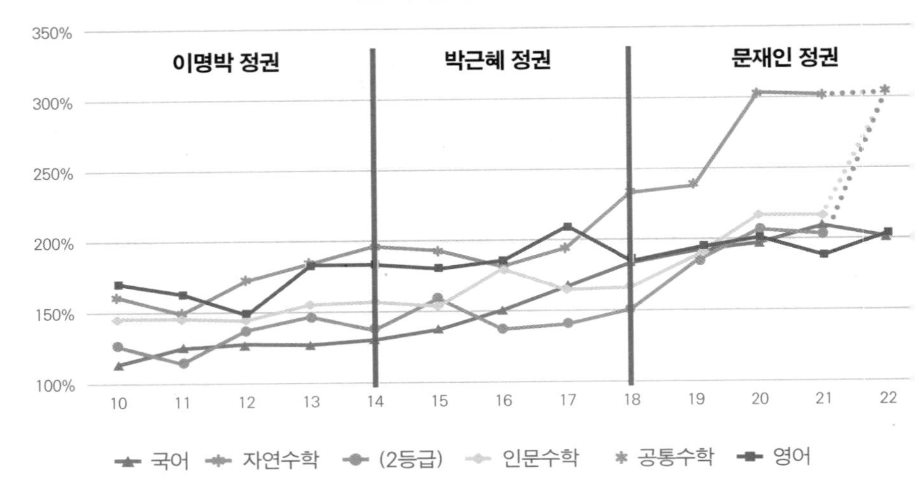

서울과 비서울 간 격차를 명확하게 파악할 수 있다는 것입니다. 가령 2021학년도 국어 영역의 경우 서울 수험생 집단의 1등급 비율이 서울 외 수험생 집단의 1등급 비율의 2배였습니다. 그래프를 통해 서울/비서울 수험생 집단의 1등급 수의 비율이 2010학년도부터 12년간 어떤 변화를 겪었는지 살펴봅시다.[5]

그래프를 분석하기에 앞서 상징적인 분기점을 나열하겠습니다. 우선 2010~2011학년도에는 'EBS 연계율 70%' 정책이 시작되

5 표 가로축의 연도는 수능 시행 연도가 아니라 학년도를 의미하는 것으로, 2010학년도 수능은 2009년에 시행되었습니다. 2022학년도부터는 공통수학이 도입되어 자연계·인문계 구분이 사라졌으므로 그 점을 보정하였습니다.

고, 『포카칩 모의평가』를 시작으로 평가원 주관 시험을 벤치마킹한 실전모의고사들이 쏟아지며 수능 콘텐츠 시장이 열렸습니다. 또한 『한권으로 완성하는 수학』 등의 오르비 기반 수험서들도 여럿 등장하며 시장이 급속도로 성장했지요. 2014학년도는 수능이 '언·수·외'에서 '국·수·영' 체제로 개편되고 탐구 응시과목 수가 2개로 줄어들면서 수능 해킹이 용이해지도록 출제 경향이 바뀐 해입니다. 시대인재학원이 『서바이벌 모의고사』와 함께 대치동에 첫발을 내디딘 해이자 ㄷ이 '메가스터디 1타 강사'가 된 해이기도 하지요. 이후 2017년에 설치된 시대인재학원 재수종합반은 2020학년도 대입 실적에서 강남대성학원을 이기며 1위로서의 입지를 굳히고, ㄷ은 메가스터디 내에서만이 아니라 전체 시장의 '통합 1타'가 됩니다. 이는 시대인재학원과 ㄷ의 승리뿐만 아니라 콘텐츠의 승리를 보여주는 사건이기도 합니다. 시장의 패러다임이 완전히 바뀐 것입니다. 즉, 2010년대 중후반은 출제 경향의 변화가 본격적으로 입시에 영향을 주기 시작한 시기고, 수능 사교육 시장이 콘텐츠를 중심으로 재편되며 고도화를 이룬 시기입니다.

이러한 시간 흐름을 염두에 두고 그래프를 살펴보겠습니다. 일단 과거에도 서울과 비서울 간의 격차는 엄연히 존재했습니다. 자연수학과 영어에서 특히 두드러졌고, 국어에서는 비교적 약했지요. 그런데 이 격차는 2010년대 중후반부터 급격히 심화됩니다. 수학은 300%를 뚫고 올라갔을 뿐만 아니라, '사교육 무용론'이 우세하던 국어마저 슬금슬금 수치가 올라와 200%에 이르렀지요. '출제 경향의 변화로 인한 수능 해킹' '콘텐츠 시대로의 이행과 사교육 고도화' '서울/비서울 격차 심화'라는 세개의 현상은 사실 하나로 맞물려 움직이는 현상인 셈입니다.

다만 이런 주장을 본격적으로 펼치기 전에, 하나 짚고 넘어갈 부분이 있습니다. 영어입니다. 영어는 2010년대 초반까지만 해도 가장 높은 값을 보여주는 과목이었음에도 불구하고 2010년대 내내 눈에 띄는 상승세를 보이지 않았고, 2020년대까지 기존 수준에서 정체되고 있습니다. 이런 차이는 어디에서 기인한 것일까요?

영어를 잘하는 뉴욕 사람

국어와 수학의 특징에 대해서는 앞선 장에서 거듭 설명한 바 있습니다.

우선 1부 2장에서는 '사교육이 통하지 않는 과목'이었던 국어가 해킹된 방법을 논했지요. 국어에서 나타나는, 그래프의 완만한 상승세는 이와 어느정도 관련이 있을 것입니다.

한편 2부 2장에서는 수학 실전모의고사 시장의 특징을 소개했습니다. 수학, 그중에서도 자연계열 수학은 입시에 엄청난 영향을 줄 뿐만 아니라 마니아가 유독 많은 분야입니다. 사설모의고사 시장이 수학을 중심으로 발달한 것, 스타 저자가 수학에서 많이 배출된 것, 수험생들이 수학에 많은 시간을 투자하는 것, 그만큼 수능 해킹이 철저히 이루어진 것, 그 결과가 300% 이상의 값[6]으로 나타나는 것은 일종의 필연처럼 보입니다.

그렇다면 영어 영역의 특징은 무엇일까요?

'평범한 뉴욕 사람이 스타 영어 강사보다 영어를 잘한다'는 우스갯소리가 있습니다. 뉴욕 사람은 원어민이지만 스타 영어 강사는 한국인이라는 겁니다. 타당성이나 설득력을 차치하더라도, 이 우스갯소리에는 그 자체로 눈여겨볼 지점이 있습니다. 제2외국어를 제외한 다른 과목으로는 이런 농담을 결코 할 수 없으리라는 것이지요. 인도가 아무리 수학 강국이라도 평범한 인도인보다는 스타 수학 강사가 수학 실력이 뛰어나고, 독일이 아무리 기초과학 강국이라도 평범한 독일인보다는 스타 과학 강사가 과학을 더 잘 압니다. 반면 영어와 제2외국어는 우스갯소리 수준일지라도 이런 논변이 받아들여지지요.

영어를 비롯한 외국어는 수능이라는 간판 아래 묶여 있을지라도 다른 과목과 확연히 구분됩니다. 수학이나 국어는 아무리 탁월한 선생이 붙더라도 학생에게 소질이 아예 없으면 성적을 올리기 어렵지만, 외국어 실력은 아이가 몇년쯤 해외 유학을 다녀오면 자동으로 늘기 마련이니까요. 노골적으로 말하자면 영어는 '돈은 많은데 역량이 부족한 아이들' '외국 살다 온 아이들'이 1등급을 따내기에 가장 용이한 과목이었습니다. 평생 밑천이 되는 과목이기도 했고요.

다른 과목은 학생들이 기본 개념과 원리를 숙지한 다음부터 문

6 자연계열 수학 기준.

제풀이 스킬을 갈고 닦아야 하는데, 이 문제풀이 스킬은 대학교에 가면 금방 쓸모를 잃습니다. 생명과학I의 유전 킬러 문항을 푸는 능력은 대학교 수준의 생물학 강의와 아무런 관계가 없으니까요. 반면 영어 공부에는 강력한 연속성이 있습니다. 고난도 수능 영어 문제를 쉽게 푸는 학생이라면 TEPS도 고득점을 맞기 마련이고, 생활 영어도 빨리 익힙니다. TEPS와 생활 영어는 대학생에게나 직장인에게나 중요합니다. 외국 생활을 염두에 두고 있다면 말할 것도 없습니다.

그렇다면 합리적인 전략은 '다른 과목에는 적정 수준으로만 투자하고' '나머지 자원을 모두 영어에 쓰는' 것이 됩니다. 개개인에게는 이런 방향이 최적입니다. 하지만 상위권 수험생들이 단체로, 똑같은 전략을 채택한다면 어떻게 될까요? 평가원 입장에서 영어 실력이 상향 평준화된 수험생들을 줄 세우려면 문제가 어려워질 수밖에 없고, 문제가 어려워질수록 돈을 더 많이 쓴 학생이 유리해집니다. 현실적으로는 어떤 과목에서든 돈의 영향력을 배제할 수 없습니다만, 그 점을 감안하더라도 영어는 돈이 자질을 압도하는 유일한 과목이지요. 해외 유학을 다녀온 학생이 비서울 지역에서 열심히 공부한 학생을 거의 무조건 이기는 겁니다. 이런 상황은 부당합니다.

평가원은 특단의 대책으로 **영어 절대평가화**를 꺼내듭니다. 2018학년도 수능을 기점으로 90점 이상이면 무조건 1등급이 부여되도록 바뀌었지요. 문항이 덜 까다롭게 출제되었고 표준점수 또한 산정되지 않게 되었습니다. 줄 세우기에서 영어의 비중이 크게 낮아진 것입니다. 이 대책은 곧바로 효력을 발휘합니다. 비록 영어가 평생 밑천으로 쓰일지라도, 수험생의 최우선 과제는 입시니까요. 영어에 가해지던 변별 압력은 곧바로 국어와 수학, 탐구로 넘어갔습니다.

그런데 이런 변화는 뜻밖의 평형으로 이어집니다. 일단 절대평가 체제하에서는 90점만 넘으면 1등급을 받을 수 있고 70점까지도 3등급이 되는 덕분에, 여타 과목에서 고득점을 받을 자신이 없거나 '수시 최저학력기준'을 비교적 쉽게 충족하려는 중하위 득점자들이 대거 영어에 투자하게 된 것입니다. 이에 더해 인기 대학 입시에는 여전히 1등급 이내의 영어 성적이 필요한 만큼, 고득점자들 또한 영어에 대한 투자를 적정 수준으로나마 유지했지요. 결국 영어의 서울/비서울 1등급 수의 비율값은 다른 과목의 비율값이 폭등하는 동안 별다른 상승세를 보이지 않으면서 최하위로 내려앉게 됩니다.

다만 이는 영어야말로 유일하게 정상적인 수능 과목이라는 의미가 아니며, 절대평가 전환이 현행 수능의 치료약이 될 수 있다는 주장을 뒷받침하지도 않습니다. 영어는 그 특성상 원래부터 양극화가 심각한 과목이었고, 대면 사교육 의존도가 지극히 높았으며, 지금도 마찬가지입니다. 또한 영어에서 나타나던 고득점자 간 경쟁 압력은 해소된 것이 아니라 다른 과목으로 분산되었을 뿐입니다. 말인즉슨 여타 과목의 비율값에는 사실 '원래 영어의 비율값 증분이어야 했던' 값이 숨어 있으므로, 그 점을 고려하면 실질적으로는 모든 과목에서 서울과 비서울의 격차가 심화되었으리라는 결론이 가능하겠지요.

그런데 그래프의 영어 항목을 해명하더라도 '출제 경향의 변화로 인한 수능 해킹' '콘텐츠 시대로의 이행과 사교육 고도화' '서울/비서울 격차 심화'가 하나로 묶여 있다는 주장에는 여전한 맹점이 남은 것처럼 보입니다. 바로 "콘텐츠 시대로의 이행과 사교육 고도화는 당연히 인터넷강의에도 영향을 미쳤을 것이다. 인터넷강의는 산간벽지에서도 수강이 가능한데 왜 사교육 고도화로 인한 서울/비서울 격차가 발생하느냐?" 하는 것입니다.

1장에서는 그에 대한 응답으로서, '인터넷강의가 실질적으로는 지방 수험생들에게 해가 되는 이유'를 논하고자 합니다. 다만 이를 설명하기 위해서는 수능 콘텐츠와 인터넷강의, 그리고 학원이라는 세 요소가 작동하고 결합하는 방식을 우선 살필 필요가 있습니다.

수능 콘텐츠, 인터넷강의, 학원

수능 콘텐츠 시장에는 선택지가 넘쳐납니다. 학생 스스로는 자신에게 가장 알맞은 교재가 무엇인지 분간하기 어려울 정도지요. 무엇을 언제 풀어야 할지 결정하는 것도 문제고요.

요컨대 수능과 비슷한 난이도로 출제되어서 '실전 감각'을 길러준다는 실전모의고사와, '만점 완성'을 돕는다는 이유로 초고난도로 출제된 실전모의고사는 겉보기엔 비슷할지라도 완전히 다른 기능을 합니다. 후자를 풀어야 할 시기에 전자를 풀면 실력 향상에 도움이 되지 않고, 반대로 전자는 손대지도 않고 후자부터 풀면 시간을 낭비하게 됩니다. 딱딱한 교재를 씹어 삼키는 어려움이 사라진 대신, 적절한 교재를 골라 적절한 순서로 배분하는 어려움이 새롭게 생긴 것입니다. 심지어 '퀄리티가 낮은', 즉 평가원의 출제 경향에 부합하지 않거나 오류가 많은 콘텐츠를 피해 가는 것마저 학생의 몫입니다.

이런 혼란 속에서 스타 인터넷 강사들은 구심점이자 상징이 됩니다. 이를테면 소비자들이 LG의 백색가전을 믿고 사듯 강사의 이름 자체가 브랜드로 기능하는 것입니다. 강의를 고르는 기준만 보아도 이러한 변화가 확연히 드러납니다. 과거의 학생들은 '기초 개념 풀이를 잘한다더라, 상위권이 들으면 최상위권의 사고방식을 배울 수 있다더라' 등의 평가를 통해 강사를 선택했습니다. 반면 지금의 학생들을 끌어당기는 것은 '자체 실전모의고사가 잘 뽑혔다더라, 이 강사 커리큘럼만 1년 내내 따라가면 그 과목 끝난다더라'와 같은 평가입니다. 극단적인 경우 '○○○ 강사는 콘텐츠가 좋아서 스타가 된 것이지 강의력은 별로인데, 괜히 강의 듣다가 시간 날리지 마라' 하는 조언이 돌아다닐 정도지요.

그렇다면 현장 강의가 이루어지는 오프라인 학원은 어떨까요? 독립 출제팀이 학원 소속팀에 필적하는 퀄리티의 콘텐츠를 선보이는 것이 사실이라면, 커리큘럼 제공과 해설 강의 또한 스타 인터넷 강사가 해준다면, 인터넷강의 업체들이 사이버 대치동처럼 작동한다면, 과연 오프라인 학원이 필요할까요? 그냥 집에서 인터넷강의를 들으며 독립 콘텐츠를 구매해서 풀면 그만인 일이 아닐까요?

여기에도 앞서 설명한 것과 유사한 아이러니가 작용합니다. 콘텐츠 위주 학습, 즉 **문제풀이 위주 학습**이 주류가 될수록 오프라인 학원의 영향력이 훨씬 커진다는 것입니다.

학원이라는 물리적인 공간

유명 인터넷 강사의 이름이 수능 콘텐츠 브랜드로 기능하듯이, 대형 학원은 자체 커리큘럼과 콘텐츠를 마련함으로써 혼란 속에서 중심을 잡아주는 역할을 합니다. 여기에 더해 학원은 인터넷강의가 대체하기 어려운, 고유의 강점을 지니고 있습니다. 바로 **현장성**과 **동시성**입니다. 동시성, 즉 '피드백과 소통이 즉각적으로 이루어진다'는 특성부터 논해보겠습니다.

재수생 G(호남권 중소도시) 현장 강의는 실시간으로 질문을 받아주는 조교가 있고, 필요한 게 바로바로 처리되는 시스템이 갖춰져 있다보니 궁금증을 해결하고 다음 단계로 넘어가는 데 걸리는 시간이 짧죠. 그런데 인터넷강의는 아무래도 질문 하나 올리더라도 답변이 길게는 하루가 넘어가야 올 때도 있으니까. 들어본 이야기로는 일주일 넘게 걸리기도 한대요. 지하철도 급행열차와 역마다 정차하는 일반열차가 속도가 다르잖아요. 그런 식으로 차이가 나는 것 같아요.

일견 사소해 보일지라도, 동시성은 사실 문제풀이 위주 학습의 약점을 결정적으로 보완해주는 요소입니다. 단적으로 말해 학생이 집에서 혼자 실전모의고사를 푼다면, 해설을 이해하지 못할 경우 그 지점에서 학습이 막히고 말지요. 인터넷 강사의 커리큘럼에는 해설 강의가 추가로 제공되지만 독립 출제팀의 콘텐츠라면 그런 서비스를 기대하기 어렵습니다.

만약 온라인 Q&A 서비스를 이용하더라도 효율이 떨어지기는 마찬가지입니다. 일단 해설이 문자로 적히는 까닭에 전달성이 비교적 낮고, 질문을 올린 후 답변을 받기까지 시간차가 있다보니 학습 흐름이 끊기게 됩니다. 그 자리에서 추가 질의응답을 즉각적으로 주고받기란 언감생심이지요. 또한 온라인 Q&A의 경우, '이 문제를 어떻게 풀 수 있는가?'가 아니라 '이런 유형의 문제를 잘 풀기 위해서는 무엇을 어떻게 공부해야 하는가?'에 대해서는 피상적인 답변만이 가능합니다. 이에 답하려면 질문자의 취약점을 정확히 알아야 하고, 그러기 위해서는 질문자 개인에 대한 지식이 필요하기 때문입니다.

달리 말하면 교습은 지식이 주어지는 지점에서 끝나는 것이 아니라 즉각적인 소통과 개인화된 지도를 통해 완성됩니다. 스케이트보드를 배워야 하는 상황을 가정해봅시다. 영상만을 보고 혼자 연습하기보다 자세를 바로잡아주고 필요한 조언을 건네는 코치와 함께한다면 숙달이 훨씬 빠르겠지요. 물론 학습에서 개인의 역량과 노력의 중요성을 배제할 수는 없습니다만, 실질적으로는 이런 영역에서마저도 코치의 유무가 큰 영향을 끼칩니다. 쓸모없는 곳에 노력을 쏟느라 시간을 낭비하지 않도록, '정확히 어떤 점을 개선해야 하는지, 어떻게 노력해야 하는지' 알려줄 사람의 존재가 중요한 겁니다.

코치의 입장에서도 생각해보겠습니다. 스케이트보드 코치는 수강생을 효과적으로 가르치기 위해 어떤 접근을 취할까요? 자세가 잘못되어 있는지, 잘못된 방식으로 힘을 주고 있는지 등을 파악하고 현재 수준에 맞는 조언을 제공할 것입니다. '너는 방향 전환에 능숙하지만 속도 제어가 부족하니 앞으로는 이런 연습이 필요하겠다'는 지도 역시 필요하겠지요. 눈에 띄는 학생에게는 동기부여가 되어줄 만한 덕담도 개인적으로 건넬 수 있을 겁니다. 이러한 접근은 수강생이라는 개인을 눈앞에서 보며 관계를 쌓아가야만, 즉 **현장성**을 전제해야만 가능한 것이고요.

문제풀이 과정에서 발생하는 난점뿐만이 아니라 강의 자체에도 비슷한 논리가 적용됩니다. 일부 수험생 사이에서는 '대치동 현장 강의 전용 콘텐츠'에 대한 신화가 공유되곤 합니다만, 사실 현장 강의와 인터넷강의의 결정적인 차이는 현장성 그 자체에서 옵니다. 예컨대 현장 강의에서는 강사가 특정 학생의 실전모의고사 점수를 장난스레 놀리는 동시에 그런 점수를 받은 이유를 분석하며 수험생에게 동기를 부여하는 상호작용이 일상적으로 일어납니다. 그리고 강사는 수강생의 평균을 고려하며 거기에 맞춘 수업을 진행하게 되지요.

반면 인터넷강의는 강사가 아무리 공들여 찍더라도 '단방향으로만 작용하는, 불특정 다수를 대상으로 삼은, 규격화된 영상물' 입니다. 강사는 모니터 너머의 학생들을 모르거니와 그 학생들이 보는 것은 결국 녹화가 완료된 영상이라는 겁니다. 청중의 수준과 반응에 맞추어 강의의 흐름을 유연하게 조절하는 것이 원천적으로 불가능하며 유대감 역시 생겨날 수 없습니다. 게다가 집중력이나 몰입의 정도 또한 다르지요(예컨대 얼굴을 보며 대화하는 것일지라도, 줌 미팅과 현실에서의 만남은 완전히 다른 느낌을 줍니다. 영상 통화가 아니라 녹취 영상이라면 말할 것도 없습니다).

이런 차이들은 일견 사소해 보일지라도 실제로는 내용 이해와 문제풀이의 체화 여부를 판가름하게 됩니다. 이는 강사들이 인터넷강의 고객들과 현장에서 만나는 학생들을 차별한다는 의미가 아닙니다. 강사가 교육자로서의 프라이드를 지니고 최선을 다해 수업에 임하더라도, 매체와 형식의 특성상 불가피한 간극이 발생한다는 것입니다.

재수생 N(영남권 중소도시) 인강도 잘 가르쳐주지만 그래도 어쩔 수 없는 차이가 있어요. 대치동에서 강의하는 사람들이 그대로 인강을 찍으니까 똑같다는 건 아무것도 모르는 소리라고 생각해요. 인터넷강의는 지식 자체를 배울 때보다는 배운 내용을 조금 더 확장해나갈 때, 아니면 내가 이해한 내용이나 방식이 올바른지 확인할 때 더 쓸모있죠. "유명 강사들이 이렇게 싼 가격에 인강을 해주고 질문답변 시스템도 잘되어 있는데 지역 학생들은 왜 활용을 못하느냐" 하면 할 말이 없어요. 사소하다면 사소한 디테일이 누적되어 벌어지는, 어쩔 수 없는 차이가 있는 건 사실인데 말이죠.

따라서 인터넷강의가 보편화되고 '실전모의고사와 N제를 최대한 많이 푸는' 것이 새로운 학습 방법론으로 자리잡더라도 콘텐츠 체화와 질의응답을 통한 지속적 피드백의 필요성이 증가한 만큼 오프라인 학원의 기능은 약화되지 않습니다. **오히려 학원은 녹화 동영상을 통한 보강을 자체 커리큘럼에 적극적으로 포함시킴으로써 더욱 고도화된 사교육 서비스를 추구하지요.** 즉, 오프라인 학원과 수능 콘텐츠, 그리고 (동영상 강의를 포함한, 광의의) 인터넷강의라는 개념은 대극에 놓이기보다는 보완 관계를 맺으며 서로의 효과를 증폭시키는 셈입니다.

이러한 사교육의 고도화는 양극화와 경쟁 압력의 심화로 이어집니다. 동네 자전거 경주에서는 참가자가 '페달을 열심히 밟기만 하면' 1등을 거머쥘 수 있는 반면, 선수권 경기에서는 1초를 줄이기 위해 경량 프레임을 채용하거나 핸들바 높이를 조정하는 작업이 일상적이라는 사실을 생각해봅시다. 2010년대 초반 이전의 수능이 전자에 가까웠다면, 현재의 수능은 단연 후자입니다. 더 큰 문제는 두 유형의 자전거들이 동일한 대회에 출전하고 있다는 사실입니다. 정보가 충분한 서울권 선수들이 자전거의 경량화와 최적화에 몰두하며 1~3등급 이내의 등급 경쟁을 격화시키는 동안, 지방의 선수들은 동네 마실용 자전거를 타고 "우린 왜 이렇게 성적이 안 나올까?"라는 자책에 빠지는 겁니다.

다시 강조하건대, 2020년대의 입시 판도는 10년 전은 물론이고

5년 전과도 비교하기 어려울 만큼 크게 바뀌었습니다. 1부와 2부에서 설명한 수능 해킹과 사교육 서비스의 공진화가 거듭되면서 입시 전략의 복잡성과 요구사항의 허들이 크게 올라간 것입니다. 학력고사 시절에는 교과서만 달달 외워도 대학에 갔다면 2000년대 중반부터는 인터넷강의쯤은 들어야 했고, 2020년대에는 더 많은 것이 필요합니다. 따라서 2000년대 초중반에 송고된 기사를 근거 삼아 "산간 오지에 사는 학생들도 인터넷강의를 듣고 대학에 가는데 지역 격차가 어디에 있느냐"고 말하는 것은 무의미합니다. 당시와 지금 사이에는 20년이라는 시간과 그만큼의 변화가 가로놓여 있으니까요.

물론 "나는 2020년대에 수능을 쳤지만 인강만 듣고 좋은 대학에 갔다"는 반론이 있을지도 모릅니다. 이 책은 그런 사례를 부정하지 않습니다. 어쨌거나 공부에는 타고난 역량과 의지가 강력하게 작용하니까요. 몇몇 뛰어난 학생은 인강조차 듣지 않고 1등급을 쟁취하는 반면, 의욕이 전무한 학생이라면 스타 강사에게 1:1 강의를 받아도 시원찮은 성적을 얻게 됩니다. 그것은 사실입니다. 다만 사회적 논의가 초점을 맞추어야 할 대상은 개인적이고 개별적인 사례보다는 전반적인 경향성이며, 이 책이 다루는 내용 역시 큰 범주에서의 경향입니다(예컨대, 어떤 여자가 어떤 남자보다 키가 크다는 것은 남자와 여자의 키 차이에 대해 어떤 사실도 알려주지 않습니다. 이를 논하려면 평균 키를 말해야 합니다).

경쟁 압력의 격화와 그에 따른 폐단에 대해서는 2장에서 깊이 논할 것입니다. 1장에서는 서울과 비서울 간의 양극화를 마저 다루도록 하겠습니다.

인터넷강의는 지방을 죽이는 독이다

두괄식으로 말하자면, 인터넷강의는 지역 간 격차를 줄인 적이 없습니다. 인터넷강의는 지방의 사교육 인프라를 빠르게, 한편으로는 천천히 죽여왔으며 지방 학생들을 정보 커뮤니티로부터 고립시켰습니다. 인터넷강의는 지방을 죽이는 독입니다.

어째서일까요?

인터넷강의가 교습 과정의 전부를 대체할 수 없다는 사실, 학원이나 과외 선생 고유의 역할이 있다는 사실, 그로 인해 인강 수강생과 현장 수강생 사이에 불가피한 격차가 발생한다는 사실에 대해서는 앞서 설명했습니다. 또한 지금처럼 경쟁이 격화되고 사교육 서비스가 고도화된 상황에서는, 그런 격차가 치명적인 양극화를 불러온다고도 말했습니다.

그런데 이것만으로 지방 학생들의 유불리를 논하기에는 부족한 면이 있습니다. "지방에는 학원이 없나? 대치동만큼은 아니어도 어쨌든 강사들이 있긴 할 것 아닌가?"라는 반론이 가능하기 때문입니다.

여기에 대한 응답은, "지방에 학원이 없다"는 것입니다.

재수생 N 제가 사는 지역의 학원에서는 상담을 할 때 '제가 정시를 볼 건데요'라고 하면 등록을 안 받아줘요. 만약 수능 강의를 하는 학원이라면 그 지역에 소문이 나 있을 정도예요. 거기는 수능 대비가 된다더라 하고. 그게 한 두 세군데 있나. 다른 곳들은 내신 대비 수준에 멈춰 있는 것 같아요.

재학생 H(강원권 중소도시/일반계고) 학원이 없어요. 이 지역은 학원이 없고 다 과외인데, 그냥 6명쯤 모여 있는 애들한테 대충 한번 설명해준 다음 풀어라 하고 끝내는 거예요. 실전모의고사를 교재로 쓰는 곳이 한곳 있다는데 솔직히 제대로 한다는 느낌은 없죠. 바로 옆 지역은 관리형 독서실이 있는데 거기도 학생 관리가 안 된다고 해요.

재학생 D(부산) 부산에는 그나마 대성학원 부산지역 분원이 있거든요. 거기를 다녔는데, 일단 학교에서 배우는 거랑 전혀 달라서 이럴 거면 학교를 왜 다니지 하는 생각이 들고, 그리고 두번째로는 학원 다니는 사람이랑 안 다니는 사람이 너무 차이나겠다는 생각이 들더라고요. 지방은 이런 사교육 인프라가 확실히 적은 것 같아요.

일찍이 교육평론가 이범은 '인터넷강의의 보편화, 대치동 강의의 전국화가 강사 간 소득 격차를 확대시키고 지방 대도시 강사들의 급속한 몰락을 초래했다'고 지적한 바 있습니다.[7] 비록 인터넷강의가 교습을 대체할 수 없을지라도, 눈앞의 동네 선생님보다 모니터 속의 대치동 강사가 훨씬 그럴듯해 보이는 것은 당연한

---

7 이범 『이범, 공부에 반하다』, 한스미디어 2006, 96~98면.

일입니다. 게다가 수강료까지 훨씬 값싸니 지방 수험생들은 구태여 학원에 다닐 필요를 느끼지 못하게 되지요.

결과적으로 대구 수성구, 부산 수영구와 해운대구, 대전 서구처럼 쟁쟁한 일부 지역을 제외한 서울 바깥의 학원가는 지난 20년간 해체 수순을 밟아왔습니다. 나열된 '쟁쟁한' 학원가들도 그나마 명맥을 유지했을 뿐이지, 그 힘이 약화되었음은 물론입니다. 뿐만 아니라 중계동이나 노량진 등 서울 내의 여타 학원가들마저 대치동에 완벽히 패배했지요. 예외는 목동과 분당을 비롯한, 강남에서 강사들이 이동할 수 있으며 대치동과 인적 구성이 비슷해 유사한 방식의 수업이 진행될 수 있는 일부 수도권의 아파트 밀집 지역입니다. 이러한 지역들은 지리적·인적 이점으로 인해 거의 대치동과 동기화되어 있습니다. 자석을 가져다 대면 자기장에 따라 철가루가 정렬되듯, 대치동의 영향력을 뼈대 삼아 전국 학원가가 재편된 셈입니다.

실제 사례를 들어 설명하자면 2000년대까지만 해도 부산의 부산학원과 서전학원, 광주의 양영학원, 인천의 정문학원 등 나름의 경쟁력을 앞세워 건재함을 과시하던 지방 학원들이 적지 않았습니다. 그런데 2010년대를 기점으로 이런 학원 중 상당수는 사업을 축소, 포기하거나 대치동 노하우를 직수입해온다고 홍보하는 서울 기반 프랜차이즈 학원으로 대체되었습니다. 그나마 살아남은 지역 학원들은 대개 '대치동 강사라도 우리 동네 학교 시험범위는 모른다'는 점을 탈출구 삼아 '내신 전문'을 표방하거나, '관리형 독서실'처럼 직접적 지식 전달은 인터넷강의나 수험서에 맡기

고 질의응답 및 생활관리에 집중한 경우였지요.[8]

이는 달리 말하면 각 지방의 입시 정보 커뮤니티가 서서히 붕괴했다는 의미이기도 합니다. 일단 내신 전문으로 전환한 학원은 수능 동향에 민감하게 반응할 필요가 없어집니다. 그리고 이런 학원이 다수를 점할 경우, '수능 대비 학원끼리 경쟁하며 입시 정보를 업데이트하는 프로세스'가 집단적으로 사라지면서 그나마 남아 있는 수능 대비 학원마저도 경쟁력을 잃고 맙니다. 또한 수능 대비를 인터넷강의에만 내맡기기 시작한다면, 학부모로서는 '수능 준비에는 어떤 학원이 좋다더라, 저 학원은 어떻게 가르친다더라, 요새는 뭐가 대세라더라'를 논할 필요가 없어집니다. 학원도, 학부모도 모르는 입시 소식을 학생이 스스로 파악하기는 어렵습니다. 지역 전체가 수능에 대한 지식을 잃어버리는 셈입니다.

물론 여기에 대해서는 "(그것조차 없으면 모르겠지만, 만약 있는 지역이라면) 서울 기반 프랜차이즈 학원에서 배우면 되는 거 아니냐?"라는 지적이 가능할지도 모릅니다. 문제는 수능 사교육의 특성상 이러한 '프랜차이즈'들이 실제로는 프랜차이즈의 기능을 하지 못한다는 데에 있습니다. 초등 영어처럼 쉬운 분야라면 강사 양성과 규격화가 용이하지만, 수능은 그 반대이기 때문입니

---

8 '국풍 2000'이나 '에이닷'처럼 전국적으로 획일화·규격화된 관리 시스템을 갖춘 단과학원 프랜차이즈도 있습니다만, 이런 학원들은 그 특성상 수능과 내신을 병행하여 다루는 에듀테크 회사에 가까운 탓에 '수능 대비'에만 집중하진 않습니다(이는 해당 학원의 역량을 논하는 것이 아니라 교습 방법론에 대한 서술입니다). 예컨대 '국풍 2000'의 마케팅포인트인 문제은행은 '전국 학교별 기출문제'와 '평가원 기출문제' 위주로 구성되어 있습니다.

다. 수능 대비 학원의 강사에게는 사고력과 지식이 비교적 강하게 요구되는 까닭에, 학원이 강사의 수준을 결정하는 것이 아니라 강사가 학원의 수준을 판가름하게 되는 것입니다. 콘텐츠를 중심으로 시장이 재편되었을지라도 거기에 맞추어 가르칠 역량은 여전히 중요하니까요. 즉, 강사의 규격화가 불가능하다는 것은 본원과 분원의 서비스 품질이 다를 수밖에 없다는 의미가 됩니다.

그래도 대형 학원 프랜차이즈의 분원이 있는 지역은 그나마 사정이 낫습니다. 대치동 강사가 출강[9]하는 일은 거의 없을지라도, 대치동의 시스템과 해당 학원의 내부 콘텐츠라도 가져올 수 있기 때문입니다. 분원조차 부재한 지역의 일반 학원들은 수능을 준비시킬 역량 자체가 부족한 경우가 절대다수인데, 심지어 가격조차 그리 저렴한 편이 아닙니다. 지역 사교육이 와해된 덕에 사교육비 지출이라도 줄었으면 모르겠습니다만, 지방의 학생들은 실상 돈은 돈대로 쓰면서 터무니없는 서비스를 받게 되는 겁니다.

9 대치동 바깥에서 강의하는 '대치동 강사'는 실제 대치동 학원에서 수능 대비 정규수업을 진행하는 강사, 대치동에서 내신 대비 수업 혹은 특강 등 비정기적 수업을 맡는 강사, 그리고 한때 대치동 학원에 출강한 적은 있지만 현재는 관련이 없는 강사로 나뉩니다. 실제 지방 학원에 출강하는 '대치동 강사'들은 주로 두번째나 세번째 유형에 가깝습니다.

현재 대치동이라는 사교육특구에서 단과 수업을 듣는 데 드는 비용은 보통 주 1회 3시간 수업 기준 월 30만원 전후입니다. '대치동 학원가의 명성이 높으니 학원비가 상상을 초월하게 비쌀 것'이라는 선입견에 비하면 썩 높은 비용이 아니지요. 대치동 학원가의 힘은 극소수 학생을 선별하여 고액의 비밀 수업을 진행하는 데에서 나오지 않습니다. 물론 차별화에 대한 욕구는 항상 존재하는 만큼 그런 방식의 수업도 있긴 합니다만, 어쨌거나 대치동은 '다수의 학생을 대상으로 규격화된 강의를 대량 제공하는' 방식으로 작동하기 때문입니다. 규모의 경제를 통해 비용을 낮출 수 있는 것이지요. 그에 비해 지방 학생들은, "면적 대비 거주비용이 가장 비싼 곳은 아파트가 아니라 쪽방이다"라는 말처럼 고액을 지불하면서도 저품질의 서비스를 제공받게 됩니다.

대치동에 가까운 동네일수록 수능 성적이 개선된다

지역 사교육의 몰락과 그에 따른 영향은 사교육 고도화가 극심해지기 이전부터 수치상으로 드러나고 있었습니다. 2005년, 2015년 두 시점의 기초지자체별 국·영·수 평균 2등급 이내 학생 비율(특목고·자사고 제외) 데이터를 바탕으로 한 산점도를 살펴보겠습니다.

이 그래프의 1사분면에 위치한 점들은 '2005년도 시점에 이미

수능 평균 성적 2등급 이내 학생 비율의 변화

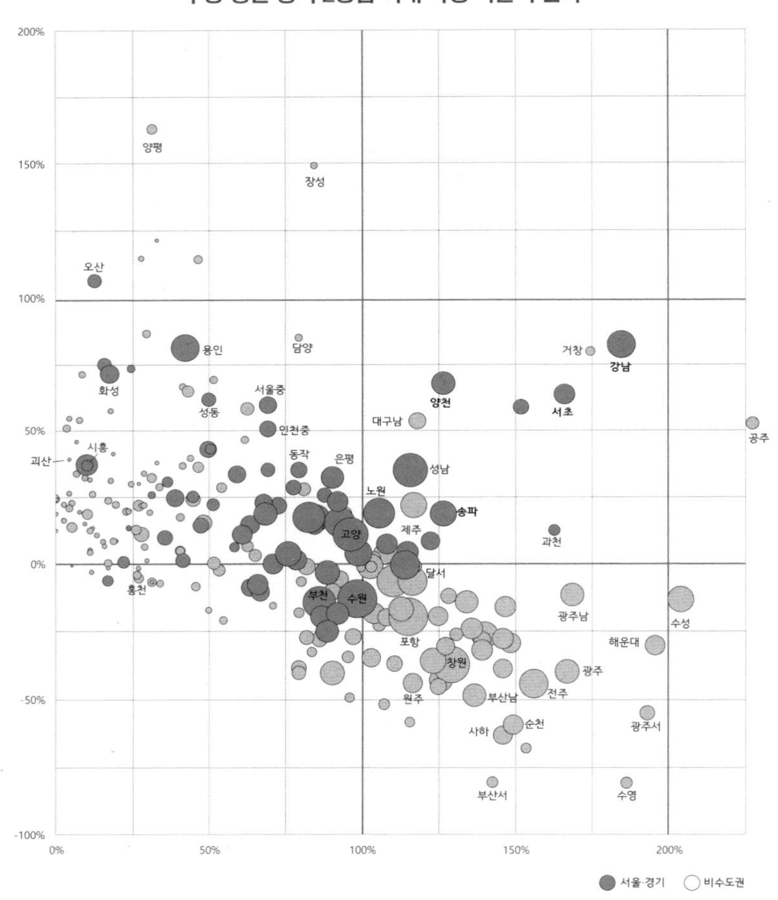

이 그래프는 국회 교육위원회 의원실들을 통해 다수의 언론에서 공개된 '2005년, 2015년 두 시점의 기초지방자치단체별 국·영·수 평균 2등급 이내 학생 비율(특목/자사고 제외)'을 재가공하여, 그 변화를 산점도로 나타낸 것이다. 원의 크기는 각 지역의 학생 숫자를 의미한다. x축은 2005년 기준 '전국 평균 비율 대비 2등급 이내 학생 비율'을 나타내는 것으로, 점이 왼쪽으로 갈수록 비율이 낮고 오른쪽으로 갈수록 비율이 높다. y축은 2005년과 2015년 사이 '전국 평균 비율 대비 2등급 이내 학생 비율' 변화로, 점이 위쪽으로 갈수록 비율(%p 기준) 상승, 아래쪽으로 갈수록 비율(%p 기준) 하락을 의미한다.

입시 실적이 좋았으며, 2015년도에는 더 좋아진 지역'이고, 그 밑의 4사분면에 위치한 점들은 '2005년도에는 입시 실적이 좋았지만, 2015년도에는 약화된 지역'입니다.

이러한 이해에 기반하여 그래프의 전체적인 형태를 우선 살펴보도록 하겠습니다. 그래프의 x축 위, 즉 '수능 성적이 향상된 지역'에는 주로 서울 그리고 서울과 가까운 수도권 지자체들이 분포해 있습니다. 반대로 그렇지 못했던 경우, 즉 x축 아래에는 주로 비수도권 지자체들이 분포해 있음을 알 수 있습니다. 이른바 '사교육특구'와 그외 지역의 격차가 커지는 양상 이전에, 수도권과 비수도권의 격차가 커지는 양상이 선제적으로 관찰되는 것입니다.

예컨대 1사분면에 위치한 강남의 2등급 이내 학생 비율은 2005년도에 이미 전국 대비 188.4%에 달했고, 2015년도에는 266.9%로 상승세를 보였습니다. 반면 4사분면의 수성구(대구)는 사교육특구임에도 불구하고 203.7%에서 190.7%로 13.0%p 감소했지요. 한편 쟁쟁한 학군지가 부족했던 지역, 즉 학원가의 와해를 겪은 지역들의 감소 추세는 과장을 더해 반토막이라고 해도 좋을 정도입니다. 순천은 149.0%에서 89.9%로, 전주는 155.7%에서 111.7%로 떨어졌지요. 또한 창원은 128.8%에서 91.7%로, 포항은 122.9%에서 87.2%로 하락했습니다.

그런데 2사분면에 위치한 점들, 즉 '2005년도에는 입시 실적이 나빴지만, 2015년도에는 좋아진' 지역들의 목록은 더더욱 의미심장합니다. 대치동과 분당(경기도)에 접근하기 용이한 서울권과 경기 남부가 여기 속하기 때문입니다. 서울 중구는 69.0%에서 59.9%p 증가해 128.9%가 되었고, 용인시는 42.1%에서 81.4%p가 증가해 123.5%가 되었습니다. 그에 비해 수도권 내 사교육특구에 접근하기 힘든 경기 서북부 및 인천 지역은 대체로 실적이 정체되며 3사분면에 머무르고 있습니다.

물론 2사분면에는 농어촌·산간벽지 지역도 존재합니다. 가장 왼쪽에 깨알처럼 퍼져 있는 작은 점들이지요. 이는 아무런 인프라가 없던 곳에(즉, '교과서 수준의 개념 학습조차 제대로 이루어지지 못하던 곳에') 인터넷강의가 도입됨으로써 발생한 순기능일 겁니다. 그런데 해당 지역들은 원래부터 입시 실적이 낮았던지라 2015년도에 높아졌다고 하더라도 절대적인 입시 실적이 낮은 편입니다(괴산군의 경우 4.2%에서 39.4%p 증가해 43.6%로 상승). 담양군처럼 2015년의 비율이 100%를 상회하는 경우는 많지 않으며(79.1%에서 85.2%p 증가해 164.3%로 상승), 26.4%에서 4%p 감소해 22.4%로 하락한 홍천군처럼 오히려 역행한 지역도 있지요.

한편 공주시나 양평군, 거창군처럼 눈에 띄는 향상을 보인 지방 소도시나 군 지역은 대개 공주사대부고, 한일고나 양서고, 거창고처럼 외부에서 '유학' 온 학생을 선발하는 비평준화 일반고, 자율형 고등학교가 있는 경우입니다. 공주나 양평, 거창에 실제로 거주하는 학생의 성취가 그대로 반영된 수치가 아니라는 이야기입니다. 이를 주의깊게 살피지 않으면 중소도시나 농어촌 지역도 노력 여하에 따라 대도시 사교육특구와 충분히 경쟁할 수 있다는 착시에 빠지게 됩니다. 또한 원의 크기로 짐작할 수 있다시피, 이

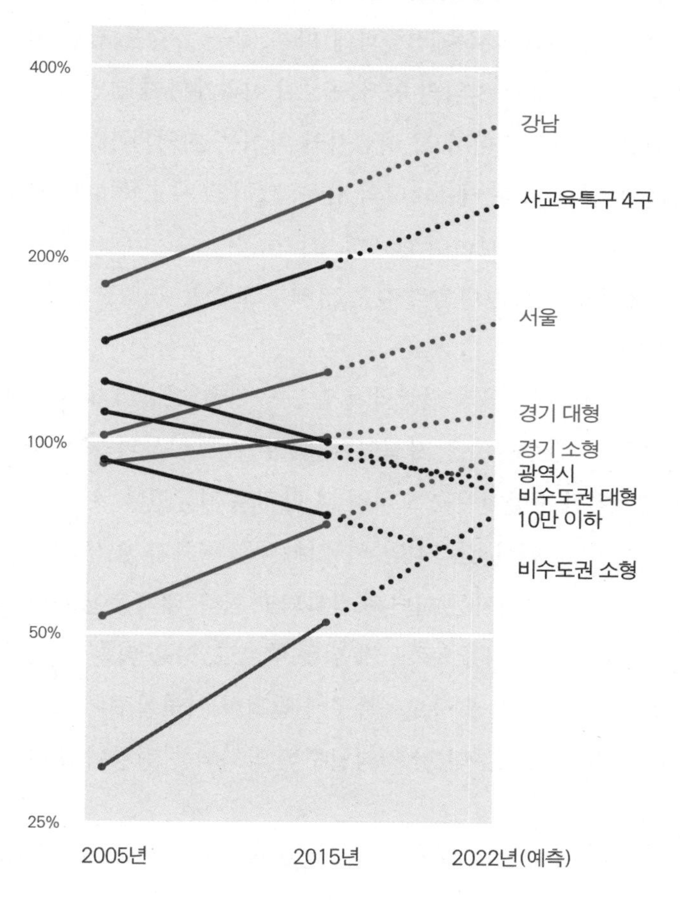

런 지역들의 인구수는 애당초 10만명 이하인 까닭에 인구집단 전체를 기준으로 한 변화의 크기는 매우 작을 수밖에 없습니다.

이러한 데이터를 종합하면 "강남 부모들은 전문직이니까 자식들도 공부를 잘하는 것이다"라는 식의 투박한 유전자론으로 강남 패

권을 설명하려는 시도는 선입견에 기반한, 잘못된 스토리텔링임이 명백해집니다. (서울 집중화에 따른 인구 유출을 감안하더라도) 10년 사이에 각 지역의 인적 구성이 이렇게까지 전면적으로 바뀌었을 리가 없으니까요. 핵심적인 차이는 지역의 교육 인프라 수준과 입시 정보 커뮤니티의 유무, 그리고 사교육 고도화의 진행 정도에 있다고 보아야 합니다.

결론적으로는 다음과 같은 명제를 도출할 수 있습니다.

ⓐ 인터넷강의의 전국화가 일부 농어촌·산간벽지 지역의 교육 환경을 개선한 것은 사실이나, 일정 수준 이상의 교육 인프라가 갖추어진 지방에서는 오히려 그 반대로 기능했다.

ⓑ 이에 따라 전반적인 서울/비서울 격차가 증가하며, 사교육특구로 인한 격차는 더더욱 심화되고 있다(대치동이 가장 앞서가며, 대치동 외 사교육특구가 뒤를 따르고, 서울 비특구, 경기 남부 순으로, 즉 수도권 사교육특구에 인접한 지역일수록 입시 실적이 개선되며, 그로부터 먼 지역일수록 악화되는 경향이 뚜렷하게 나타난다).

ⓒ 또한 상위권으로 갈수록 격차가 커지는바, 콘텐츠 시대로의 이행 및 기형적인 출제 경향(이에 따른 사교육 필요성의 대두)으로 인해 2020년대에는 그 정도가 더욱 심화되었으리라는 추측이 가능하다.

앞의 산점도는 2005학년도 수능부터 2015학년도 수능(2014년 시행) 사이의, 10년간의 변화를 나타낸 것입니다. 다시 말해, **2014년 시대인재학원의 등장으로 사교육 시장이 다시금 재편되기 전에 일어난 변화**를 보여주는 것입니다. 이 책은 다시 10년이 흐른 2024년에 쓰였습니다. 지난 10년 사이 사교육은 진화를 거듭했고, 지방 학원가는 더더욱 몰락했으며, 수능의 문항들은 기형적으로 변해왔지요. 이러한 격차가 가중되면서 일종의 곱연산 효과를 일으켰으리라는 점은 자명합니다. 특정 구간, 특히 자연계열 최상위권(의학 계열 지망)은 사실상 사교육특구에 의해 독점되고 있으리라는 추측도 무리가 아닐 것입니다.

정보의 사각지대와 조용한 죽음

지방의 약세에는 콘텐츠 시대로의 이행이 놀라울 만큼 조용히 이루어졌다는 사실도 복병으로 작용했습니다. '대치동 스타 강사가 인터넷강의 사업을 시작했다'는 소식은 신문에 대서특필되어 세간의 주목을 끈 반면, 수능 콘텐츠에 대한 정보는 실질적으로 대치동 학원가와 수험생 커뮤니티에서만 공유되었지요.

이건 폐쇄성이나 배타성 때문이 아니고, 서울의 사교육 종사자들이 그 사실을 숨겼기 때문도 아닙니다. 매력과 흥미의 문제입니다. '교재 유형과 수준이 고도화되면서 수능 대비 방식이 콘텐츠 위주로 재편되었다'는 '스타 강사를 안방에서 만나볼 수 있다'에 비해 덜 매력적인 헤드라인이지요.

한편 인터넷 강사들이 수능 콘텐츠를 적극적으로 받아들임으로써 N제와 실전모의고사를 자체 커리큘럼에 편입시킨 것은 사실입니다만, 수험생이 그 중요성과 맥락을 인식하지 못하면 큰 의미가 없습니다. 인터넷 강사가 제공하는 수능 콘텐츠들을 단순히 '퀄리티 좋은 문제집 겸 강의 교재'라고만 인식하는 학생이 다른 콘텐츠를 찾아 나설 확률은 낮으니까요.

달리 말하면 지방의 수험생이 작금의 변화를 올바로 감지하고 대응하기 위해서는 뉴스를 보거나 인터넷강의를 듣는 것 이상의 적극성이 필요합니다. 수능 콘텐츠의 중요성을 인식해야 하고, 그런 다음에는 직접 수험생 커뮤니티에 드나들면서 값진 정보와 그렇지 않은 정보를 분별해야 하지요. 유용한 콘텐츠(특정 학원 체인·현강 콘텐츠)를 구하기 위해 중고거래를 시도하거나, (비록 불법이지만) PDF 파일을 찾아다니며 품을 파는 것도 학생의 몫입니다.

재수생 R 둘로 나뉘는 느낌이었어요. 자료의 존재를 아예 모르거나 중고거래 사이트 등에서 엄청 열심히 구하거나. 알아서 시간과 비용을 더 투자해야 하죠. 중고거래 사이트에 올라오는 것은 웃돈이 좀 붙기도 하고, 그러다보면 좀 싸게 구하려고 며칠간 매물을 봐야 하고……

이런 탐색은 원론적으로 공부할 시간을 깎아먹는 일입니다. 공부에 필요한 교재를 구하기 위해 공부할 시간을 지불해야 한다니 아이러니컬합니다. 따라서 지방 학생은 이 모든 작업에 성공하더라도 종합적으로는 여전히 불리한 위치에 놓일 수밖에 없습니다. 서울 학생이 학원을 통해 자연스레 누리는 서비스들을, 지방 학생은 시행착오를 거쳐 더 많은 비용을 지불하면서 접하고자 시도해야 하는 것입니다.

정리해봅시다.

전제: 인터넷강의만으로는 교습 과정이 대체될 수 없으며, 문제풀이 위주 학습에는 학원 특유의 현장성과 동시성이 큰 영향을 준다.

ⓐ 인터넷강의가 보편화되며 지방 학원은 사라지거나 내신 전문 학원으로 바뀌었다.

ⓑ 지방 학원가가 해체되면서 해당 지역의 입시 커뮤니티와 노하우가 소멸했다.

ⓒ 콘텐츠 시대로의 이행마저 조용히 이루어진 까닭에 지방 수험생은 그 사실을 알 수 없었으며, 만약 그 사실을 알더라도 입시 전략을 수립하고 이행하기 위해서는 인지적·물질적·시간적 비용을 추가적으로 지불해야 했다.

지방에는 정시를 대비시켜주는 학원도, 정시 노하우가 공유되는 지역 커뮤니티도, 수능 콘텐츠에 대한 인식도 없습니다. 있더라도 아주 약합니다. 서울권 수험생들이 고도화된 사교육 서비스를 통해 경쟁 압력을 증대시키는 동안, 지방 일반계 고등학교 수험생들은 '무엇을 어떻게 대비해야 할지 모르는', '만약 알더라도 그 서비스에 접근할 수 없거나 추가적인 비용을 지불해야 하는' 상태가 되는 것입니다.

이런 부재는 악순환을 빚어내며 지방을, 특히 대다수의 지방 일반고 수험생을 무지의 굴레에 가뒀습니다. 그로 인해 대다수의 지방 일반고 수험생들은 공허한 노력을 기울이거나 자신을 탓하며 정시를 포기할 수밖에 없었습니다. 전국·광역 단위 자사고·특목고 수험생들은 애당초 각별한 준비를 통해 고입에 성공했으니만큼 대입 전략도 확실히 갖추기 마련입니다만, 절대다수의 학생은 '주변 학생이 하는 것처럼만' 하게 되기 때문입니다.

N수생 Y(호남권 중소도시) 지방 수험생 입장에서는, (이 상황을 알면) '내 3년 대체 어디로 갔냐' 하는 느낌이 들 수 있죠. 저희가 본 건 항상 『수학의 정석』이랑 『쎈수학』 『자이스토리』(수능 기출문제집) 정도였으니까. 그러다가 재수를 하면서 서울로 왔는데 다들 실전모의고사를 너무 편하게 쓰고 있는 거예요. 선생님도 N수생들도. 이런 이야기를 하면 '그걸 아예 모르고 들어왔냐'는 반응이 돌아와요. 그러니까 서울이랑 지방이랑 아예 접근법 자체가 달라요.

재학생 H 적절한 조언을 들을 곳이 없어요. 특히 과학탐구. 애들이 3학년 올라와서야 수능에 맞춘 과탐 공부를 시작하는데, 끝까지 다 기출만 공부해요. 그런데 지금 그것만으론 안 되잖아요. 생명과학은 모 유명 강사의 비킬러 문제집 그거 하나랑 기출, EBS 교재랑 그 변형 문제 가지고 1년 내내 공부를 해요. 그러면 수능 성적이 안 나오죠. 그런데 '그렇게 하면 점수가 안 나와'라고 알려줄 사람이 없어요. 킬러 문항을 풀려면 뭘 더 해야 할지 아무도 몰라요.

예를 들면 유전은 완전 어려운 문항은 그냥 넘길 수밖에 없지만, 그보다 쉬운 것들은 문제를 풀어서 차근차근 실력을 높일 수 있잖아요. 그런데 거기에 쓰이는 콘텐츠도, 방법론도 제가 사는 지역에서는 접할 수 없어요. 중고나라나 번개장터 같은 데에서 좀 구할 수 있긴 한데, 다른 애들은 애초에 몰라요.

결국 정보의 사각지대에 갇힌 지방 일반고 수험생들은 수능 경향의 변화에 속수무책으로 당해왔습니다. 수능 해킹으로 인해 문제의 난도가 비정상적으로 올라갔으며 특정 탐구 과목에서는 실전모의고사 풀이가 거의 강제되다시피 하는 상황에서, 자신이 당한다는 것조차 모르고 당했습니다. 기형적인 난도의 수능 문항을 보면서, "분명히 몇년 전까지만 해도 기출이 이렇게나 어렵지 않았던 것 같은데 요즘 수능은 왜 이럴까? 1등급을 받는 애들은 이걸 어떻게 푸는 걸까? 우리가 문제인 걸까?"라며 어리둥절해하는 것 외에 대안이 없었던 것입니다. 정보는 접근성과 현실 인식을 함께 결정하는 요소이기 때문입니다.

'인터넷강의는 지방을 죽이는 독이다'라는 문장의 의미가 바로 이것입니다. **인터넷강의는 지역 학원가를 고사시킴으로써 지방의 입시 인프라를 해체했고, 이로 인해 정보의 사각지대가 발생했습니다. 그리고 결과적으로, 수능이라는 영역에서 지방은 죽음을 맞이하게 되었습니다.**

이런 죽음의 방식이 지금껏 부각되지 않은 이유는 크게 다섯가지입니다.

첫째는, 정보의 사각지대 그 자체입니다. 당사자가 모르므로 말해지지도 않는 변화를, 타지 사람들이 먼저 깨닫기는 어렵습니다.

둘째는, 기존부터 존재했던 격차입니다. 사교육의 고도화로 인해 극단적인 양극화가 발생했을 뿐이지, 원래부터 지방 일반계 고등학교는 대입에서 약세를 보였습니다. 그렇다보니 '정도가 극심해졌다'라고 말해도 큰 주목을 얻지 못합니다.

셋째는, 시간성입니다. 인터넷강의가 지방 학원가를 빠르게 고사시켰다 해도 그 몰락은 최소한 몇년에 걸쳐 진행됐고, 지역 기반 입시 정보 커뮤니티의 단절도 서서히 일어났습니다.

개구리를 끓는 물에 넣으면 곧바로 튀어오르지만, 찬물에 넣어 천천히 온도를 높이면 조용히 익어 죽는다는 이야기가 있지요. 시간에 따른 점진적인 변화는 사람을 익숙하게 만듦으로써 그 눈을 가립니다. 게다가 (경쟁이 줄어들면서 최신 수능 경향에 대한 예민성을 상실했을지라도) 명목상으로는 여전히 수능 대비 학원으로 남은 곳도 여럿 있다보니, 지방 학생들이 이상함을 감지하기는 더더욱 어려워집니다.

넷째는, 인터넷강의 신화와 일부 사례가 가져오는 환상입니다. 2000년대 초반, 인터넷강의의 부흥기에 생긴 긍정적인 이미지는 지금껏 여론을 지배해왔습니다. 뿐만 아니라 '농어촌·산간벽지 학생들이 인터넷강의를 통해 인기 대학에 합격했다'는 미담은 듣기 좋습니다. 직관적으로 와닿는데다가 세상이 더 좋아진다는 느낌도 듭니다.

그리고 다섯째는, 사회적 분위기로 인한 학생들 스스로의 착각입니다. 우선 여론 자체가 인터넷강의 신화에 장악되어 있거니와,

학생들로서도 대치동 강사의 강의를 듣고 있는 것은 사실이니 무언가가 더 필요하다는 인식을 가지기가 어렵습니다.

또한 일반적인 태도를 논하자면, 학생은 보통 나쁜 성적을 받아들 경우 노력에 책임을 돌리지 열악한 환경을 원인으로 지목하진 않습니다. 학부모와 학교 시스템 등을 포함한 주변 분위기가 사회 구조보다는 개인의 역량을 강조하기도 하고, 설사 사회의 책임이 맞을지라도 수험생 한명의 영향력에는 한계가 있기 때문입니다. 당장 다음 시험이 급한 판에 사회운동가로 전향할 수는 없지요. 그러니 자신을 탓하면서 더 열심히 해보는 것만이 유일하게 현실적인 대안이 됩니다.

그런데 적절한 방법론이 결여된 열심과 노력은 해롭습니다. 이어질 단락에서는 학생들 스스로의 착각에 초점을 맞추어, 그러한 환상이 단순히 현실 인식을 훼손할 뿐만 아니라 지방 수험생의 학습을 적극적으로 방해한다는 사실을 논하도록 하겠습니다.

강의를 듣는다는 착각

교습은 가르치는 이와 배우는 이 사이의 상호작용 과정이고, 학습은 배우는 이가 스스로를 바꾸어나가는 과정입니다. 그런데 학습자가 수험서를 통해 독학할 때조차도 저자의 목소리를 듣게 된다는 점에서, 이 둘은 사실상 하나의 작업을 상이한 관점에서 살피는 정도의 차이만을 지닐 뿐입니다. 교습과 학습은 다르면서도 동일한 것입니다.

이때 '살아 있는 교수자가 부재한 교습', 즉 인터넷강의나 수험서 등의 형식은 교습·학습 과정의 일부만을 대신할 수 있을 뿐입니다. 교습에서 현장성과 동시성이 차지하는 비중을 고려한다면 분명히 그렇습니다. 이러한 형식들 자체는 즉각적으로 생기는 의문에 대답해줄 수도, 수험생 개개인의 학습 방향을 점검하고 적절한 조언을 건넬 수도 없는 것이니까요. 달리 말하면 인터넷강의는 수험서만큼이나 적극적인 참여와 고민을 요하는 형식입니다. 자기규율과 객관화 능력 또한 필요하지요.

재학생 H 다들 인강을 듣긴 하거든요. 전교생이 인강 패스를 가지고 있어요. 그런데 막상 활용하는 법을 아는 애들이 거의 없어요. 생각 없이 듣고, 모르는 게 있어도 넘어가고, 이해가 안 됐는데 진도는 계속 나가고 그래요. 그렇게 생각 없이 강의를 들으니까, 문제풀이 강좌를 들어도 다시 문제를 풀려고 그러면 또 못 풀고.

그런데 강사의 존재는 곧잘 착시를 일으킵니다. 사람이 눈앞에서 말하고 움직이는데다가 동영상을 재생하기만 하면 진도율이 올라가는 까닭에, 인터넷강의가 실상 수험서에 적힌 텍스트와 다를 바 없다는 사실이 간과되는 것입니다. 그렇다보니 수험생들은 수준에 맞지 않는 강의를 들으면서도, 실제로는 아무것도 이해하지 못하면서도 무언가 해낸 기분에 사로잡히게 됩니다. 특히 고난도 문제풀이 강의는 '일단 눈앞에서 문제가 풀리기 때문에' 착각이 더 심하지요.

이런 기분의 함정은 사교육의 고도화에 발맞춰 훨씬 교묘해지고 깊어졌습니다. 수능 콘텐츠의 종류가 다양해지고 학습 단계가 세분화되면서, 또한 수능 문항 자체의 난도가 상승하면서 인터넷강의 커리큘럼 또한 복잡해졌기 때문입니다.

2000년대의 수능은 수험생이 개념을 똑바로 이해하고 논리적 추론을 거치기만 하면 문제가 풀리는 시험이었습니다. 강사가 제공하는 커리큘럼도 주로 기초 개념 강의와 심화 강의, 두개의 트랙만 있었으므로 혼동의 여지가 거의 없었고요. 따라서 인터넷강의를 적극적으로 듣는 것이 학습의 키가 될 수 있었지요(그리고 이 시기에는 '자기주도학습' 개념이 한창 인기를 끌고 있었으므로, 인터넷강의를 활용하는 데 적극성이 중요한 요소라는 인식이 보편적으로 자리잡은 상태였습니다).

반면 2020년대의 수능에는 기초 개념이나 논리적 추론 이외에도 1부에서 다룬 것처럼 '퍼즐식 문항 풀이'라는 요소가 추가되었습니다. 이에 따라 강사가 제공하는 커리큘럼과 교재가 다변화되었지요. 적절한 조언을 받지 못하는 학생들은 무엇을 들어야 할지 결정하는 단계에서부터 어려움을 겪을 수밖에 없습니다. 만약 '처음부터 자기 수준을 올바로 파악하고 적합한 커리큘럼을 찾아가서 정확한 방향의 노력을 기울인다면' 여전히 효율적인 학습이 가능하겠습니다만, 현상적으로는 첫번째 단계나 두번째 단계에서 시행착오가 발생할 가능성이 극히 높아졌다는 것입니다. 게다가 '퍼즐식 문항 풀이를 체화하는' 작업은 인터넷강의만으로

는 결코 완성될 수 없습니다.[10]

추가적으로 20년 사이에 인터넷강의가 훨씬 값싸졌다는 사실에도 주목할 필요가 있습니다. 과거의 인터넷강의는 학원에 비해 저렴했을 뿐이지 어느정도 가격대가 있는 상품이었고, 무제한 수강을 보장하는 비즈니스모델도 흔치 않았습니다. 반면 이제는 1년치 무제한 수강권이 동네 학원과 비교할 수 없을 만큼 저렴해졌거니와 '특정 성적 달성 시 100% 환급' 같은 조항까지 생겼지요.

그런데 종종 '너무 많고 값싼 선택지'는 '유일한 선택지'보다 못한 것이 되곤 합니다. 인터넷강의가 정확히 그렇습니다.

강필(전 티치미, 다호라 인강 강사) 옛날에는 수험생들이 인터넷강의 자체를 꼭 필요한 것만 샀어. 그런데 지금은 업체에서 워낙 통으로 팔다보니 몇몇 수험생들이 착각에 빠지는 거야. '동네 학원이나 학교 선생님들한테 못 들어본 지식이다'라는 느낌이 오면 뭐든 배우려 하는 식으로. 한 강의도 놓치기 싫으니까. 그런데 이게 실제로는 자기 공부 시간을 줄이는 거야. 축구를 예로 들자면, 옛날에는 인강이 수준 높은 경기를 분석하고 정보를 얻는 차원에서 긍정적인 효과가 있었어. 그런데 지금은 선수들이 공은 안 차고 그냥 스튜디오에서 경기만 보는 거야. 그러면 자기가 축구할 시간이 없어.

물론 이러한 함정에 빠졌다고 해서 학생들의 분별력을 탓할 수는 없습니다. 현재 인터넷강의 시장은 '강의 자체는 저렴하게 제

10 서울권에서는 특정 인터넷 강사의 커리큘럼을 따라가는 수험생이라도 별도의 실전모의고사와 N제를 따로 구해 푸는 것이 일상적입니다.

공하는 대신 교재를 비롯한 콘텐츠 판매를 극대화하도록' 수익 모델이 변화한 상태고, 이에 따라 인터넷강의를 효과적으로 이용하는 방법 또한 달라졌기 때문입니다. 다만 정보의 사각지대가 발생한 것과 동일한 이유로, 지방 학생들은 새로운 이용법을 업데이트하기가 어려울 뿐입니다.

정리해봅시다. 2000년대의 수능과 2020년대의 수능이 다른 만큼, 2000년대의 인터넷강의와 2020년대의 인터넷강의 또한 완전히 다른 방식으로 작용합니다. 전자가 실제로 개념 학습에 유용한 도구였다면 후자는 '이론적으로 유용하지만 적절한 지도가 없다면 잘못 쓰일 위험이 지극히 큰' 도구가 된 것입니다. 결국 사교육 인프라와 입시 정보 커뮤니티가 와해된 지방일수록 인터넷강의는 독이 든 성배로 기능할 수밖에 없습니다.

이러한 오용은 거의 반드시 착각과 무지를 수반한다는 점에서 치명적입니다. 몸살이 난 사람이 진통제를 복용한다고 생각해봅시다. 진통제는 피로가 회복될 때까지 고통을 덜어줄 테고, 이 사람은 그저 누워 휴식을 취하면 됩니다. 그러나 암 환자가 진통제에만 의존하면 오히려 해롭습니다. 진통제가 고통을 쫓아내고 몸이 나아졌다는 환상을 가져다주는 까닭에, 병세를 객관적으로 살필 기회가 사라지기 때문입니다. 그런 착각에 사로잡힌 동안 몸은 점점 더 나빠지기만 합니다.

진통제로 해결되는 병이 있고 그렇지 않은 병이 있습니다. 수능이 병이라면 인터넷강의는 진통제고, 2020년대의 수능은 진통제 이상의 처방이 필요한 질환이 되었습니다. 과거의 인터넷강의

담론이 현재를 설명하지 못하는 이유입니다.

좌절, 자력구제, 출신지 혐오, 그리고 탈출

암기 위주로 진행되는 내신 시험이 적성에 맞지 않아서든, 1학년 성적이 별로여서든 간에 지방에도 정시를 통한 대학 진학을 희망하는 학생은 항상 있습니다. 수시 전형으로 대입을 노리더라도, 수도권 소재 대학들은 수능 3등급 이내의 최저학력기준을 요구하므로 수능 대비가 필수적인 학생들도 있지요.

따라서 지방에는 정보의 사각지대에 갇힌 학생도 많지만 자력구제를 시도하는 학생도 항상 있습니다. 직접 수험생 커뮤니티에서 품을 팔거나 부모님의 지원하에 주말마다 서울로 올라가지요. 전자는 물론이고 후자의 규모 또한 만만치 않습니다. 대치동 소재 시대인재학원 창업자의 인터뷰에 따르면 주말마다 전국 수험생 1만 5000여명이 해당 학원의 강의를 듣기 위해 올라온다고 하네요.[11] 2022년 기준이니 이 규모는 지난 몇년 사이에 더욱 증가했을 테고, 다른 학원을 이용하는 지방 수험생들을 감안하면 '서울 학원 유학파'의 수는 훨씬 많아질 것입니다. 전국 어디서든 저렴한 가격에 대치동 강사의 강의를 들을 수 있다는 인강의 시대에 벌어지는 역설입니다.

---

11 「[창간 기념 인터뷰①] 오우석, 비관의 시대를 사는 낙관주의자」, 『포춘코리아』 2023년 4월호 26면.

이는 서울과 지방의 양극화를, 또한 지방 내의 양극화를 의미합니다. 표면적인 수치만 보더라도 지방의 수능 경쟁력이 뚜렷하게 악화되는 중입니다만, 전국·광역 단위 모집 자사고·특목고 학생들과 유학파를 제외한다면 이 격차가 실제로는 얼마나 더 심화될지 생각해볼 필요가 있는 것입니다. 결국 평범한 지방 일반계 고등학교 학생들은 이 구도에서 가장 큰 손해를 보면서도 '원래부터 지방 일반고는 공부 못하지 않았느냐, 지방에서도 대학 잘 갈 애들은 잘 가지 않느냐' 등의 인식으로 인해 발언권을 박탈당했을 뿐만 아니라 무관심 속에 방치당해왔습니다.

또한 유학파뿐만 아니라 수험생 커뮤니티를 통해 자력구제에 성공한 학생들도, 어떤 의미로든 피해를 보기는 마찬가지입니다. 정서와 세계관이라는 측면에서는 특히 그렇습니다.

재수생 N 만약 부모님이 경제적 여건이 되고, 그 친구도 체력이 되면 금요일 학교 마치자마자 바로 서울로 올라가서 단과학원을 돌아요. 방학마다 서울 학원들이 지방 학생들 대상으로 윈터스쿨, 서머스쿨을 열면 그것도 올라와서 들어요. 제 친구들 몇몇도 그랬고요. 뭔가 잘못됐다는 데까지 생각이 안 닿고 그저 '대치동 가서 수업 들어야지'에서 딱 끊겨요. 이 지역에 사는 친구들은 무조건 여기를 뜨는 게 중요해요. 무슨 일이 있어도 부산이라도 가겠다는 마음으로 대학에 가려 하니까 문제가 있죠.

의사 ZC 모교가 지방 사립 의대였는데, 소재지랑 인근 도시 고교 졸업생을 우선선발하는 할당제가 있었어요. 그러면 그 전형에 뽑히는 게 전국 단위

자사고 애들이 대다수고, 거기 아닌 극소수는 신도시에서 온 애들이에요. 대치동 학원에 애들을 직통으로 보내거나, 최소한 대치동 학원 시스템을 가져오거나 하는 동네죠. 결국 그런 학생들은 겉보기로는 지방 출신이어도 사실상 대치동 라이프거든요.

재학생 | (충청권 광역시/일반계고) 지방인데 솔직히 힘들죠. 저는 혼자서도 정보를 잘 찾는 편이라 좀 나은데 다른 애들은 대치동 근처에 갈 일도 없고, 의욕이 넘치는 편이 아니면 정보도 잘 모르고, 학교나 인강에 의존할 수밖에 없고, 양질의 문제를 많이 풀기도 힘들어요. 그리고 그나마 정보를 아는 애들은, 정보 공유를 안 하려 하죠. 다들 구조적 문제를 생각할 일이 없어요.

나고 자란 지역에서는 학원에서도, 학교에서도 얻을 수 없었던 도움을 서울에서는 너무나도 당연스럽게 제공받는 상황입니다. 자신의 진로가 걸린 중대사 앞에서, 이런 경험을 한 지방 학생들이 출신지를 긍정적으로만 바라보기는 어려울 듯합니다. 물론 이들이 그러한 소외의 경험을 통해 서울과 비서울의 격차에 문제의식을 느끼고 사회구조에 주목한다면 좋겠습니다만, 인간의 마음은 대개 그런 식으로 작동하지 않지요. 당장 자신이 부조리로 인한 피해를 겪고 있는 상황이기도 하고요.

더 나아가 수험생 커뮤니티의 여론은 지방 학생들의 위화감과 억울함을 분노로 바꾸어줍니다.[12] 이들은 정보를 찾아다니는 과

12 이 점에 대해서는 4부에서 자세히 다룰 것입니다.

정에서 소위 '지방 ×반고(×같은 일반고)는 안 된다'는 여론에 반복적으로 노출되고, 조롱에 맞서기보다는 그런 판단을 내면화하며 '후진적인' 출신지를 미워하기 시작하는 것입니다. 이는 교육에서의 서울과 비서울의 격차와 그로 인한 소외가 입시 실적의 차이로만 나타나는 것이 아니라 지방 학생들의 세계관을 비트는 방향으로도 작용한다는 방증입니다. 수도권 집중을 절대적인 질서로, 각자도생을 당연한 원리로 여기게 만들지요.

이러한 비틀림은 지방 수험생 각각을 불행하게 만들 뿐만 아니라 한국사회에도 악영향을 끼칩니다. 수도권 집중과 지방 소멸이 한국의 성장동력을 직접적으로 무너뜨리고 있는 시절입니다. 이때 지방 소멸을 막을 첫번째 열쇠는 해당 지역의 거주민일 수밖에 없습니다. 타지역 사람이 창원에서 태어나서 자란 사람보다 창원을 더 좋아하기는 어렵고, 영주에서 태어나서 자란 사람보다 영주를 더 잘 알 수는 없기 때문입니다. 그러니 각 지역의 학생들이 성인이 되기도 전에 출신지를 싫어하는 법부터 배우는 상황은, 명실상부 지방 소멸의 한 축일 것입니다.

공교육은 어디에?

그런데 여기까지 읽으신 분이라면 "그래서 이 책의 주장이 정확히 무엇인가? 지방 학원가가 망했고 인터넷강의는 역효과를 낼 확률이 높으니까 지방 수험생들은 서울 학원에서 지도받으라,

이건가?"라는 의문을 품으실지도 모르겠습니다. 물론 그런 의도는 아닙니다.

지금까지의 논의에는 결정적인 빈자리가 존재합니다. 이 빈자리는 사실 3부와 4부의 핵심이자 이 책 전체의 핵심이기도 하지요. 바로 공교육입니다. 학교는 매 순간 대면 강의가 이루어지는 공간이고, 학생이 하루에 가장 많은 시간을 보내는 공간입니다. 그러니까 앞서 강조한 현장성과 동시성은 사실 학교에서 우선 해결되어야 하는 문제이자 학교의 가장 큰 강점인 것입니다. 게다가 지방 사교육 인프라가 붕괴됐다고 해서 멀쩡히 있는 학교가 날아가거나 교사가 사라지는 것조차 아닙니다.

그러나 공교육은 학생들을 바로 곁에서 지켜보며 지도할 수 있다는 이점을 제대로 누리지 못하고, 사교육에게 그만 주도권을 빼앗긴 측면이 있습니다. 이유는 다양합니다. 일단 교사들이 과중한 행정 업무에 짓눌려 있거니와 일상생활 지도 및 진로지도까지 병행해야 하므로 과목 연구 시간이 부족하다는 사실을 댈 만합니다.[13] 이에 더해 사교육의 고도화와 콘텐츠 시대로의 이행은 점진적으로, 조용히 진행된 까닭에 과목 연구에 힘쓰는 교사조차도 '최신 사교육 동향'을 온전히 파악하기가 어려웠지요. 이러한

---

13 교사가 수업과 학생지도 자체에만 집중하기 점점 더 어려워지는 학교의 현실과 달리 현재 대치동 사교육의 강의와 연구의 영역은 극도로 분업화된 상태입니다. 과거의 일부 스타 인강 강사가 콘텐츠 개발을 위한 연구실을 운영했던 것처럼, 사교육의 고도화와 함께 대치동 현장 강의 강사들까지 이런 연구실을 운영하기 시작한 것입니다. 이에 따라 연구실 내 조교들의 역할 분담도 매우 세분화되고, 필요한 업무의 양과 범위도 빠르게 증가하는 중입니다. 대치동에서 입지가 있는 강사라면 강의 자체에만 전념할 수 있게 된 것이지요. 관련 내용은 4부에서 더 자세히 살펴보겠습니다.

경향은 지방 일반고에서 특히 강하게 나타났습니다. 한편 수시와 정시 준비 방식이 몹시 상이하다는 것 또한 주요 원인 중 하나입니다. '학생부종합'으로 대표되는 수시에는 각종 활동이 필요하고 정시에는 수능 성적이 필요한데, 교사가 둘을 동시에 지도하기는 어렵기 때문입니다. 그렇기에 지방 일반고는 보통 둘 중 하나만을 택해 학교 전체의 역량을 집중하게 되지요(반대로, 학원은 '내신 전문 학원'과 '수능 전문 학원'이 한 지역에 동시에 존재할 수 있으므로 학교가 어떤 접근을 취하든 각개격파가 가능합니다). 더 나아가 '지방은 노력해도 안 된다' '일반고는 특목고를 못 이긴다' '교사는 월급쟁이고 인터넷 강사는 몇백억원씩 버는 개인기업인데 우리가 강사를 어떻게 이기냐' 같은 일상적인 체념이 교사들 개개인을 자포자기로 몰아갔던 측면도 있습니다.

따라서 공교육의 무기력을 논할 때 교사 개개인의 책임을 물어서는 안 됩니다. 만약 실제로 태만한 교사가 있을지라도, 그 사례를 전체로 확장하는 것은 실태 개선에 아무런 도움도 되지 않습니다. **하지만 그럼에도 불구하고, 이런 무기력이 공교육 현장을 파행으로 이끌 뿐만 아니라 학생들의 사교육 의존을 결정적으로 강화시킨다는 사실은 지적할 필요가 있을 듯합니다**(이는 지방 일반계 고등학교뿐만 아니라 수도권 및 서울에서도 동일하게 나타나는 현상입니다).

강사 X(경기 남부 비학군지) 공교육 교사들 스스로가 무기력한 면이 많은 것 같아요. 제대로 안 가르치죠. 애들 이야기 들어보면, '학원에서 다 배웠지?' 하는 식으로 설명을 넘긴대요. 그렇다보니 학교 안에서 뭘 배워보려는 의욕이 있는 애들도 사교육으로 내몰리는 느낌이 있죠.

재학생 E(서울 비학군지/일반계고) 지금 학교를 2년째 다니면서 수학 시간에 증명을 배운 적이 없어요. (증명을 통해 유도되는) 공식만 있지 증명을 안 해요. 증명을 제가 배운 적이 없는데 어떻게 써요? 국어 비문학도 미쳤어요. 지문을 읽고 해석하는 법을 가르치는 게 아니라 지문을 그냥 외워요. 학교에서 뭘 배울 수 있겠어요?

재학생 I 열심히 하는 애들, 잘할 애들은 많아요. 제가 있는 지역은 애들이 가이드만 잘 받으면 정시 실적도 잘 나올 거라고 생각해요. 그런데 선생님들이 그걸 못 맞춰주는 느낌이에요. 수시 위주로 가라고 너무 강요를 한다든지 말이죠.

'공교육의 무기력과 그로 인한 학생의 좌절'은 이 책에서 수없이 되풀이될 주제인 만큼, 처음 언급되는 자리에서 몇가지 대원칙을 분명하게 정리하고 시작하겠습니다.

수능은 제도이기 이전에 시험이라는 교육적 평가도구입니다. 이 평가도구는 종종 당장의 성적과 그 보상에만 집중하도록 학생의 시야를 좁힌다는 점에서, 그 기능상의 한계가 뚜렷합니다. 그런 한계만으로 시험의 순기능 전체가 부정당할 수는 없을지라도, 인강의 보편화로 인해 (원래부터 아슬아슬했던) 공교육의 권위가 대치동 강사의 권위로 대치되었다는 것은 분명히 문제입니다.

이는 시험이라는 형식 자체의 한계로 인한 부작용을 극대화시키는 데에 기여했지요.

그런 만큼 공교육 교사가 문제풀이 스킬이나 꼼수를 알려줄 수는 없습니다. 알려줄 수 없을 뿐만 아니라 알려줘서도 안 됩니다. 그것이야말로 '교사가 자신의 소임을 포기하고 사교육을 따라 함으로써' 최종적으로 사교육에 굴복하는 행태이기 때문입니다. 지금처럼 수능 문항이 기형적으로 변한 상태라면 어느정도나마 전략적인 타협이 필요하겠습니다만, 이는 어디까지나 임시방편일 뿐입니다. 또한 교사 업무는 단순히 지식을 가르치는 것만이 아니라 청소년을 성숙한 민주시민으로 길러내는 것 또한 포함하므로, '덮어놓고 대학만 잘 보내면 된다'는 입시 실적 만능주의와도 거리를 두어야 합니다.

즉, 이 책은 학교가 '수능 대비 문제풀이 학원'처럼 운영되던 시절로 회귀해야 한다는 식의 주장과 철저히 거리를 둘 것입니다. 이는 교육적으로 바람직하지도 않거니와 효과적이지조차 않은 대안입니다. 과거에 그러한 접근이 가능했던 것은 당시 수능이 지금만큼 기형적이지 않았으며 사교육의 교습 방법론 역시 투박했기 때문입니다. 이제는 학교가 학원처럼 운영되더라도 교사도, 학생도, 학부모도 결코 만족할 수 없습니다.

물론 그렇다고 해서 이 책이 기존 제도권 교육계의 중론을 따르는 것도 아닙니다. '수능이 망가져 있으니 정성적 활동 위주의 학생부종합전형을 확대해야 한다'거나, '대학 자율성을 기반으로 고교 내 선택과목 및 대입 전형요소를 다양화해 각 학과에 적합한 창의적 인재를 선발해야 한다'는 식의 제안에는 동의할 수 없다는 것입니다. 이러한 접근은 현장의 복잡성을 만나면 원래의 취지와 동떨어진 폐단을 낳기 때문입니다.

요컨대 해당 주장들이 그려내는 입시제도는 학생들에게 '자신의 분야를 명확히 아는 스페셜리스트'가 될 것을 요구하며 학교 현장은 거기에 순응합니다. 그러나 사실 고등학생들은 각 학문의 기초조차 모르는 상태입니다. 볶기, 굽기, 삶기, 튀기기(그리고 주방 이용 방식)부터 배워야 하는 학생들에게 '프랑스 요리를 전공으로 하겠느냐, 중국 요리를 전공으로 하겠느냐'부터 묻는 상황이나 마찬가지인 셈입니다. 결과적으로 학생들은 학문적 기초를 제대로 쌓지 못한 상태로 전문가가 되느라, 즉 '대학이 보고 좋아할 만한 활동 경험과 세부능력 및 특기사항'부터 만드느라 내실을 잃게 되지요. 이는 올바른 학습 과정을 방해할 뿐만 아니라 (선행학습 하면 흔히 떠올리는 초등 의대반 등과는 다른 의미로) 선행학습 유발 요소로도 작용합니다. 대학의 몫이어야 할 교습 과정이 개별 학교와 학생, 학부모에게 떠넘겨지는 것이나 마찬가지니까요.

따라서 이 책의 초점은 수능이니 학생부니 하는 형식이 아닙니다. 최종적인 요점은 교육 그 자체이며, 1장의 결론 또한 마찬가지입니다. 학교에서 이루어지는 수업은 교육이라는 목적에 우선 충실해야만 합니다. 사교육 확대와 학생의 소외의 기저에는 언제나 공교육의 무기력이 도사리고 있기 때문입니다. 또한 앞의 자력구제와 지방 혐오의 관계에서 살폈듯이, 이러한 소외는 개인의 성적 하락이

나 입시 실패 문제만이 아니라 한국사회 전체의 문제를 낳습니다.

물론 공교육의 강화와 부활은 교사 개개인의 각성에 기대어 이루어질 일이 아닙니다. 교사들도 현행 제도와 학교 현장 속에서 좌절을 겪고 있기는 마찬가지이므로, 변화를 위해서는 제도를 겨눠야 하지요. 이 점에 대해서는 5부에서 논할 예정이니, 일단은 1장을 마저 마무리짓도록 하겠습니다.

입시 실적 경쟁과 개천 용 신화를 넘어

서울과 비서울의 입시 격차를 논하다보면 종종 "대치동 학생들이 돈 많이 쓰고 오래 공부하는데 좋은 대학 가는 게 당연한 거 아니냐"라는 반론을 듣게 됩니다. 대한민국 사람들에게는 거의 상식처럼 받아들여지는 주장이지요.

그런데 정말로 그럴까요?

1장에서는 이것이 단순히 투입 자원과 노력의 문제만이 아니라는 점, 같은 비용과 시간을 투자하더라도 사교육 인프라의 차이로 인해 불가피한 격차가 발생한다는 점, 또한 서울과 비서울의 격차에서 인터넷강의가 엄청난 복병으로 작용했다는 점을 논했습니다. 그리고 이로 인해 발생한 소외가 지방 학생들에게 '출신지를 싫어하는 마음'을 심어준다고 말했고, 더 나아가 이것이 공교육의 무기력과도 관련된 문제임을 밝혔습니다.

그러니까 '어느 동네가 대학을 잘 보내고 어느 동네는 대학을

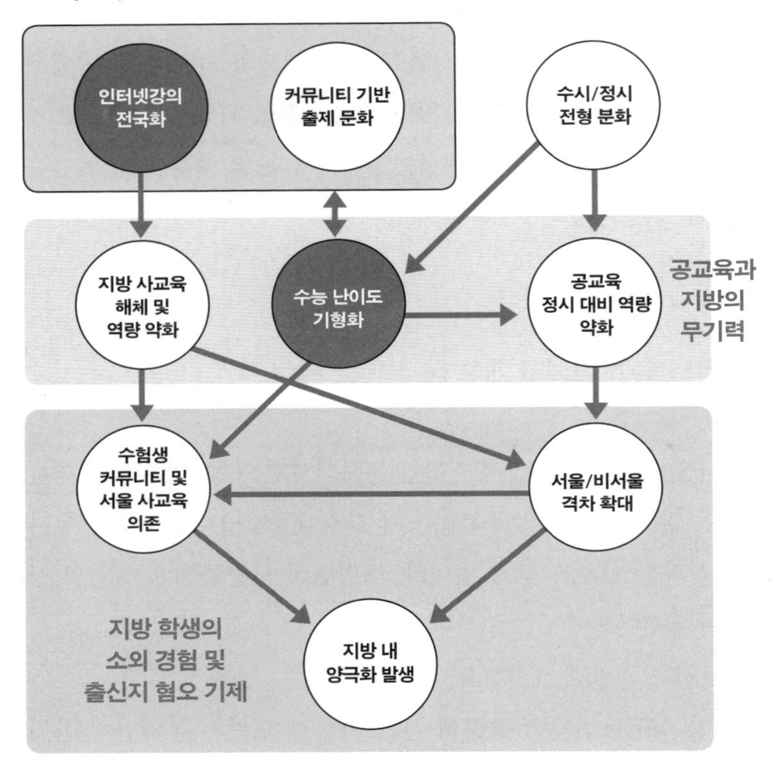

못 보낸다' 수준의 논평만으로는 그 원인과 영향력을 온전히 이해할 수 없습니다. 다시금 강조하건대 사교육 고도화로 인한 서울과 비서울의 입시 격차는 수도권 집중이 시작되는 원류 중 하나이자 공교육의 공백과 제도 설계의 결함을 방증하는 삽화입니다. 겉보기로 나타나는 입시 실적이나 눈에 띄는 사례에 주목하는 것이 아니라, 모든 지역과 관련 요인을 아우를 만큼 포괄적이면서도 첨예한 시선이 필요한 것은 이 때문입니다.

마찬가지로 격차의 극복을 말하기 위해 '개천 용'을 논할 필요도 없습니다. '개천 용'이란 기본적으로 개인의 성공을 일컫는 단어일 뿐이지 '교육을 통해 한 사람의 발달을 완성시켜 온전한 사회인으로서 기능하도록 하는 과업', 그리고 '이렇게 배출된 인재들을 통해 지역사회를 유지, 발전시키는 과업'과는 거리가 먼 까닭입니다. 과거 경남고, 경북고, 광주일고 등 입시 실적으로 유명한 고교들이 건재하던 시절 해당 학교를 졸업한 이들은 대개 고향에 자리잡는 대신 수도권 경제에 이바지하고 있는 실정입니다. 개천 용의 부활이 지방의 부활이라고는 결코 말할 수 없는 것입니다.

한편 사교육 고도화는 서울과 비서울의 격차뿐만 아니라 상위권의 경쟁 압력 또한 심화시키며 고등학교 재학생과 N수생의 격차를 벌려놓습니다. 이는 마약과 같아서, 학생과 학부모들은 처음에는 편하고 좋지만 나중에 가서는 사교육으로 인한 경제적 부담과 심적 부담에 시달리면서도 사교육 활용을 멈출 수 없게 됩니다. 결과적으로는 N수생 누증과 사교육 의존이 발생하지요. 모르는 이들은 모르는 이들대로, 아는 이들은 아는 이들대로 손해를 보는 것입니다.

이어질 2장에서는 경쟁 압력 격화와 N수생 누증을 주로 다루도록 하겠습니다.

2. 「원숭이 꽃신」과 붉은 여왕

일부 대형학원들이 콘텐츠용역비와 도서인쇄비에 지출하는 금액은 영업비용의 10~15% 내외입니다. 해당 항목에는 내부 출제팀이나 조교들의 급여가 반영되어 있지 않으니, 실질적으로 콘텐츠 개발과 생산에 들어가는 금액은 훨씬 클 테고요. 그런데 콘텐츠 개발 비용의 정확한 용처는 무엇일까요? 간략하게 말하면 '높은 품질의 콘텐츠 제작'이겠습니다만, 품질의 기준은 상품 특성과 시장 환경에 따라 달라지기 마련입니다.

품질은 품질이고, 양도 품질이다

거리를 걷다보면 다다익선을 덕목으로 삼는 저가형 커피 프랜차이즈를 쉽게 발견할 수 있습니다. 이들은 1L 상품을 전면에 내

세우기도 하고, 아메리카노 한잔이 고작 1500원이라며 가격을 강조하기도 하지요. 반면 삼성전자가 초대형 로봇청소기로 시장을 공략한다거나 냉장고 1+1 행사를 하는 상황은 떠올리기조차 어렵습니다. 이런 물건을 광고할 때는 모터 성능이나 에너지 효율 등을 세일즈포인트로 삼기 마련이고요. 즉, 상품의 소구력에는 양과 품질이라는, 두가지 측면이 있는 셈입니다.

다만 양과 품질이 언제나 별개로 작용하는 것은 아닙니다. 양이 그 자체로 품질과 밀접한 관계를 지니는 경우도 많지요. 인터넷강의가 좋은 예입니다. 강의는 요점만 명확히 전달된다면 회차가 적을수록 호평을 받고, 반대로 너무 긴 커리큘럼은 감점 요소가 됩니다. 다른 강사들이 한시간이면 끝낼 내용을 세시간에 걸쳐 가르친다는 것은, 대개 불필요한 곁가지가 있거나 효과적인 전달에 실패했다는 의미니까요.

그렇다면 수능 콘텐츠는 어떨까요?

수능 콘텐츠 위주 학습, 즉 문제풀이 위주 학습은 '핵심은 동일하지만 숫자나 표현이 다소간 달라서, 상이하게 느껴지는 문제들'을 수없이 풀어서 풀이 흐름을 체화하는 데에 그 목적이 있습니다. 똑같은 문제를 천번 풀어봤자 소용이 없고, 조금씩 다른 천개의 문제를 한번씩 풀어야 제 효과를 발휘하지요. 아무리 잘 설계된 문제라도 두세번만 답을 내면 접근법을 외우기 마련이니까요. 따라서 실전모의고사와 N제의 양은 콘텐츠 품질의 일부인 동시에 강력한 소구점으로 작용합니다.

이 지점에서 수능 콘텐츠의 경쟁력은 두 단계로 나뉩니다. 첫 단계는 출제자들이 평가원 출제 경향에 부합하는 콘텐츠를 제작하는 것이고, 다음 단계는 해당 콘텐츠를 대량으로 제작하는 것이지요. 출제자들의 수준이 상향 평준화된 이상, 또한 판도를 바꿀 만큼 획기적인 콘텐츠가 등장하지 않는 이상 소구력의 상당 부분은 두번째 단계에서 발생합니다. 품질을 유지하는 선에서 최대한 많은 문항을 만드는 겁니다.

이러면 자연스레 "콘텐츠 양이 아무리 많다 해도 일정량 이후부터는 소용이 없지 않나? 그런 경쟁이 지속될 수 있나?"라는 의문이 생깁니다. 이론적으로는 옳은 말입니다. 수험생들의 시간은 한정된 자원이며, 과잉 공급은 언젠가 멈추게 되어 있으니까요. 다만 아직은 그때가 아닐 뿐입니다. 사교육 업계는 마케팅과 시장 구조를 통해 수요를 창출하는 동시에 과잉 공급의 기준선을 높여왔고, 결과적으로 이 경쟁은 스타 강사와 대형 학원들에게는 사실상 '땅을 짚고 헤엄치는' 수준의 수익사업이 되었습니다.

스타 강사들이 "수능 기출 위주로 공부를 하던 시대는 지났다. 내가 주는 콘텐츠만 잘 따라오면 1등급을 받을 수 있다. N제를 최대한 많이 풀어서 다양한 문제 유형을 겪어보고, 실전모의고사를 자주 풀어서 실전 감각을 유지해야 수능에서도 당황하지 않을 수 있다"는 식의 마케팅을 펼치면 수험생들의 학습 방식이 바뀝니다. 기출 문항을 반복적으로 풀고 분석하는 대신 실전모의고사와 N제를 계속 사게 되는 것입니다.

이런 분위기는 대형 학원들이 손쉽게 매출을 올리는 발판이 됩니다. 학생들에게 최대한 많은 교재를 건네준 다음 수업료와 교

A 재수종합학원 국어 커리큘럼(2022년)		
모의고사	자체 개발 콘텐츠	100회
	외부 콘텐츠	13+17회
교재	자체 개발 콘텐츠	16권
일간지	자체 개발 콘텐츠	100회(1회당 1지문 4문항)
주간지	외부 콘텐츠	16+17회

A 재수종합학원 수학 커리큘럼(2022년)		
교재 (자체 개발)	19권	
모의고사 (자체 개발)	하프(1회당 고난도 문제 10개)	54회
	풀(1회당 30문제 전체 수록)	50회

A 재수종합학원 영어 커리큘럼(2022년)	
주간지(자체 개발)	18회
모의고사(자체 개발)	19회

재비를 함께 청구할 수 있기 때문입니다. 재수종합반 학생들이 상대라면 이런 일이 훨씬 쉬워집니다. '종합'이라는 명칭이 나타내듯 재수종합반은 모든 강의와 교재를 올인원으로 묶어 판매하는 형식이기 때문입니다. 영어에서 무조건 1등급을 얻어내는 학생이라도 무조건 영어 교재를 구매해야 하는 상황이 곧잘 벌어지지요. 2024년 기준으로 이러한 대형 학원들의 재수종합반 수강료는 월평균 250만원 수준입니다. 수업료와 교재비, 자체 독서실 이용비가 함께 포함된 금액이지요.[14]

14 「학원비에 월세·용돈까지 年 1억 넘게 써요… 재수생의 눈물」, 『한국경제』 2024. 5. 20.

재수생 F 일단 두 페이지에 문제 하나씩 있는 수준이라 종이 낭비가 너무 심해요. 그런데 그나마도 다 풀지 못할 정도로 교재를 받으니까 버리는 거죠. 수학은 파이널 때는 1주일마다 얇은 교재가 한권, 하프 모의고사 세개, 모의고사 두개. 거기에다가 각 학원 콘텐츠만 푸는 게 아니라 따로 사서 풀어야 하는 것들도 있으니까 이게 너무 많아지죠. 필요한 것만 그때그때 사서 풀 수 있으면 좋겠지만, 필요하든 아니든 자료가 일단 과하게 배부되고, 또 받으면 왠지 풀어야 할 것 같잖아요. 남들도 풀고 있고요. 그런 압박이 있죠.

강사 K 요새는 대형 학원뿐만 아니라 중소 학원까지도 교습비 자체보다 교재비로 눈을 돌리기 시작했죠. 교습비에 대해서는 책정 기준이나 환불 등 아주 직접적인 규제들이 존재하는데 교재비는 규제는 덜하고 수익성이 좋으니까요.

덕분에 11월마다 사교육특구에는 책무덤이 자라납니다. 수능이 끝났으니 학생들이 1년간 받은 교재를 한꺼번에 버리는 겁니다. 그런데 교재가 척 보기에도 많고, 실제로 세어보면 더 많습니다. 실전모의고사는 기본이고, 주간지와 월간지가 추가로 나오고, 강사가 주는 콘텐츠는 또 따로입니다. 재원생들이 말하길 "1/3은 처음부터 안 풀고, 1/3은 풀려다가 시간이 없어서 못 풀고, 1/3만 겨우 푼다"고들 하네요.

그런데 묘한 부분은, 이런 구조가 불합리하게 느껴지는 것과는 별개로 "그래서 정확히 뭐가 잘못되었느냐"를 해명하기가 까다

버려진 책이 쌓여 있는 대성학원 산하 프랜차이즈 두각학원의 전경

롭다는 것입니다. 스타 강사들의 콘텐츠 마케팅이 아무리 심할지라도 그렇게 공부해서 좋은 성적을 거둔 학생이 많다면 그것을 문제삼기는 어렵습니다. '○○만 먹으면 당뇨가 치료된다'와 같은 광고가 나쁜 이유는 그게 사실과 다른 과장광고이기 때문이고, 실제로 ○○를 먹어서 병세가 싹 사라졌다면 아무 문제가 없습니다.

물론 기출 및 개념·원리 위주 학습으로도 여전히 고득점이 가능하다는 점에서 (판매자 입장에서 수익성이 좋은) 문제풀이 위주 학습만을 강조하는 태도에는 도의적인 문제가 있을 만하지만, 그것은 어디까지나 도의의 문제입니다. 그리고 이 도의는 시장논리 앞에서 금방 힘을 잃습니다. "나는 선생인 동시에 장사 하는 사람이다. 애들 대학 잘 보내는 김에 나도 교재를 좀 팔겠다는데, 교재 한권에 10만원씩 매겨서 폭리를 취하는 것도 아닌데 뭐가 문제인가?"라고 하는 데 대고 "학생 부담을 감안하여, 또한 교육의 본령을 생각하여 기출과 개념 위주로 강의하시오!"라고 일갈할 수 없는 겁니다.

학원은 어떨까요? 풀기 어려울 만큼 많은 교재를 주는 것, 재수종합반 학생이라면 불필요한 교재까지도 억지로 구매해야 하는 것, 교재비가 교습비와 함께 청구되는 것은 일종의 강매라고 볼 수 있습니다. 그리고 학생들의 실패에 대해서는 '우리가 이렇게 많은 자료를 줬는데도 입시에 실패한 건 네가 게으른 탓이다'라는 뉘앙스를 남기기도 하지요. 이런 일들은 꽤나 비열하게 느껴집니다.

하지만 이건 어디까지나 심증이자 찜찜한 의심일 뿐이지 확신을 가지고 따질 만한 문제는 아닙니다. "비용 부과 및 판매 방식은 내규에 따른 것이다. 우리는 우리 커리큘럼에 부합하는 교재를 준 것이고, 이는 절대 과잉이 아니다. 시간이 부족한 학생이나 우리 교재가 불필요한 학생이 있다니 유감이지만 개개인의 사정을 어떻게 살피는가? 또한 교재의 양이야말로 우리가 최선을 다했다는 증거 아닌가?"라고 학원에서 반박하면 금방 할 말이 없어지는 것입니다.

한편 콘텐츠 마케팅이 수험생들의 학습 태도를 바꿔놓은 것이 사실일지라도 수요 자체가 억지로 창출된 것은 아닙니다. 박수소리가 나려면 일단 두 손뼉이 부딪쳐야 하듯이, 수험생들 역시 기출 및 개념·원리 위주 학습보다는 문제풀이 위주 학습을 훨씬 선호하기 때문입니다.

기출을 N회독하며 논리를 쌓는 종래의 공부법은 지지부진하게 느껴질 뿐만 아니라 깊은 고민을 요구합니다. 단순히 문제를 풀어 옳은 답을 얻는 것만으로는 부족하고, '이 문항은 어떤 수학적 원리를 염두에 두고 출제되었는가?' 등을 스스로 파악하는 과정이 추가로 필요한 까닭입니다. 반면 문제풀이 위주 학습의 핵심은 무수히 많은 문제를 풀어 문제 유형별 풀이 패턴을 체화하는 것이므로 그 이상의 숙고가 필요하지 않습니다. 이에 더해 교재 한권을 해치울 때마다 성취감을 느낄 수 있으니 기분이 좋지요.[15]

강사 O 요즘 학생들의 강사 평가 기준, 자기 콘텐츠에 대한 요구치 자체가 상당히 높아요. 옛날에는 책 세권이 강사 커리큘럼의 끝이었어요. 지금은 콘텐츠가 워낙 많다보니, 문제를 많이 만드는 것만으로는 안 돼요. 그걸 잘 선별해주는 사람이 잘나가게 되죠. 그런데 잘 선별한다는 것이 수학적으로 의미가 있거나 학생의 수학 실력 상승과 연결된 것도 아니에요. 강의에서 가르친 문제와 비슷한 유형의 문제를 숙제에 넣는 거죠. 그러면 학생 입장에서는 강의를 듣는 것만으로 숙제가 잘 풀리는 경험을 하게 되고요. 그런데 이게 수

15 심지어 사교육 수능 콘텐츠 특유의 '기분 좋음'은 수험생들이 N수를 거듭할 동력으로도 작용합니다. N수생들에게 평가원 기출문항은 이미 여러차례 풀고 분석한 내용인 동시에 실패의 경험과 단단히 결부된 무언가입니다. 지루할 뿐만 아니라 경우에 따라서는 나쁜 기억마저 상기시키는 겁니다. 반면 매년 새로운 수능 콘텐츠가 공급되는 상황이라면, 문제풀이에 활력이 생깁니다.

학을 잘하는 것과는 정반대잖아요. 어떤 문제가 나오든 교육과정에 맞는 최소한의 도구를 사용해 풀어내게끔 가르쳐야 하는데, 그렇게 해서는 강사로서 성공할 수 없습니다. 아이들은 문제를 고민할 시간도 없고 주체적으로 움직이지도 않아요.

결국 모든 참여자에게는 각자의 이유가 있고, 그 이유는 충분히 합리적일 뿐만 아니라 나름대로의 명분을 갖추고 있습니다. 그 이유들을 모두 감안하고 나면 지금의 상태가 시장의 논리 안에서 절묘한 균형을 이루고 있음을 알게 되지요. 그 논리를 뒷받침하는 대전제는 '사교육 시장이 제공하는 수능 콘텐츠의 양이 많으며 평가원 출제 경향에 부합한다'는 사실이고요. 그렇다면 무엇이 문제일까요?

누가 칼 들고 협박한 것은 아니지만

「원숭이 꽃신」이라는 동화가 있습니다.[16] 내용은 아래와 같습니다.

어느날 오소리가 원숭이에게 푹신푹신한 꽃신을 선물해줍니다. 걷다가 돌을 밟아도 아픔을 느끼지 않고, 겨울에는 따뜻하기까지 하니 원숭이로서는 기쁠 따름입니다. 그런데 신발이 다 닳

16 정휘창 『원숭이 꽃신』, 오늘 1996.

아서 신을 수 없을 지경이 되자 문제가 시작됩니다. 그간 굳은살이 사라진 탓에, 맨발로 다니자니 너무도 아파 걸을 수가 없는 겁니다. 원숭이가 새로운 꽃신을 달라 부탁하자 오소리는 꽃신 값을 요구합니다. 원숭이로서는 선택의 여지가 없습니다. 꽃신 밑창이 닳을 때마다 이런 일이 반복되고, 원숭이는 필요하지도 않았던 꽃신 때문에 큰 부담을 짊어지게 되지요(물론 꽃신은 여전히 푹신하고 따뜻하며, 오소리는 원숭이가 맨발로 걷는 것을 막지 않습니다……).

오소리와 원숭이의 관계를 어떻게 이해해야 좋을까요? 수요와 공급의 법칙에 따라 자발적인 결정이 이루어졌으니 아무 문제가 없는 걸까요? 한편 꽃신은 어떨까요? 돌밭 위를 걷게 도와주고 추위까지 막아주니 좋은 물건이라 보아야 할까요, 아니면 굳은살을 없애고 원숭이를 곤경으로 밀어넣었으니 나쁜 물건이 되는 걸까요?

전자를 판단하기 위해서는 아무래도 시장 논리 이상의 기준이 필요할 듯하고, 후자의 경우에는 두 시각 모두 꽃신의 본질을 말하는 것은 아닐 겁니다. 그러니까 무엇이 시장 논리에 부합한다는 사실은 도덕의 근거가 되지 못하고, 어떤 물건이 그 자체로 좋다 나쁘다 하는 말에도 별 의미가 없습니다. 상품과 거래의 의미는 시장 바깥의, 사회적이고 종합적인 맥락 속에서만 온전히 특정될 수 있는 것입니다.

똑같은 설명을 수능 콘텐츠 시장에 적용할 수 있을 듯합니다. 수능 콘텐츠의 수준이 훌쩍 높아진 것은 분명히 좋은 일입니다.

수험생들이 선택할 수 있는 콘텐츠의 종류가 늘어난 것도 좋은 일입니다. 하지만 이런 사실들이 반드시 좋은 결과로 이어지는 것은 아니며, 거래가 자발적으로 이루어졌다는 사실이 그 거래의 무오성을 보장하지도 않습니다. 시장보다는 그 시장을 구성하는 인간에, 개개인이 아니라 50만명의 수험생 집단에, 더 나아가 사회 전체의 역동에 주목한다면 특히 그렇습니다.

불확실성, 불능, 불안, 불복

정보력이 충분한 서울권 수험생들, 혹은 대치동 학원에 등록할 여력이 되는 비서울권 N수생들은 유리한 고지를 점하고 있으니 이 상황이 만족스러울까요? 그럴 리가 없습니다. 서울과 비서울 수험생 집단의 1등급 비율 격차가 아무리 벌어지더라도 이 숫자는 결국 50만명에 대한 통계이고, 개개인이 체감하는 수험 생활과는 거리가 멉니다.

우선 다양한 고품질 콘텐츠와 대형 학원의 관리 덕분에 학습이 용이해졌다는 것은, 그만큼 문제풀이 실력이 상향 평준화된다는 의미입니다. 그런데 현행 상대평가 체제는 1등부터 50만등까지의 줄 세우기를 전제하고 있지요. 50만명 중에 5만명이 만점을 맞으면, 1등인 5만명이 다 함께 행복해지는 것이 아니라 오히려 50만명 전체가 불행해지고 맙니다. 이런 구조하에서는 수험생들의 문제풀이 실력이 올라갈수록 문제는 더더욱 복잡해질 수밖에 없습니다.

전력 질주에 익숙해진다고 해서 전력 질주가 산책만큼 편해지지는 않는 법입니다. 고도화된 사교육 커리큘럼이 좋은 성적을 보장해주는 것과는 별개로, 복잡하게 꼬인 문제를 수없이 푸는 것은 고통이지요. 한편 1부의 또다른 논점이었던 **문제의 퍼즐화**와 **사고의 외주화** 역시 다시금 생각해볼 필요가 있습니다. 수험생으로서도 내실을 갖춘 지식을 쌓지 못한다면, 고통스러운 노력을 통해 얻는 것이 스도쿠를 푸는 능력에 불과하다면, 심지어 그 능력마저 스스로 길러내는 것이 아니라 문제풀이 위주 학습을 통해 '패턴을 체화하는' 것이라면 이 노력에는 아무 의미가 없습니다.

여기까지는 1부 전체에 걸쳐 거듭 설명한 내용이니 익숙하실 것입니다. 그런데 이는 사실 수험 생활의 좁은 영역만을 표상하는 것입니다. 수험 생활은 지식을 쌓고 문제풀이를 연마하는 관념적인 기간인 동시에 물리적인 시간이기 때문입니다. 그 시간 동안 수험생들은 모든 인간이 그러는 것처럼 행위를 선택하고, 감정을 느끼며, 타인과의 상호작용을 겪습니다. 그러니까 이번에는 생애 경험의 관점을 반영하며 문제풀이 위주 학습의 문제점을 살피도록 하겠습니다.

문제풀이 위주 학습이 보편화되었다는 것, 수험생들이 기울이는 노력의 방향이 원리를 깨치는 쪽이 아니라 패턴을 체화하는 쪽으로 향한다는 것은 정확히 어떤 의미일까요? 만능열쇠를 하나 마련하는 대신 100가지의 서로 다른 열쇠를 가지는 것입니다. 자물쇠를 보자마자 '이 자물쇠는 이 열쇠로 열렸지!'라고 떠올릴 수 있도록 연습하는 것이 핵심이지요. 대부분의 수험생은 이 방식을 통해 1~3등급 구간에 안착합니다. 수학과 국어 영역은 만능열쇠를 마련하는 편이 훨씬 효율적이지만 그 과정이 힘들고 난해한 까닭에 후자를 택하는 학생이 많고, 탐구 영역은 문제가 너무 복잡하게 꼬인 까닭에 만능열쇠 자체가 생길 수 없으니까요.

강필 학생들이 수학 문제를 읽는 훈련이 안 돼 있어. 이미 문제 유형 리스트가 만들어져 있으니까 분류하는 능력만 커지는 거야. 문제가 있으면 '얘를 어느 유형으로 분류할 거냐'를 반복 연습시키는 거지. 근본적인 실력이 있으면 그런 게 필요가 없는데, 그게 안 되니까 '정적분으로 정의된 함수' '3차 무슨 접선'처럼 제목을 딱 붙여서 분류를 만들고 기계적으로 대응하는 거야. 그런데 그게 들어맞지 않으면 빙빙 돌아서 답을 찾거나 문제를 틀리지. 근데 '나는 이런 접근에 도움을 받았다'고 하는 학생들이 늘 있으니까. 다른 선생님들도 참 설득하기 어렵다고 그래.

이런 학습 방식의 복병은 불확실성으로 인한 객관화의 불능입니다. 90가지의 열쇠를 가진 학생이 있다고 가정해봅시다. 모의고사 30문항 모두가 익숙한 패턴으로 출제되면 1등급을 받지만, 운이 조금만 나쁘면 3등급으로 굴러떨어지고 말지요. 그렇다면 이 학생은 자신의 진짜 실력이 어느 정도라고 생각할까요? 긍정 편향이 강하게 작용할 경우에는 1등급입니다. 이따금 3등급이 나오는 이유에 대한 해명도 준비되어 있습니다. 고난도 실전모의고사일수록 시간 관리가 어려워지는 만큼, 한 문항에서 문제풀이가 꼬이자마자 시험지의 나머지 문항까지 도미노처럼 무너지는 상황이 왕왕 생기기 때문입니다. 탐구 영역처럼 강한 타임어택이 요구되는 분야에서 특히 자주 나타나는 현상입니다.

반면 객관적인 태도를 유지하는 경우도 있습니다. 점수가 들쭉날쭉하니 아직은 실력이 부족하다고 판단하는 겁니다. 그렇다면 이 학생이 고정적으로 1등급을, 만점을 얻어내기 위해서는 무엇을 얼마나 더 공부해야 할까요? 그것은 아무도 모릅니다. 학생 자신조차 구체화할 수 없는 것이죠. 앞에서는 명쾌한 비유를 위해 90가지의 열쇠를 예로 들었지만 현실에서는 그런 수치를 확인할 길이 없기 때문입니다. 만능열쇠를 만들자는 선택을 선뜻 내리기도 어렵습니다. 학습에도 관성이 있는 만큼, '이런 식으로 조금만 더 공부하면 고정 1등급이 되지 않을까?'라는 유혹을 뿌리치려면 큰 결심이 필요하니까요.

N수생 U 재수할 때는 불안감이 커서 정말 닥치는 대로 다 풀었어요. 그래도 대치 평균 정도지만요. 주변 친구들이 한다니까 그냥 수학 150회 풀고. 근데 그렇게 풀면서 모든 문제를 복습까지 할 수 있는 사람이 얼마나 되겠어요. 그냥 틀렸네, 하며 왜 틀렸는지 오답 한번 보고 그렇구나 넘기고. 이런 식으로 계속 문제가 쌓이는 거예요. 강사가 해설 강의를 해도, '문제 잘 푼다 저 강사, 나는 풀던 대로 풀어야지……' 그러니까 익숙한 특정 유형은 잘 풀지 몰라도 틀린 문제는 계속 틀리는 게 있어요.

긍정형이든 객관형이든 간에 구체화의 불능은 완성의 불능을 의미합니다. 3등급까지는 빠르게 도착했을지라도 그 이후부터는 표류에 가까운 공부가, 운과 요행에 기대는 문제풀이가 계속되는 것입니다. 무척이나 비효율적인 일이지요.

이는 단기적으로는 수능 콘텐츠의 매출을 올려주고(불안을 잠재우기 위해서는, 저번 모의고사의 성적이 실수임을 확인하기 위해서는 더 많은 N제와 실전모의고사를 풀어야 합니다), 최종적으로는 불복이라는 결과를 낳습니다. 수능 성적표에 대한 불복입니다. 긍정형은 "이번 수능에서는 운이 나빴을 뿐이다. 다음번에는 진짜 실력을 보여주마"라고 말하면서, 객관형은 "1년만 더 공부하면(콘텐츠를 그만큼 더 소비하면) 될 것 같다"고 말하면서 N수를 결정합니다. 더 큰 문제는 이런 접근이 실제로 효과를 발휘한다는 것이고요.

모든 일은 많이 할수록 익숙해지는 법이고, N수생 집단은 언제나 재학생 집단보다 높은 성적을 거둬왔지만,[17] 그럼에도 불구하고 정도의 차이가 있기 마련입니다. 개념·원리 위주 학습에 영향을 미치는 요소는 투입 시간 외에도 다양합니다. 논리력이나 분석력 등을 체계적으로 기르기 위해서는 단순히 책상 앞에 오래 앉아 있는 것 이상의 질적 노력이 필요하고, 그렇게 길러진 힘은 시간이 아무리 지나더라도 감퇴되지 않습니다. 공부에 완성이 존

---

17 또한 재수를 결정하는 과정에서 일차적인 스크리닝(screening)이 이루어지므로, N수생 집단은 평균적으로 재학생 집단보다 높은 성과를 보입니다. 공부에 아예 관심이 없어 9등급을 받은 학생이 재수를 결정할 확률보다는 3등급을 받은 학생이 재수를 결정할 확률이 높겠지요.

재한다는 것입니다. 반대로 문제풀이 위주 학습에는 완성이 없는 만큼 투입 시간이 절대적인 중요성을 지니지요.

그렇다면 절대다수의 수험생이 후자의 방식으로 수능을 준비하기 시작한다면 어떻게 될까요? 재학생과 재수생 간의 격차가 확연히 벌어질 것입니다. 이건 3년간 문제를 푼 학생보다는 4년간 문제를 푼 학생이, 4년간 문제를 푼 학생보다는 5년간 문제를 푼 학생이 반드시 유리한 승부니까요. 실제로 다음의 그래프에서 2017학년도와 2018학년도 사이에 가로선을 그어본다면 그래프가 위와 아래로 깔끔하게 나뉘는 것을 확인할 수 있습니다. 일각에서는 N수생 강세가 정시 확대 때문이라고들 하지만, 사실은 그 전부터 N수생 강세 현상이 시작되었던 셈입니다.

시간이 흐를수록 수능은 N수생에게 유리한 승부가 되어가고 있습니다. 이는 재학생들이 불리해진다는 뜻이기도 하겠지요. 그런데 애당초 N수생이 싸워 이겨야 하는 상대는 또다른 N수생인 까닭에, 한편 N수생들조차 완벽한 성공을 장담하지 못하는 까닭에 결국 수험생 규모와 수험 기간이 한없이 늘어나게 됩니다. 재학생들이 재수를 결정하는 동안 N수생들도 N+1수를 결정하면서 N수생 적체 현상이 발생하는 것입니다. 이 굴레에서 빠져나가려면 수능 날의 요행을 바라는 수밖에 없습니다.

이는 수험생들의 정신 건강과 직결된 문제이기도 합니다. 앞서 문제풀이 위주 학습을 수행하는 학생들을 두 유형으로 분류했습니다. 긍정형과 객관형이지요. 이 두 유형은 겉보기에만 다를 뿐이지 본질적으로 동일합니다. 학습 방식에 따른 불확실성을 두려

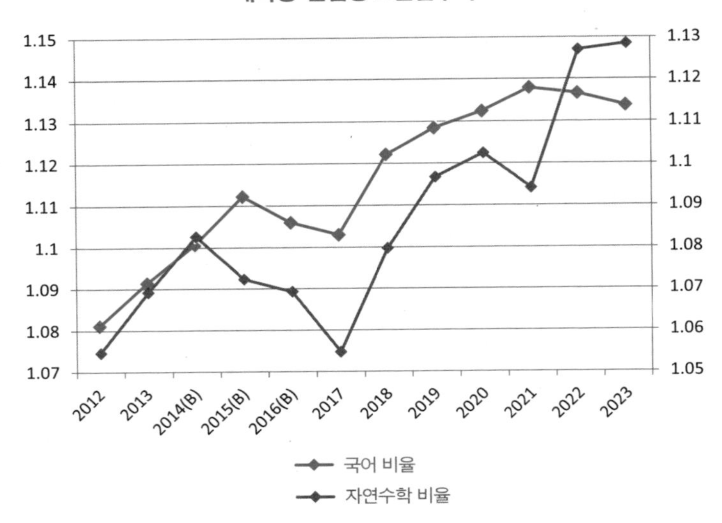
재학생·졸업생 표준점수비
1.15
1.14
1.13
1.12
1.11
1.1
1.09
1.08
1.07
1.13
1.12
1.11
1.1
1.09
1.08
1.07
1.06
1.05
2012
2013
2014(B)
2015(B)
2016(B)
2017
2018
2019
2020
2021
2022
2023
국어 비율
자연수학 비율

재학생·졸업생 점수차
14
13
12
11
10
9
8
7
13
12
11
10
9
8
7
6
5
2012
2013
2014(B)
2015(B)
2016(B)
2017
2018
2019
2020
2021
2022
2023
국어 점수차
수학 점수차

워하면서도 수능에서는 요행을 바라야 한다는 점에서, 운을 적군이자 아군으로 삼는 태도가 불안을 수반한다는 점에서, 기준이 없으므로 완성마저 없는 공부를 지속하게 된다는 점에서 그렇습니다.

확신할 만한 탈출구가 없다는 것, 비슷한 실력에도 운이 크게 작용한다는 것이 중요합니다. 같은 과목의 점수가 매번 50점과 30점 사이에서 출렁거리는 상황은 그 자체로도 스트레스고, 하필 30점이 수능에서 나와버린다면 큰 문제입니다. 자신보다 실력이 뛰어난 수험생이 좋은 대학에 들어가는 것은 깔끔하게 받아들일 만하지만, 실력이 비슷한 학생들이 훌쩍 대학으로 떠나버리고 홀로 수능에 발목이 잡힌다면 견디기 어렵겠지요. 또래들보다 몇년씩 뒤처졌다는 감각에 행운의 부조리함이 더해지는 것입니다. 이런 경험이 정신 건강에 좋을 리가 없습니다.

물론 과거에도 N수의 수렁에서 허우적거리며 고통스러워하던 학생들은 있었습니다. 그러나 '어떠한 개인이 존재한다는 것'과 '특정한 환경으로 인해 어떠한 개인이 더욱 많이, 심각하게 배출된다는 것'은 다른 문제입니다. 매연으로 인해 폐렴 환자가 늘어난다는데, "공기가 깨끗해도 폐렴에 걸리는 사람이 있지 않냐?"며 되묻는 것은 궤변이지요. 의대 광풍과 N수 열풍이라는 껍데기를 들어올리고 그 안의 톱니바퀴들을 들여다볼 차례입니다.

N수와 누증의 역사

'의대 광풍'에 더해 'N수 권하는 사회'를 개탄하는 기사들을 읽다보면 이런 의문을 품게 됩니다. 2024학년도 수능에서 N수생 비율이 30%대를 넘어서며 28년 만에 최대치가 되었다는 것은 알겠는데, 그래서 이게 정확히 얼마나 심각한 것일까요? 의대 열풍이 없더라도, 학벌주의가 완화되더라도 누군가는 재도전장을 던질 게 분명합니다. 35.2%의 N수생 비율을 바라보는 시선은 일반적인 상황에서의 N수생 비율이 20%냐 30%냐, 원인은 무엇이냐에 따라 달라져야만 합니다. 열풍의 세기를 올바로 논하기 위해서는 우선 주변 환경과 상대적인 격차를 살펴야 한다는 것입니다.

그러니 질문을 이렇게 바꾸어봅시다. 한국의 N수 열풍은 지금이 처음일까요? 물론 그렇지는 않겠지요. 그렇다면 과거의 N수 열풍은 어째서 생겨났고, 어떻게 가라앉았으며, 가라앉았을 때의 N수생 비율은 어느 정도일까요? 지금은 그때와 어떻게, 얼마나 다를까요? 우선 1970년대로 돌아가보겠습니다.

76학년도 대학입학 예비고사에 응시한 학생은 모두 25만 3667명으로 전문학교, 대학 등 고등교육기관에 입학할 수 있는 총원 9만 3985명을 제외하면 15만 9682명은 탈락해야 하며, 이 중 10만명 이상의 재수생이 생길 것으로 전망된다. **지난 6년간 재수생의 비율은 70년의 37.86%에서 76년의 30.04%로 줄어들었으나 절대수는 70년의 4만 5655명에서 75년 7만 6211명으로 계속 늘어났고, 80년도에는**

> **12만명 선으로 예측되고 있다.** (…) 재수를 하기 시작하면 최소한 2회에서 5, 6회 이상의 재수를 하는 경우도 적지 않은 것이 실정이다.[18]

재수의 발생 원인은 일차적으로는 개인의 불복입니다. '더 좋은 대학에 가고 싶다'는 소망과 '이 결과는 내 진정한 실력과 거리가 멀다'는 믿음이 한데 어우러져서, '한해쯤 더 해봐도 손해가 아니겠다'는 판단으로 이어지는 것이지요.

그런데 이 믿음이 집단적으로 발생하는 데에는 외부 요인이 강력하게 작용합니다. 무엇보다도 객관적인 여건의 문제가 있습니다. 예컨대 1976학년도 대학입학 예비고사에는 25만여명이 응시했지만 대입정원은 9만여명에 불과했지요. 이런 조건하에서는 **재수생 누증** 현상이 매년 심화됩니다. **재수생에게 밀려난 재학생들이 재수를 결정하면서, 차년도 수험생들을 다시 밀어내는 겁니다.** 그러면서 재수생의 총인원이 점점 늘어나고요.

물론 1970년대에 수험생이었던 사람이 지금까지 50수를 하고 있을 리는 없겠습니다만, 누증은 연속적인 현상인 만큼 한순간에 나타나거나 사라지지 않습니다. 하류의 강물이 바다로 흘러드는 데에는 상류의 흐름이 작용하는 법이고, 마찬가지로 교통정체가 해소되기 위해서는 충분한 시간과 계기가 필요하지요. 이 시간은 큰 틀에서 보면 수십년 이상이었습니다. 대학정원제 때문입니다.

---

18 이 시기에는 N수라는 용어가 존재하지 않았습니다. 「재수생 실태」, 『경향신문』 1976. 1. 28. 강조는 인용자.

과거에는 고등교육 품질 유지라는 명분하에, 정부가 신규 대학 설립을 엄격히 막았을 뿐만 아니라 개별 대학의 학과별 정원까지 일일이 정해주었습니다. 1980년의 7·30 교육개혁 조치로 인해 대학정원이 대폭 증가하긴 했지만 규제 자체는 여전했고[19] 후기 베이비부머 세대의 등장과 국가 성장을 비롯한 외부적 요인으로 인해 전체 수험생 수는 60여만명대에서 80여만명대로 증가했지요.[20] 이러면 정원 증가와 별개로 누증 경향 자체는 심화될 수밖에 없습니다. 1984학년도 대입 체력장 검사 수검자는 40%가량이 재수생이었다고 하니 그 압력을 짐작할 만합니다.

대학정원 자율화 정책은 1990년대 초에 접어들어서야 본격적인 논의 선상에 오릅니다. 학생 20명당 교원 1명처럼, 일정한 기준을 갖추기만 하면 대학 당국이 정원을 자유롭게 정할 수 있게끔 하는 겁니다. 1996학년도에는 5·31 교육개혁안의 1단계인 포괄승인제가 시행되면서 일부 대학이 학과 혹은 학부 정원을 자율적으로 결정할 수 있게 되었습니다. 그후 2000학년도부터 2004학년도까지 지속된 '교육부문 자율화추진계획'에 따라 정원 자율화의 적용 범위가 지방 사립대로까지 넓어지면서 전체 입학 정원이 16만명가량 늘어났지요.[21] 하지만 N수의 열기가 곧바로 사그라

19 당시 정원 관련 문제에서는 '입학정원제'와 '졸업정원제'의 상호 영향을 빼놓을 수 없습니다만, 풀어 쓰면 과도하게 길어질 것이므로 자세한 설명은 생략합니다.

20 「대입학력고사 앞으로 한달 … 출제방향 어떻게 될까」, 『동아일보』 1981. 10. 27; 「'입시앓이' 전국 열병」, 『매일경제』 1988. 11. 5.

21 최강식·이보경 「대학정원정책을 중심으로 본 한국의 대학구조개혁정책의 변화와 쟁점」, 『교양교육연구』 11권 1호, 2017, 331~32면.

졌던 것은 아닙니다. 입시제도가 혼란스러울 때도 누증이 발생하기 때문입니다.

단적으로 말해 대학정원 자율화가 진행되던 1990년대 중반은 수능이 처음으로 시행된 시기입니다. 당시로서는 문제 유형부터가 낯설었거니와 입시제도 역시 정착되지 못한 상태였지요. 1년에 수능을 2회 친다거나, 본고사의 성격이 짙은 논술고사를 도입한다거나, 수능 우수자들을 특차[22]로 모집한다거나 하는 기획이 도입되었다가 몇년 후에 번복되곤 했습니다. 이런 시행착오가 계속되는 동안이면 수험생들은 결과에 승복하기가 어렵습니다. 게임의 룰도 제대로 모른 채 판돈부터 걸었다가 돈을 날려버리면 "한판 더!"를 외칠 수밖에 없으니까요. 2, 3회 수능인 1995학년도와 1996학년도 수능의 재수생 비율이 각각 38.9%와 37.3%에 달했다는 사실이 이 점을 방증합니다.[23] 대학정원 자율화 정책이 효과를 발휘하기 위해서는 우선 수능이 온전히 자리잡아야 했던 것입니다.

그렇다면 수능이 지금과 같은 형태로 고착된 것은 언제부터일까요? 7차 교육과정, 즉 2005학년도 수능부터입니다. 문·이과 구분이 폐지되고 전면 선택형 시험이 도입되면서 통합 사회·과학탐구가 스무개 남짓한 과목으로 분화되었고, 수학 역시 가·나형으로 나뉘었지요. 그 전에는 문과 학생들은 문과 수능을, 이과 학생

---

22 1994학년도부터 2001학년도까지 지속된 제도입니다. 수시모집 기간과 정시모집 기간 사이에 선발이 이루어졌으며, 학생부를 다소간 반영했던 정시모집과는 달리 수능 성적만을 고려하여 학생을 선발했습니다.

23 「재학생 32만, 재수생 16만 … 수능 'N수생' 비율 28년 만에 최고」, 『한겨레』 2023. 9. 11.

들은 이과 수능을 쳤습니다만 2005학년도부터는 그런 구분이 사라진 것입니다. 물론 수리 가형과 사회탐구에 동시에 응시할 이유는 부족했고, 또한 중상위권 이공계 대학들은 수리 나형 성적을 인정하지 않았기 때문에 현실적으로는 모종의 구분선이 존재했습니다만, 명목상으로는 개인의 선택권이 보장되었습니다. 또한 수험생들을 줄 세우는 데에 원점수가 아니라 표준점수가 쓰이기 시작했지요. '50점이 1등급인 과목에서 받은 50점'과 '30점이 1등급인 과목에서 받은 50점'을 똑같이 취급한다면 불합리하니까요.

수리 가형이 수학 B형으로 바뀐다거나, '법과 사회'와 '정치' 과목이 '법과 정치'로 통합된다거나 하는 변화들이 소소하게 있었을지라도, 수능의 큰 틀은 이후 20여년간 그대로 유지됩니다. 무엇을 어떻게 공부하느냐, 입시 전략을 어떻게 짜느냐에 대한 정석적 공략법이 느슨하게나마 생긴 셈입니다. 외부 요인에 방해받는 일 없이, 수험생 개개인이 최대한의 노력을 기울인 다음 결과에 승복할 수 있는 환경이 갖춰진 것이지요. 한편 2000년대 초반은 수시모집 비중이 대폭 확대되기 시작하면서 수능의 중요성이 약화되기 시작한 시기이기도 합니다. 이는 바꾸어 말하면 재수의 매력이 줄어들었다는 의미가 되고요.

물론 한순간에 누증이 사라진 것은 아닙니다. 앞서 교통 정체 상황을 예로 들었지요. 정체가 완전히 풀리기 위해서는 충분한 시간과 계기가 필요한 법입니다. 그 계기란 5차선로가 8차선로로 증가하는 것일 수도 있고, 교통량 중 일부가 타방면 국도로 빠져나가는 것일 수도 있습니다. 수능의 경우에는 공교롭게도 2008학년도가 전환점이 되어주었습니다.

2008학년도 수능이라고 하면 대개 '전면 등급제 도입'을 떠올리기 마련입니다. 이 제도의 핵심 아이디어는 표준점수를 고려하지 않고 등급만을 본다는 데에 있었지요. 예컨대 수능의 4등급은 상위 24%에서 40%까지를 포괄하는데, 이 안에서는 성적을 구분하지 않겠다는 겁니다. 4등급이라면 다 같은 4등급이고 6등급이라면 다 같은 6등급입니다. 줄 세우기와 경쟁 과열을 막겠다는 의도는 좋았습니다. 그런데 현실적으로는, 3등급의 꼴찌와 4등급의 1등은 실력에 아무런 차이가 없음에도 불구하고 갈 수 있는 대학이 크게 달라지고 맙니다. 이 탓에 전면 등급제는 수많은 수험생들의 원성을 사면서 1년 만에 폐지 수순을 밟았지요.

그런데 전면 등급제가 워낙 인상적이라 대중의 기억에 남았을 뿐이지, 사실 2008학년도 수능 개편의 핵심은 다른 부분에 있었습니다. '내신 부풀리기'가 성행한다는 지적하에 평어제(評語制), 즉 수·우·미·양·가 기반의 내신 절대평가 체제가 폐지된 것입니다. 대신 석차백분율에 따라 산출된 등급 기준으로 내신을 반영하게 되었지요. 뿐만 아니라 정부가 정시에서의 학생부 실질반영비를 50% 이상으로 늘릴 것을 강력히 권고한 탓에 2007학년도 이전의 수험생들은 크게 불리해졌습니다. 졸업생이 내신 성적과 학생부를 가꿀 수는 없으니까요.

그렇다면 2007학년도 수능에 응시한 고3과 재수생들은 어떤 생각을 했을까요? "재도전을 택해봤자 별다른 이득이 없으니 그냥 올해 대학에 가자"는 마음을 굳혔을 것입니다. 뿐만 아니라 전면 등급제의 약점을 보완하기 위해 '통합교과형 논술'까지 도입되었으니 재수의 매력은 더더욱 떨어집니다. 결과적으로 2008학년도 수능의 재수생 지원자는 전년도 대비 16.5% 감소합니다. 15만 1697명에서 2만 5009명이 줄어들어 12만 6688명이 되었지요.[24]

다만 질문이 하나 생깁니다. 앞서 입시제도가 혼란스러우면 학생들이 최선을 다해 수험에 임할 수 없으며, 이로 인해 재수생 누증이 발생한다고 설명했습니다. 2008학년도 수능은 전면 등급제로 인해 큰 혼란을 겪었는데, 당시 고3이었던 수험생들은 많이들 재수를 택하지 않았을까요? 2007학년도 이전의 적체야 해소되었겠지만 2009학년도에는 다시 누증이 시작되지 않았을까요? 묘하게도 아닙니다.

"내가 3등급이 나온 건 최선을 다하지 않았기 때문이야. 1년만 더 하면 1등급이 나오지 않을까?"와 "가채점을 확인해보니 나는 한 문제를 틀려서 2등급에서 3등급으로 떨어진 것 같아"는 무척이나 다릅니다. '자신의 한계가 얼마인지 모르는 상황'에서는 2등급을 받은 학생도, 5등급을 받은 학생도 선뜻 재수를 택합니다. 반면 '개개인의 최선과는 별개로, 제도로 인해 점수와 등급이 따로 노는 상황'에서는 각각의 이해득실이 뒤섞이지요. 요컨대 한 문제를 실수해서 등급이 훅 미끄러진 최상위권이 있다면 한 문제를 찍어 맞힘으로써 등급이 훅 올라간 중위권도 생긴다는 것입니다. 당시 수리 가형의 등급 커트라인은 100점 근방에서 잡힐 만

24 「올 수능 재수생 크게 줄어」, 『서울경제』 2007. 9. 13.

큼 쉬웠고, 더 나아가 대학별 입시 결과까지 망가졌으니 전면 등급제는 완전한 양날의 검이 됩니다.

휘문고 임찬빈 진학부장은 "수능 등급제는 몇점 이상이 어느 등급이라는 정해진 기준이 없어 등급 커트라인에 맞춰 공부할 수 없기 때문에 결과적으로 수능에 대한 부담만 커졌다"며 "평소 1등급을 받던 학생도 사소한 실수로 2~3등급을 받는 일이 허다하게 발생하고 있는 상황"이라고 전했다.

또한 등급간 편차가 커지면서 총점 기준으로 10~20점 차이 나는 학생들이 등급 순위에서 역전되는 기현상이 발생하면서 '요행수'를 바라거나 아예 수시모집 전형에 지원자가 몰리는 '쏠림현상'이 우려되고 있다.[25]

입시는 총점 2~3점 차이로도 당락이 갈리는 승부입니다. 그런데 수능 등급제라는 요행에 힘입어 10~20점가량의 총점 차이를 이기고 대학에 들어가는 것은 엄청난 기적일 수밖에 없습니다. 이런 학생들은 재수 따위는 결코 생각하지 않겠지요. 그 반대는 재앙일 테고요. 이 개인적인 기적과 재앙들은 한 사람의 일생에서는 상당한 사건입니다만 55만명이라는 규모에서는 절묘한 제로섬이 됩니다. 평소에는 재도전을 택했을 학생들이 대학교에 가고, 그 반대의 학생들이 재도전을 택하는 기현상이 벌어지겠지만 (그에 따라 각 학과의 등급 커트라인이 요동치고 재수생의 평균

25 「'수능 등급제 혼란' 고 1·2년생도 괴롭다」, 연합뉴스, 2007. 12. 12. 강조는 인용자.

수준이 바뀌겠지만) 재수생 규모 자체에는 큰 변화가 없었다는 것입니다.

결과적으로 2008학년도 수능은 재수생 규모가 훅 줄어드는 기점으로 작용합니다. 비록 전면 등급제는 수많은 수험생들에게 혼란을 안겨다주면서 1년 만에 폐지 수순을 밟았습니다만, 동시에 이루어진 변화들은 그후로도 지속적인 영향을 미쳤던 것입니다. 여기에 2002학년도 수능부터 시작된 수시 확대 기조가 맞물리면서 재수생 비율은 한동안 일정 수준에서 유지됩니다.

이에 더해, 1장의 언급처럼 인터넷강의의 개시와 그로 인한 사교육 고도화는 지역 사교육의 몰락을 야기했습니다. 특히 2010년대 초중반 당시에는 지금처럼 N수 열풍이 강하지 않았을 뿐만 아니라 N수 성공을 위해서는 무조건 서울권 유학이 필요하다는 인식도 부족했기 때문에, '근처에 갈 만한 학원이 없거나 지역 내 기대감이 낮다면' 그냥 재도전을 포기해버리는 경우가 잦았지요. 지역 재수생 수가 감소한 데에는 이러한 요인도 영향을 주었을 것입니다.

> 부산 입시학원의 대명사 격인 두 학원이 통폐합을 택한 것은 부산 재수 시장의 위축을 단적으로 보여준다. 학원가에 따르면 **부산의 학원 재수종합반 원생 총 규모는 2000년대 초반 1만명에 육박해 정점을 찍은 뒤 계속 하향세를 보여 2013년 2500여명, 올해는 2천명에도 못 미치게 줄었다**. (…) 수도권의 성적 상위 우수자들이 재수 시장으로 대거 쏠리는 상황에서 지역 학생의 재수 성공률도 바늘구멍으로 좁아진 것이다.[26]

N수생은 2018학년도부터 이미 증가하고 있었다

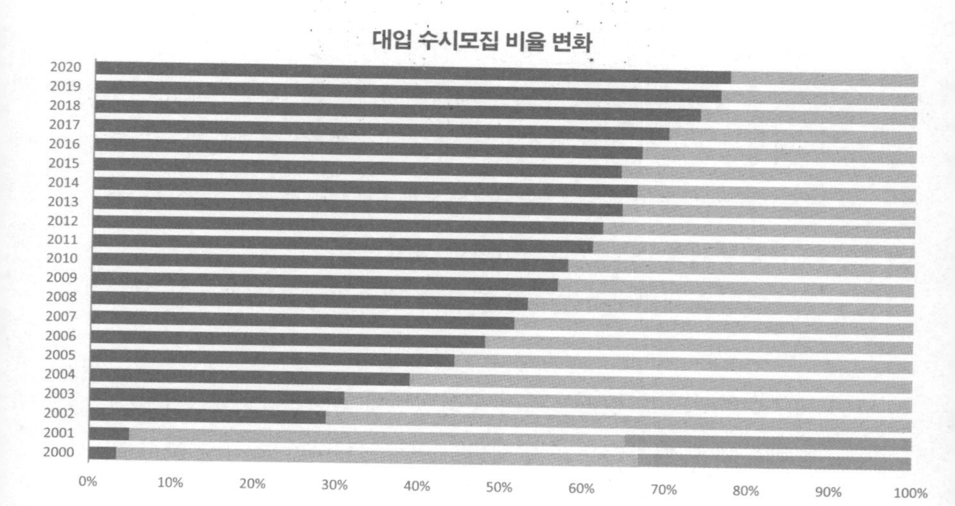

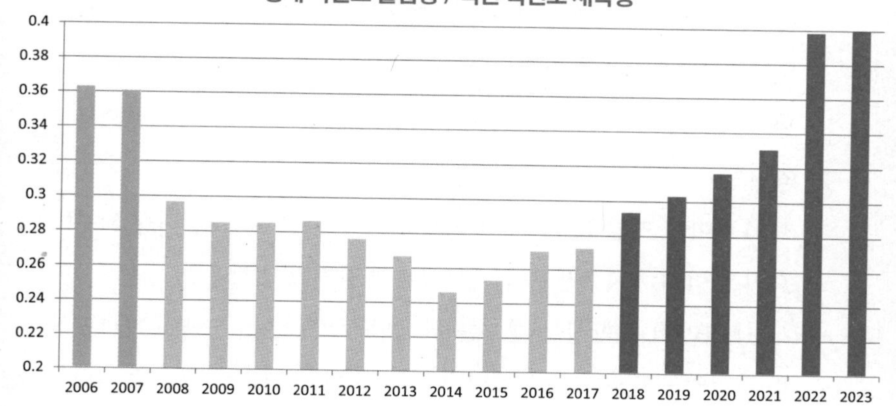

---

26 「재수생 줄고 서울행 … 부산 학원들 '안간힘'」, 『부산일보』 2014. 2. 26. 강조는 인용자.

앞의 두 그래프 가운데 아래 그래프는 한국교육과정평가원 보도자료를 통해 발표된 당 학년도 수능의 졸업생(재수 및 N수생) 응시자 수를 직전 학년도 수능의 재학생 응시자 수로 나눈 결과입니다. 졸업생 응시자의 규모를 재학생 응시자와 단순 비교할 경우 학령인구 등의 외부 요인을 올바로 반영할 수 없으므로, 당 학년도 수능의 졸업생 응시자 수가 직전 학년도 재학생 응시자 수와 강한 연관을 지닌다고 가정하는 것입니다.

이 가정을 뒷받침하는 것은 다음과 같은 가설적 전제들입니다.

0) 수험생의 총규모는 매년 수십만명에 달하므로, 개인적 이유로 재도전을 결정하는 수험생의 비율은 큰 수의 법칙에 따라 비교적 일정하게 유지될 것임.

i) 수험생들은 어느정도 균질한 집단이므로, N수생들이 N+1수를 결정할 만한 외부 요인(제도적 요인 혹은 사회적 요인)이 발생했다면 해당 외부 요인은 대체로 재학생들에게도 동등하게 작용할 것임(반면 내신 반영비율 확대 등은 N+1수를 막는 요인으로 작용함).

ii) N이 증가할수록 N수생 개인의 부담이 커지므로, 해당 외부 요인은 언제나 N수생보다 재학생에게 강력하게 작용함.

iii) 따라서 재학생이 재수를 결정하는 비율은 N수생이 N+1수를 결정하는 비율보다 언제나 높으며, 이에 따라 N수생은 언제나 N+1수생보다 많음.[27]

iv) 따라서 (일반적인 상황에서) 특정 학년도 졸업생 응시자

수와 가장 강력한 연관을 지니는 요소는 직전 학년도 재학생 응시자 수임.

수능판은 대개 작년의 고3과 올해의 고3이 싸우는 형세입니다. 직관적으로 보기에도 3수생이 재수생보다 많을 수는 없고, 재수생이 3수를 결정하기보다는 고3이 재수를 결정하는 편이 훨씬 쉽습니다. 한편 재수에서 3수로 넘어가는 길목에는 상당한 심리적 방어선이 작용합니다. 재수야 해볼 만하지만 3수부터는 명실상부한 장수생이니까요. **그러니까 통상적인 상황이라면 졸업생 응시자의 상당수는 작년의 고3인 것이 당연하고, 그 비율 역시 일정 선상에서 유지되어야 합니다. 그렇지 않다면 무언가 일반적이지 않은 요인이 개입된 것입니다.**

다시 그래프로 돌아가겠습니다. 2009학년도부터 2016학년도까지는 재수생 비율이 수시모집 비율과 역의 상관관계를 보이면서 24~28% 선에서 유지되지요. 수시가 확대될수록 재수생 비율은 줄어들고, 그 반대의 경우에는 늘어납니다. 그런데 이 경향성은 2017학년도에 조금씩 삐걱거리다가 2018학년도부터는 아예 반대 방향으로 돌아서고 맙니다. 수시 비중이 계속 늘어나는데도 재수생 누증이 발생하는 겁니다.

이때의 누증은 이전과는 그 성질이 완전히 다릅니다. 대학교

27 물론 대학 재학 중에, 심지어는 취업 후에도 의대 진학 등을 위해 수능 응시를 결정하며 '유입'되는 경우가 점점 늘어나고 있으나, 아직까지 그런 수험생들의 숫자가 전체 수험생 수에 비해 유의미한 비중을 차지한다 보기는 어렵습니다.

정원이 부족한 것도 아니고, 입시제도에 큰 변화가 일어나지도 않았으며, 수시모집 비율 역시 상당한 수준인데도 재수생 규모가 꾸준히 증가하고 있으니까요. 때문에 2024학년도의 N수생 비율 35.2%는 1970학년도의 37.86%와도, 1984학년도의 38.9%와도, 1995학년도의 38.9%와도, 2006학년도의 26.8%와도 비교할 수 없이 심각한 셈입니다.[28]

수험생을 붙잡고 내달리는 붉은 여왕

정리해봅시다. 앞의 그래프에서 보듯이, 누증은 2020학년도를 기점으로 2022학년도에는 2021학년도(33%) 대비 20.6% 증가한 39.8%를 기록하며 한 단계 더 심화됩니다만,[29] 추세 변환 자체는 2017~18학년도에 이미 예고되어 있었습니다. 한편 2017~18학년도는 재학생과 졸업생의, 비서울과 서울의 점수 격차가 본격적으로 벌어지기 시작한 분기점이기도 합니다. 결국 여기에는 의대 광풍이나 인기 대학 선호, 수도권 대학의 정시모집 비율 확대, 약대의 귀환 등으로는 설명할 수 없는 공통 요인이 존재합니다. 사

28 당해 학년도 내 졸업생 : 재학생 비율 기준. 이하 「늘어나는 대입재수생」(『경향신문』 1975. 11. 15); 「재수생 다시 급증」(『조선일보』 1983. 9. 23); 「올 수능 재학생 응시자 첫 40만명 밑돌아」, 『한국경제』 2019. 9. 9.

29 2022학년도는 코로나19의 영향력이 본격화되는 동시에(2022학년도 재수생인 2002년생들은 코로나 팬데믹 상황에서 고3 시절을 보낸 첫 세대입니다) 주요 대학교들의 정시모집 비율이 대폭 확대된 해이며, 의학전문대학원과 약학전문대학원이 폐지 수순을 밟으면서 의·약대의 정시 선발인원이 2천명가량 증가한 해이기도 합니다.

교육의 고도화로 인한 '붉은 여왕 효과'(red queen effect)입니다.

'붉은 여왕 효과'는 『이상한 나라의 앨리스』의 속편 『거울 나라의 앨리스』에서 유래된 용어입니다. 이상한 나라를 떠돌던 앨리스는 거대한 체스판처럼 생긴 나라를 발견하고, 붉은 여왕은 '둘째 칸부터 시작해 여덟째 칸에 도착하면 너도 여왕이 될 수 있다'며 앨리스를 끌고 달리기 시작합니다. 그런데 문자 그대로 이상한 일이 벌어집니다. 아무리 빠르게 달려도 주변 풍경이 전혀 변하지 않는 겁니다. 앨리스가 깜짝 놀라 이유를 묻자 붉은 여왕은 이렇게 대답합니다.

> "여기에서는 보다시피 같은 자리를 지키고 있으려면 계속 달릴 수밖에 없단다. 어딘가 다른 곳에 가고 싶다면, 최소한 두배는 더 빨리 뛰어야만 해!"[30]

이 체스판처럼 생긴 나라는 한국의 수능판을 그대로 옮겨놓은 것처럼 보입니다. 수험생은 앨리스이고 사교육은 붉은 여왕이지요. 수험생들은 사교육의 손을 잡고 인기 대학과 의대를 향해 전속력으로 내달리지만, 아무리 빠르게 달리더라도 주변 풍경에는 변함이 없습니다. 모두의 실력이 다 함께 상승하기 때문입니다. 이는 근 10년간의 표준점수 변화 추이를 통해서도 확인할 수 있는 부분입니다.

---

30 루이스 캐럴 『이상한 나라의 앨리스·거울 나라의 앨리스』, 최인자 옮김, 북폴리오 2005, 238면.

수능에는 원점수가 아니라 수험생들의 수준 차이를 고려해서 산출되는 표준점수가 입시 지표로 쓰이고 있습니다. 이론적으로 말해서, 이상적인 환경이라면 표준점수 분포는 정규분포를 따릅니다. 가운데에 가장 많은 학생이 몰려 있고, 최상위권과 최하위권이 대칭인 그래프지요. 그런데 현실적으로는 점수 분포가 상위권이나 하위권에 쏠리는 편포(偏布, skew)가 발생하곤 합니다. 응시자 집단의 수준이 극명하게 갈릴 경우 쌍봉우리 형태가 나타나고요. 가령 고득점권 수험생들의 실력은 상향 평준화됐지만, 나머지 학생들은 그 반대의 변화를 겪었다고 가정합시다. 그러면 두 집단은 같은 시험을 치더라도 평균 점수와 편차가 크게 벌어지게 되고, 이는 표준점수 분포 그래프 전체를 왜곡시킵니다.

2020학년도 대학수학능력시험 화학I 과목의 채점 결과가 좋은 예시입니다.

회색 선은 이론상의 정규분포고, 보라색 막대는 현실의 표준점수 분포입니다. 4등급 커트라인(표준점수 55점)과 1등급 커트라인(표준점수 64점) 사이의 좁은 구간에 매우 많은 학생들이 몰려 있음을 확인할 수 있지요. 채점 결과가 이론상 정규분포를 따를 경우 등급별 커트라인의 간격은 표준점수 기준 5점이어야 하지만, 실제로는 겨우 3점 차이입니다. 보통은 표준점수 1점 하락이 원점수 1점 하락에 대응되니, 실력 차이가 근소한 상황에서도 정확히 한 문제로 등급이 갈리고 마는 것입니다.

따라서 이런 상황에서는 원점수 44점(표준점수 61점)으로 2등급을 받은 학생이라면 "3점짜리 한개만 더 맞혔으면 1등급이었을

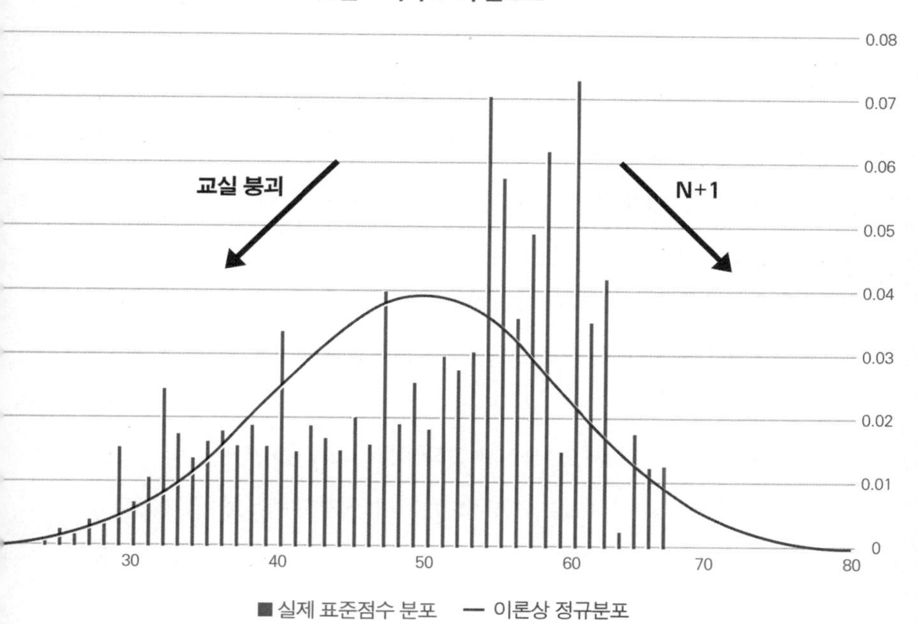

텐데"라는 생각을 할 수밖에 없습니다. 지금처럼 '찍기 특강'이 만성화됐고 탐구 영역의 퍼즐화가 상식으로 자리잡은 상황에서는 "나도 3번으로 찍었으면 1등급이었을 텐데, 아니면 더 열심히 노력했으면……"이라는 생각 또한 하게 되지요. 잘 찍어서 1등급 맞은 학생과 자신은 별 차이가 없으니까, 이번에 미끄러진 건 운이 없어서일 뿐이니까, 실력 차이는 더 많은 노력으로 메울 수 있으니까 재도전을 노리게 되는 겁니다.

물론 이런 심리로 재도전을 결정하는 학생들은 과거에도 있었지만, 핵심적인 차이는 환경의 변화에 따른 영향에 있습니다. 응시과목 축소와 문제풀이 위주 학습의 보편화, N수 누증 심화 등의 환경 말입니다. 한편 재도전자들이 '고득점자 집단을 중심으로' 훌쩍 늘었다는 사실 또한 중요합니다. 그래프의 모양을 바꿔 놓을 만큼 늘었습니다. 1등부터 5등까지가 그럭저럭 비슷한 비율로 재도전을 결정하는 상황과, 1·2등의 재도전 비율이 비약적으로 높아진 상황은 같지 않으니까요.

이런 요인들은 고득점자들이 '무한 N수'에 나서게 되는 기제를 강화시킵니다.

N수생 U 저는 이제 3수를 끝낸 입장인데요, 해가 갈수록 제 실력이 50만큼 늘면 사람들이 100만큼 고인다는 걸 느껴요. 왜 그런가 생각을 해봤더니 지방 메디컬 간 애들은 또 최대한 인서울로 올라가려고 한번 더 치고. 인서울 메디컬 간 애들은 그래도 약대보다는 수의대가, 수의대보다는 치대가 낫지 않나, 이런 식으로 계속 위를 보면서 치고. 결국 인설의(서울 시내 의대) 오면 또 인설의에서 메이저(서울대학교 의대를 비롯한 몇몇 인기 의대)로 가야 되지 않을까 해서 또 치고 이런 식으로 반복되니까.

그래서 저는 고3 학생들이 재수한다고 하면 웬만하면 반대해요. 제 주변도 그렇고 재수로 끝나는 케이스를 한명도 본 적이 없어요. 한번 더 하면 될 것 같아, 한번 더 하면 될 것 같은데, 하면서 무한정 N수를 반복해요. 재도전을 하면 실력도 오르지만 실력보다 꿈이 더 커져요. 내가 이 정도 실력이 커졌으니까 꿈도 이 정도 키워도 될 것 같거든요. 그러면 절대 꿈에 안 닿거든요. 그럼 다시 해요. **다시 하면 꿈이 더 커져요. 조금만 더 하면 의대를 갈 수 있을 것 같은데…… 원래 잡힐 듯 안 잡힐 듯한 데를 더 갈망하잖아요.**

실력이 상승할수록 꿈 또한 커진다는 점에서 '의대 광풍'과 '인기 대학 선호'는, 그로 인한 N수 열풍은 시대적 현상이기 이전에 붉은 여왕 효과의 부속물로도 이해될 수 있습니다. 요컨대 "요새 경기도 안 좋은데 류현진은 메이저리그에서 수백억원씩 받더라. 나도 메이저리그 야구선수가 되어야겠다"라고 말하는 사람은 없지만 "요새 경기도 안 좋은데 의사들은 안정적으로 많이 벌더라. 나도 의대에 가야겠다"라고 말하는 사람은 점점 많아지고 있지요. 미국 메이저리그 야구선수가 되는 것보다는 의대에 입학하는 것이 훨씬 쉽기 때문일 겁니다. ⓐ '**어떤 직업이 매력적이다**'와 ⓑ '**나는 그 직업에 도전할 잠재력이 있다**' 그리고 ⓒ '**내가 도전할 환경이 갖춰져 있다**'는 제각기 다른 차원에서 이루어지는 판단인 셈입니다.

의대 광풍과 인기 대학 선호라는 현상은 대개 ⓐ의 차원에서만 주목받아왔고, 그것만으로도 상당한 설득력을 지닙니다. 고용 불안이 심해질수록 전문직과 인기 대학의 힘은 단연 돋보이니까요. 하지만 그런 판단이 실천의 영역으로, 개인의 삶으로 옮겨오는 데에는 ⓑ와 ⓒ가 강력하게 작용합니다. 의대에 합격하는 것은 메이저리그 야구선수가 되는 것보다 훨씬 쉬운 일입니다만, 그럼에도 불구하고 9등급을 받는 학생이 의대를 꿈꾸긴 어려우니까요. 순전히 맨땅에 부딪치는 것보다는 가이드라인이 있는 편이 낫고요. 또한 가이드라인을 따라 성적이 대폭 상승했다면, 그 이상의 꿈마저도 품을 수 있을 겁니다. 정리해봅시다.

ⓐ **동기의 문제**: 메디컬 계열 학과와 인기 대학의 메리트는 갈수록 높아지고 있다.

ⓑ **개인적 역량과 불복의 문제**: '나는 지금보다 나은 성적을 거둘 수 있을 것'이라는 믿음 혹은 환상이 존재한다.

ⓒ **환경적 여건의 문제**: (ⓑ를 집단적 수준에서 강화시킬 만한) 고도로 발달한 사교육 서비스가 존재한다.

2023학년도 39개 의과대학 정시 정원은 도합 941명이었고, 그중 49.9%인 470명이 한 재수종합학원 체인에서 배출되었지요.[31] 여타 재수종합학원까지 합하면 그 수치는 압도적일 것입니다. 결국 저 셋이 하나로 묶이는 지점에서 의대 광풍·인기 대학 선호는, 그로 인한 N수 열풍은 사교육 고도화의 문제가 됩니다.

사교육 시장은 콘텐츠를 통해 고도화를 이뤘고, 콘텐츠의 팽창은 문제풀이 위주 학습을 불러오며, 이는 환상과 불복을 낳습니다. 갈수록 재도전자가 쌓이고 열망이 강해집니다. 그리고 사교육 시장은 재도전자들의 실력을 한 단계 끌어올려주는 동시에 열망의 문턱마저 한 단계 높입니다. 모두가 전속력으로 달려서 원점에 도달합니다.

---

31 「사교육에 뚫린 수능 '킬러 문항' 알고리즘」, 『시사IN』 2023. 6. 2.

붉은 여왕의 나라가 세워진 곳

서문에서 언급했다시피, 의대 정시 합격자 중 4수 이상 비율은 지난 3년간 거의 2배 가까이 증가했습니다. 또한 서울대 정시모집 합격자 중 3수 이상의 비율은 2014학년도에 9.4%였고, 2022학년도에는 20.5%로 증가했지요.[32] 이 숫자들은 '재필삼선'을 넘어 '무한 N수'가 당연해진 시대의 풍경화입니다.

그런데 이쯤에서 의문이 생깁니다. 대한민국의 앨리스들은 어쩌다가 붉은 여왕의 나라에 떨어져서 N수를 거듭하게 되었을까요? 그야 당연하게도 수시 합격에 실패했기 때문입니다. 학생부종합전형이든, 내신 위주 전형이든 간에 수시로 대학에 갔더라면 수능에 재도전할 필요가 없지 않겠습니까?

이것은 바꾸어 말하면 '수시 비중이 이렇게나 높은데 수험생들은 왜 정시에 목을 매고 N수를 거듭하는가? 분명히 과거에는 수시 비중이 늘어날수록 재수생 비율도 줄지 않았는가?'라는 질문이기도 합니다. 그러니까 마지막 질문을 던져보겠습니다. 2017~18학년도를 기점으로 수시 비중과 재수생 비율이 함께 증가하기 시작한 이유가 무엇일까요?

사실은 수시 확대 기조야말로 붉은 여왕의 나라를 세운 주춧돌이기 때문입니다.

---

32 매년 서울대가 입학본부 홈페이지에 발표하는 '서울대학교 대학 신입학생 최종 선발 결과' 및 '서울대학교 정시모집 선발 결과' 등에서 인용. 2023학년도는 17.6%로 감소했습니다만 이는 학생부 정성평가 도입 영향으로 간주해야 할 것입니다.

강사 O 사교육으로 인한 격차가 더 커지고 있어요. 돈이 많은 사람일수록 대학을 잘 가고, 돈이 없는 사람일수록 대학을 못 가는 경향이 더 커졌단 말이에요. 정시가 줄면서 정시가 더 '고인물화'되고, 그럴수록 사교육의 수능 공략이 더 심화되는 프로세스가 있었을 겁니다. 이렇게 수능과 수시가 서로 겹치는 지점이 없을 정도로 갈라지니 각 제도에 대응하는 사교육이 보다 분업화, 고도화되면서 수시, 정시 모두 돈 많은 사람들에게 보다 유리해지게 된 거죠. 이런 경향이 수시 확대와 연관성이 있다고 생각합니다.

단적으로 말해, 수시 규모가 확대되면 수능의 실질적 경쟁이 심화되어 문항이 어려워지고 수능 사교육 수요가 증가합니다.

이런 주장은 일견 낯설게 다가옵니다. 이 장의 중반부에서도 '수시 비율이 확대되며 N수 누증이 완화되었다'고 설명했을 뿐만 아니라, 수시 확대를 뒷받침하는 논리는 항상 '수능 경쟁 완화'였기 때문입니다. 직관적으로 생각하기에도 수시로 대학에 가는 학생이 늘어날수록 수능을 경쟁 무대로 삼는 학생은 줄어들 것처럼 보입니다. 정시의 문턱이 높아졌으니 N수의 매력도 감소할 테고요. 그러면 경쟁률이 낮아지는 만큼 문제가 쉬워져야 하지 않을까요? 자연스레 학원에 갈 이유도 줄어들지 않을까요?

일단 2008~16학년도의 재수생 비율에서 나타나듯이, 수시 확대 기조가 수능 경쟁에 참여하는 인원을 단기적으로나마 줄이는 것은 사실입니다. 하지만 '수능 난도'와 '수능 경쟁 압력'이 서로 연관성을 지닐지라도 여전히 별개의 요소라는 점, 표본집단의 수준에 의해 난도가 결정된다는 점, 수시에도 수능 성적이 필요하다는 점을 감안하면 장기적으로는 상황이 달라집니다.

학생부만으로 갈 수 있는 대학은 대개 비수도권에 위치해 있으며, 다수의 수도권 대학 및 의학 계열 학과들은 수시 합격자에게 평균 1~3등급 내외의 수능 최저학력기준, 즉 '최저'를 요구합니다. 저득점자들은 수능 경쟁에서 일찌감치 빠지는 반면 고득점권에 속하는 학생들은 수시로 대학에 진학할지라도 여전히 수능의 영향하에 있는 셈입니다. 여기에 더해 정시모집 인원이 유례없이 줄어든 상황에서마저 N수를 택하는 학생들은 곧잘 '특별한' 이유를 지닐 것입니다. 인기 대학에 가고 싶다거나, 의사가 되고 싶다거나 하는 이유 말입니다.

실제로 '지원자'와 '실제 응시자' 수의 차이인 '수능 결시율'은 줄곧 증가해왔습니다. 2005학년도부터 2012학년도까지는 5~6%대를 유지했지만 2013학년도부터 급증세를 보였고, 2020학년도에는 11.66%에 이르렀지요. 임성호 종로학원 대표는 "대체로 수능 미응시자는 상위권보다는 하위권 학생들이 주축을 이룰 것으로 추정된다"고 진단한 바 있습니다(미응시자들은 대개 '최저학력기준이 없는 수시 전형에 이미 합격했고, 그 이상의 결과를 노리지 않는' 경우입니다).[33]

따라서 이렇게 저득점권 수험생들이 수시로 대거 빠져나갔을 뿐만 아니라 출제범위마저 대폭 줄어든 상황에서 '그럼에도 불구

33 「수능 결시율 '역대 최고' 전망 … 수능 최저 충족 난항 '주의보'」, 『UNN』 2020. 12. 1.

하고 수능 성적이 필요한' 학생들을 줄 세우려면 수능 문항이 더욱 까다로워져야만 하고, 그럴수록 사교육 유인이 커집니다. 설상가상으로 2014학년도부터 고착된 출제 기조 덕분에 수능 해킹이 더없이 쉬워진데다가 사교육 서비스는 수능 콘텐츠 위주의 재편을 겪으며 고도화되었지요. 사교육의 고도화가 수능의 퍼즐화를 불러왔음은 1부에서 이미 논한 바이고요.

이런저런 사실들이 얽혀 굴러가다보면 언젠가 분수령을 넘기 마련입니다. 초기에는 정시 규모 축소로 인해 재수 유인과 사교육 유인이 줄어들지만, 어느 순간부터는 그 반대로 사교육의 영향력이 다시 팽창하면서 좁아진 관문 앞에 재수생들이 쌓이기 시작하는 겁니다. 이 재수생들은 상대평가에서 선두를 차지하며 재학생들을 밀어내고,[34] 재학생들은 수시에 실패하는 즉시 수능판으로 굴러떨어집니다. 그리고 종종 재수생 무더기의 일부가 됩니다.

이런 구조를 흐름도로 정리하면 다음과 같겠지요.

---

34 2010년대 초반 이전에는 '학종 정성평가에 따른 활동기록 요구', 즉 수시가 요구하는 학교생활의 밀도가 지금에 비해 훨씬 낮았습니다. 가령 과거에는 수·우·미·양·가 성적과 최소한의 생활기록부만 있으면 수시 합격을 노릴 수 있었고, 학교 내신과 수능 대비가 그 과정을 공유했던 덕분에 수능 최저학력기준을 맞추는 데에 들어가는 노력이 비교적 적었지요. 그러나 이제는 '세부능력 및 특기사항' 등 다양한 항목에 써넣을 활동과 탐구 과제들을 준비해야 하고, 내신 시험과 수능의 출제방식이 완전히 달라진 까닭에 둘을 따로 대비해야 합니다. 이처럼 학교생활에 따른 부담이 크게 늘었는데도 수능 성적 요구치는 그대로라면, 학교생활의 부담이 없는 재수생들의 이점이 더욱 커집니다. 이는 '2013 대입제도 간소화 방안'으로 인해 정시는 수능 위주, 수시는 학생부 위주로 개편되었으나 정작 수능 최저는 거의 완화되지 않았기 때문에 발생한 사태입니다(당시 교육부는 대학을 대상으로 수능 최저학력기준 완화 혹은 폐지를 권고했으나, 다수 대학이 반영영역 혹은 등급합만을 조정하는 식으로 대응했기 때문에 '실질적 중요성'은 내려가지 않았습니다).

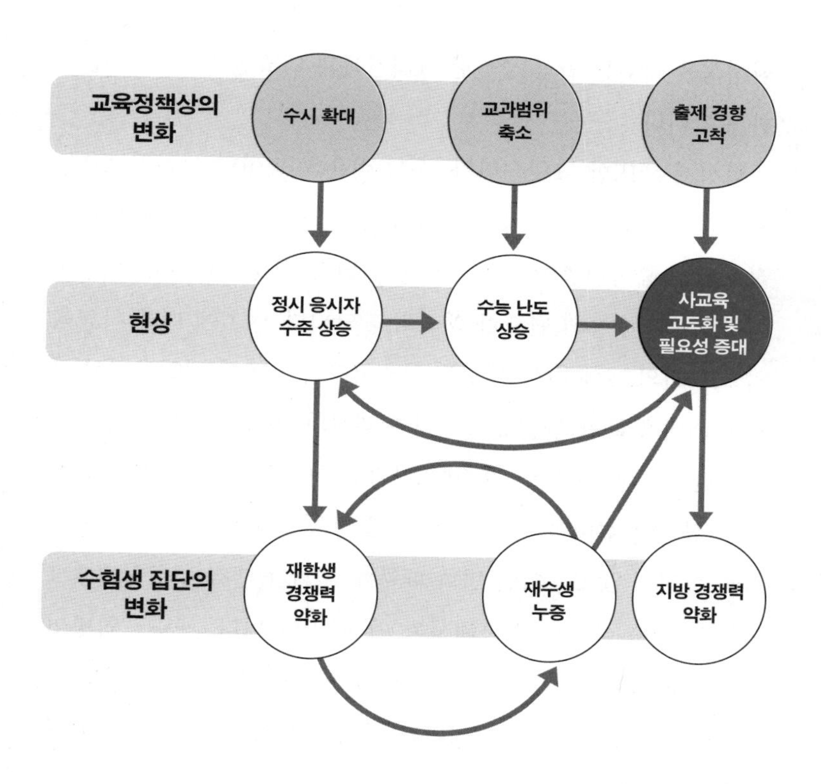

독일의 시인인 프리드리히 실러(Johann Christoph Friedrich von Schiller)는 "세계의 역사는 세계의 심판이다"라고 썼습니다. 에밀 브루너(Emil Brunner)가 지적했듯이 이 문장에는 세상의 원리 중 하나가 함축된 것처럼 보입니다.[35] 폐단을 쇄신할 계기로서 등장한 대안은 시간이 흐르며 또다른 폐단을 낳으므로, 이에 따라 폐단과 개혁이 연속됩니다. 즉, 모든 개혁은 내적 모순과 불가피한

35 E. Brunner, *Das Ewige als Zukunft und Gegenwart*, Zwingli Verlag 1953, 191면.

임시성을 지니는 만큼 성실한 관리감독과 엄밀한 후속 조치를 요하게 됩니다.

입시제도 또한 그렇습니다. 수시 비율을 높이면 단기적으로는 N수 누증이 해소되고 정시 유인이 줄어드는 효과가 있지만, 장기적으로는 중하위층이 수능에서 이탈하고 최상위권 N수생이 누적됨으로써 수능의 난도가 왜곡되고 맙니다. 여기에 더해 사교육의 고도화와 그에 따른 사교육 의존이라는 요인이 개입하면서 상황이 더더욱 복잡해졌지요. 개혁과 쇄신의 때가 온 것입니다.

다만 주의할 부분은, 개혁이 명확한 현실 인식과 상황 판단을 기반 삼아야 한다는 점입니다. 문제 상황을 이루는 톱니바퀴 각각을 살피지 않고, '이런 변화 때문에 문제가 생겼으니 원래대로 되돌리자'는 식으로 접근해서는 안 될 일입니다. 프랑스혁명이 내적 모순으로 인해 좌초했다는 사실이 황제 복위의 이유가 되지 못하는 것처럼 말입니다. 폐위된 황제는 세월이 흐르는 동안 많은 변화를 겪었고, 그를 둘러싼 환경 또한 예전 같지 않습니다. 당연히 황제의 지지자들이라고 해서 돌아온 황제의 통치에 만족할 수가 없습니다.

지난해 3개 대학(서울대·연세대·고려대)의 중도탈락자는 2131명으로 집계됐다. 최근 5년 새 최고 수준이다. 3개 대학의 중도탈락자는 △ 2019년 1339명 △ 2020년 1415명 △ 2021년 1624명 △ 2022년 1971명 △ 2023년 2131명으로 매년 증가하는 추세로, 4년 만에 59.2% 증가했다.[36]

즉, 현 상황에서 정시 확대 기조를 본격화함으로써(2020년부터의 흐름처럼) 무턱대고 과거로 돌아가려 해보았자 왜곡된 수능 난이도가 갑자기 정상화되거나 N수생 누증이 해소되는 일은 벌어지지 않았습니다. 오히려 학부생은 물론이고 직장인과 대학원생마저 하던 일을 그만두고 의대 합격을 위해 N수의 길을 택할 뿐이었지요. 잘못된 대응이 '신규 수요'를 창출함으로써 고도화된 사교육이 더 많은 학생들을 끌어모을 계기를 만들어준 것입니다. 이는 교육 당국이 고민 없이 정책 방향을 되돌렸을 때 도달하는 필연적 결론입니다. 역으로 말해, 무턱대고 정시 확대 방침을 철회한다 해도 정시를 늘렸을 때와 똑같은 일이 되풀이되리라는 점도 분명합니다.

새로운 제도에 일선 학교와 수험생, 사교육 시장이 대응하는 과정에서는 필연적으로 새로운 입시 환경이 조성됩니다. 이에 따라 기존과 상이한 역학과 평형 상태가 만들어지지요. 이를 면밀히 살펴 원점부터 정책의 전제들을 다시 설계해야 사교육 고도화와 '무한N수', 자퇴 및 의대 열풍에 대한 유효한 대응이 가능할 것입니다.

원숭이가 꽃신을 벗으려면

2장을 마무리지을 겸, 다시 사교육 이야기로 돌아가보겠습니다.

---

36 「의대 갈래요 … SKY 그만둔 중도탈락자 5년 사이 최다」, 『한국경제』 2023. 9. 3.

2011년 당시 『포카칩 모의평가』의 가격은 5회 1만 1200원[37]이었고, 이후 몇년간 실전모의고사의 가격대는 전반적으로 이와 비슷한 선에서 형성되었습니다. 이 시기의 실전모의고사는 실력을 점검하는 용도로 사용되었지 문제풀이 위주 학습의 도구와는 거리가 멀었지요. 그러나 지금은 회당 가격이 3천원에서 1만원 선까지 올랐을 뿐만 아니라 1년에 100회, 150회씩 실전모의고사를 푸는 것이 수능 대비의 기본이 되었을 정도로 문제풀이 위주 학습이 보편화되었습니다. 시장 규모가 그만큼 팽창했다는 의미입니다. 사교육 업체의 수익 구조와 실적을 보면 이 점이 여실히 드러납니다. 대치동 대형 재수종합학원의 경우 수강료와 교재비를 합쳐 월 300만원 이상의 학원비를 책정하고, 인터넷강의 업체의 수익 전략은 '강의를 염가에 제공하면서 교재 판매를 통해 수익을 얻는 방식'으로 변했습니다. 그 결과로 메가스터디교육 고등사업부문 영업이익은 2020년 276억원에서 2년 만에 1045억원으로, 디지털대성의 고등사업부문 영업이익은 98억원에서 231억원으로 눈에 띄게 증가했지요.[38]

19세기의 골드러시로 부자가 된 사람은 광부가 아니라 청바지 공장 사장이었다고들 하고, 카지노에서 돈을 버는 사람은 카지노 주인뿐입니다. 사교육의 고도화로 누가 이득을 보는지는 명약관화합니다. 상대평가 체제하에서는 무한한 군비경쟁이 발생하기 마련이고, 학생들은 내실 갖춘 지식을 폭넓게 배우기보다는 수능

37 오르비 홈페이지 판매 가격 기준.
38 디지털대성 2022년 사업보고서 및 메가스터디교육 8기 사업보고서 참조.

에만 쓰이고 끝나는 문제풀이 스킬을 갈고 닦으니 교육적인 효용조차 없습니다. 더 나아가 사교육은 다른 서비스 산업에 투자될 수 있었던 자원을 집어삼키는 '내수 구멍'으로 기능하기까지 합니다.

그런데 문제는 이런 상황이 음모의 결과가 아니거니와 사교육을 탓해서 해결될 일조차 아니라는 데에 있습니다. 「원숭이 꽃신」 이야기에서는 오소리가 원숭이에게 필요하지도 않은 물건을 안겨주면서 일이 커졌으니 오소리에게 기망의 죄를 물을 수 있을지 모르겠지만, 사교육의 고도화는 그 반대입니다. 악의를 가지고 수험생을 속인 사람은 없습니다. 사교육 업계가 단체로, 수능 난이도를 올려달라고 로비를 벌인 것도 아닙니다. 50만 수험생 모두가 조금이나마 더 좋은 꽃신을 신고, 조금이나마 더 빨리 달려 나가길 바랐을 뿐입니다. 시장은 원하는 사람에게 원하는 물건을 주는 장소지요.

이는 다시 제도 설계의 문제로 귀결됩니다. 도박장의 성업으로 지역 주민들이 곤란을 겪는다면, 시장과 거래의 논리로는 그 도박장을 허물 방법이 마땅치 않다면, '무엇이 이 도박장을 만들었고 지속시키는지'를 물어야만 하는 것입니다. 그리고 한편으로는 이런 질문도 필요합니다. 도박장을 허물기 위해서는 어떻게 해야 할까요? 상대평가 체제가 문제니까 절대평가를 도입하면 되는 일일까요?

얼핏 보기엔 매력적인 선택지입니다만 온전한 정답은 아닙니다. 사태의 핵심은 체제 이전의 욕망이며, 대학 간판이 한정된 자원인 이상 경쟁은 계속될 수밖에 없기 때문입니다. 수능의 완전 절대평가화는 예비고사-본고사 체제의 귀환과 불가분의 관계지요. 만약 본고사를 배제하려면 실질적으로는 상대평가와 같은 수준으로 난이도를 조정할 수밖에 없습니다.[39] 수시 확대도 마찬가지입니다. 수시의 핵심인 내신과 학생부조차 사교육으로부터 자유롭지 않으며, 공교육의 내적 모순 또한 심각하기 때문입니다.

3부를 전개하는 동안 1장에서는 공교육의 무기력이, 2장에서는 제도 설계가 원인으로 지목되었습니다. 이 두 요소는 4부와 5부에서 더욱 깊이 다루어질 예정입니다. 그 전에, 이어질 3장에서 지금까지의 논의를 종합하고 사교육의 역할과 책임을 묻도록 하겠습니다.

39 예컨대 영어 영역은 2018학년도 수능부터 절대평가제로 전환되었지만, 실제로는 '성취 기준'이라는 교육적 목적에 대한 고려가 없이 1등급 비율이 일정 수준에서 유지되는 것만을 목표로 난이도가 조정되고 있는 까닭에 '유사 상대평가제'로 기능하고 있습니다.

3. 책임은 누구에게 있는가

1장에서는 서울과 비서울의 격차로 인한 양극화를 다뤘고, 2장에서는 경쟁 압력 심화로 인한 N수 누증을 다뤘습니다. 이 두 현상은 원인을 공유한다는 점에서 단일한 현상의 양면으로 이해될 만합니다. 그 원인이란 사교육의 고도화, 그리고 입시제도의 왜곡입니다.

수능과, 수시와, 학교 현장과, 사교육 시장이 어떤 의미로든 이어져 있음을 이해하는 것이 중요합니다. 또한 이런 요인들은 서로 복잡다단한 영향을 주고받는 만큼, 이전의 해결책이 지금도 동일한 효과를 발휘하리라 생각해서도 안 됩니다.

그러니까 이 책의 목적은 애당초 수시 확대나 절대평가화가 정당하다, 혹은 정당하지 않다는 주장을 펴는 것이 아닙니다. 관건은 언제나 표면적인 방법론이나 이상주의적인 취지가 아니라 현장이고 결과입니다. 교육 당국과 시민사회가 입시 현장을 파악하지 못한다면 제도 개혁은 실패할 수밖에 없습니다. 요행히 의도에 부합하는 변화가 나타날지라도 단기적일 뿐이고, 장기적으로는 다양한 요인들과 맞물리면서 예상과는 완전히 다른 결과를 낳게 되지요. 반드시 그런 일이 일어납니다.

즉, 제도를 개편하기 전에는 다른 톱니바퀴들의 존재와 그 역학을 살펴야 하고, 개편이 이루어진 후에는 현장 상황을 지속적으로 살핌으로써 역효과를 막아야 합니다. 실상 작금의 사교육 고도화와 그로 인한 부작용은 정책 입안자들에게 귀책사유가 있는 것입니다.

시장의 책임

그런데 이런 논변만으로 사교육에 면죄부를 부여하는 것은 아무래도 이상합니다. 평가원에는 평가원의 몫이 있고 대중에게는 대중의 몫이 있는 만큼, 정책 입안자들에게는 그들의 몫이 있는 만큼, 사교육에는 사교육의 몫이 있겠지요. 노동의 관점에서는 특히 그렇습니다. 영화 스크린 뒤편에 촬영 보조와 연출 담당이 존재하듯이 수능 콘텐츠 시장 또한 보이지 않는 노동자들을 필요로 합니다. 그것도 아주 많은 수입니다. 수능 콘텐츠는 무척이나 노동집약적인 상품이기 때문입니다. 실전모의고사의 오류를 잡아내고 품질을 균일하게 유지하기 위해서는 수많은 검토자들이 필요하고, 학원은 해설 강의로도 부족한 문제들을 위해 Q&A 조교를 두고 있으며, 스타 강사는 콘텐츠를 제작하고 부수적인 서비스를 제공하기 위해 수십명의 강사 조교들을 고용하지요. 유명 출제팀 내에서도 간판 저자와 보조 저자가 나뉩니다.

이들 중 일부는 조교로 시작해 스타 강사나 저자가 되는 길을 밟기도 하지만, 대부분은 서른이 되기도 전에 시장에서 탈락합니다. 더 젊고 기민한 노동자들이 계속, 물밀듯이 들어오기 때문입니다. '현역의 감'은 그만큼 중요합니다. 달리 말하면 이 산업은 노동자들의 젊음을 소모해버리고 다음 노동자를 데려오는 방식으로 작동하며, 시장의 외연이 확장될수록 '소모당하는' 노동자들이 늘어납니다. 그리고 이 노동자들은 수험생 커뮤니티의 이용자거나 재수종합학원의 수강생입니다. 한때 소비자였거나 여전히 소비자인 사람들입니다. 이렇게 소비자와 공급자의 경계선이 흐릿해지는 지점에서, 학원과 커뮤니티는 양방향 플랫폼으로 작용하며 자신을 제외한 모든 참여자를 소모시킵니다.

한 문장으로 줄여봅시다. **N수생들이 수능 콘텐츠 산업의 노동자가 되고, 이들의 노동을 통해 수능 콘텐츠가 범람하며, 이로 인해 다시 N수생들이 증가합니다.** 자가발전 장치를 달아놓은 내수 구멍이나 마찬가지입니다. 이어질 4부에서는 사교육 팽창과 자가발전의 동역학(dynamics)을 다루도록 하겠습니다.

4부

사교육의 감정들
열망과 분노

1. 타산과 열망의 문제

대형 학원은 다양한 서비스를 제공합니다. 학원 전용 어플리케이션에는 1:1 질의응답 기능이 탑재되어 있어서 재원생이라면 언제든 궁금한 부분을 물어볼 수 있도록 하고, 개인 사정으로 현장 강의를 놓친 재원생을 위해서는 동영상 보강을 해줍니다. 동영상 풀이를 문항별로 제공하기도 하고요, 손풀이라는 것도 있습니다. 문항에 직접 '사고의 흐름'을 표시해주는 겁니다. 코로나19로 원격수업 및 태블릿 PC 필기가 보편화되면서 함께 인기를 얻은 포맷이죠. 교재 뒤편에 따라붙은 해설지는 서술이 딱딱한 만큼 이해가 어려우니까, 손풀이가 제공되는 수업이 훨씬 선호됩니다.

그런데 손풀이 유행에는 묘한 점이 있습니다. 분명히 예전에는 '최대한 해설을 보지 말고 혼자서 고민해야 실력이 오른다'는 조언이 정석적인 공부법으로 받아들여졌기 때문입니다. 만약 해설

30. 최고차항의 계수가 1인 사차함수 $f(x)$에 대하여 함수 $g(x)$를

연속조건 없으니 의심부터!

$$g(x)=\begin{cases} f(x) & (x<0) \\ \ln -f(x)+1 & (x \geq 0) \end{cases}$$

$x=0$ check

라 할 때, 함수 $f(x)$, $g(x)$가 다음 조건을 만족시킨다.

(가) 집합 $S=\{t \mid f(t)<0\}$에 대하여 함수 $y=|g(t)|$의 이계도함수가 존재하고, 이 이계도함수가 집합 S에서 연속이다.*

(나) 방정식 $f(x)=-\frac{1}{2}$은 양의 실근을 갖는다.

구체적 값 제시 X → 대입보다 케이스 분류 가능성 ↑

$f'(-\sqrt[4]{3})\times f'(\sqrt[4]{3})=-a\times\left(1-\sqrt{\frac{e-1}{e}}\right)^2$일 때, $\frac{a^2}{4}$의 값을 구하시오. [4점]

* 도함수의 연속성 ↔ 원함수의 미분가능성?

(f : 예외도 존재); 도함수의 연속 ⊂ 원함수의 미분가능성

→ 조건 (가)의 '이계도함수가 연속이다'

→ '도함수가 미분 가능하다'

$x \geq 0$에서 $g(x)=\ln\{-f(x)\}+1$.

by (가), $S=\{t \mid f(t)<0\}$은 연속된 구간.

∘ 절댓값함수의 미분가능성 : 인수 개수 check!

(이후 생략)

을 참조하더라도, 딱딱하고 난해한 해설을 씹어 삼켜서 자신의 것으로 만드는 과정까지가 학습의 일부였고요. 숙고의 고통을 겪지 않고 생각하는 힘을 기를 수는 없습니다. 손풀이를 '문자화된 해설 강의'로 간주하더라도 마찬가지입니다. 강사의 해설을 보는 것은 멋진 쇼를 구경하는 것이지 자신의 실력을 기르는 일이 아니라고들 하지요. 강사의 접근법을 모두 외워버리는 것은 암기일 뿐이지 주체적인 사고와는 거리가 멀고요. 쉽고 편리한 학습과

사고의 외주화 사이에는 명확한 경계가 없는 셈입니다.

이처럼 2020년대의 사교육 서비스에서는 공통적인 패턴이 발견됩니다. 산업이 소비자의 선호를 무제한적으로 받아들이고 재생산하는 가운데, 숙고의 고통이 사고의 외주화를 완성하는 고통으로 변했다는 것이지요. 고통의 질감은 다르지만 총량은 더 크고, 훨씬 어려운 문제를 푸는데도 실질적으로 남는 지식은 이전보다 적습니다. 여기에 IT 기술과 인터넷 커뮤니티 특유의 유연성이 가세하면서 사교육의 진화 속도는 비약적으로 빨라지고, 최종적으로 내실이 결여된 격차가 심화됩니다. 공교육과 사교육 간의 격차, 서울과 비서울의 격차 같은 것 말입니다. 여기까지는 거듭 다룬 내용이니 익숙하실 것입니다.

이번에는 관점을 바꾸어 공급자의 입장에서 생각해보겠습니다. 디지털 기술과 네트워크의 역능을 무시할 수 없을지라도, 이 모든 서비스를 실현시키는 것은 결국 누군가의 노동입니다. 1:1 질의응답 어플리케이션 뒤편에는 대답을 써주는 TA(teaching assistant) 조교들이 있으며, 실전모의고사는 출제팀과 검토진의 협업을 통해 출간되고, 수강생들을 위한 손풀이를 써내는 사람은 강사 조교일 수밖에 없지요. 그런데 이렇게, 대형 학원이라는 집단을 구성원 각각으로 나누어 이해하기 시작하면 계산이 복잡해집니다. "고도화된 사교육은 수많은 지식노동자를 필요로 한다. 그런데 이 사람들은 어디에서 왔으며, 얼마를 받고 일하는가? 대형 학원의 순이익은 정확히 어떤 비용을 아낀 결과인가?"라는 질문이 생기는 것입니다.

저자와 강사가 만날 때

	제도권 교육출판	수능 콘텐츠 산업
참여자	교사·학위 보유 전공자	수험생·대학생
판매 구조	박리다매, 규모의 경제	다품종 소량판매
교재 특징	획일화·표준화	특수화·단독화
고용 형태	직고용 위주	도급제 계약·프로젝트별 계약 등 다양

2부에서는 커뮤니티 기반의 출제 문화가 수능 콘텐츠 산업의 토대가 되었다고 말했습니다. 그로 인해 수능 콘텐츠 산업은 제도권 교육출판으로부터 분리되었을 뿐만 아니라 무척이나 다른 산업구조를 갖추게 되었다고 설명했지요. 지학사 등의 교육출판사에서 교재를 제작하는 편집자들은 학위를 갖춘 전공자들이고, 체계적인 업무 프로세스가 존재합니다. 반면 실전모의고사를 비롯한 수능 콘텐츠, 특히 등급을 좌우하는 '킬러 문항'을 만드는 사람들은 대개 해당 과목에서 고득점을 거둔 N수생과 대학생들입니다. 해당 문항이 잘 만들어졌는지, 혹시 오류는 없는지 검토하는 것도 이런 노동자들의 몫이고요. 그만큼 일하는 방식이 팀마다 자유분방합니다.

이들은 대형 학원이나 강사에게 직고용되기도 하지만 프리랜서 신분을 유지하는 경우도 많습니다. 출제 건당 계약을 하거나 프로젝트 단위로 협업하지요. 아마추어리즘의 영역에 머무르는 한, 이런 특징들은 더없이 당연한 것입니다. 취미로 문제를 만들다가 PDF 출판에 나선 N수생들이 근로기준법이나 노동 형태 등을 생각할 이유는 없으니까요. 수험생 신분이기는 피차일반이니 누가 누굴 고용할 것도 없습니다. 서로 마음이 맞으면 함께 교재를 쓰는 것이고, 트러블이 생기면 그만 헤어지는 것이지요.

그러나 경제와 노동의 영역으로 넘어오는 순간부터, 이런 특성에는 또다른 이름이 붙습니다. 긱 이코노미(Gig Economy)입니다. 긱 이코노미라는 용어는 1920년대의 미국 재즈클럽이 단기 계약직으로 섭외한 연주자들을 긱(Gig)이라 불렀던 데 그 뿌리를 두고 있습니다. 지금은 용어가 가리키는 범위가 확장되어서, 그때그때 발생하는 수요에 따라 임시 근로계약을 맺는 경제 형태 전반을 일컫게 되었고요. 좋게 보면 유연노동, 유연근무고 나쁘게 보면 불안정노동입니다.

한편 사교육 업계에는 원래부터 노동의 사각지대가 많았습니다. 소위 '새끼 강사'라고 불리는 강사 조교들이 대표적인 예입니다. 동영상 녹화에서부터 문제 첨삭까지, 주어지는 업무라면 무엇이든 하는데도 급여는 과외 선생보다 못한 직역이지요. 그럼에도 불구하고 각종 노하우를 전수받을 수 있다는 이점 덕분에, 1타 강사의 사무실은 언제나 강사 지망생으로 붐볐습니다. 비교적 낮은 급여를 댓가로 도제식 교육이 이루어졌던 셈입니다. 소위 열정페이지요.

그렇다면 출제 문화의 긱 이코노미와 강사 업계의 열정페이가 결합하면 어떤 형태가 될까요?

수능 콘텐츠 산업의 부흥기에, 실전모의고사를 만들던 N수생들은 그걸 취미로만 대할 수 있었습니다. 돈을 벌지 못하더라도 만들면서 즐거웠으니 괜찮은 일이었지요. 한편 지난 시절, 강사 업계에 진입하기 위해 기꺼이 새끼 강사를 자처한 사람들은 최소한 대졸 예정자거나 학부 고학년이었습니다. 그들에게는 '강사를 업으로 삼아야겠다'는 지향점이 확고히 있었을 것입니다.

즉, 이 둘이 절충된 결과가 '미래지향적인 취미'라면 좋겠습니다만, 현실은 대개 묘한 방향으로 흐르기 마련입니다. 사교육 의존도가 높아지고 N수가 일반화되면서, 반수생을 비롯한 N수생들이 조교 및 출제·검토 업무를 병행하며 사교육비를 벌고 산업의 하부를 지탱하는 구조가 나타난 것입니다. 급여는 최저임금을 소폭 상회하는 수준이고, 경우에 따라서 이들은 무급 초과노동을 당연스레 요구받기도 합니다. 학습과 업무의 경계가, 취미와 업무의 경계가 흐릿한 탓입니다.

예컨대 수학 전공자가 수학 실전모의고사를 미리 풀어보고 난이도를 확인하는 일은 엄연한 노동입니다만, N수생이 그 업무를 맡는다면 고용주에게는 시급을 덜 쳐줄 명분이 생깁니다. 어차피 풀어볼 실전모의고사이며 어차피 응시할 수능인데, 평소부터 좋아하던 실전모의고사인데 공부하는 셈 치고 집에서 풀면 되지 않겠냐는 식이지요. 문제를 더 복잡하게 만드는 사실은, 이런 논변이 부분적으로나마 진실이라는 점입니다. 어쨌거나 N수생들은 이르든 늦든 그 모의고사를 풀 것이며 수능도 칠 것입니다.

또한 사교육이 제공하는 서비스가 다양하고 과목별 특징이 존재하는 만큼 직무 형태 또한 파편화되어 있다는 점, 이에 따라 도급제 노동과 임금제 노동이 혼재된다는 점, 각자의 동기와 입장이 상이하다는 점에서 정당한 급여가 논의되기는 지극히 어려운 일입니다. TA 조교가 겪는 일과 강사 조교가 겪는 일은 다르며, '스타 저자가 되려는 꿈을 품고' 출제팀에 들어온 사람과 'N수 비용이 필요해서, 겸사겸사 공부도 할 겸' 검토자가 된 사람의 경험도 다를 수밖에 없으니까요. 당장 대학 입시가 급한 판에, 거쳐 가는 일자리의 노동 여건에 관심을 가질 사람은 많지 않지요.

그리고 또다른 복병도 있습니다. 바로 고용주를 향한 존경과 감사입니다. 이는 강사 조교를 중심으로 한 서술입니다만, 강사들은 '전년도에 자신의 수업을 들었던 수험생' 중에서 조교를 선발하곤 합니다. 당연하게도 지원자들은 해당 강사의 강의에 큰 도움을 받은 경우가 대다수고요('시간 낭비를 했다'는 느낌을 주는 강사 밑에서 일하고 싶은 사람은 없을 테니까요). 그런데 감사하는 마음은 사람을 충성하고 헌신하게끔 만드는 까닭에, 이들은 조교 직무에 급여 이상의 노력을 기울입니다. 초과노동과 서비스 품질에 대한 높은 기준을 기꺼이 받아들이는 것입니다. 이로 인해 후임자에 대한 기대치가 올라가면서 업계 전체의 기준이 상승하지요.

결국 열정적인 염가의 노동력이 없다면 지금과 같은 서비스 규모와 품질이 유지될 수 없다는 점에서, 사교육 노동의 문제는 다시 사교육 고도화의 문제가 됩니다. 사교육 노동 종사자이자 수험생인 사람들의 인터뷰를 차례대로 따라가며 그 둘이 뒤섞이는 방식을 살펴보도록 하겠습니다.

인터뷰

인터뷰 ①: 국어 TA

N수생 A 학원 내부에서 작년도 재원생들 중에서 성적 좋았던 학생들에게 TA 모집 문자를 보내요. 저도 그렇게 국어 TA를 시작했죠. 그 이외에도 학원 콘텐츠팀이나 검토진도 같이 모집을 하더라고요. 대학 게시판 같은 곳에 갑자기 구인글이 올라오는 경우도 있고요.

콘텐츠팀이나 검토진으로 일하면 출제자로 활동하는 데에 도움이 되겠지만, TA는 재원생들 질문 받고 대답해주는 역할이잖아요. TA 자체에는 커리어적인 측면이 전혀 없고, 겸사겸사 하는 아르바이트라는 느낌이 더 강해요. 대신 우수 TA들에게 검토진 제의가 들어가는 거로 알아요. TA보다 콘텐츠팀·검토진이 더 상위에 있는 셈이죠.

문호진 TA 근무 경험은 어땠나요?

N수생 A TA 근무 형태는 온라인과 오프라인 두가지예요. 오프라인은 TA들이 부스에서 기다리고 있다가 학생 요청이 들어오면 대면으로 질문을 받고 대답해줘요. 기본적으로 시급이 있고, 질문 처리한 갯수에 따라 인센티브가 나오니까 최저시급은 보장이 되죠.

온라인은 학원 자체 앱에서 업무를 보는데, 질문을 수락한 다음 답변까지 마치면 난이도별로 건당 2천원에서 4천원씩 받게 되죠. 그런데 까다로운 질문에 시간을 오래 쓰면 최저시급이 안 나오게 돼요. 그렇다보니 오래 걸리겠다 싶으면 대답을 안 해주고 거르는 TA들이 많은 것 같아요. 저도 재원생 입장에서 TA 서비스를 이용할 때가 있는데, 3일 내내 아무 답변도 못 받은 적이 있어요.

문호진 학원 내 콘텐츠팀과 협업해본 경험은 없으셨던 거죠?

N수생 A 제가 TA를 했던 분야가 국어인데, (국어는 출제가 어렵다보니) 여타 과목이랑 다르게 전문 출제진이 대부분이에요. 검토자도 (TA 출신으로는) 거의 연결을 안 시켜주는 것 같았어요. 반면 수학이나 과학 쪽 팀 이야기를 들어보면 그쪽은 기존 팀원들한테 도제식으로 교육을 받아서 문제를 만들어내더라고요. 채용 방식은 아까 말씀드린 대로고요. 대학교를 갓 들어간 사람이 내가 푸는 문제를 내고 있었다는 게 충격적이더라고요.

인터뷰 ②: 실전모의고사 출제(학원 출제팀)

대학생 ES 이 (탐구) 과목을 좋아하고 잘하니까 해볼 만하겠다 싶었죠. 또, 수험생 시절부터 (제가 있는 팀) 문제 퀄리티가 좋다고 느껴서 같이 해보고 싶은 마음이 있었고요. 그래도 제가 계획하는 진로는 다른 쪽이라서, 많이 해봤자 한두해 정도 하고 끝내지 않을까 싶어요.

단요 업으로 삼는다기보다는 아르바이트 개념으로 생각하시는 거죠. 아직 수습이신 것으로 알고 있는데, 직무교육 같은 건 어떻게 진행되는지.

대학생 ES 수습 기간에는 출제 방침을 배우고 수능 기출문제를 변형해서 새로운 문제로 만드는 연습을 해요. 해설 쓰는 거랑요. 출제자들이 문제를 만들면 관리자급이 보고 '이 부분 바꿔 와라' 하면서 피드백을 주고받는 식이죠. 지금은 일이 힘들다는 느낌은 크게 없어요. 그런데 일단 많이 만들라는 요구가 학원에서 있기도 하고, 기존에 계시던 분들 말로는 (이거 만드느라) 대학 중간고사를 갈아 넣었다 하시니까, 본격적으로 업무 시작되면 얼마나 바빠질지 모르겠지만요. 그래도 최저시급보다는 좀더 줘요.

인터뷰 ③: 실전모의고사 출제(학원 출제팀)

N수생 C 저는 단순히 문제 만들고, 친구 가르쳐주는 것 자체가 재미있어서 일을 시작했어요. 로망. 희망. 그리고 일단 지금 사교육이 사그러들고 있지 않으니까 업계가 망할 거라는 생각은 잘 안 들어요. 다만 성공하면 정말 크게 성공을 하겠지만 도태되기가 쉽겠다는 걱정이 있죠. 강사의 나이가 조금만 들었다 싶으면 '감이 떨어졌다' 같은 악플이 많이 달리니까. 이 일은 일찍 시작하고 수명은 짧고 그래서 걱정이 있긴 해요. 나쁜 이야기를 좀더 하자면, 시급제가 아니라 건당으로 페이를 받는 분들 중에는 '실제 일하는 시간을 계산하면 최저시급도 안 나온다'고 얘기하시는 분들이 꽤 많죠.

인터뷰 ④: 강사 조교

N수생 L 예전에는 강사들도 조교를 많이 안 썼어요. 당시에는 콘텐츠도 제한적이었고 손풀이도 없었으니까. 지금은 콘텐츠 자체의 양도 많아지고, 품질도 필요하다보니 교재 제작이나 검토를 위해서 수능을 막 친 조교들이 많이 투입되죠. 예를 들면 '초반에 들어간 어려운 문제를 뒤로 빼면서 학생들 눈높이를 반영하는 작업' 같은 데에는 현역의 감이 필요하니까요. 수험생들 입장에서는 훨씬 편해졌을 거예요. 학원 교재를 조교가 한번 더 재가공해서, 학생에게 맞는 형태로 제공해주는 시스템이 됐으니까요.

그런데 교재 검수라는 것이 쉽지만은 않아요. 우선 시간 자체가 굉장히 촉박해요. 수험생들은 빠르게 풀어서 답만 맞으면 되지만 조교들은 문제 자체에 오류가 있는지, 표현이 충분히 논리적인지를 다 따져봐야 하거든요. N수생이 조교 업무를 맡는다고 하면 수능 공부의 연장선상으로 받아들여지기 쉽지만, 실제로는 마이너스인 측면도 있는 거죠. 성적을 위한 풀이랑 답안지를 위한 풀이가 다르니까요. 문항 배치도 확인해야 하고요.

어쨌거나 본교재는 겨울방학 중에, 시즌 시작하기 전에 준비가 가능해서 좀 나아요. 문제는 주간지나 월간지처럼 그때그때 쳐내는 부교재예요. 인쇄 들어가기 3일 전에 초안이 온다든지 해요. 이런 작업을 매주 정말 쳇바퀴 돌아가듯이 하는 거죠.

문호진 명목상으로는 수능 공부의 연장선상으로 일할 수 있다고 하지만, 실제로는 그렇지 않은 거군요.

N수생 L 많이 다르죠. 또 조교 업무가 학습뿐만 아니라 행정적인 측면까지 옮겨가기도 해요. 결석한 애들한테는 동영상 보강이라고 복습 영상을 보내주거든요. 이걸 제공할 때도 조교가 행정 서류를 작성하고…… 그밖에도 업무 특성이 그렇지만 업무 외 시간에 계속 연락이 오는 것도 피곤하죠.

문호진 근로계약은 어떤 식으로 이루어지나요?

N수생 L 근로계약서는 학원 아르바이트 할 때 한번 썼고, 조교 할 때는 한번도 쓴 적 없어요. 그냥 어련히 주시겠지 했던 것 같아요. 저는 애초에 돈이 중요해서가 아니라 개인적인 이유 때문에 한 거라서. 생각보다 많이 받긴 했지만 정식으로 계약서를 쓰고, 업무 형태를 확실히 정하는 게 서로를 위해 낫다는 생각이 들긴 하죠.

또 개인적인 상황을 떠나 일반론적으로 말하자면, 수능판이 사회 경험 없는 어린 학생들을 조교로 쓰면서 인력을 빨리빨리 교체하는데 이들을 보호할 시스템이 없어요. 만약 당사자가 사회생활을 해보고 자발적으로 내린 결정이면 문제가 없는데, (수능 이외에 대해서는 막연한 지식만을 지닌) 갓 입시를 치른 학생들이 조교로 뽑히는 거니까 좀 그렇죠.

그런데 딜레마가 있긴 해요. 현장에서 수험생을 상대하거나 콘텐츠를 검수하는 조교는 최신 트렌드를 반영해야 하니까 어릴수록 일을 잘하거든요. 어쩔 수 없이 흘러가는 상황인 것 같아요.

인터뷰 ⑤: 강사 조교·실전모의고사 출제(학원 출제팀)

N수생 V 저는 강사 조교로도, 대형 학원과 연계된 출제팀에서도 일해 봤어요. 조교 업무를 할 때는 근로계약서를 안 쓰고, 강사 선생님들이 용돈 주신다고 생각하는 케이스가 많은 것 같더라고요. 그걸 지출로 잡으면 선생님도 귀찮고, 조교도 종합소득세 3.3% 안 떼니 좋지 않냐 하는 논리로…… 반대로 출제팀은 학원과 근로계약서를 쓰는데, 충분하지 않은 면이 있죠. 집에서 해야 하는 업무들도 있는데 그 시간이 카운트가 안 되는 거예요.

여건 자체는 강사 조교 쪽이 조금 더 나아요. 강사가 이름이나 이미지도 있으니까 마구 부려먹진 않거든요. 그런데 학원 출제팀은 학원 측에서 외주를 주고, 외주가 또 외주를 주고, 아니면 강사가 외주를 주는 식으로 계약 관계가 다양하고 복잡하다보니 업무 환경이 훨씬 안 좋아요. 직접적으로 학원 이미지에 타격이 가지 않으니까 더 그러는 것 같아요.

출제팀 이야기를 해볼게요. 제가 수능에서 특정 과목을 잘 봐서, 대형 재수종합학원이랑 연계된 출제팀에 들어가게 됐거든요. 풀 때는 못 느꼈던 것들까지 신경을 쓰면서…… 문제를 만든다기보다는 찍어낸다 싶은 수준으로 출제를 했어요. 기출 10개년치를 가지고, 그 안에서 변형해서 계속 내는 거예요. 커뮤니티에서 '사설틱하다(평가원 경향과 동떨어져 있다)'는 반응이라도 나오면 문제를 하나하나 뜯어봐요. 다 같이 '이 표현이 잘못됐다' '이런 수식에서 오류가 생길 수 있다' 하고 토의를 하죠.

일이 굉장히 고됐어요. 사무실에 3층 침대가 있는데 사람들이 밤을 새워야 하니까 있는 거예요. 자체 모의고사 양도 많은데 부교재들도 계속 나가요. 특히 7월부터는 계속 교재를 찍어내야 하니까 잠을 못 자요. 그런데 시급이 말이 안 되는 거예요. 사무실에 오기 전에 미리 문제를 읽어 와야 하고, 초안이 이미 짜여져 있어야 해요. 사무실에서 하는 건 문서 작업이나 회의 같은 거고요. 그러면 사무실에서 일하는 시간이랑 집에서 추가적으로 일하는 시간이 거의 비등비등하거든요. 그런데 계약서는 사무실 시급만 카운트되도록 되어 있어요. 합하면 최저시급이랑 별로 차이도 안 나요.

대형 학원이라고 해서 모두 이 정도로까지 문제를 찍어내는 건 아니에요. 제가 전체를 다 아는 건 아니지만, 그런 학원들은 출제팀에 학생이 거의 없고 선생님들이 대부분이에요. 전 그런 방식이 맞지 않나 생각하거든요. 대학생들이 출제해봤자 사실 얼마나 대단하겠어요. 문제 많이 찍어봤자 애들 정서적으로 괴롭게만 만드는 거지. 손풀이도요, 특정 시점부터 갑자기 확 늘어났어요. 학원에서 그런 서비스를 제공하려면 사람을 써야 하고, 그러다보니까 또 저 같은 사람이 많아지는 거죠.

문호진 시장의 요구치가 부당할 만큼 올라가고 있는데, 그 수요에 맞추려다보니 계속 노동력이 과하게 요구되는 거죠. 그래서 사교육 노동을 빼놓고 무한 N수 이야기를 할 수 없다는 생각을 하게 됩니다. 특히 N수생이 사교육 노동을 할 때 발생하는 고유한 문제점도 있고요. '넌 어차피 그 과목으로 수능을 칠 거잖아. 그러니까 그건 일이 아니라 공부지.' 이런 논리로 시급을 안 쳐주는 게 분명히 있으니까.

N수생 V **사교육 분야에서 일을 하고, 그러면서 공부를 다시 하고, 그러면서 또 (사교육 노동을 통해 만들어진) 콘텐츠를 소비하고. 사교육 시장 안에서 돈을 벌고, 쓰고, 벌고, 쓰는 악순환이 있어요.** 관련이 있을진 모르겠지만 심지

어 이런 것도 있더라고요. 학원 데스크에 앉아 계시는 분들 계시잖아요. 그분들 중 꽤 많은 수가 학생 어머니세요. 알고 보니 어머니가 일하면 학생 학원비가 좀 할인이 된다고 하더라고요. 그러다보니까 어머니가 돈도 벌고 아이 재수 비용도 할인하려고 또 추가로 일하시게 되고……

N수생을 재로 삼아 N수생을 만드는 일

사교육 고도화는 수능 콘텐츠의 범람, 그리고 맞춤형 서비스의 도입과 직결되어 있습니다. 둘 다 무척이나 노동집약적인 상품이지요. 그래도 열정 있는 대학생과 학비가 필요한 N수생이 기꺼이 저렴한 노동력을 자처하는 덕분에, 학원은 손익분기점 걱정을 내려놓고 마음껏 품질 경쟁을 펼칠 수 있습니다. 고객들의 문제풀이 실력도 그만큼 오르고요. 그런데 상대평가 체제하의 경쟁은 붉은 여왕 효과를 불러오기 때문에, 결과적으로는 N수생 누증 현상이 심화됩니다. 수험생들에게는 비극이지만 학원으로서는 좋은 일입니다. 잠재적 고객이, 잠재적 노동력이 늘어나는 셈이니까요.

한편 수험생 커뮤니티가 수능 콘텐츠를 유통하고 소비자와 공급자를 이어주는 플랫폼이었던 것처럼, 대형 학원들은 물화된 플랫폼으로 기능합니다. 단순히 강의와 교재를 판매하던 종래의 학원 모델을 탈피해, 학원 내부에 단독적인 산업생태계를 조성한다는 점에서 그렇습니다. 이 점에서 학원의 수익은 실질적으로 중

개수수료의 성격을 지닙니다. 학원 내 분권화된 출제팀들[1]과 강사[2]를, 수능 콘텐츠와 수험생을, 강사와 수험생을 엮어주는 값을 받아가는 것이지요.

이런 순환을 한 문장으로 요약하면 무엇이 될까요?

매년 수혈되는 수험생을 재료 삼아 N수생을 만들면서 돈까지 벌어 가는 자가발전 구조겠지요.

한편 소비자와 노동자의 경계가 흐릿해지면서 시장 저변이 확장되는 상황은 다분히 노동착취적이거니와 사회적으로도 낭비입니다. 현역 수험생들의 검토가 콘텐츠 품질을 크게 개선시키는 것이 사실일지라도, 품질의 개선이 실질적인 유익으로 이어지지 못한다면 거기에는 이윤 추구 이외의 의미가 없을 것입니다.

비록 기업은 이윤 추구를 목적으로 하는 집단이라지만, 그렇다고 해서 사회적인 책임으로부터 완전히 자유로울 수는 없습니다. 그러므로 '이 기업은 공동체의 다른 구성요소와 어떤 상호작용을 주고받는지, 과연 어떤 종류의 이윤이 합당할지'를 사회는 물어야 하지요. 필요할 경우에는 시장 논리를 넘어선 제도적 개입이 이루어져야만 하고요. 바다이야기를 비롯한 사행성 게임들이 금지된 것처럼, 혹은 세계 각국이 공장 폐수 처리에 대한 법안을 마

1 일부 대형 학원은 한 과목마다 하나의 출제팀이 존재하는 체제가 아니라, 각기 독립적인 방식으로 운영되는 팀들이 과목마다 여럿 존재하는 체제로 운영되고 있습니다.

2 학원의 공통적 콘텐츠와 별도의 강사별 콘텐츠는 따로 만들어지기 때문에, 학원 내부의 분권화된 출제팀에 더해 강사 출제팀까지 학원 콘텐츠 제공을 위해 운영되는 상황입니다. 학원 내부 콘텐츠팀은 학원 내 강사와 그 강사만을 위한 문항과 교재를 따로 제작해주는 외주계약을 학원 계약과 별도로 맺기도 합니다.

련한 것처럼 말입니다. N수생 노동도 마찬가지입니다.

이때 논의를 어렵게 만드는 것은, 이것이 타산의 문제인 동시에 열망의 문제라는 것입니다. 타산적인 측면에 대한 설명은 차라리 쉽습니다. 우선 수능 콘텐츠 산업의 열악한 노동환경은 노동자들이 본질적으로 (프로젝트 단위로 협업하는) 프리랜서의 성격을 지닌다는 점, 또한 콘텐츠 생산 방식이 과목별로 천차만별이라는 점, 이로 인해 비전형 노동이 오히려 보편적인 노동 형태가 된다는 점에서 그 원인을 찾을 수 있을 겁니다. 고용관계가 복잡하니 노동청의 눈길이 닿기도 어렵고요. 이 부분에 대해서는 당국 차원에서 학원 내부출판에 대한 제도를 정비하고, 교습비 관련 규제책이 존재하듯이 교재비에 대해서도 적절한 규제를 마련하고, 관련 업무에 요구되는 자격요건을 조정하는 방안을 생각해볼 수 있겠습니다.

그런데 N수생은 어째서 이런 부조리를 무릅쓰고 사교육 업계에, 수능 콘텐츠 산업에 뛰어들까요? 학비가 필요하다는 것은 부분적인 설명입니다. 만약 필요한 것이 돈뿐이라면 스터디카페 총무를 해도 좋고 과외를 할 수도 있으니까요. 이것이 바로 열망의 문제입니다. N수생들은 존경하는 강사 밑에서 일할 수 있기 때문에, 자신이 좋아하는 모의고사를 직접 만들 수 있기 때문에, 의미있다고 느껴지는 일을 할 수 있기 때문에 공급자의 대열에 합류합니다. 그리고 그런 직무는 실제로, 오랜 수험 생활로 인해 낮아진 자존감을 다시금 고양시키기도 합니다.

물론 여기에 대해서는 "자기효능감을 안겨다준다는 이유만으로 열악한 노동 여건을 수용하는 것은 이상한 일 아닌가? 뒤집어 생각해보면 수험 생활이 길어진 것은 일정 부분 그 산업 때문 아닌가?"라는 비판이 가능할 것이며, 그것도 물론 사실입니다. 그러나 이러한 요인들은 스스로의 꼬리를 물고 있는 뱀처럼 이어져 있어서, 현상과 당위를 명확히 분리하기가 어렵습니다. 어떤 창작물이 착취적 경제의 산물이라는 사실과 창작자가 그 창작물로 인해 뿌듯함을 느낀다는 사실은 모순 없이 양립하지요.

타산과 열망이라는 두 종류의 동력은 N수생 노동뿐만이 아니라 사교육 노동 전반을 지탱하고 있습니다. 사교육을 업으로 삼고자 마음먹은 사람들조차도 동일한 동력과 그에 따른 딜레마에 얽매여 있지요. 그런데 그 표현형은 아무래도 다를 수밖에 없습니다. 지나가는 아르바이트와 평생의 업은 같지 않으니까요.

수능 콘텐츠 시장에서 살아남는 법

수능 콘텐츠 산업이 성숙기에 접어들었다는 것은 전형적인 입직경로와 직업경로가 마련되었다는 의미이기도 합니다. 가장 무난한 출발은 검토자나 TA 조교입니다. 그 위에는 강사 조교(연구·현장)가 있고, 다시 그 위에는 출제팀 저자가 있지요. 워낙 유동적인, 능력 중심적인 시장인 만큼 처음부터 저자로 시작하는 경우도 많습니다만 어쨌거나 위계는 희미한 수준에서나마 존재합니다.

그렇다면 이 산업의 꼭대기에는 무엇이 있을까요? 하나는 어떻게든지 대형 학원의 지지를 얻어 관리자급 직분을 얻거나 강사로 데뷔하는 것이고, 다른 하나는 수험생들에게 각인될 만큼 인상적인 콘텐츠를 만들어 스타 저자로 자리매김하는 것입니다. 학원 바깥에서 말입니다. 수능 콘텐츠 산업에 발을 들인 사람에게 학원 근무 경력은 자기소개 용도로는 좋겠으나 그 자체로 미래를 책임져주지는 않으니까요.

전자는 물론이고 후자 또한 쉽지 않습니다. 단순히 훌륭한 문제를 만드는 것만으로는 부족한 까닭입니다. 인터넷 커뮤니티의 영향력이 지금처럼 커진 상황이라면, 강사와 출제팀의 모든 행동이 평가와 선택의 대상이 됩니다. 고품질 콘텐츠는 기본이고, 추가적으로 주목을 이끌어낼 만한 퍼포먼스가 요구되지요. 좋은 학습 칼럼을 쓰거나, 모의고사가 끝나자마자 재빨리 해설을 올리거나, 문제 양을 넉넉하게 만들어주거나, 다른 콘텐츠와 차별화되는 요소가 있음을 강조하거나, 댓글로 소통하는 모든 일이 수능 콘텐츠 시장의 생산자로 살아남기 위한 과업이 됩니다. 심지어 세련된 표지를 갖추거나 눈에 띄는 이름을 짓는 것까지도요. 그 모두가 '다른 콘텐츠가 아니라 이 공급자의 콘텐츠를 택할 이유가 있는가?'라는 질문에 부단히 응답하며 자기 자신을 증명하는 과정이기 때문이지요.

이 점에서 수능 콘텐츠 산업은 레크비츠가 **단독성 경제**라 규정한 특성들을 지닙니다. 단독성 경제하의 대중은 주목과 인정을 부여하고 박탈하는 존재들이며, 생산자들은 자신의 상품이 충분히 특별함을 매 순간 증명해야 하지요. 이런 관계의 중심부에는 매력이 있고, 그 바깥에는 과잉이 있습니다. 마태 효과(Matthew Effect)가 드러내 보이듯이, 이러한 상품의 절대다수는 그저 외면당하기 때문입니다. '주목받는 소수와 무시당하는 다수'가 보편 원리로 자리잡으면서 구조적인 과잉 생산과 비대칭적인 분배가 이루어지는 셈입니다.[3]

이때의 과잉은 생산량에 대한 서술이 아니라 '외면당하는 생산자와 재화가 필연적으로, 대거 발생하는 구조'에 대한 것입니다. '특정 브랜드의 실전 모의고사가 해마다 최소 100회씩 찍혀 나옴에 따라 그중 1/3가량이 버려지는 상황'과 '100명의 생산자 중에서 95명가량은 외면당하는 상황'의 차이지요. 그러나 과잉생산 자체가 일반적인 경향이 된 상황에서 생산자들마저 과잉을 겪는다면, 수능 콘텐츠 시장이 생산자 개개인에게 얼마나 가혹할지, 소비자들에게는 얼마나 혼란스러울지, 그리고 종합적으로는 얼마나 낭비적일지 짐작이 가능할 것입니다.

낭비, 그리고 붉은 여왕

ⓐ 수험생의 학습 방식이 왜곡됨으로써 발생하는 사회적·경제적 낭비

ⓑ 다량의 콘텐츠 생산과 소비가 유도됨으로써 발생하는 물

3 안드레아스 레크비츠 『단독성들의 사회』, 윤재왕 옮김, 새물결 2023, 231면.

적·경제적 낭비

ⓒ 외면당하는 다수와 주목받는 소수가 일반적인 시장 원리가 됨으로써 발생하는 인적 낭비

ⓓ '공급자들이 소비자의 주목을 받기 위해 경쟁하는' 과정에서 발생하는 소모적인 낭비

수능 콘텐츠로 인한 낭비는 원인과 그 대상에 따라 네가지 범주로 구분될 수 있습니다. ⓐ, ⓑ, ⓒ는 직관적이거니와 많은 분량을 할애해 설명했으니 익숙하실 것입니다. 따라서 이 단락에서는 ⓓ **'공급자들이 소비자의 주목을 받기 위해 경쟁하는' 과정에서 발생하는 소모적인 낭비**에 주목해보도록 하겠습니다.

앞서 언급했다시피 단독성 경제하의 시장은 매력성 시장입니다. 레크비츠의 정의를 따르자면 매력은 "정서를 긍정적으로 자극하는 재화의 힘"과 관련된 용어이며, 매력성 시장하에서 "재화와 일반 대중의 관계는 많든 적든 강한 형태의 자극(환희, 긴장, 모험, 향유, 자기계발, 정신적 만족, 안정감 등)을 통해 규정"[4]되지요. 이에 따라 매력성은 독창성과 희귀성, 즉 단독성과 결부됩니다. 여행지나 영화 등이 대표적인 예시입니다. 진공청소기나 냉장고가 정서를 자극하는 경우는 거의 없으며, 사람들은 가격과 성능을 통해 구매 결정을 내리지만[5] 여행지나 영화를 선택할 때는

---

4 안드레아스 레크비츠, 앞의 책 219면, 218면.

5 단독성 경제가 현대 사회의 보편적인 원리 중 하나로 자리매김한 까닭에 생활가전 분야에서도 정서적 접근을 강조하는 마케팅이 잦아졌습니다만, 그럼에도 불구하고

차별화되는 기쁨과 경험을 비교하려 하지요. 산토리니섬은 바하마 군도와 같지 않고, 「아메리칸 히스토리 X」(1998)는 「금발이 너무해」(2001)와 같지 않으니까요.

그렇다면 사교육 서비스의 매력은 어떤 방식으로 나타나며, 그 효용은 대개 어떨까요? 당연하게도 일차적인 매력은 강사와 저자 자신의 역량으로부터 옵니다. 그러나 다른 요인들도 있습니다.

조교 L 요새 학생들은 교재 표지나 내지도 깐깐하게 봐요. 그래서 디자인을 선생님께서 직접 선택하시는 곳도 있지만 조교한테 맡기는 경우도 있죠. 조교가 외주를 맡기면 선생님이 컨펌을 하시는 식이에요. 표지 관련해서는 저도 해본 적이 있고, (비슷한 사례를) 들은 것도 있어요.

조교 IC 재종(재수종합학원)이나 단과를 가면, 수업을 시작하기 전에 복도에 책들을 다 깔아놓거든요. 표지가 예쁘고 눈에 띄면 커뮤니티에서 언급될 확률이 실제로 높아져요. 그 자체로 수업에 직접적 영향을 끼친다거나 학생을 끌어온다기보다는, 바이럴 효과를 기대할 수 있다는 거죠. 커리큘럼 이름도 비슷한 게, 'step 1' 'step 2'처럼 단순한 게 아니라 잘 와닿고 예쁘게 뽑으면 언급량에 영향이 있을 거라고 생각해요.

그런데 교재를 예쁘게 만드는 데에 들어가는 비용이 꽤 돼요. 교재 종류가 많고 하니까 통상적으로만 따져봐도 외적인 표준화 관리에만 매년 수천만원이 들어간다고 보거든요. 디자인에 이렇게 큰 돈을 쓰는 게 좋다고 생각하지

'냉장고'가 '강의'나 '음반'에 비해 훨씬 덜 정서적인 재화라는 점은 자명합니다.

않아요.

우리가 보통 아무 장식도 없는 컵보다는 귀여운 캐릭터가 그려진 컵을 선택하는 것처럼, 심미성이나 의외성 같은 종류의 매력은 사람을 끌어당깁니다. 사교육 시장에서 고객들의 주목을 얻어내기 위해서는 그런 매력마저도 절실합니다. 하지만 예쁜 표지가 교육이라는 목적에 부합하느냐 하면 전혀 아니겠지요. 사실 강사들로서는 표지 제작에 돈을 들이고 커리큘럼 이름을 고민할 바에는 수업 연구를 하고 싶은 마음이 더 크겠습니다만, 시장 구조상 무의미한 지출과 그에 따른 낭비가 강제되고 있는 것입니다.

뿐만 아니라 정서와 매력성이라는 요소는 '교육'이라는 본래 목적마저 훼손하곤 합니다. 교육은 그 특성상 정서와 긴밀한 관련을 맺는 동시에 명백히 실용적인 분야이고, 그러면서도 '성능'의 계량화가 불가능하기 때문입니다. 요컨대 냉장고의 성능은 구체적인 수치로 표현될 수 있으며, 감성 마케팅이 용량을 키워주지도 않습니다. 반면 교육의 경우 '본질을 관통하는 학습'과 '본질을 관통하는 학습을 한 기분'이 거의 구분되지 않지요. 그리고 전자와 후자를 분별하는 데에는 종종 긴 시간이 필요합니다. '미적분(고등학교 2~3학년 과정) 점수가 시원찮은 것이 사실 고등학교 1학년 과정에서 소개된 개념을 대충 이해하고 넘어와서더라'며 뒤늦게 깨닫는 사례처럼 말입니다.

그렇다면 '본질'과 '본질 같은 기분'을 나누는 기준은 무엇이며, 교육에서의 단독성이 곧잘 후자를 겨누는 이유는 무엇일까요?

교육과정평가원이 엄연히 국무조정실 산하 공공기관으로 존재하는 데에서 알 수 있듯이, 교육에는 해당 시점에 합의된 정석이 존재합니다. 바로 공교육 교육과정입니다. 이는 다양한 학생의 발달과정을 관찰하고 이론화함으로써, 적절한 시기에 적절한 학습을 단계별로 수행할 수 있도록 세심하게 배려한 결과물이지요. 여러 학생과 교수자들의 경험과 시행착오가 녹아 있고요. 마찬가지로 교과서에서 개념과 증명이 소개되는 순서와 방식 또한 '이 시기에는 이런 내용을 이렇게 익혀야 한다'는 판단을 전제하고 있습니다.

그런데 사교육 판매자가 교육이라는 분야에서 단독성을 얻어낸다는 것은 이 정석의 골자로부터 이탈한다는 의미입니다. '초등 의대반'이나 '영재고 준비반'처럼 초·중등 시기에 고교 과정을 먼저 가르치거나, 당장의 점수를 끌어올리기 위해 교과서에 나오지 않는 테크닉을 가르치게 되지요. 후자의 테크닉은 크게 두 종류입니다. 하나는 '로피탈의 정리'처럼 교육과정을 아예 벗어난 유형이고, 다른 하나는 'N축'처럼 고교 교육과정 내의 개념과 증명을 숙달할 경우 자연스레 유도할 수 있는 유형입니다.[6]

즉, 교육 분야에서의 단독화란 학습의 완성에 반드시 필요한 중간과정을 대강 건너뛰고 표면적인 결과만을 유용한 도구처럼 내미는 행위가 될 공산이 큽니다. 일어서기를 해야 걷기가 되고, 걷기가 되면 자연스레 달리기도 되는 법인데 '스스로 일어서진

6 기성세대가 떠올리는 '사교육의 교과 외 스킬'은 전자의 경우지만, 최근 사교육 시장에서는 전자는 거의 강조되지 않고 후자가 주로 제시되는 경향이 있습니다.

못해도 특정 상황에서만 달리기를 하는 사람'을 만들어놓는 겁니다. 가르치는 입장에서는 이런 사실들을 명백히 압니다.

강사 K 항상 대단해 보이는 거, 특별한 거, 새로운 걸 가르치라는 압박이 위아래로 있어요. N축이니 삼차함수의 비율 관계니 혹은 옛날에 쓰던 테일러 급수처럼 뭔가 특별하고 독특한…… 소위 '어둠의 대치동 스킬' 같은 거. 그런데 이게 상황에 따라서는 굉장히 유용할 수 있지만, 정확한 원리를 모르면 기본적인 계산이 안 되거든요.

그래서 제가 정직하게 풀어가면 오히려 학생들이 그런 스킬을 써서 앞질러 간 다음 '왜 거기서 그러고 있어?' 식으로 나오죠. '저런 식으로 배우면 가다가 자빠질 텐데' 싶은데도 애들은 계속 그걸 바라고, 그렇다보니 학원 운영진 측에서도 강사에게 그런 요구를 내려보내게 돼요.

그럼에도 불구하고 소비자들은 '정석적인 것' '실력 향상에 도움이 되는 것'보다는 '더욱 매력적인 것'을 고릅니다. 일어서기부터 배운다면 뛰기까지 오랜 시간이 걸리거니와 가시적인 성과를 확인하기도 어렵지만, '어둠의 스킬'을 쓴다면 당장 뛰어다닐 수 있는데다가 특별한 것을 배운다는 느낌도 받을 수 있기 때문입니다. 종종 일어서지조차 못하는 상황이 벌어질지라도 쉽게 달리는 것은 사실이니 학습 방법에 문제가 있다는 생각을 하기 어렵고, 오히려 그렇게 가르치는 강사를 믿고 따르게 됩니다. 직접 배우는 학생조차 그럴진대, 당장의 내신과 모의고사 성적으로만 성과를 파악할 수 있는 학부모라면 말할 것도 없습니다.

이런 현상을 통해 두가지 사실을 확인할 수 있습니다. 첫째는 ⓓ **'공급자들이 소비자의 주목을 받기 위해 경쟁하는' 과정에서 발생하는 소모적인 낭비**라는 분류가 나타내듯, 그저 무의미하며 소모적이기만 한 낭비가 존재한다는 사실입니다. 소비자도 공급자도 이득을 보지 못하는 낭비입니다. 그리고 다른 하나는, 다른 유형을 제하더라도 ⓓ유형 낭비의 주도권만큼은 실질적으로 소비자 측에게 있다는 사실입니다.

안영호(『Hidden Kice 수학 모의고사』 저자) 예전에 비해 수험 생활이라는 게 워낙 어려워져서 말하기가 굉장히 조심스러운데, 옛날에는 수능 출제범위가 넓기도 하고 유형이 자유분방한 면이 있다보니 학생들이 예측을 덜 했어요. 그런데 요새는 학생들이 실전모의고사를 평가하면서 '사설틱하다', 즉 '수능엔 이런 유형이 안 나온다'는 판단을 내리는 경우가 훨씬 잦아진 것 같아요.

예상이 맞으면 상관이 없는데 반드시 그런다는 보장이 없으니까 학생들이 경향을 맹신하지 않았으면 좋겠어요. (2024학년도 9월 모의고사[7] 30번에서 15년 전의 유형이 재등장한 것처럼) 언제든 지난 유형이 재등장할 수 있거든요. 출제자로서의 입장을 떠나서, 최신 출제 경향에만 맞추어 상품이 좋다, 나쁘다를 판단할 경우 교육적인 면에서 손해를 볼 수 있다는 거예요. 유연한 관점을 가지면 좋겠다는 생각이 들죠.

'실전모의고사를 통해 배우는 학생'인 동시에 '돈을 내고 실전모의고사라는 상품을 구매하는 소비자'라는 수험생들의 이중적인 위치가 특수한 상황을

7 2023년 9월 7일 시행.

만들어내는 것 같아요. 시장에서는 소비자들의 힘이 크고, 상품에도 소비자들의 의견이 주로 반영되기 마련인데 교육은 좀 특수한 경우니까요.

사교육 종사자들은 학생을 이끄는 동시에 학생의 눈치를 봐야 하는 양면적인 입장에 놓여 있습니다. 또한 학생은 선택을 할 때 곧잘 매력성과 단독성에 관련된 요소들을 기준으로 삼으며, 이는 교육 그 자체와 잘 구분되지 않지요. 결국 교육에만 충실하려는 종사자들은 '충분한 노력을 기울이지 않는' 것으로 간주되어 밀려나거나, 주목받을 기회조차 얻지 못하고 외면당합니다. 불필요한 측면에서의 경쟁이 강요되고 붉은 여왕 현상이 극단적인 형태로 나타나면서 악화가 양화를 구축하는 겁니다.

이처럼 붉은 여왕은 한쪽 손으로는 수험생을 붙잡고, 다른 한쪽 손으로는 사교육 종사자를 붙잡은 채 달리고 있습니다. 수험생들이 방향을 점검하기 위해 속도를 줄이려 하면 종사자들이 재촉하고, 종사자들이 속도를 줄이려 하면 반대로 수험생들이 더 빠르게 내달리는 관계지요. 이렇게 속도에만 치중한 협력(수험생-종사자)과 경쟁(수험생-수험생, 종사자-종사자)이 지속되다 보니 교육이라는 방향성은 실종되고 맙니다.

그런데 이쯤에서 의문이 생깁니다. 사교육 종사자들도 붉은 여왕이 아니라면, 누가 붉은 여왕일까요? 이 현상의 주체는 무엇일까요?

슈퍼스타와 탈락자들

수능 콘텐츠 산업의 구조를 설명하기 위해 또다른 개념을 소개하겠습니다.

레크비츠의 관점에 따르면 단독성 경제는 슈퍼스타 경제로도 이해될 수 있습니다. 절대다수의 일반인은 불안정한 고용 상태에 시달리며, 극소수의 특출난 개인만이 영광을 누리는 환경이지요. 수능 콘텐츠 산업에서, 이는 출제팀과 출제팀 사이의 격차로 드러날 뿐만 아니라 개별 조직 내부에서도 동일하게 나타납니다. 팀의 간판이 되는, 관리자 역할을 하는 메인 저자와 그를 뒷받침하는 보조 저자가 나뉘는 것입니다. 여기까지는 (다소 가혹할지라도) 애니메이션 스튜디오나 만화 스튜디오 같은 창작 집단의 구조와 유사하다고 볼 수 있습니다.

문제가 되는 지점은 문항 출제가 창작인 동시에 '젊은 시간'이 강력하게 요구되는 작업이라는 것입니다. 만화는 만화가의 경력이 길어질수록 그 실력이 느는 반면 문항 출제는 출제자가 수능을 친 지 몇년만 지나도 최근 경향을 따라가지 못하는 경우가 많지요. 20대 초반에 커리어를 시작했다가 30대 초반이 되기 전에 시장 경쟁력을 잃는 상황이 왕왕 벌어지게 됩니다. 게다가 지금처럼 출제 템포가 빨라진 상황이라면 번아웃도 쉽게 옵니다.

그렇다면 독립 저자가 될 역량이 부족하고, 팀 내의 메인 저자로 올라서지도 못했고, 고품질 문항을 만들 여력도 사라진 사람은 어떻게 될까요? 대치동에서 밀려난 강사는 동네 학원으로, 지방 학원으로 내려갈 수 있다지만 저자의 최저선은 교육출판사 문제집과 EBS 교재입니다. 이보다 좋은 문항을 만들 수 없다면 커리어가 중단되지요. 누군가가 쫓아내는 것조차 아닙니다. 다만 강사 혹은 학원의 검토 과정에서 반려되는 문항들이 점점 늘어나면서 수입이 자연스레 끊길 뿐입니다. 대형 학원들은 이런 사람들에게 학습 컨설턴트 등의 일자리를 제안하기도 하지만, 성장 여력이 사라진 것은 부정할 수 없는 사실이고요.

결국 수능 콘텐츠 산업은 이런 식으로 작동합니다. 20대 초반의 대학생들은 스타 저자와 강사들의 영예를 좇아 이 시장에 들어오며, 그들 중 극히 일부만이 성공을 거둡니다. 나머지는 20대 초중반을 콘텐츠 생산에 소모한 상태로 신규 진입자들에게 밀려나 사라집니다. 그런데 대다수의 성공은 부분적으로나마 탈락자의 초과노동에 힘입은 것입니다. 성공을 거두려는 이들이 시장에서 살아남기 위해서는 품질뿐만이 아니라 양적인 측면에서도 승부를 보아야 하는데, 출제팀 체제하에서는 소모당할 보조 저자가 없으면 이토록 많은 문제를 쏟아내는 것부터가 어렵기 때문입니다.

이 점에서 수능 콘텐츠 산업은 스포츠 산업이나 연예 산업과 유사하면서도 다릅니다. 비록 스포츠 스타나 유명 아이돌은 수많은 탈락자들 위에 선 존재입니다만, 그렇다고 해서 탈락자들의 노동과 생산에 빚지고 있진 않습니다. 또한 해당 분야에서의 숙련도는 어떤 식으로든 누적됩니다. 베컴의 성공과 무명 축구 선수의 경기 사이에는 아무 관련이 없으며, 촬영에 계속 참여할수록 능력을 잃는 조연출가도 없으니까요. 그러나 수능 콘텐츠 산업은 그 종사자의 커리어가 길어질수록 필수적인 감각이 둔해질 공산이 큰 분야이고, 따라서 원활한 생산을 위해서는 누군가의 젊음이 소모될 필요가 있는 분야입니다. 개개인의 악의나 착취적 의도가 결부되지 않더라도 구조로 인해 그런 일이 일어납니다.

물론 모든 승리자가 이런 방식으로 성공을 거둔 것은 아닙니다. 특출난 몇몇은 오래도록 감각을 유지하면서, 단독 저자로서 압도적인 생산량을 보여주기도 하니까요. 그러나 지금의 수능 콘텐츠 시장은 소수의 아웃라이어(outlier)만으로는 유지될 수 없는 규모에 이르렀고, 보통 사람들의 지분 또한 상당합니다. 따라서 전자의 존재만으로 '이 시장이 구조적으로 탈락자의 존재를 부추긴다는 사실'을 부정할 수는 없겠습니다.

인터뷰 ⑥: 단독 저자

안영호 사교육 시장의 제도적 변화도 있고, 신규 진입자들도 계속 늘어나는 상황인데요, 저는 혼자서 전체 문항을 출제하는 입장이잖아요. 흔한 케이스가 아니죠. 기업형 연구소나 학원 내부 출제팀에서 조립식으로 만드는 모의고사는 문항별로 출제자가 다르니까, 그런 곳에서의 경험이랑 제 경험은 좀 거리가 있지 않을까 싶어요.

개인적으로 저는 이 일에 만족하지만 신규 진입자들이라면 너무 큰 기대는 하지 않는 게 좋겠다 싶죠. **2010년대 초중반에 일을 시작한, 제 세대 출제자 중에 남은 사람이 거의 없어요.** 앞으로 어떻게 될지는 저도 고민하고 있고요. 시장의 요구사항이 점점 늘어나기도 하고 제도 변화에 많이 영향을 받으니 예상이 어려워요. 취미로 하는 건 괜찮을 것 같은데, 유명 연구소에 들어가 월급을 받는 게 아니면 직업으로서는 추천하기 어려울 것 같아요.

인터뷰 ⑦: 단독 저자

김우섭 수험생 혹은 대학생이 수능 콘텐츠 제작에 뛰어드는 상황에 대해서는, 아쉽다고 생각해요. 너무 일찍 돈을 벌면 금방 지치는 게 있거든요. 앞으로 30년치 쓸 내공을 쌓아야 하는데, 대학 생활 4년간 돈만 벌다 그냥 어영부영 졸업하고, 다양한 일을 할 수도 있는데 사교육에 매몰되고. 그런 게 아쉽긴 하죠.

특히 수학 문제 만드는 경우에는 그런 게 있죠. 연구실 들어가서 3년 정도 아이디어 뽑아 먹힌 다음 좋은 문제가 안 나오면 쫓겨나는 케이스. 그러고 나면 자기 대학교 학점은 망가져 있어요. 좋은 아이디어 쑥쑥 나올 때는 평생 같이 데리고 갈 것처럼 하다가 아이디어 다 나오니까 그냥 버려버리는 거예요. 대형학원도 학생들 착취하기는 마찬가지죠. 수능 본 지 얼마 안 돼서 감이 살아 있는 학생들한테 아이디어 뽑아서 문제 만들고, 학원 강사들한테 검수 맡기고. 그게 성공의 비결이니까 계속 그런 식으로 가려 하겠죠.

그런 현실을 말해줄 필요가 있어요. 믿지 마라. 그런데 제가 그걸 말한다고 해서 학생들한테 받아들여질까. 무조건 하지 마. 이거 해. 이렇게 말할 수도 없는 거고…… 그건 제가 개인적으로 얘기해줄 수는 있겠지만, 일대다로 전달이 가능한 메시지가 아니에요. 자기가 중심을 잘 잡아야죠.

문호진 그래도 분명히 학생이든 강사든 쓸모없는 과잉 노동을 하는 면이 있다보니까 그 점에서 법적·제도적인 규제가 어느정도 필요하지 않을까 생각하게 됩니다. 예컨대 강사만 해도 대학교에서 80학점 이상을 채워야 하는 자격요건이 존재하니까요. 저자의 경우 제한 연령을 두해마다 한살씩 올려 나갈 수도 있겠죠. (지금 있는 사람들이) 당장 참여를 못하게 되지는 않도록.

김우섭 제 경험상 그런 부분으로는 신뢰가 안 가긴 합니다. 제가 관찰한 바로는 원장들, 선생들이 편법을 몰래 쓰기 때문이에요. 근데 이게 옳지 않다는 건 알지만 법으로 어떻게 할 수 있는 게 아니라는 생각이에요. 다른 이한테 인센티브를 줘서 하도록 만드는 일은 상대적으로 쉽지만, 그걸 하는 입장에서는 단기적인 이익이 빤히 보이는 길이 있다면 그걸 누군가 막아도 어떻게든 하려고 하는 게 사람이죠. 대학교 1학년이 그걸 안 하고 다른 걸 하는 게 더욱 이익이 되도록 판을 바꿔야 하는 건데, 그럼 머리를 굉장히 많이 굴려야 하죠.

인터뷰 ⑧: 출제팀 소속

N수생 V 저는 N+1수를 생각하는 입장이라 약간 입장이 다르긴 한데, 제가 속했던 출제팀에는 원하던 대학에 진학한 사람들도 많았어요. 수능을 더이상 안 칠 사람들이, 자아실현이라는 이유로 거기 있었던 거죠. 그러다보니 사람이 나가도 붙잡지 않아요. '우리는 너 아니어도 일할 사람 많다.'

문호진 미슐랭 레스토랑 같은 곳도 무급 노동자가 많다고 합니다. 그런 데에서 일하는 것 자체가 영광이고, 커리어 면에서도 일종의 스펙이 된다고 여겨지니까요. 비슷한 것 같아요. 특정 모의고사 출제진이었다는 것만으로 대치동 최일선에 있었다는 걸 증명할 수 있으니까요.

N수생 V 학원에 납품도 하지만 외부 출판도 하는 팀이었거든요. 그런데 출판으로는 거의 돈을 못 벌고, 실질적으로 학원에 문항 납품하면서 외주비를 월급처럼 받게 돼요. 외부 출판이 사실 학원 외주를 받기 위한 명분이더

라고요. 돈이 안 되다보니까 팀 이름을 걸고 외부로 나오는 모의고사 수가 점점 줄어들어요. 그래서 어떤 팀이 외부 출판을 멈추면, 그 팀은 이제 완전히 학원 소속이 됐구나 싶죠. 안에서 열심히 갈리고 있구나.

한편 이렇게도 물어볼 필요가 있습니다. 부품이 되어 소모당하는 개인들이 누군가에게 이익을 준다면, 그 이익을 누리는 주체는 누구일까요? 앞에서는 성공한 강사와 저자 들을 호명했지만, 개인에게만 초점을 맞추는 것은 완벽한 정답과 거리가 멉니다. 그들 또한 언제나 '밀려날' 위험에 처해 있기 때문입니다. 실제로 대치동 강사의 은퇴 연령은 40대 중후반으로까지 낮아진 상황이고, 저자들 역시 롱런하는 경우는 극히 드뭅니다.

그러나 유일하게, 매 순간 승리하며 부단히 성장하는 주체가 있습니다. 바로 대형 학원과 수험생 커뮤니티입니다. 이들은 매 순간 부품들을 갈아끼우며 부품끼리의 상호작용을 중개함으로써 중간 이윤을 얻는 자가보수 기계로서의 플랫폼이고, 수능 콘텐츠 산업 그 자체입니다.

진입장벽과 노동

젊음은 원체 소모되기 쉬운 것입니다. 단기적인 이익이 눈앞에 보인다면 말할 것도 없습니다. 과외의 함정에 빠진 명문대생들은 수능 콘텐츠 산업이 자리잡기 전부터 많았습니다. 취업 전선에 뛰어드는 대신 고액 과외를 지속하다가, 어느 순간 동기들은 대기업 부장이 되어 있는데 자신은 여전히 과외 선생으로 남아 있음을 깨닫는 것이지요.

그러나 그런 개인이 존재하는 것과 그것이 체계적인 산업의 필수불가결한 하부구조이자 플랫폼 자체의 작동원리인 것은 다른 문제입니다. 개개인의 악의가 없을지라도 (혹은 개개인의 악의가 없음에도 불구하고) 이런 방식으로 젊음을 소모해야만 굴러갈 수 있는 산업은 아무래도 낭비적이라는 생각을 하게 됩니다. 지금처럼 과잉이 만연한 시장 환경에서는 특히 그렇습니다.

그렇다면 어떤 대안을 모색할 수 있을까요? 일단은 유사 분야에서의 반례를 찾아보는 것이 좋겠습니다. 콘텐츠 생산 방식은 과목마다 조금씩 다릅니다만, 수능 국어 콘텐츠 산업은 여타 과목과 확연히 구별되는 방식으로 작동하기 때문입니다.

우선 수학 영역은 단독 저자와 독립 출제팀, 기업형 연구소, 강사 연구소가 공존하는 형태입니다. 대량생산 체제가 도입된 곳도 있지만, 기본적으로는 창작으로서의 성격이 짙다보니 독립 저자가 고유의 영역을 지켜내기가 용이하지요. 물론 창작에는 언제나 새로운 아이디어가 필요하니만큼 대부분의 연구소는 '젊은 피'를 반기는 편입니다.

탐구 영역은 소위 '템플릿에 따른 찍어내기'가 가장 심한 분야입니다. 정해진 틀 안에서, 수치만 바꾸어가면서 기출과 유사한 문항을 대량 양산하는 것입니다. 문제 유형이 고착된 상태에서 퍼즐화가 극심해지다보니 일어나는 현상이지요. 때문에 탐구 영역의 실전모의고사는 단독 저자보다는 독립 출제팀 혹은 연구소에 의해 공장식으로 생산되는 편이고, (과학탐구 영역의 II 과목처럼 인적 자원 자체가 희소한 경우가 아닌 이상) 대부분의 인력이 대체 가능합니다.

반면 국어 영역의 단독 저자들은 사실상 수험서 분야에서만 활동하며, 독립 출제팀도 많지 않습니다. 국어 실전모의고사는 대부분의 경우 기업형 연구소에 의해 제작되지요. 이때 국어 연구원은 전통적인 교육출판사 직원에 가까우며 관련 채용 공고는 대졸 이상의 학력을 요구합니다. 타 과목에 대해서는 '학력 무관'을 걸어놓는 곳조차 국어는 학력을 봅니다. 석·박사급 전공자는 우대 대상이고요, 외주 출제자와 검토자에게도 비슷한 자격요건이 요구됩니다.[8]

이러한 차이에 대해 검토자 및 국어 연구원과 의견을 나눴습니다.

인터뷰 ⑨: 국어 검토자

검토자 J (이공계 박사과정) 저는 출제를 본격적으로 한 건 아니고 검토만 봤습니다. 서술이 사실관계에 부합하는지, 용어가 제대로 쓰였는지, 어떠한 상황을 정확히 가리킬 만한 용어가 있는지 등. 이런 업무는 어차피 특정 지식이나 자격이 있는 사람이어야만 할 수 있는 거다보니까, 전형적으로 '요구 스펙

8 출제자(연구원이 겸하거나 프리랜서 작업자가 출제)는 지문과 문항 초안을 주도적으로 작성하고, 검수자는 연구원이 '평가원 스타일에 맞게' 다듬은 지문 세트의 사실관계와 용어의 적절성을 검토합니다.

은 높은데 하는 일은 기계적인' 일이라는 생각이 들죠. 취미로 번역 알바를 해 본 적도 있는데 약간 그런 계열의 일이에요. 장기적·지속적으로 한다는 생각은 해보질 않았고요.

페이의 경우, 다른 일 하면서 메일이 오면 응답하는 식이었기 때문에 시급 계산을 해본 적은 없어요. 굳이 계산하자면 푼돈이지 않을까요. 최저시급에 비하면 아주 낮은 금액은 아니겠지만 자격요건 생각하면 매력적이지 않은 게 사실이고요.

단요 디지털 긱워크들이 그렇듯이 띄엄띄엄 진행되면서 흐름을 끊어먹는 면이 있다보니 수당 기준이 애매하죠. 또 말씀하신 것처럼 특정 영역의 지식, 특정 자격이 있어야 할 수 있는 일인데 (회사 소속 연구원을 제하면) 그런 사람이 굳이 이 일을 부업 이상으로 가져가려는 경우는 거의 없고요.

인터뷰 ⑩: 국어 연구원(기업형 연구소 소속)

연구원 T 제가 국어 연구원이다보니 다른 분야에 말 얹기가 조심스러운데, 탐구나 수학의 경우 원칙적으로 고등학교 교육과정 안에서 수능이 해결되지만 국어와 영어는 '낯선 대학교 수준 텍스트를 올바르게 이해할 수 있느냐'를 묻다보니 근본적인 차이가 있어요.

대학교 수준 텍스트라 하면 문학도 있고 비문학도 있는데, 비문학이라면 분야가 다양하다보니까 한 사람이 전범위를 커버하는 데 한계가 생기는 거죠. 따라서 국어 실전모의고사 출제에는 다양한 인적 자원이 고정적으로 필요해요. 같은 국어 과목이라 해도 강사 연구실, 그러니까 조교팀이랑 저희 같은 기업형 연구소는 체계 자체가 다르고 맡은 역할도 다르죠.[9] 기업형 국어 연구소는 기존 교육출판사와 제일 비슷하지 않나 싶어요.

단요 결국 국어 모의고사 출제에는 다양한 인적 자원이 고정적으로 필요하고, 요구되는 수준 자체의 허들이 높죠. 그 허들을 충족했다면 자기 전문 분야가 확실히 있는 셈이니까 '쓰고 버려지는' 일이 없고, 외주 출제·검토자의 경우 오히려 가벼운 부업으로 할 수 있죠. 달리 말하면 국어 과목은 애당초 자격요건이 높다보니 직업적 안정성이 수반된다고 할 수 있겠습니다. 지향점이나 도덕적 기준 때문이라기보다는, 그냥 기본적인 조건들에 의해 자동적으로 결정된 것일 뿐이라는 거죠.

연구원 T 동의합니다. "탐구나 수학 출제는 무규칙성이 강하다, 정글이다" 하는 평가를 내릴 수는 있겠지만 그 정글은 사실 최적화의 결과죠. 막말로 국어도 N수생들, 대학생들이 지문을 쓸 능력이 됐으면 그들을 데려와서 쓰라고 시키지 않았을까 싶어요. 물론 대놓고 작년도 재원생 대상으로 모집을 하는 건 문제가 있다 싶기도 한데, 학원이 왜 그러는지는 이해가 가는 바입니다.

다만 이건 있어요. 학생들이 하고 싶어서 지원하는 거라 쳐도, 이 자발성이 그냥 생기는 게 아니잖아요. 커뮤니티가 큰 영향을 준다는 말은 가능할 것 같아요. 보면 15년 전, 10년 전이랑도 많이 달라요. 인터넷강의가 완전히 기본이 됐고, 입시 준비에 필요한 것들도 많아졌죠. 그러면서 입시 커뮤니티의 역할이 굉장히 강화됐어요. 커뮤니티에서 공유되는 정보의 중요성이 올라갔고, 수시로 저자 모집하고 검토진 찾는 공고가 올라오니 사이트 드나드는 수험생들이 출제자가 되기도 하고 그러죠.

---

9 강사 연구실은 강사의 활동 전반을 보조하는 기능을 합니다. 강의용 콘텐츠를 제작하고, 외주를 통해 생산된 콘텐츠를 검토하고, 강의 촬영을 돕고, Q&A 코너를 전담하는 등의 인력이 종합적으로 존재하지요.

게다가 오르비는 사교육이나 학벌을 신봉하는 분위기가 있잖아요. 아예 인기 대학이나 의대는 계정 옆에 배지를 붙여주고, 수험생들은 그런 사용자들 보면서 찬양하고. 또 유명 강사나 저자가 나타나면 우와 우와 하고. 그러면 사교육계에 끌리는 건 자연스럽다고 봐요. 강사나 저자는 이제 학생들한테는 완전히 선망의 대상이죠. 멋져 보이고요. 멋진 일 하려는 건 당연한 심리예요.

기성세대한테는 사교육 하면 무한경쟁, 생존경쟁 같은 측면만 강조되지만 학생들한테는 그 이상의 문화인 거죠. 일종의 컬트(cult)처럼요. 그러니까 개인적인 의견을 더하자면 사람들이 수능이라는 시험 하나에 너무 과몰입을 하고 있다, 컬트 문화적인 구석이 있다, 커뮤니티가 그런 인식을 강화하는 면이 크다, 이렇게 말할 수 있겠습니다.

그래서 '누가 제일 나쁘냐'라는 질문에 제 감정을 이입하자면 가장 나쁜 건 커뮤니티라고 생각해요. 학생들이 모인 커뮤니티가 그런 흐름을 스스로 재생산하는 면이 명백히 있는 거고. 또 오르비 자체도 사이트로서 생존하기 위해 그런 부분을 조장하지 않았나 싶거든요. 그러니까 그렇게 말할 수도 있겠습니다만…… 그래서 커뮤니티를 강제로 닫을까요?

인격적 힘과 열망의 논리

자격요건이나 타산에 대해서는 앞서 여러차례 논했습니다. 수능의 수학·탐구 영역은 고등학교 교육과정에 능통하기만 하면 출제가 가능한 분야이며, 스타 저자가 되면 많은 돈을 벌 수 있습니다. 그래서 많은 사람들이 선뜻 도전장을 꺼냅니다. 실패의 가능성을 감안하더라도 개개인에게는 충분히 해볼 만한 도박인 셈입니다. 이 과정에서 발생하는 착취와 과잉은 (비록 쉬운 일은 아니겠습니다만) 제도를 바꾸고 규제를 도입함으로써 완화될 수 있는 것이고요. 그러한 측면에 대해서는 실질적인 고민과 대책이 필요하며 또 가능합니다.

다만 논의를 확장하기 위해서는, 다양한 인터뷰에서 언급되었던 것처럼 이런 방향에서도 의문을 품을 필요가 있을 듯합니다.

자본주의 사회에서 돈을 많이 버는 것은 좋은 일입니다. 명성을 누리는 것도 좋습니다. 사람들이 돈과 명성을 찾아 움직이는 것은 당연합니다. 그런데 그 무대가 어째서 수능판이어야 할까요? 돈과 명성은 웹소설로도, 연구로도, 프로그램 개발로도, 요식업으로도, 힙합으로도 누릴 수 있는데, 이들은 어째서 자신의 미래를 수능판에서 찾으려 할까요?

또 다르게도 물어봅시다. 수능 콘텐츠 산업의 하부를 지탱하는 조교와 출제자들은 종종 명백한 착취를 경험하며, 그 정도는 아니더라도 부조리로 간주될 만한 상황에 놓이곤 합니다. 업무량에 부합하는 수당이 주어지더라도, '선생님'과 '고용주'의 경계선이 흐려지는 지점에서는 갖가지 문제가 생기기 마련이니까요. 그럼에도 불구하고 이들이 수능 콘텐츠 산업에 애착을 지니는 이유는 무엇일까요? 강사를 향한 선망과 존경은 이 산업과 어떤 관계를 지니는 것일까요?

이러한 질문들의 핵심은 교육산업이 실질적으로 세가지 논리의 결합을 통해 작동한다는 사실에 있습니다. 하나는 자본의 논리고, 다른 하나는 교육의 논리입니다. 그리고 마지막 하나는 교육의 논리로부터 파생되는 인격적 힘의 논리, 즉 열망의 논리입니다.

어떤 상황에서든 간에, '가르치는 사람'과 '배우는 사람'은 단순한 서비스 공급자와 판매자 이상의 관계가 됩니다. 학생들은 수학 강사에게서 미적분과 공간도형만이 아니라 세상을 대하는 태도를 함께 배우며, 성적 향상에 대한 감정은 상품에 대한 만족에 그치지 않고 존경과 애착으로 발전하지요. 비슷한 방식으로, '같은 것을 배우는 학생들' 사이에서도 공감대와 정서적 교류가 발생합니다. 그래서 학생들은 사교육 종사자들의 세계관을 내면화할 뿐만 아니라 기꺼이 그 일원이 되고자 합니다.

이렇게 교육으로부터 파생되어 나온 열망의 논리가 자본의 논리와 다시 맞물리는 순간, 새로운 논리의 체계가 나타납니다. 서로가 서로의 동력으로 기능함으로써 각각의 논리만으로는 설명할 수 없는 결과를 도출하는 것입니다. 따라서 이어질 2장에서는 열망에 초점을 맞추어 이러한 상호작용을 살피도록 하겠습니다.

2. 열망과 분노의 공동체

N수생 V 요즘 보면 의사가 되고 싶은 게 아니라 의대생이 되고 싶은 애들이 많아요. 의대생이 되고 싶다, 의대생이 돼서 유명 조교로 일하고 싶다. 저는 현역 때 느꼈던 감정인데, 조교님들이 수업을 들으면서 질문을 받아주시잖아요. 그때는 그게 되게 멋있어 보여요. 가끔 가다 조교님이 의대 과잠(학과 잠바)을 입고 오면, 나도 내년에 저렇게 하고 싶다, 그러려면 의대를 가야겠구나, 하고 목적이 전치가 되는 경우가 있는 것 같아요.

N수생 C 현장 조교인 친구들 중 일부는 돈이 목적이 아니에요. 정말 그 선생님을 존경하고, 함께 일하는 거 자체를 좋아해요. 저 같은 경우에도 롤모델이 있었고요. 나도 팀에 들어가서 그런 일을 해보고 싶어지는 마음이 생기죠.

수능 콘텐츠 산업에는 착취적이고 소모적인 면이 있습니다. 그것은 사실입니다. 하지만 그럼에도 불구하고 그 일을 즐기며 업으로 삼으려는 사람도 많습니다. 이 또한 사실입니다. 사회 경험이나 노동에 대한 지식과는 별개로, 사람은 기꺼이 열정을 쏟고 기쁨을 얻을 만한 일에 이끌리기 마련입니다. 이 관계를 올바로 이해하기 위해서는 어느 하나를 일방적인 착취자로, 다른 하나를 무지한 피착취자로 간주하는 대신 매력의 세목을 짚을 필요가 있겠지요.

금전적 이득이나 대외적인 명성과 같은 유인들은 사실 부차적인 것입니다. 매력이라는 측면에서는 분명히 그렇습니다. 앞선 인터뷰들에서 반복적으로 나타났다시피, 좋아하는 모의고사를 검토하거나 직접 제작하는 것은 각별한 경험입니다. 단독 저자의 반열에 올라 커뮤니티에서 주목을 끄는 것도, 후배 학생들에게 어떤 식으로든지 영향을 끼치는 것도 각별합니다. 영향력이라는 관점에서, 당장 20대 초반부터 이 정도의 효능감을 누릴 수 있는 직종은 거의 없습니다. 이 효능감은 착취를 위한 이데올로기가 아니라 정말로 실존하는 것이지요.

강사가 서비스 공급자이자 판매자인 동시에 선생이라는 사실 또한 고려할 만합니다. 선생이란 단어에는 물물거래 이상의 의미가 깃들어 있지요. 실제로 강사들은 학생을 소비자일 뿐만 아니라 제자로 대우하며, 학생들 역시 강사를 존경과 애착의 대상으로 여기게 됩니다. 더 나아가 유튜브에 '강사 동기부여'나 '강사 웃긴 영상'을 검색하면 나오는 동영상들은 강사들의 인간적인 면모를 부각시키면서 강의를 일종의 쇼 엔터테인먼트로 받아들이게끔 하지요.

예컨대 수학 강사인 정승제 관련 영상을 모아 올리는 유튜브 계정인 '정승제사생팬'의 구독자는 25.2만명에 달하고, 수학 강사인 한석원의 강의를 편집하여 올린 「190초 만에 한석원에게 빠지는 영상」은 약 270만회의 조회수를 기록했습니다.[10] 대성마이맥이나 메가스터디 등 대형 사교육 업체 또한 이런 유행에 발맞추어 자사 강의를 편집해 올립니다. 아이돌이 음악과 춤의 우상이라면 강사들은 공부의 우상입니다.

강사 X 2000년대 중후반까지는 나이가 신뢰성을 확보하는 측면이 있었어요. 베테랑이다 하는 게 있었죠. 물론 예전에도 젊은 사교육 선생을 선호하는 경향이 있긴 했는데, 그래도 나이든 강사들에게도 강점이 있었던 거죠. 지금은 전혀 그렇지 않아요. 젊음과 외모가 사교육 서비스에 굉장히 중요한 셀링 포인트예요. 그게 갈수록 심해져요.

강사 K 팬덤화라는 말을 쓰게 되는 게, 요새는 애들이 강사 외모에 굉장히 신경을 쓰죠. 젊고 댄디하고 명문대생인 강사들이 인기를 끌고요. 무슨무슨 강사는 자기 포토카드를 준다는 이벤트를 진행하는데……

재학생 B(사교육특구/일반계고) 강사 우상화는 일종의 '덕질'이라고 생각해요. 수험 생활이 너무 힘든데 제대로 된 취미를 가지면 죄책감이 들고, 달리 스트레스를 풀 방법이 없으니까. 그래서 강사 인스타를 찾고, 간담회에 가서 사인

10 2024년 1월 기준.

받고 이러는 거죠. 그리고 상황이 힘들고 의지할 데가 없다보니, 입시에 임하는 마음을 알아주고 달래줄 사람이 없다보니 좋은 말을 해주는 강사들에게 더 감화되는 게 확실히 있는 것 같아요. 특히 요즘은 강사들이 SNS로 직접 소통에 나서고, 커뮤니티에서의 강사 평가를 직접 모니터링해서 수용하기도 하고, 이렇게 쌍방향적인 소통이 이루어지다보니까 사람들이 더 좋아하는 게 아닐까 싶어요.

그러니 얼마 전까지 수험생이었던 20대들, 혹은 여전히 수험생인 20대들이 좋아하는 선생님 곁에서 일하고 싶어하는 것은, 혹은 그런 선생님 곁에서 일하는 조교들을 선망하는 것은 결코 이상한 일이 아닐 겁니다. 이에 더해 '나도 저런 강사가 되고 싶다!'는 생각을 품게 되지요.

이런 쇼 엔터테인먼트화는 강사 개인에게만 국한된 현상이 아닙니다. 113만명가량의 구독자를 보유한, 입시 전문 유튜브 채널인 '미미미누'가 대표적인 예시입니다. 이 채널의 콘텐츠는 모의고사·수능 리뷰나 입시 상담처럼 정석적인 선에서 끝나지 않습니다. 대치동이나 수성구처럼 이름난 학원가에 찾아가 수학 문제 대결을 벌이거나 독특한 사연이 있는 N수생들을 섭외해 토크쇼를 진행하지요. 그중 성공한 N수생은 수험생의 롤모델로 자리매김하고, 그들이 다닌 학원이나 그들이 본 교재 또한 주목의 대상이 됩니다.

한편 미미미누의 콘텐츠 중에는 '헬스터디'라는 예능도 있습니다. 성적이 어중간한 N수생들을 모집한 뒤 공부에만 전념할 수 있도록 교재비, 식비, 숙소, 그리고 강의를 전면적으로 지원해주는 겁니다. 그 과정에서 발생하는 사건들과 성적 변화가 헬스터디의 감상 포인트지요.

입시판에서 멀어진 분들이라면 '이런 예능을 무슨 재미로 보지?'라는 의문을 품을지도 모릅니다. 그러나 결과적으로 헬스터디는 갖가지 시행착오와 잡음에도 불구하고 각종 커뮤니티에서 상당한 파장을 불러일으켰으며, 미미미누는 구독자가 100만명을 넘어서는 대형 유튜브 채널로 성장했습니다. 입시와 공부가 어떤 목적을 위한 수단으로만 간주되는 것이 아니라 그 자체로 내재적인 가치를 지니게 되었다는 증거겠지요. 어떤 사람들은 정말로 공부 예능을 보며 울고 웃습니다.

이를 **공부의 문화화**로 규정하도록 하겠습니다.

수험생 커뮤니티라는 신공동체

입시와 공부, 그것도 고등학교 수준의 공부가 수단을 넘어선 문화가 되었으며 그 향유자의 규모가 상당하다는 사실은 한국사회의 결핍을 방증하는지도 모릅니다. 그만큼 학생이 열의를 지니고 몰두할 분야가 부족하거니와 성인조차도 수험의 경험으로부터 자유롭지 못하다는 의미일 테니까요. 하지만 이런 거시론은 전면적인 변혁만을 강조하게 된다는 점에서 실질적으로는 큰 의미가 없습니다. 대신 이렇게 물어보겠습니다.

이토록 강한 열망은, 과몰입이라고 불러도 좋을 정서는 주로 어디에서 공유되고 심화되는 것일까요?

수험생 커뮤니티입니다.

그렇다면 수험생 커뮤니티는 정확히 어떻게 작용하며, 열망의 정체는 무엇일까요?

1장에서는 수험생 커뮤니티가 수능 콘텐츠의 소비자가 생산자로 발돋움하는 관문이자 **단독성 경제**의 논리를 따라 생산자에 대한 판단이 이루어지는 플랫폼이라고 설명했습니다. 해당 경제 형태하에서 노동의 성공은 특수한 사회 논리의 결과로 평가됩니다. 정서의 자극과 만족을 통해 가치가 부여되는 것입니다. 강렬한 정서에 의한 주목이야말로 단독성 경제의 핵심이며, 이는 디지털 세계의 특수성과 상호 작용하면서 과잉을 총체적으로 심화시킵니다. 소비자들은 더 많이 몰입하며, 생산자들이 더 많이 생겨나고, 수능 콘텐츠가 더 많이 제작됩니다. 그리고 이러한 과잉은 수능 제도가 작동하는 방식과 맞물려 다시 서로를 극단적인 형태로 몰아갑니다.

한편 수험생 커뮤니티는 특수한 정체성과 가치로 묶인, 디지털 공간에 기반한 **신공동체**이기도 합니다. 신공동체는 문화적·정서적 매력을 통해 성장하고, 그 참여자들은 주목이라는 한정된 자원을 두고 경쟁하기보다는 공동체가 인정하는 실천을 적극적으로 추구함으로써 공동체 전체의 가치를 나누어 누리게 되지요. 이런 실천은 여전히 정서와 밀접한 관련을 지니는데, 이때 긍정적인 정서는 공동체 내의 동질화와 연관되는 반면 부정적인 정서는 외부를 향한 배타성·차별성과 연관됩니다.

즉, 이들은 공동체의 시선을 통해 사안을 바라보거나 실천을 하며, 정서를 공유하고, 그럼으로써 공동체의 가치체계를 다시금 강화합니다. 그리고 공동체 외부에 대해서는 대개 배타적이고 적대적인 태도를 보입니다. 이에 따라 공동체의 문화는 일상의 배경 이상으로, 규범과 정치의 영역으로 나아갑니다.[11]

이 설명을 수험생 커뮤니티가 작동하는 방식에 적용해봅시다. 단독성 경제가 사교육 종사자와 수험생이라는 행위자들의 물적 동역학이라면, 신공동체는 그 모두를 보편적으로 아우르는 특수한 정신적 토대에 대한 것입니다.

수험생 커뮤니티라는 신공동체는 기본적으로 공부의 문화화와 밀접한 관계를 맺고 있습니다. 이들의 규범은 사교육 종사자에 대한 선망과 인기 대학·의대 선망을 대전제로 삼으며, 이 둘은 사실상 하나입니다. 둘 중 무엇이 선행하든 간에 천국과 구원을 믿는 사람들은 예언자도 믿으니까요. 또한 예언자에 대한 믿음이 커질수록 그 예언자가 설파하는 교리는 더욱 그럴듯하게 받아들여지지요. 심지어 이 예언자들은 '과거 인기 대학에 합격했다는 사실로 인해' 이미 구원받은 존재로 인식되기까지 하며, 이는 다시 구원이 존재한다는 증거가 됩니다. 예언자, 즉 사교육 종사자를 중심축으로 자기완결성을 지닌 순환이 성립하는 셈입니다.

이 지점에서 수험생 커뮤니티의 독특한 특성이 드러납니다. 단

11 안드레아스 레크비츠, 앞의 책 377~79면, 563~69면.

독성 경쟁에서 주목 자본을 쟁취한 사교육 종사자들은 그 중층적인 정체성으로 인해 **수험생 커뮤니티의 여론을 직접적으로 주도**하는 위치에 서게 된다는 것입니다. 이 사람들은 판매자인 동시에 선생이고, 커뮤니티를 이용하는 수험생 스스로의 미래입니다. 앞의 두 항목은 여러차례 설명했으니 여기서는 마지막 항목을 살피도록 하겠습니다.

2020년대의 사교육 종사자들은 **커뮤니티에서의 경험을 바탕으로, 수험생들이 선망하는 인기 학교 및 학과 진학에 성공한 'N수 선배'이자 롤모델**입니다. 학습 과정과 그에 따른 고민을 커뮤니티에서 나누고, 입시에서 성과를 내고, '성공적인 직업인'이 되는 과정을 스스로의 삶으로 보여주는 존재들이지요.

성공한 사교육 종사자들이 커뮤니티에 올리는 글의 주제는 자신의 전문분야에만 국한되지 않습니다. 주택 구매, 맛집 방문 기록, 심지어 연애 같은 소소한 사생활까지도 공유대상이 되지요(이건 교재 홍보 같은, 피상적인 타산 때문이 아닙니다. 그저 종사자들의 삶과 커뮤니티에서의 활동이 분리될 수 없을 만큼 강력히 결합해 있을 뿐입니다). 커뮤니티를 이용하는 수험생들은 그런 글들을 통해 대학 진학 이후의 미래상을 그려내면서, 또한 사교육 종사자들과 직접적으로 소통하면서 강력한 **정서적 일체감**을 느끼고 믿음을 갖게 되지요.

물론 스타 수학 강사인 한석원이 소개 문구로 제시했던 '안광지배철(眼光紙背徹)'이라는 고사성어와 관련 일화가 학생들의 마음을 흔들었듯이, 사교육 강사들은 언제나 '인생 선배'로 받아들여지곤 했습니다. 그러나 수험생들이 이들에게서 느낀 정서는 존경의 비중이 컸지 친밀함이나 동일시는 약했습니다. 세대도, 문화도, 삶의 궤적도 다른 강사들이 수험생의 일상에 스며들 수는 없었던 겁니다.

반면 2020년대의 사교육 종사자들은 다릅니다. 이들이 학생들에게 미치는 인격적 영향력은 과거와 비교할 수 없을 만큼 강력해졌습니다. 강력할 뿐만 아니라 실질적이고 구체적인 형태로 작용하지요. 이들이 N수의 필요성을 강변하고 의대와 인기 대학을 강조하면 그것은 곧 학생들의 믿음이 됩니다. 그런 믿음은 사교육 고도화와 시장 팽창으로 이어지고요. 모든 사교육 종사자들이 이렇게 행동하는 것은 아니며 학생들이 수험 생활에 매몰되는 상황을 염려하는 사람도 충분히 많지만, 어떤 사교육 종사자들은 왜곡된 세계관을 실제로, 적극적으로 조장합니다.

뿐만 아니라 커뮤니티 자체의 운영 방식도 문제입니다. 예컨대 오르비는 수능·모의고사 성적에 따라 고유한 등급을 부여합니다. 전국 석차 상위 1~2% 이내라면 '센츄리온', 0.1% 이내라면 '에피옵티무스' 등급으로 승격될 수 있지요. 한편 진학 대학에 따른 배지도 존재하는 까닭에, 이용자들은 다른 이용자의 '수준'을 직관적으로 파악할 수 있습니다. 댓글을 쓴 사람이 '의대 배지를 단 에피옵티무스'인지, '고려대 배지를 단 센츄리온'인지가 한눈에 구분되니까요. 그리고 이는 '의대 배지를 달고 있는 사람이 쓴 글이니 믿음직하다'거나, '○○대 배지를 달고 있는 사람이 쓴 칼럼을 어떻게 믿냐'는 식의 구분짓기로 이어지지요. 그 구분짓기가 다시 선망과 배척을 낳고요.

이러한 분위기에 제동을 걸어줄 사람, 의대를 향한 무분별한 환상이나 N수를 유도하는 기제를 깨트릴 사람은 커뮤니티 내에 존재하지 않습니다. 있더라도 아주 적고, 그 주장이 별다른 호응을 얻지도 못합니다. 수험 생활 자체의 특성 때문입니다. 단적으로 말해 자기 직무에 만족하는 사회인이 수험생 커뮤니티에 드나들 확률은 지극히 낮고, 보통은 고학년 학부생만 되어도 훌쩍 수험생 커뮤니티를 떠나버리지요. 매해 수능이 끝날 때마다 수험생 커뮤니티의 이용자는 대거 물갈이되며, 떠나간 고3과 N수생들의 자리를 한살 어린 고3과 N수생들이 채웁니다.

이들 대다수는 공부 이외의 삶의 방식을 경험해보지 못했고, 모두들 경쟁 압력과 스트레스에 짓눌려 있습니다. 실패에 대한 불안도 큽니다. 불안하기 때문에 공부 이외의 선택지를 모두 잊어버리며, 그럴수록 사교육 종사자를 믿고 따릅니다. 또한 그럼에도 불구하고 노력에 따른 성공을 장담할 수 없으므로 '충분히 노력하지 않았는데도 성공한 것처럼 보이는', 즉 '자격 없는' 존재들에게 분노를 쏟아내고자 하지요. 최종적으로는 단순하고 말초적인 정동이, 불안과 분노를 핵심으로 삼는 문화가 수험생 커뮤니티를 지배하게 되고, 이것은 열망의 다른 일면이기도 합니다.

인터뷰: 커뮤니티 이용 N수생

N수생 U 재수부터는 한번 더 할지 말지 고민될 때, 고민을 털어놓을 상대가 얼마 없어요. 현역은 친구들이랑 얘기하지만 재수학원에서는 그런 인간

관계가 생기기 어렵잖아요. 학생들로서는 수능을 칠수록 친구들이 사라져요. 내 관심사를 얘기할 만한 곳이 온라인뿐이니까 온라인에 의지하게 되고, 자연스레 수험생 커뮤니티에서 얘기를 하게 돼요.

그러면 거기 있는 사람들이 대부분 이렇게 답변해요. '한번만 더 해. 요새는 3수까지는 필수야.' 이런 식으로 N수를 부추기는 경향이 굉장히 커요. **특히 유명 강사, 저자 중 의대 진학을 부추기는 사람들을 딱 댈 수 있을 정도예요.** 그들이야 수능으로 먹고사는 사람들이니까 수능을 계속 치는 사람이 많아야 좋겠죠. 그러니까 커뮤니티에서 입시 정보가 공유되는 것과는 별개로, 학생 개개인한테 현명한 답을 해줄 어른은 없는 상황인 거예요.

문호진 사교육 업체(및 관련자)와 커뮤니티가 밀접한 관련을 맺으면서 서로의 영향력을 강화하는 면이 크죠. 업체가 직접 커뮤니티를 모니터링한다거나, 특정 커뮤니티의 네임드 유저가 특정 업체의 중추라거나 하는 식으로. 학원이나 출판, 인강업체의 운영과 커뮤니티 운영이 분리되지 않을 때도 있고요.

N수생 U 맞아요. 예를 들면 어떤 학원의 내부 소식이 특정 커뮤니티에 먼저 올라왔죠. 공식적으로는 별개지만 학원 운영진이 그 커뮤니티의 직원이기도 하니까 가능한 거예요. 그러면 그 학원 다니는 애들은 그 커뮤니티에 가입해야 정보를 일찍 접할 수 있어요. 그렇게 커뮤니티에 유입이 되고 소속감을 느끼고 중독이 되죠. 그게 무한 사이클이에요.

문호진 나아가 사교육 업체들은 관할 커뮤니티에 올라오는 업체 서비스 및 사교육 전반에 대한 비판 의견을 제재하거나 메인에 올리지 않기도 하죠. 직접적 검열이 없다 해도, 커뮤니티 이용자와 사교육 관계자가 뒤섞여 있는 상황에서는 비판 의견이 좀처럼 힘을 받기가 어렵고요. 이런 구도는 학생들이 커뮤니티에 의존하면서도, 혹은 의존할수록 항상 분노에 차 있는 현상과도 관련이 있을 거라고 생각합니다.

N수생 U 커뮤니티를 하는 수험생들은 사회구조나 제도에 대해 뚜렷한 문제의식을 가지기보다는 무언가에 항상 분노하고 화내고 싶어해요. 옳다 그르다를 떠나서, 입시판 명절처럼 반복되는 논쟁들이 있어요. 1~2월쯤 되면 여대 약대, 여대 의대 이야기가 나오고, 그러다가 또 3~4월쯤 되면 수시·정시 논란이 나오죠. 거의 절기처럼 반복돼요. 화낼 만한 대상을 찾아내서 분노를 표출하면 뭔가 해결된 느낌이 들거든요. **내가 무한 N수를 하고 있는 건 내 책임이 아니라 남들 잘못이다.**

한편 커뮤니티에서 배태된 분노는 수험 생활이 끝난 뒤에도 사라지지 않습니다. 수험은 일시적인 사건이지만 청소년기에 형성된 세계관은 한 사람의 내면을 이루니까요. 인천국제공항 정규직 전환 사태를 둘러싼 논쟁에서 그랬던 것처럼, 공정 담론이 유독 젊은 고학력층에게 호응을 얻는 데에는 이러한 요인이 일정 부분 작용했을 것입니다. 그리고 이 점에서, 수험생 커뮤니티의 분노는 한국사회의 여러 현상을 빚어내는 톱니바퀴 중 하나이기도 합니다.

어두운 면과 밝은 면

문제를 더욱 복잡하게 만드는 요인은 우리가 지금의 현상에서 열망과 분노를, 불의와 선의를, 그리고 원인과 결과를 완벽히 구분할 수 없다는 사실입니다. 불의한 사교육 종사자들은 분명히 있고, 수험생들을 커뮤니티로 끌어들인 뒤 세계관의 왜곡을 심화시키는 구조도 존재합니다. 여기에 대해서는 마땅한 반성과 대책이 필요합니다. 그러나 그것이 전부는 아닙니다.

일단 수능 콘텐츠 소비를 강조하고 의대 대망론을 주장하는 유형이라고 해서 순전한 악의로 행동하는 것만은 아닙니다. 최소한 사교육 종사자를 향한 편견처럼, '사익을 위해 마음에도 없는 거짓말을 지어내기만 하는' 유형은 많지 않지요. 어쨌거나 그들은 자신의 세계관이 옳다는 믿음 속에서 주장을 펼치며, 그러한 논변은 부분적으로나마 현실에 부합합니다. 그런 만큼 그들의 말하기 방식은 순전한 허구라기보다는 '잘 팔리는 이야기', 즉 '수험생들이 듣고 싶어하는 달콤한 이야기'를 은연중에 취사선택하는 것에 가깝습니다(물론 그들 중 상당수는 자신의 주장이 스스로에게 유리하게 작용하리라는 점도 부분적으로나마 인지하고 있겠지요).

마찬가지로 수험생들은 여론에 단순히 휘둘리기만 하는 것이 아니라 여론을 이끌어가는 주체로서 기능하고, 여기에는 믿음이 작용합니다. 옳은 의견을 옳은 방향으로 개진하고 있다는 믿음입니다. 그들이 생산자로 발돋움할 때도 마찬가지입니다.

단적으로 말해 "나는 이 과목의 노하우를 누구보다도 잘 안다. 나는 (수능 콘텐츠의 생산자가 됨으로써) 후배 학생들의 성적 향상을 확실히 도울 수 있다!"는 말에서 이타적인 동기와 교육적 이상을 배제하기란 불가능합니다. 실제로 대다수의 강사와 저자는 자신이 교육자라는 의식을 지니며 학생들을 깊이 염려합니다. 이러한 태도는 여실히 감각되는 것이라서, 학생들은 학교에서 만나는 교사보다 사교육 종사자를 믿고 따르게 됩니다. 사교육 업계에서 자신의 미래를, 꿈을, 진로를 발견합니다.

이렇게 선의가 확실히 드러나는 지점에서 이야기가 한바퀴 돌아 원점으로 돌아옵니다. 교육에 대한 이상을 품은 사교육 종사자조차 사교육의 고도화로 인해 발생하는 폐단에 일정 부분 기여하고 있기 때문입니다.

즉, 이러한 몰입은 두갈래 가지를 지닌 나무와 같습니다. 이 나무의 한쪽 갈래에는 교육 그 자체가 있고, 다른 갈래에는 사교육의 고도화와 과몰입, 그리고 이로 인한 부조리와 분노가 있습니다. 두가지는 나뉘어 있지만 종종 얽히며, 그 과정에서 한 가지가 다른 가지를 거의 죽일 만큼 옭아매기도 합니다. 지금의 수능에서 교육이 실종되었으며 커뮤니티가 분노에 사로잡힌 것처럼 말입니다. 그러나 이 가지들은 여전히 하나의 뿌리에서 자라난 것입니다.

이쯤에서 선한 영향력이라는 용어를 생각해봅시다. 우리는 주위에 좋은 영향을 미치는 사람을 보고 '선한 영향력을 발휘한다'고 평하며 스스로도 그렇게 행동하고자 합니다. 악한 영향력 그 자체를 원하는 사람은 거의 없을 테니까요. 그러나 테오도르 아도르노(Theodor W. Adorno)가 "어느 정도 순수성을 유지하는 사람들만이 세상에 저항할 수 있는 증오와 신경과 자유와 기민성을 확보할 수 있지만 바로 이 순수성의 환상 때문에 (…) 그는 바깥에서뿐만 아니라 사유의 가장 내밀한 곳에서까지 세상이 승리하도록 만든다"[12]고 지적한 것처럼, 순수한 의도는 종종 구조 속에서 왜곡됩니다. 혹은 폐해를 숨기는 가림막으로 기능합니다. 달리 말하면 명백한 악에 의해서만이 아니라 선의에 의해서도, 이상과 헌신에 의해서도 사람은 실망과 실패를 겪습니다. 또한 이 실패는 물리적이고 타산적인 이유로만이 아니라 자신이 처음부터 불행의 관계망 속에 있었음을 발견할 때도 포착됩니다.

그러니까 아무런 악의를 전제하지 않은 상태에서도, 제도 미비와 무체계성으로 인한 노동착취 경향을 배제하더라도, 분노와 불안 때문이 아니더라도 수험생 커뮤니티라는 신공동체가 내세우고 강화하는 가치 기준은 다양한 의미에서 사람을 배신합니다. 사교육 고도화와 N수 열풍에 대해서는, 문제의 퍼즐화에 대해서는 이미 말했으니 열망과 몰입 그 자체에 대해 말해볼 차례입니다.

인터뷰: 저자

이덕영(『포카칩 모의평가』 저자/수학교육학 석사과정) 이 업계가 처음에는 자아실현이 되는 것처럼 보이지만, 계속하다보면 결국 한계에 봉착하거든요. 모든 업종이 다 그렇잖아요. 밝은 면만 있는 게 아니기 때문에, 처음에는 자부심을 가지더라도 계속 입시 일을 하다보면 "이게 정말 학생들한테 도움이 되는 걸까?"라는 고민을 안 할 수가 없어요.

학생들을 위한 책이라 해도, 멀리서 보면 결국엔 입시의 일환이죠. 아무리 그게 선한 의도를 담고 있다고 해도 누군가에게는 기계화된 문제풀이를 도와

12 테오도르 아도르노 『미니마 모랄리아』, 김유동 옮김, 도서출판길 2005, 179면.

주는 체계에 불과한 것도 사실이에요. 그렇게 파고 들어가면 정답이 없다는 결론에 도달해요. 교육엔 정답이 없구나. 그러면 좌절감이 들어요. 내가 여기에 굉장히 큰 이상을 가지고 몰입했지만 그러면 안 됐던 거예요.

물질적으로 성공했으면 뭐, 난 돈을 벌기 위해서 한다, 이렇게 넘어갈 수 있어요. 그런데 그것도 아니면 좌절감이 얼마나 심하겠어요. 그 점에서, 모든 일이 다 그렇겠지만, 사교육 업계에 어린 나이에 진입하는 건 굉장한 리스크가 있다는 걸 알아야 하죠. 많은 걸 포기하면서 하고 있는 행동이라는 사실을 인지해야 돼요.

문호진 계속 학원에서 일하는 수험생, 학원생들 여럿과 얘기를 해보면서 느낀 건데 그 학원생들은 뭘 잃는지를 정확히는 모르거든요. 당장의 수입이라든지 전망 그리고 본인이 갖게 될 거라 생각하는 전문성에 대한 기대 정도만 보고 진입하는데, 그러지 않았으면 좋겠다는 생각을 어쩔 수 없이 하게 됩니다.

이덕영 그 부분에서도 몰입이라는 키워드가 핵심인 것 같아요. 일부 강사들 보면 학교 교사한테는 느낄 수 없는 열정이 느껴진단 말이에요. 그 정도로 입시에 진심인 건 순전히 돈 벌기 위한 게 아니에요. 그 진심이 보이기 때문에 학생들이 따르는 거고 서로 통하는 거예요. 근데 입시 일이라는 게 그 정도의 의미를 지녀야 하는가, 학생들이 거기에 몰입해서 얻어낼 만한 가치가 있느냐 하면 그건 아니라고 봐요. 세상에 영감을 줄 수 있는 게 얼마나 많고 재밌는 게 얼마나 많은데.

문호진 저도 동일한 의견입니다. 입시 관련자들이 입시를 과정이라기보다는 목적으로, 너무 진지하게 대한다고 생각해요. 입시는 다음 단계로 나아가는 관문일 뿐인데 강사 쪽에서도, 공부하는 학생 쪽에서도 그 제한된 분야

내에서의 성취를 너무 완벽하게 갈고 닦으려 하니 무한 N수가 굴러가는 거죠. 그렇게 학령인구 감소에도 불구하고 역대 최대 사교육비가 쏟아부어지게 되고요. 서로 힘도 빼고 몰입을 거뒀으면 좋겠다는 게 개인적인 생각이에요. 사람이 살아가면서 몰입을 안 할 수는 없지만 그 주제가 생애경로에 따라 자연스럽게, 조금씩 옮겨갔으면 좋겠다는 거죠.

이덕영 방법이나 방식에서 차이가 생길 뿐이지 '이렇게 돼야 한다'에 대해서는 아마도 거의 다 동의할 거예요. 하지만 이게 어려운 문제예요. 한두가지 측면을 고려해야 되는 게 아니잖아요.

그런데 왜 커뮤니티인가

열망과 몰입은 삶의 불꽃이지만, 정도가 과해지면 나쁩니다. 이는 너무나도 당연한 이야기입니다. 그러나 세상의 수많은 문제는 당위로 감정을 흔들 수 없다는 데에서 옵니다. "이건 잘못됐다"라는 선언만으로는 엄연히 존재하는 여론을 돌려놓지 못하는 것입니다. 생겨난 경위가 무엇이든 간에 감정은 그 자체로 효력을 지니며 모든 행동에는 나름대로의 이유가 있습니다. 그리고 마찬가지로, 당위만으로 현실을 뜯어고칠 수도 없습니다. 멀쩡히 운영되는 커뮤니티 사이트를 외력으로 닫을 수는 없으니까요.

그러니까 수험생 커뮤니티가 과몰입을 증폭시키는 공간이라는 것은 부분적인 진단이고, 어떤 면에서는 결과에만 주목함으로써 본질을 외면하려는 태도입니다. 따라서 문제 해결을 위한 질문은

'수험생 커뮤니티에서는 어떤 대화가 오가는가? 누가 여론을 주도하고 주목을 얻는가?' 대신 '수험생 커뮤니티는 왜 이렇게 중요해졌는가? 학생들을 커뮤니티로 끌어들이고 그 세계관을 받아들이게끔 유도하는 기제는 무엇인가?'가 되어야 할 것입니다. 앞선 인터뷰에서는 사교육 업체와 커뮤니티 간의 유착이 있음을 시사했지만, 그건 일부 사례에 국한된 설명이지 커뮤니티의 일반적인 작동원리는 아닙니다. 대부분의 학생들은 스스로 커뮤니티를 찾아오니까요.

사교육만의 원서 영역

우선 이렇게 물어보겠습니다. 사교육이 대체 불가능한 영향력을 발휘하는 분야는 어디일까요?

이런 질문을 던지면 '수학' 혹은 '영어' 라는 대답이 나옵니다. 아무래도 사교육이라는 명칭과 스타 강사들의 지명도 때문이겠지요. 그러나 교육은 우선적으로 공교육의 몫이며 학생의 역량에 큰 영향을 받는 분야인지라, 사교육 없이도 좋은 성과를 내는 학생들이 곧잘 생겨납니다. 그리고 아무리 유명한 강사라도 제도가 불리한 쪽으로 바뀌면 맥을 추지 못합니다. 2014학년도를 기점으로 탐구 영역의 경향이 바뀌기 시작했을 때, 스타 강사들이 대거 물갈이된 것처럼 말입니다. 그러니까 사실 '교육'이라는 분야만을 논하자면, 사교육은 공교육에 비해 특정 분야에서만 우세할 뿐이지 대체 불가능한 지위를 차지한다고는 말하기 어렵습니다.

반면 '어떤 대학에 지원서를 넣어야 가장 유리한가, 낮은 점수로 기적적인 합격을 노리려면 어떻게 해야 하는가 하는 문제', 즉 **원서 영역**[13]은 이야기가 다릅니다. 큰 수의 확률과 통계는, 정보는 개인이 어찌할 문제가 아니니까요. 눈치 게임의 노하우야 말할 것도 없고, 수능 점수 반영 방식 또한 대학별로 파편화되어 있습니다. 어떤 대학은 백분율로, 어떤 대학은 순수 표준점수로, 어떤 대학은 변환표준점수로 학생을 뽑는데다가 과목별 반영비율도 대학마다 다르지요. 입시 컨설턴트처럼 그 일 자체를 업으로 삼은 경우가 아니고서야, "올해는 국어가 어려워서 최대 표준점수가 높았고, 수학은 그 반대였다. 한편 탐구는 의대 지망생들이 많이 응시하는 생명과학II에서 등급 블랭크가 발생했는데, 이 경우 국어 반영비를 높게 치는 ○○대학과 ××대학 지원자들은……"과 같은 분석을 종합적으로 수행하고 설득력 있는 결과물을 내놓긴 어렵습니다. 학생은 물론이고 교사조차 원서 지원 상담을 위해 사교육 업체의 자료를 활용할 수밖에 없는 겁니다.

따라서 '강사는 사라져도 입시 컨설턴트는 남는다'는 말처럼, 원서 영역은 학력고사 시절부터 지금까지, 입시제도가 얼마나 개편되든 간에 사교육의 든든한 버팀목이 되어오고 있습니다. 사교육이 대중 여론을 움직이는 핵심 고리도 이 부분입니다. 학원들은 각 대학 학과들의 등급 커트라인을 제시하는 '배치표'를 제작

13 대학 원서를 잘 넣는 것이 수능의 '국어 영역'이나 '수학 영역'만큼이나 어렵고 중요한 과업이라는 점에서 붙은 별칭입니다.

해 배포하고, 언론사는 당해 연도 입시에 대한 의견을 묻기 위해 입시 컨설턴트를 찾아갑니다. 교육이 아니라 종합적인 입시에 대해 권위 있는 해석을 내놓을 만한 전문가는 그들뿐이기 때문이지요. 이는 달리 말하면 입시에 대한 해석과 판단이 사교육에 의해 독점된다는 의미이기도 합니다.

수험생 커뮤니티의 활성화 또한 원서 영역과 밀접한 관계가 있습니다. 2000년대 초, 오르비는 고품질 배치표를 생산하고 입시 정보를 공유함으로써 이용자들을 끌어들였습니다. '점수공개 카페'처럼, 합격 희망자들이 다음 카페에 모여 직접 수능 점수와 지원 학과를 공개함으로써 모의지원 등수를 계산하는 문화도 있었지요. 이런 문화는 20만명이 동시에 이용하는 '진학사 모의지원'이나 '유웨이어플라이' 등의 서비스로 발전하면서 형식적으로나마 커뮤니티와 분리되었습니다만, 실질적으로는 더욱 밀접한 관계를 맺게 되었습니다. 40%의 예상 합격 확률은 판단의 근거 중 하나일 뿐이지 그 자체로 답이 될 수는 없기 때문입니다.

원서 접수 시기마다 수험생 커뮤니티에는 "진학사 4칸 넣어도 될까요?"나 "3상향 vs 2상향 1안정" 같은 질문 글이 우후죽순 올라옵니다. 이 성적으로 추가합격을 노릴 수 있을지, 상향지원을 할지, 아니면 안정적인 합격을 노릴지 묻는 겁니다. "○○대 A학과 vs ○○○대 B학과" 유형의 질문도 단골 주제고, "내년에 수능을 다시 칠까요? 아니면 그냥 ○○대에 갈까요?"를 묻는 수험생들도 많습니다.

몇해를, 어쩌면 평생을 좌우할 만한 결정을 맞닥뜨렸을 때 최대한 많은 의견을 들어보고자 하는 것은 자연스러운 심리입니다. 비록 댓글을 다는 사람들의 대다수가 전문성과는 거리가 먼 동료 수험생들일지라도 그렇습니다. 입시 상담 비용으로 수십만원, 어쩌면 수백만원에 달하는 돈을 지불할 수 없는 학생이라면 커뮤니티에 드나들어야만 하니까요. 따라서 평소에는 수험생 커뮤니티에 아무런 관심이 없었던 학생들조차도 원서 접수 시기가 되면 하나씩 아이디를 마련하게 되고, 그들 중 일부는 커뮤니티에 흡수됩니다.

공적 영역의 빈틈으로부터

이처럼 원서 영역을 관찰하면 학생들이 공적 영역의 빈틈을 통해 사교육으로 빠져나가는 방식을 확인할 수 있습니다. 학생들은 현실에서, 공적 영역에서 답을 듣지 못한 의문을 해소하기 위해 커뮤니티에 가입합니다. 단순히 다른 수험생들과 교류하거나 자신의 성적을 뽐내고 싶어하는 경우도 있습니다만, 상당수는 실용적인 목적으로 유입되는 것입니다. 그후 조언을 받아들이는 과정에서 커뮤니티의 여론과 세계관을 자연스레 내면화하지요.

이러한 기제는 원서 영역뿐만 아니라 다른 분야로까지 확장될 수 있습니다. 즉, 학생들은 학교 수업이 만족스럽지 않아서, 어떤 인터넷 강사를 택해야 할지 몰라서, 어떤 교재가 가장 좋은지 몰라서, 논술 전형을 어떻게 대비해야 할지 몰라서, 어떻게 공부를 시작해야 할지 몰라서, 자신의 취약점을 어떻게 메울지 알 수 없어서, 더 나아가 자신의 미래 직업을 상상할 수 없어서 커뮤니티의 문을 두드립니다. 주변 환경으로부터 도움을 구할 수 없는 까닭에, 혹은 주변 환경을 믿지 못하는 까닭에 대안적인 소통 창구를 찾는 것입니다. 그리고 주변 환경 대신 그 소통 창구에 의존하며 유대감을 느끼기 시작합니다.

사교육 종사자들이 학생들에게서 신뢰를 얻는 방식도 이와 유사합니다. 피상적이며 임시방편에 가까운 방식일지라도, 상업적으로 오염된 방향일지라도, 사교육은 지금 당장 필요한 해결책을 제시합니다. 더 나아가 학생들을 걱정하며 함께한다는 느낌을, 유대감을 안겨다줍니다. 그런 태도가 마케팅에 불과한 경우에조차 그렇습니다. 학생들은 '그래도 사교육 종사자들이 교육 당국보다, 공교육 관계자보다 낫다'고 느끼기 때문입니다.

2023년 여름의 킬러 문항 사태가 단적인 예가 될 것입니다. 정부 발표에 대한 당시 수험생 커뮤니티의 여론은 "도대체 무슨 소리냐, 우리를 제발 내버려둬라"였습니다. 비록 현행 수능에 탐구 영역의 기형적 난도 상승이나 문항의 퍼즐화 등의 문제가 있는 것은 사실입니다만, 킬러 문항의 기준조차 제시하지 못하고 갈팡질팡한다거나 그 원인으로 카르텔을 지목하는 것은 신뢰를 잃을 만한 행동이기 때문입니다. 게다가 선불리 출제 경향이 바뀌면 지금까지의 공부가 흔들릴 수 있다는 점에서, 학생들로서는 그런 발표가 우려스러울 수밖에 없습니다.

이때 학생들의 걱정을 포착하고 그들의 입장에서 발언한 사람들은 교사·교육연구자 등 제도권 교육 종사자나 시민사회단체가 아니라 사교육 종사자들이었습니다. 더 정확히는, 사교육 종사자들뿐이었습니다. "더 좋은 대안이 없다면 섣부른 개입은 문제의 해결책이 아니라 원인이 된다"거나, "애들만 불쌍하다. (…) 지금 수능은 국수영탐 어떤 과목도 하나 만만치 않고, 쉬우면 쉬운 대로 어려우면 어려운 대로 혼란인데 정확한 가이드를 주시길 〔바란다〕"[14]는 주장을 공개적으로 개진하는 유일한 어른이 강사라면, 학생들은 다른 누군가가 아닌 강사를 믿고 따르게 됩니다. 비록 그들의 고통이 사교육으로 인해 심화되고 있을지라도 말입니다.

이 역설적인 유대감은 사교육 종사자와 커뮤니티, 그리고 수험생의 관계를 설명하는 데 핵심적인 요소입니다. 커뮤니티를 이용하는 학생들이라고 해서 사교육 업체의 착취 행위나 일부 사교육 종사자의 기만을 모르는 바가 아니기 때문입니다. 익명 게시판에는 "○○○은 학생들 가스라이팅해서 자기 책 팔려는 게 너무 잘 보인다" "×××는 매년 겨울만 되면 재수해도 괜찮다고 한다" 같은 게시글이 곧잘 올라와서 많은 호응을 얻지요. 그럼에도 불구하고 달리 믿을 어른이 없다고 느끼기 때문에, 최소한 사교육 종사자들의 태도가 완전한 거짓은 아닐 거라고 믿기 때문에, 학생들은 사교육에서 기댈 어른을 찾습니다.

결국 이런 현상에는 불편한 진실이 깃들어 있습니다. 하나는 (커뮤니티를 포함하는) 광의의 사교육이 자연발생적인 천재지변

14 「수능 손질에 '부자' 일타강사들 반발 … 정부 "학원만 배불렸다"」, 『한국경제』 2023. 6. 19.

이 아니라 공적 영역의 빈틈을 메우며 팽창하는 보완물이라는 것이고, 다른 하나는 그 빈틈이 '빈틈이어서는 안 될 부분'에서마저 나타난다는 것입니다. 입시 영역이야 사교육의 전문분야라 쳐도, 교육과 진로지도, 그리고 학생 개인과의 유대감이라는 측면에서는 공교육이 힘을 발휘할 여지가 남아 있기 때문입니다. 또한 그것이야말로 공교육의 역할이자 책무이기 때문입니다. 말인즉슨 책무가 제대로 이행되지 않으므로, 즉 학교 수업이 부실해지고 진로지도가 파행에 이르므로, 교사들이 학생들에게 믿음을 주지 못하므로 좌절한 학생들이 사교육에 이끌리게 되는 것입니다.

사교육 문제의 근본 원인은 공교육에 있다

물론 공교육 현장에는 책임감을 지니고 직무에 성실하게 임하는 교사들, 학생들에게 신임받는 교사들도 많습니다. 공교육의 실패를 개인 역량 및 태도의 문제로 귀속시키는 관점과 거리를 두어야만 하는 것도 사실입니다. 교사가 학생을 올바로 지도하지 못하는 데에는 개인 역량 외에도 행정 업무의 과중이나 학교 자체의 예산 및 체계 부족, 제도적 미비 등의 요인이 중대하게 작용하기 때문입니다.

그러나 이런 고려점에도 불구하고 몇가지 사실만큼은 명백합니다. 일단 첫째는 학생이 교사를 선택할 수 없으며 어떤 교사를 만날지가 순전히 운에 좌우되는 이상, 훌륭한 교사의 존재를 나

뿐 교사의 면벌부(免罰符)로 삼아서는 안 된다는 것입니다. 그리고 둘째는 사교육이 공교육의 빈틈을 성장동력으로 삼고 있는 이상, 사교육을 악마화하고 스타 강사를 비판하는 방식으로는 근본적인 해결이 불가능하다는 것입니다. 마지막으로 셋째는, 제도로서의 공교육이 바로 서는 것 외에는 사교육 문제를 해결할 방법이 없다는 것입니다.

×반고와 공교육

잠시 교육 당국과 공교육에 대한 불신을 논해보겠습니다.

기존에도 주변인들이 "저 학교는 소위 '똥통 학교'다"라는 식의 평가를 내리는 일은 잦았습니다. 그러나 이제는 학생들 스스로가 학교를 평가하는 신조어를 만들어낼 정도로, 당사자가 체감하는 학교별 격차가 심각하게 나타나는 상황입니다. 훌륭한 일반고는 '갓(God)반고', 중간 정도는 평(범)반고, 나쁘면 '×(같은)반고'라 불리지요.

이 중 가장 많이 쓰이는 단어는 아무래도 '×반고'고, 그 쓰임새는 대개 차별적이라기보다는 자조적입니다(화자가 지방 수험생일 경우 특히 그렇습니다). 핵심은 신조어의 의도가 줄 세우기나 논평과는 거리가 멀다는 지점에 있습니다. 학생들은 자신들을 낙인찍고 차별하는 대학이나 소외의 원인이 되는 사교육 대신, 공교육 시스템과 주변 환경에 우선 불만을 돌리게 됩니다. 매일

학교에서 최소한 8시간 이상을 보내는 당사자로서, 공교육의 부실을 여실히 느끼는 까닭입니다.

공교육은 학생들의 마음을 되돌려야 합니다. 이는 학생의 즐거움이 가장 중요하다거나, 학생들의 요구에 전적으로 응해야 한다는 의미가 아닙니다. 교육과 시민 양성이라는 근본적인 차원에서, '나는 여기에서 내가 원하는 것, 나의 발달에 도움이 되는 것을 공부하고 있구나, 교육 당국의 말을 믿고 따라가는 것이 내게 도움이 되는구나, 학교 구성원들은 입시 실적에 목매기보다는 학생 개개인의 미래를 정말로 깊이 걱정하는구나'라는 인식과 믿음을 학생들에게 안겨주어야 한다는 것입니다.

다만 그 전에, 이어질 3장에서 지금까지의 논의를 다시금 종합하면서 논지를 정리하고자 합니다.

3. 고리를 끊으려면

ⓐ 수험생 커뮤니티 사이트 기반의 출제 문화는 어떻게 형성되었으며, 이 문화는 어떻게 시장을 이루었는가?

ⓑ 그 시장을 뒷받침하는 산업구조는 어떻게 작동하며, 수요자와 공급자는 어떤 관계를 맺는가?

ⓒ 그 산업은 사회 전체에 대해 어떤 가치와 비용을 안겨다주는가?

2부는 이 세가지 질문을 구체화하는 과정이었고, 3부와 4부는 질문에 대한 응답이었습니다. 그리고 이 모든 이야기는 공적 영역의 책임으로 귀결되었지요.

즉, 사교육의 문제는 현행 제도와 공교육의 문제일 뿐만 아니라 산업 환경과 시장의 문제이며, 여기에는 타산에 더해 열망이 함께 작용합니다. 수험생 커뮤니티가 수능 콘텐츠 산업의 토양이었으며 지금도 강력한 등용문으로 기능한다는 점에서, 또한 신규 진입자들이 착취적인 구조를 기꺼이 수용하게끔 만든다는 점에서, 이 열망이라는 요인은 수능 콘텐츠 산업을 지금과 같은 형태로 완성시키고 강화한 핵심 고리라고 말할 수 있겠습니다.

이 고리를 끊으려면, 최소한 약화시키려면 어떻게 해야 할까요?

레일 위를 마구잡이로 굴러가는 수십만개의 쇠구슬들이 있으며, 새로 던져진 쇠구슬은 그 흐름에 휩쓸려 같은 방향으로 움직이게 된다고 가정해봅시다. 이때 쇠구슬 각각을 붙잡아서 흐름을 돌려놓을 수는 없고, 마찬가지로 모든 쇠구슬이 정확한 방향으로 굴러가게끔 제어하는 것 또한 불가능합니다. 쇠구슬끼리의 충돌이 매순간 새로운 변수를 만들어내기 때문입니다. 따라서 레일 관리자들은 레일의 각도를 조정하고 지물을 재배치함으로써, 큰 틀에서나마 추세를 조정할 수 있을 뿐입니다.

열망의 문제도 이와 같습니다. 열망은 원인인 동시에 결과이고, 수많은 사람의 총의이기도 합니다. 그리고 수많은 변수로 점철되어 있습니다. 따라서 (50만명의 수험생을 1:1로 설득할 수 없듯이) 개개인에게 초점을 맞추어서는 변화를 이끌어낼 수 없으며, 속시원한 해법 또한 없습니다. 다만 확실한 것은, 공교육과 제도가 학생들을 좌절시키는 상황이 반복되는 이상 문제 상황은 계속 심화되리라는 사실입니다. 이는 결국 공적 영역에서 해소되지 않은 에너지가 모여들고 변질된 결과물이기 때문입니다.

사교육이 아무리 교재를 강매하며 횡포를 부리더라도, 학교에서 다룬 적 없는 수학 증명의 자세한 내용을 재수학원에서 처음 배우는 상황이라면 (수시를 강화한다거나 정시를 확대한다거나 하는) 피상적인 수준의 제도 변화만으로는 현장 학생들이 효용을 체감하기가 어렵습니다. 사교육으로부터 주도권을 되찾기 위해서는 공교육이, 무엇보다도 교육이 바로 서야 합니다. 학생들에게 믿음을 주어야 합니다.

수능 폐지, 또는 자격고사화?

그런데 완전히 다른 해결책을 생각하시는 분이 계실지도 모르겠습니다. 그것은 바로 수능을 폐지하거나 최소한의 자격만을 묻는 시험으로 바꾼 후 다른 어떤 시험도 새로 도입하지 않는 것입니다. 수능을 없애고 수시 전면화를 진행하면 스타 강사의 영향력이 쪼그라들고 각종 수능 콘텐츠의 생산도 멈추지 않을까요?

이러한 해결책의 문제는, 수시 또한 좋은 입시제도가 아니라는 데에 있습니다. 수능이 갖고 있는 문제점을 상당 부분 공유할 뿐만 아니라, 그 자체의 문제점 역시 적잖지요. 때문에 수능 제도의 부조리와 그 폐해에도 불구하고, 대다수의 사람들은 수시보다 수능이 더욱 건전한 제도라고 믿습니다. 2019년에 리얼미터가 대입 정시 확대에 대한 찬반 여론조사를 진행했을 때, 찬성 비율은 응답자의 63.3%에 달한 반면 반대 비율은 22.3%에 불과했다는 사실이 그 믿음을 방증하지요.[15]

제도권 교육의 구성원, 즉 교사·교육학 연구자·교수들은 수시에 대한 비판적 시선이 입시와 거리가 먼 기성세대의 오해 때문이라 강변합니다만,[16] 세부 통계는 그 반대입니다. 가장 최근에 대입을 경험한 20대와 30대의 찬성률이 각각 62.8%와 72.7%를 기록했고, 오히려 60대 이상은 가장 낮은 49.4%를 기록했으니까요.[17] 이 책의 준비 과정에서, 취재에 응한 고교 재학생들 역시 학종으로 대표되는 수시 제도에 부정적인 태도를 보이는 경우가 많았습니다. 수시에 대한 불신은 '몰라서 하는 오해'가 아니라 '경험자의 입장'인 셈입니다. 그러니 수능을 폐지한다는 선택은, 방을 청소하는 대신 문을 완전히 잠가버린 뒤 들어가지 않음으로써 쓰레기를 외면하는 일과 비슷할 것입니다.

물론 그렇다고 해서 이 책의 결론이 수능 옹호론으로 귀결되는 것은 아닙니다. 1부에서 설명했듯이 현행 수능은 반교육적인 측면이 있을 정도로 원래의 취지가 전복되어 있으며, 그런 문제는 개편 후에도 언제든 다시 나타날 수 있는 종류의 것이니까요. 핵심은 공교육과 제도의 취약점 역시 상당하며 그 취약점으로 인한 좌절이 수시에 대한 불신과 사교육의 팽창을 부추기므로, 그 좌절이 계속되는 이상 수능 폐지와 같은 거시적인 대책만으로는 정책 목표를 달성하기 어렵다는 데에 있습니다. 공교육 현장과 수시는, 그리고 수능은 분리된 요소처럼 보이지만 실제로는 톱니바퀴처럼 맞물려 돌아가기 때문입니다.

---

15 http://www.realmeter.net/국민-10명-중-6명-대입-정시-확대-찬성/
16 「현직 고교 교사 긴급설문 … '정시 비중 확대'는 개악!」, 『에듀진』 2019. 11. 1.
17 앞의 리얼미터 조사.

또 그런 식의 대책은 목표의 달성 여부를 논하는 단계까지 나아가기도 어렵습니다. 현장의 불신과 대대적 반발로 인해 도입되지 못하거나, 도입되더라도 취지와는 전혀 다른 결과를 맞이하며 한해만 시행된 뒤 폐기 수순을 밟을 가능성이 높지요(2008학년도의 등급제 수능, 2014학년도 수능의 영어 A/B형 분리처럼 말입니다). 그러면 그해의 수험생과 학부모들은 자신들이 사회적 실험의 '모르모트'가 되었다 여기고, 이후의 교육정책 변화에 대해 확고한 반대자로 남게 됩니다. 무리한 시도가 긍정적 변화의 가능성과 동력을 훼손하는 셈입니다.

핵심은 결국 교육이다

학생은 비록 입시 전문가는 아닐지라도 제도 변화에 즉각적인 영향을 받으며, 따라서 자신들에게 일어나는 일이 무슨 의미인지를 본능적으로 깨닫는 존재입니다. 또한 교육이 목적해야 할 대상이자 그 방법론에 따라 '어떤 사람이 될지'가 부분적으로나마 결정되는 존재이기도 하지요.

두 측면은 '입시에서 요구하므로 행하고 따르게 되는 것'이라는 가교를 통해 하나로 맞붙습니다. 1부에서 강조한 바와 같이, 입시제도와 그 설계는 실상 줄 세우기의 방법론이기 이전에 교육의 방법론인 셈입니다. 따라서 이 톱니바퀴 장치를 올바로 고치고 실질적인 변화를 발생시키기 위해서는 학생에게 주목해야 합니다. 입시 대비과정에서의 요구사항이 과연 학생들의 삶에서 필요한 내용인지, 그 수준이 학생에게 적절한지, 학생은 제도와 공교육을 통해 실제로 어떤 경험을 하는지를 살핌으로써 교육 자체를 되돌아봐야 한다는 것입니다.

이때 제도와 공교육이 저지르는 착오는 종종 교사·교육학 연구자·교수들이 바라보는 교실과 이 책이 만난 고교 재학생들이 그려내는 교실의 모습이 완전히 다르다는 사실로부터 기인합니다. 학생의 인식만이 진실하다고는 말할 수 없겠지만, 같은 공간에 있는 사람들이 맞나 싶을 정도의 관점 차는 그 자체로 문제적입니다. 참여가 기반이 되는 학종 체제가 자리잡았음에도 불구하고, 제도권 교육과 학생 사이에 유의미한 소통이 이루어지지 못하는 현실을 대언하지요.

이러한 맥락하에, 이어질 5부에서는 '부조리에도 불구하고 학생들이 수능을 믿으려 하는 이유'가 '공적 영역에서의 좌절'과 밀접한 연관이 있음을 논증하고자 합니다. 그리고 수능이 어떤 면에서는 최소한의 탈출구로서 기능한다는 점을 우선 밝힌 후 공적 영역의 취약점을 상세히 살필 예정입니다. 이는 무엇을 보완하거나 고쳐야 할지를 확인하는 작업으로도 기능할 것입니다.

막간

과거의 수능 만점자들은 "교과서에 충실하고 예·복습을 철저하게 했다"는 점을 성적 비결로 꼽았지만, 요새는 상황이 다릅니다. 한 수능 만점자가 "공교육만으로 수능 문제를 충분히 풀 수 있다고 보느냐"는 질문에 "사교육을 받지 않고 만점을 받았다면 이 질문에 답할 수 있겠지만, 어쨌든 (저는) 재수종합학원에 다녔기 때문에 답하기 어려울 것 같다"고 답한 것이 단적인 예시일 겁니다.

이렇게 사교육의 영향력이 강해지고 그에 대한 학생들의 의존도가 높아지면서, 그 반향은 '교육'의 테두리를 벗어나 사회 전반으로 뻗어나가게 되었습니다. 수험생 커뮤니티에서 시작된 서브컬처, 즉 '수능 문화'가 대중적인 차원에서 받아들여지기 시작한 겁니다. 인터넷강의 강사가 「유 퀴즈 온 더 블럭」 등의 예능에 패널로 등장하고, 유튜브에는 수능 공부 자체를 콘텐츠로 삼은 채널들이 나타났지요. 그중에는 구독자가 100만명 이상인 대형 채널도 여럿이고요.

분위기 변화는 정치인들이 교육 의제를 대하는 방식에서도 포착됩니다. 얼마 전, 한 국회의원이 「한줄요약: 시대인재를 유치해달라고요?」라는 제목의 2분짜리 동영상을 올린 적이 있습니다.[18] 동영상을 틀자마자 "아이들하고 어머니들하고 (○○구 교육현안에 대해) 얘기를 했는데, 한줄 요약을 하자면 '시대인재를 유치해달라'였습니다"라는 발언을 들을 수 있지요. 비록 이런 언급은 관심을 끌기 위한 캐치프레이즈일 뿐이고 영상의 후반부는 공교육을 중심으로 한 지역의 교육 환경 문제로 채워졌지만, 그 점을 감안하더라도 학원 브랜드명이 정치 홍보에 동원되는 2024년 현재의 풍경은 다분히 상징적입니다. 수능 만점자 인터뷰에서 드러났듯이, 터부시되던 '사교육'이라는 주제가 당당히 공적 영역에서 거론되기 시작한 것입니다.

그런데 사교육의 영향범위는 수능이 전부일까요?

그렇지 않다는 점은 3부에서 짧게나마 다뤘습니다. 인터넷강의의 전국화로 인해 지방 학원들은 내신 전문 학원으로 업종을 바꿨고, 수시 확대와 그에 따른 교사 업무의 과중은 사교육의 각개격파를 불러왔지요. 정시·수시 대비 과정이 갈라지면 교사들은 둘 중 하나만을 택할 수밖에 없지만(혹은 필연적으로 대비 역량이 약화되지만), '수능 전문 학원 A'와 '내신 전문 학원 B'는 한

18 「한줄요약: 시대인재를 유치해달라고요?」, 조정훈 유튜브, 2024. 3. 7.

지역 내에 공존할 수 있는 겁니다. 결과적으로 수시 확대 기조는 초반 몇년간은 사교육 억제 효과를 발휘했지만 이후에는 수능 사교육과 내신 사교육이 더불어 자라날 빌미를 제공했습니다. 매년 역대 최고액을 경신하는 사교육비 총액이 이를 방증합니다.

뿐만 아니라 선행학습도 만성화되었습니다. 비록 과거에도 올림피아드 준비·과학고 입시를 위해 대학 과정까지 선행하는 중학생들이 있었지만, 보편적인 사례는 아니었습니다. 오히려 그런 현상을 대치동만의 병폐로 간주하는 시선이 적잖았지요. 반면 지금은 수시 전형 모집 규모가 늘고 고등학교 1학년 내신의 중요성이 커지면서, "수시로 인기 대학에 가려면 선행학습이 필요하다"는 인식이 확산된 상태입니다.

2부부터 4부까지는 수능 사교육에 주목했습니다. 5부에서는 학생들의 증언을 통해 현장 실상과 **비수능 사교육(내신 사교육 및 입시 컨설팅)**의 작동 방식을 살펴보겠습니다. 더 나아가 '사교육의 확장 뒤에는 공적 영역의 부실이 자리한다'는 명제를 구체화하고자 합니다.

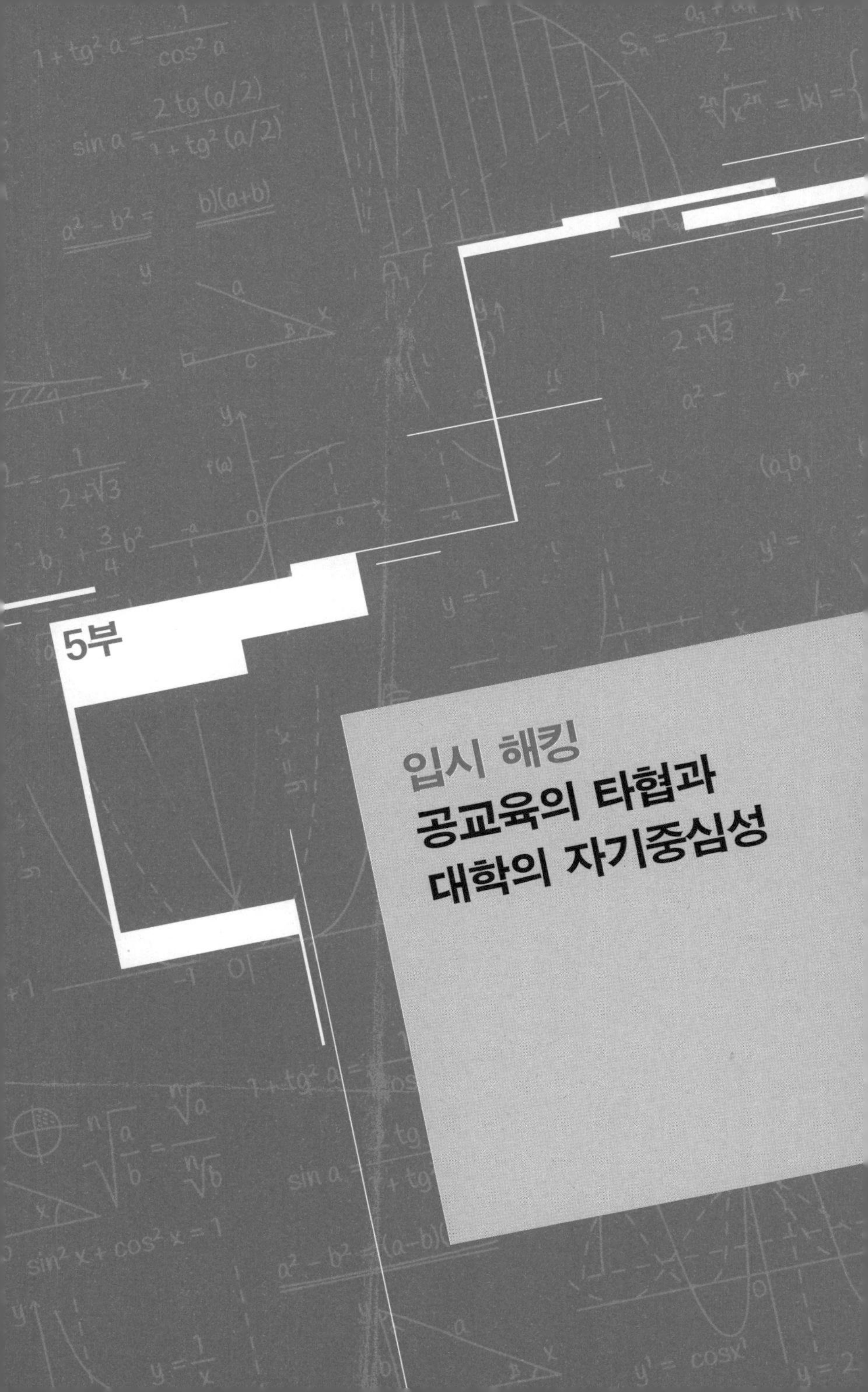

5부

입시 해킹
공교육의 타협과 대학의 자기중심성

1. 학교에서 도망치기

김원석(인천하늘고등학교 교사) 고2 담임으로 신학기 상담을 하고 있는데요, 어제는 8명이 상담을 하는데 그중 절반이 똑같은 이야기를 묻더라고요. '선생님, 이제 저는 정시로 가야 하는 걸까요?' 제 입장에서는 갑갑한 겁니다. 현실을 무시한 채 '아니야, (수시로도) 할 수 있어'라고 해야 할 것인지, 아니면 '그래, 이제 수능에 한번 올인해 볼까?'라고 해야 할 것인지에 대해 내적 갈등이 생기고요. 또 극단적으로는 자퇴 후 검정고시를 치고 수능에만 집중하는 방안을 생각하는 학생도 있습니다.

학교를 떠나는 학생들이 해마다 늘어납니다. 2021년에는 9504명, 2022년에는 1만 2798명, 2023년에는 1만 5520명으로 그 증가세가 눈에 띌 정도지요.[1]

1 「해마다 늘어나는 고교중퇴자 … 2023년 15520명, 2022년 12798명, 2021년 9504명」, 『한국교육문화뉴스』 2023. 8. 14.

학생들은 대개 1학년 2학기 성적이 가시화될 무렵 자퇴를 결정합니다. 수시로 진학할 만한 대학교의 상한이 어렴풋하게나마 윤곽이 잡히기 때문입니다. 내신으로 대학에 가기 글렀으니 학교 활동에 쓸 시간을 수능 공부로 돌리겠다는 식이지요. 이런 현상에 대해서는 '공교육의 권위가 실종됐다'거나, '사교육의 영향력이 과도하게 커졌다'는 논평이 따라붙곤 합니다. 입시 경쟁에 몰두하느라 기본적인 일상과 관계마저 저버리는 수험생의 이미지가 대중적으로 퍼져 있기 때문일 겁니다.

하지만 '정시의 본산'이라고 할 만한 수험생 커뮤니티의 중론은 "정시 준비는 고생길이고, 결국 재수생이 될 가능성이 높으니 끝까지 생활기록부를 챙겨라"입니다. N수생이 대거 참전하는 수능은 고등학생에게는 너무나 좁은 문일 수밖에 없습니다. 한편 한국은 "고등학교 졸업장 정도는 있는 게 좋다"고 말하는 어르신들이 많은, 정상성 중심의 사회이기도 합니다.

이런 악조건에도 불구하고 수시를 포기하며 학교를 떠나는 학생들의 존재는, 내신과 수시라는 제도의 가혹성을 방증합니다.

이 가혹성의 정체는 무엇일까요?

이에 답하려면 우선 제도의 명세를 알아야 합니다.

내신 등급과 활동기록

수시 전형은 크게 네 종류입니다. **학생부교과전형**(교과), **학생부**

종합전형(학종), 예체능 학생들이 응시하는 실기, 그리고 논술이지요. 실기·논술은 타 전형과 워낙 성격이 다르거니와 모집인원 또한 전체 모집 규모의 10% 전후에 불과하니[2] 이 장에서는 다루지 않도록 하고, 생활기록부를 평가 대상으로 삼는 전형들을 중점적으로 살피도록 하겠습니다.

일단 생활기록부는 **내신 성적**과 **활동기록**으로 이루어집니다. 내신 성적에는 과목별 등급에 더해 원점수 평균·표준편차·이수자 명수 등의 수치가 기재되고, 활동기록에는 교내 대회 참여나 보고서 발표 등의 활동이 기재되지요. 교과는 내신 성적만을 기준으로 지원자들을 줄 세우지만, 학종은 내신 성적을 주로 보되 활동기록을 참고자료로 활용합니다.

이때 활동기록의 주요 항목으로는 다음과 같은 것들이 있습니다.

ⓐ **교과 세부능력 및 특기사항**(세특)

– 등급으로는 환원되지 않는, 학생 개인의 활동과 성취 수준이 기재됩니다. 모둠활동, 보고서, 수행평가, 발표 등의 세부 내용을 확인할 수 있습니다. '윤동주의 「서시」를 읽고 해당 시가 발표된 시대적 상황과 연계하여 주제 의식을 다각도로 탐구하는 내용의 발표를 함' 등의 서술이 세특 내용에 해당합니다. 각 과목의 담당

---

2 「[2024 수시] 27만 2032명 선발, 전체 모집인원의 79%」, 대학IN, 2023. 7. 28. 논술과 실기는 수시 전형으로 분류될지라도, 역량에 따른 성취만을 기준으로 삼아 학교생활과는 무관한 차원의 평가가 이루어진다는 점에서는 정시와 유사한 성격을 지닙니다.

교사가 작성합니다.

ⓑ **행동특성**(행특)

– 생활태도에서부터 자기주도적 학습 능력까지, 학생 개인의 인격적 특성이 다방면으로 기재됩니다. '모둠활동에서 갈등이 발생했을 경우 적극적으로 중재하며, 단체활동에서는 항상 리더 역할을 도맡는 학생임'이나 '자신이 이해한 내용을 체계적으로 정리하는 능력이 뛰어나며 이를 통해 급우를 도울 줄 아는 학생임. 수학의 증명 과정을 이해하기 어려운 급우들을 위해 따로 풀이를 설명해주는 시간을 마련함' 등의 평가가 행특 내용에 해당합니다. 담임 교사가 작성합니다.

ⓒ **창의적 체험활동**(창체)

– 학생회·봉사·동아리·진로활동 등이 기재됩니다. 이때 진로활동은 **전공적합성**의 판단 기준 중 하나라는 점에서 큰 중요성을 지닙니다. 예컨대 '인문학의 날 행사(2023. 6. 16)에서 평소 관심 분야인 고전 한시와 근대 중국의 백화문 운동을 주제로 중국 문학의 변천사를 한눈에 알아볼 수 있는 팸플릿을 제작함'과 같은 서술이 있다면 중어중문학과 진학에 가점을 얻을 수 있습니다. 담임 교사, 교과 담당 교사, 진로 전담 교사 등이 함께 작성합니다.

내신의 핵심이 숫자 그 자체라면 활동기록의 핵심은 **전공적합성**입니다. 예컨대 '농축산물의 유통구조에 대해 다각도로 탐구해왔으며 관련 행사에도 적극적으로 참여한' 3등급 학생과 '성실하다는 것 외에는 딱히 특색이 없는' 1.5등급 학생이 있다고 가정해 봅시다. 농경제학과 교수라면 전자의 학생에게 눈길이 갈 수밖에 없을 겁니다. 잘 쓰인 활동기록에는 1~2등급가량의(특목고·자사고의 경우는 3~4등급가량까지도) 내신 차이를 메우고 단숨에 합격선으로 도약할 만한 힘이 있습니다.

그런데 교과와 학종 두 전형은 기본적으로 '고등학교 생활에만 충실하면 대학에 갈 수 있도록 하자'는 기조의 산물이기 때문에 경계가 흐릿합니다. 준비 과정이 어느정도 공유되는 것이지요. 학종을 노리는 경우라도 핵심 평가 기준은 결국 내신인 까닭에 성적 관리가 중요하고, 반대로 꽤 많은 수의 대학은 교과 전형에서도 교과 등급 외의 생기부 기록사항을 20% 내외로 반영합니다(고려대학교, 성균관대학교 등). 명목상으로만 교과 전형일 뿐이지 학종에 가까운 방식으로 운영되는 사례가 많은 겁니다.

따라서 학생들로서도 둘 중 하나에만 주력할 이유가 없습니다. 교과와 학종 대비를 병행할 수밖에 없다고 말하는 편이 더 정확할 겁니다. 이는 내신 등급과 활동기록을 동시에 챙겨야 한다는 의미이기도 합니다.

하루짜리 단거리 경주와 3년간의 마라톤

서두의 질문으로 돌아갈 차례입니다. '수능이라는 좁은 문을 기꺼이 택하는 학생들의 존재는 수시의 가혹성을 방증한다'고 말했지요. 이 가혹성의 정체는 무엇일까요?

정시, 즉 수능 경쟁부터 논해봅시다. 한차례의 시험만으로 지난 12년의 성패가 결정되는 상황은 가혹하다지만, 모든 일에는 일장일단이 있는 법입니다. 결과만을 보고 판단하겠다는 것은 과정상의 시행착오를 눈감아주겠다는 말, 대비 과정에 최소한도의 자율성을 부여하겠다는 말과도 동일합니다. 3월, 6월, 9월 모의평가를 잇달아 망치더라도 11월의 본수능 성적만 잘 나오면 그만이라는 사실은 종종 학생들에게 위안을 안겨주지요. 컨디션이 안 좋으면 공부를 하루 쉴 수도 있고요. 또한 수능 등급은 50만명이라는 큰 수 내에서 결정되므로, 타인의 성적이 올랐다고 해서 위협을 느낄 이유가 없습니다. 친구의 기쁨에 순수히 공감할 수 있는 겁니다.

반면 내신 등급에는 3년간의 부침이 고스란히 남습니다. 1학기 중간고사를 두번 볼 수는 없으니까요. '1학년에는 수학 등급이 4등급이었지만 2학년에는 1등급으로 오른' 학생이 학종에 지원한다면 노력 점수를 받을 수 있겠지만, 일관적으로 1등급이었던 학생에 비하면 여전히 불리합니다. 뿐만 아니라 내신 등급은 친구끼리 파이를 갈라먹는 식으로 산정되기까지 합니다. 2등급 이내라면 상위 11%인데, 학년이 올라갈수록 선택과목이 분화되는 까닭에 특정 과목 수업의 총정원이 20~80명 안팎인 경우가 잦아지지요. 내 친구가 2등급을 받으면 나는 3등급으로 굴러떨어지고, 내가 2등급을 받으면 친구가 3등급으로 굴러떨어지는 일이 매 순간 일어나는 겁니다. 그만큼 친구와 경쟁자의 경계선이 흐려집니다.

학생 F(사교육특구/일반계고) 학종의 경우 같은 학교 학생들끼리 수시로 겹치는 라인을 지원하면 둘 중 하나는 무조건 떨어지게 되잖아요. 선생님들이 조정이라도 해주면 다행인데 그게 아니니까 애들끼리 모여서 '너는 어느 대학 쓰냐' '나는 여기 여기 쓴다' 이러면서 겹치지 않게 협의를 해야 하는 상황이 생겨요. 애당초 내 옆에 있는 사람이랑 직접 경쟁을 해야 한다는 것부터가 엄청난 스트레스예요.

그러니까 사실 수시라고 해서 경쟁이 완화되는 것은 아닙니다. 하루 만에 결정되는 단거리 경주냐 3년간의 마라톤이냐, 그 상대가 50만명의 수험생으로 희석되느냐 같은 학교 친구라서 눈에 보이느냐 하는 차이가 있을 뿐입니다. 그런데 마라톤은 그 특성상 대역전극이 불가능하기 때문에, 주자들은 처음부터 잘 달려야 합니다. 실수가 허용되지 않는 겁니다. 이런 압박은 인기 대학을 노리는 상황일수록 뚜렷해집니다.

이봉수(동덕여자고등학교 고3 사회 교사) 저희 때(학력고사 시절)는 내신이 대입에 반영되긴 했지만 덜 중요했죠. 제가 내신에서 5등급 맞았는데 8점이 까였어요. 선생님이 말씀하시길, '8점은 학력고사 두 문제 더 맞히면 되는 점수다. 그것 때문에 네가 2년, 3년을 고생할 필요가 없다'. 그러니까 저희 때 내신은 딱히 스트레스 요소가 아니었는데 요즘 학생들은 탐구 활동이다 교내 활동이다 챙길 것도 많고, 내신도 한번 미끄러지면 좌절감이 너무 큰 거예요. 사람 잡는구나 싶죠.

학생 ER(경기권 대도시/일반계고) 수시는 내신 등급을 4~5등급 아래로 받아버리면 인서울이 안 되잖아요. 솔직히 3등급도 어렵고 2등급 안은 나와야 하는데 이게 상위 10%예요. 한 학교에서 몇명이나 되겠어요. 대입 실적 때문에 학교는 그런 애들만 살리려 하고 나머지 애들은 그냥 방치하는 거죠.

선행학습에 참여하는 중학생과 그 학부모들의 입장에서 보자면, 수능은 먼 미래의 관문이지만 고등학교 1학년 중간고사는 눈앞의 시험대입니다. 결과적으로 이른바 사교육특구에서는 아이들이 고등학교 1학년 내신을 위해 초·중등 시절부터 고교 과정을 미리 배우는 기현상이 벌어집니다. **수능 대비를 위해서만 선행학습을 하는 것이 아닙니다. 우선적으로는 고등학교 내신 성적을 위해 학원에 다니며 선행학습을 하게 되는 것입니다.**

교육열이 덜한 지역이라면 이런 분위기에서 자유로울까 싶지만, 오히려 그 반대의 현상이 나타나기도 합니다. 정시로 대학에 가기 어렵다는 인식이 강해질수록 학생들이 내신 관리에 집중하기 때문입니다. 이런 상황에서 3부의 설명처럼 '인터넷강의로 인해 지방의 정시 대비 학원들이 내신 전문 학원으로 전환하면서' 내신 전문 사교육이 훨씬 철저해졌으니 선행학습을 비롯한 사교육은 더욱 큰 영향력을 발휘하게 됩니다.

재학생 B(사교육특구/일반계고) 제가 다니는 학교에서는 사설 N제나 기출을 변형해서 시험문제를 내는데, 이걸 수업시간에 가르치지도 않아요. '여기가 시험범위니까 너희 알아서 공부해서 시험을 쳐라', 이런 식이죠. 그러면 당연히 선행을 하고 내신 전문 학원에 다니는 애들이 유리할 수밖에 없어요. 영어 내신 1등급이 10명 좀 넘는데, 1명 빼고 다 같은 학원을 다녔어요. 학원에서 지문을 골라주고 틀을 잡아주니까 자료를 읽고 가면 2등급은 나오는 거예요. 과목마다 다 비슷비슷한 일이 일어나요.

제도권 교육 종사자 중에는 선행학습을 비롯한 사교육의 창궐이 수능과 '킬러 문항' 때문이라는 주장을 하는 이들이 많습니다. 사교육 담론에서는 인강 강사 등 수능 대비 사교육이 우선 주목받는 까닭에 그런 착시가 발생하는 것이지요.

그러나 대학 간판에 목매는 사회가 바뀌지 않는 한 사태의 본질은 여전하며, 고민이 결여된 '수시 강화'의 효력은 수능 경쟁을 내신 경쟁으로 바꾸는 정도밖에는 되지 않습니다(심지어는 3부 2장에서 논했듯이 수능 경쟁마저 치열해지는 역설적인 상황이 벌어지기도 합니다). 이 마라톤에서 후위를 차지하는 학생들은 차라리 수능을 탈출구로 삼게 된다는 점에서, 한편 선두를 차지한 학생들조차도 결코 행복하지 않다는 점에서, 후자의 경쟁이 전자의 경쟁보다 반드시 나을지는 따져보아야 할 문제입니다. 더 나아가 그 요구사항을 따르는 과정이 교육이라는 목적에 부합하는지도 물어야 하고요.

망가진 시험은 저마다의 이유로 망가져 있다

시험은 일정한 자격을 부여하는 관문이기 이전에 교육적 성취를 이끄는 도구입니다. 전기공사기사 시험 점수를 합격점까지 끌어올리다보면 전력공학에 대한 이해가 깊어지듯이 말입니다. 반대로 말하면 시험 대비 과정과 학습 과정이 일치하지 않는 시험, 고득점을 얻어내더라도 남는 것이 없는 시험은 잘못 설계된 것입니다. 실제적인 효능을 상실하고 경쟁과 선별이라는 형식적인 기능만 남은 셈이지요.

이 점에서 내신 평가는 수능보다, 혹은 수능 이상으로 망가진 경우가 허다합니다. 망가진 방식은 학교마다 천차만별인 까닭에 단정적인 서술은 불가능하지만, 큰 틀에서의 경향성은 존재합니다. 우선 학습 환경이 조성되지 않은 학교에서는 '기본 개념을 점검하는 수준, 외우면 끝나는 수준'에서만 내신 문항이 출제되고, 반대로 선행학습이 일상화된 사교육특구에서는 변별을 위해 과도한 타임어택을 요구합니다. 난도가 극단적으로 높지 않으면 내신 등급 커트라인이 무너지는 까닭에,[3] 숫자만 약간 바뀐 고난도 수능 기출 문항이 문제지를 점거하는 것입니다. 50분 내로 4점짜리 변형 문항 20개를 풀어내라는 식이지요.

전자의 경우 시험 대비 자체의 스트레스야 비교적 낮겠습니다만(또한 대비가 되지 않은 학생들에게 대뜸 고난도 문제를 낼 수

3 물론 내신 시험의 비정상적인 난도 상승에는 'Z점수' 등의 외부 평가 기준도 큰 요인으로 작용합니다. 이 부분에 대해서는 5부 2장에서 다루고 있습니다.

없는 것도 사실입니다만), 프린트를 달달 외우도록 하는 것 이상의, 깊고 체계적인 이해를 안겨주지 못한다는 점에서는 나쁩니다. 한편 후자의 경우에는 1부에서 설명한 사고의 외주화와 문제풀이 위주 학습의 맹점이 고스란히 나타납니다. 이런 시험의 정석 공략법은 '기출 지문의 내용이나 문항의 풀이법을 모두 외운 다음 최대한 빠르게 출력하는' 것이기 때문입니다. 그렇다보니 학생들은 자립적인 문제 해결 능력을 기를 수 없고, 가끔은 기본 개념마저 부실해지고 맙니다.

논·서술형 문항은 어떨까요? 큰 틀에서는 비슷한 문제점이 나타나고, 세세하게 보면 더 심합니다. 논·서술형은 출제가 까다로울 뿐만 아니라 자칫했다가는 출제 오류 시비에 휘말릴 위험이 큰 까닭에, '객관식 시험 특유의 경직성을 탈피하고 학생들의 창의적인 발상을 허용하자'는 취지와 달리 훨씬 방어적인 출제가 이루어지기 때문입니다. 이의제기가 없도록, 틀린 답과 옳은 답의 경계선이 확실하도록 각종 제약조건과 근거를 달아놓는 겁니다.

'위 글의 주제를 다섯 단어로 이루어진 영어 문장으로 요약하시오'나 '위의 한국어 문장을 영어로 옮기되 분사구문을 사용하시오' 같은 문제 유형이 그 일례입니다. 전자는 쉬운 채점을 위해 편의주의적인 조건을 덧붙인 것이고, 후자는 교과서나 유인물에 수록된 영어 지문을 출제 근거로 삼음으로써 학생들이 출제범위를 모두 외우게끔 유도합니다. 명목상으로만 논·서술형일 뿐이지 실제로는 학력고사 이상의 암기식 시험이 되어버리는 겁니다.

때문에 교육학 전공자들의 이상과 달리, 현실의 학생들은 논·

서술형의 장점을 거의 느끼지 못합니다. 단순히 까다롭기 때문에 그런 것만은 아닙니다. 대비 과정 및 교육적 기대 효과라는 측면에서, 학교 시험이 선보이는 논·서술형 문항의 무의미함을 절감하는 부분이 더 크지요.

교사 KU(경기권 중소도시/일반계고) 명확한 채점 기준을 가져가려면 '어떤 개념을 썼느냐, 어떤 키워드가 등장하느냐' 수준의 조건을 달 수밖에 없어요. 공정성 시비가 붙으니까. 그런데 이러면 논술이 아니라 그냥 지엽적으로 달달 외워서 시험 보라는 거죠.

'수능이 망가졌으니 수시를 확대하자'거나 '수능 같은 객관식 시험은 창발적 사고를 방해하니 학교 일선에서 논·서술형 평가의 비중을 늘리자'는 진단이 무용한 이유가 여기에 있습니다. 구호에 기반한 제안은 현실에 구현되는 순간 다양한 여건과 참여자들의 역량에 따라 원래 기대와는 다른 형태가 되어버리기 때문입니다.

교육 혁신을 논할 때 이론에 바탕한 도입 취지와 기대 효과만을 논거로 삼는 것은 설계도면만 보고 완공된 건물을 상상하는 것이나 마찬가지입니다. 지반을 조사하고, 땅의 경계를 측량하고, 인부들의 수준을 파악하고, 건설 과정을 감독하는 노력 없이 설계도면만을 넘겨준 다음 건물이 알아서 완성되리라 믿는 태도는 태만이자 무책임일 수밖에 없습니다.

이러한 태만과 무책임은 정성평가('수능 백분위'처럼 객관적인 수치로 표현될 수 없는 부분에 대해 주관적이고 고유한 특성에 따른 판단이 이루어지는 평가. 논술·자기소개서 등이 정성평가 유형에 해당)가 이루어지는 영역에서는 더욱 치명적인 영향을 끼칩니다. 활동기록 이야기를 할 차례입니다.

샛길 혹은 망망대해

최하위 마라톤 주자가 단번에 1위로 올라설 수는 없을지라도 3위와 6위는 얼마든지 뒤바뀔 수 있습니다. 학종도 이와 비슷해서, 학생이 활동기록을 잘 꾸리기만 하면 1~2등급가량의 내신 차이를 극복할 수 있다고들 합니다. 관심 분야를 파고들며 희망 학과와 관련된 탐구 활동을 선보이기만 하면 대학에 갈 수 있다는 도입 취지도 그럴듯합니다. 성적에 맞춰 아무데나 지원하기보다는 관심사를 살리는 편이 훨씬 나으니까요.

그런데 '희망 학과에 어울리는 활동기록'이란 정확히 무엇일까요? 일반적인 고등학생이 가질 만한 관심사를 적당히 보여준다는 마음가짐으로는 부족합니다. 가급적이면 대학교 수준의 테마를 고교 과정에 구체적으로 엮어 넣어야 합니다. 그것도 과목별로 말입니다.

이런 식입니다.

의학과 지망

수학: **삼각함수를 학습한 후 이를 통해 뇌파와 심장의 전파 파동을**

측정할 수 있음을 알아보고 탐구 과정을 보고서로 제출함.

물리: 전자의 스핀으로 인해 '핵자기공명'이라는 현상이 발생함을 배우고, 해당 학습 내용이 자신의 진로와 어떻게 연계될 수 있을지 추가적으로 알아보아야겠다고 생각함. 이에 따라 의료 현장에서 사용되는 **MRI 기기의 기본 원리가 핵자기공명임을 파악하고** 해당 내용을 쉽게 풀어 쓴 칼럼을 작성하여 급우들의 이해 폭을 넓힘.

통합사회: 우리 사회에서 나타나는 각종 격차와 그에 따른 양극화에 대해 배운 후 실제 사례를 추가로 탐구함. 해당 탐구 내용을 바탕으로 **논문을 읽고 「지역간 의료 격차와 통계로 알아보는 의료소외 지역」**을 발표하여 일상 속 불평등에 대한 인식을 급우들과 공유함.

척 보기만 해도 '수시 준비하는 학생들 고생하겠구나' 싶은 생각이 듭니다. MRI나 전파 파동은 해당 분야를 전공하지 않은 이상 성인에게도 낯설고 까다로운 주제니까요. 그런데 사실 위의 예시는 특출난 사례가 아닙니다. 오히려 '모두가 똑같은 탐구 활동을 하는 바람에 매력이 사라진', '검색하면 바로 나올 만큼' 보편적인 주제지요. 실제로 앞의 키워드를 포털사이트에 검색하면 유사 사례를 무수히 발견할 수 있습니다. 인터넷의 발전 덕분에 입시 정보의 공유가 원활해졌지만 교과 과목과 연계될 만한 내용은 한정적인 까닭에, 주제의 상향 평준화와 획일화가 동시에 일어난 겁니다.

즉, 학종으로 대학에 가기 위해서는 남다른 활동기록이 필요하지만, 검색으로 얻어낼 만한 정보라면 특별한 것이 아닙니다. 이렇게 '특별함' 경쟁에 가속도가 붙다보니 좋은 정보의 기준선이 급속도로 올라갔습니다. 예전에는 교양서만 참조해도 괜찮았다면, 이제는 최신 논문을 들여다보아야 하지요. 게다가 진로 탐구를 과하게 강조했다가는 입학사정관에게 나쁜 인상을 줄 위험이 있습니다. '학교에서 배운 내용과 진로를 잘 엮어 탐구했구나'와 '잘 모르는데 억지로 진로를 엮어 넣고 있구나' 사이에서 균형을 잡아야 하는 겁니다. 이 균형잡기는 다시 정보의 문제로 환원되고요.

만약 이 모든 난관을 홀로 헤쳐나올 만큼 창발성이 뚜렷한 학생이라도 '방향을 잡아줄 어른'의 존재가 필수적이긴 마찬가지입니다. 주제 설정은 심화탐구의 첫 단계에 불과하기 때문입니다. 논문을 올바로 이해하는 법을 따로 배워야 하고, 혼자서는 '문헌을 잘못 해석해서 생기는 오류'와 '작성 과정에서 발생하는 논리적 비약'을 걸러내기 어렵지요. 그렇다보니 활동기록 작성은 정보가 풍부하거니와 조언을 구할 곳이 많은 특목고·자사고 학생들에게 지극히 유리한 영역으로 자리매김해왔습니다.

반면 대다수 일반고는 어떨까요? 200명의 학생에게는 200갈래의 진로가 있지만 평균적인 교사는 담당 과목이 아닌 분야에 대해서는 평범한 성인 수준의 상식만을 지닐 뿐입니다. 탐구 주제를 일일이 잡아주기도, 논문을 제대로 읽었는지 검증하기도 쉬운 일이 아닙니다. 학생이 "전 노어노문학과 지망인데 러시아 관련으로 '법과 정치' 세특 쓸 내용이 있을까요?"라고 묻는다면 "잘 모르겠으니 검색해봐라"라고 답하는 것이 일반적이고, "혈류역

학과 고급물리학의 유체역학을 연관지어 발표하겠다"고 하면 "그래! 한번 해봐라" 정도의 대답이 최선이지요.

따라서 한쪽에는 컨설팅 서비스를 이용하거나 집안 어른들에게 도움을 구하는 학생들이, 다른 한쪽에는 아무런 지도 없이 망망대해를 헤매는 학생들이 생겨나게 됩니다.

대필 아르바이트생 AC 보고서 한건에 20만원쯤 해요. 맡기는 쪽에서 '어떤 학과를 지망하고 있으며 지금까지는 무슨 활동을 했으니까 적당히 골라달라'고 하면 제가 주제를 선정해서 쓰기 시작하죠. 어차피 고등학생 수준에 맞춰야 하기 때문에, 또 본문을 꼼꼼히 볼 사람도 없기 때문에 수준 높게 쓰진 않아요. 논리 구조나 전개를 어설프게 뭉개죠. 그런데도 다 쓰고 나서 보면, 제가 생각하기에도 '보통 고등학생들이 수시 대비한다고 이런 걸 써야 하는 상황이 맞나?'라는 생각이 드는 거예요. 절대다수의 고등학생은 주제 선정에서부터 막히니까요.

학생 OS(경기권 중소도시/비평준화 일반계고) 거의 대부분의 과목에서 보고서를 쓰게 시키거든요. 그런데 보고서 쓸 시간이 얼마나 있겠어요. 대부분은 컨설팅을 받거나 가족한테 써달라고 하죠. 애초에 그런 게 싫은 애들은 자퇴를 해요. 저희 반도 작년에 여러명 자퇴를 했어요.

학생 F 솔직히 정보 해석 능력 자체가 갖춰지지 않은 애들한테 논문을 읽으라고 하는 게 웃긴 소리고, 목표 제시도 안 해주잖아요. 아무것도 없는 데에서 갑자기 알아서 생존하라는 거나 마찬가지죠. 그러면 내가 뭘 해야 하는

지 알 수가 없고, 자료를 찾는 것도 너무 힘들어요. 자료 찾기에 제일 많은 시간이 걸려요.

학생 E (서울 비학군지/일반계고) 일일이 논문을 찾아서 이해도 안 되는 거 억지로 보고서를 써서 내도 선생님들이 내용을 이해하지 못해요. 저희 입장에서는 정말 겨우겨우 하고 있는 건데, 대학교 눈높이는 매년 올라가니까 힘들죠. 매년 주제가 심화되고, 실험도 해야 하고 이것저것 다 해야 하고…… 3년 동안 활동 기록과 내신을 병행해야 한다는 것 자체가 굉장히 안 맞는 학생들도 있어요.

학생 I (충청권 광역시/일반계고) 생활기록부에 쓰려고 선생님들이 활동을 시켜요. 과목이랑 진로를 연관시킬 주제를 가져와서 보고서를 쓰고 발표를 해라. 그러면 논문 사이트에다가 검색을 하는데 논문 찾아보는 법을 아무도 몰라요. 그냥 키워드만 보고 자기 진로랑 가까운데 싶으면 싹 긁어 와서 발표를 한 다음 추가 지도 없이 넘어가요. 친구가 물리 과목을 듣고 나서 한 말이, '아직도 난 역학이 뭔지 모르겠어'예요. 수학과 가려는 애들은 그냥 유튜브에서 수학 난제 관련 동영상 찾아보고 내용 옮겨 적고요. 저희 다 '뭐 하는 거지' 싶었어요.

소논문 활동 자체는 미기재 처리되지만, 절대다수의 학교에서는 '과목과 연계된 심화탐구 보고서를 작성한 후 수업시간에 발표'라고 하여 교과 세특에 해당 내용을 기재하는 방식으로 우회로를 마련했습니다.

현상적인 차원에서, 활동기록 경쟁의 심화는 격차 확대와 양극화로 이어집니다. 교사의 지도 역량과 학교 인프라의 차이로 인해 특목고와 일반고 사이의 격차가, 가족의 지원에 따라 개별 학생 간의 격차가 발생하는 겁니다. 뒤에서 더 자세히 설명하겠지만, 이는 악의를 가진 소수 개인이 '부모 찬스'를 동원하는 것과는 거리가 멉니다. 구조적으로 부정이 강요되는 상황에 가깝지요. 주제 탐색 및 요약, 인용에 대한 제대로 된 지도가 이루어지지 않는 상황에서 개개인이 '논문을 찾아 보고서를 작성하라'는 요구에 스스로 대응하는 것은 거의 불가능하기 때문입니다.

무엇보다도 많은 경우, 이런 활동은 학생의 유의미한 발달과 성취를 이끌어내지 못합니다. 수학·과학처럼 구체적 공식이나 모델의 이해가 우선되어야 하는 과목에서는 더더욱 그렇지요. '삼각함수를 학습한 후 이를 통해 뇌파와 심장의 전파 파동을 측정할 수 있음을 알아봄' 등의 세특 주제에서 유추할 수 있다시피, 진로와 교과를 엮는 작업은 흥미로운 이야기 만들기 수준에 멈출 공산이 큽니다. 요컨대 「뷰티풀 마인드」(2001)를 감상하며 존 내시라는 수학자의 일생에 깊이 이입했다고 해서 게임 이론이나 리만 가설을 알게 되는 것은 아닙니다. 마찬가지로 '각의 이등분선의 성질'이나 '사인과 코사인의 관계' 등은 수학 자체로써만, 학습한 원리를 문항풀이에 적용하고 직접 계산해보는 과정을 통해서만 이해될 수 있고요. 그렇다보니 **활동기록 자체에서 격차가 벌어지는 동안 학습목표의 성취 수준에서도 격차가 발생하고, 이는 수능 등급의 차이를 통해 표면화됩니다**. 대다수의 수도권 대학교가 수시 전형에 수능 최저학력기준, 소위 '최저'를 걸어둔다는 점을 감안하면 수시를 대비하는 학생들은 이중고를 겪는 셈입니다(최저 요구는 대개 학종보다는 교과전형에서 이루어집니다만, '중간·기말고사를 잘 봤으니 세특 발표는 하지 않겠다'는 식의 접근이 불가능한 만큼 대비 과정에서의 부담에는 차이가 없습니다).

단적으로 말해 학기마다 '세특 발표'를 비롯한 수행평가가 과목별로 2~3개씩 이루어지는 실정입니다. 내용은 어려운데 요구 분량마저 많습니다. 중간고사와 기말고사 준비까지 병행해야 하니까, 학기 중에는 쉴 시간이 없다고 보아도 무방합니다. 이런 상황에서 수능 공부에 할애할 시간을 확보하려면 사교육의 힘을 빌리거나 교사들에게 특별대우를 받아야 합니다. 반면 맨땅에 부딪혀가며 활동기록을 만드는 학생들은 최저를 맞추지 못하고 탈락하는 경우가 부지기수입니다.

직장인 Q I (전직 학원강사) 제 시절보다 수행평가가 훨씬 확대됐는데, 고등학교 다니는 동생의 수행평가 준비를 도우면서 보니 이게 학습의 일환이 아니에요. 그보다는 교사에게 잘 보이기 위한 PPT를 꾸미는 노동에 가깝더라고요. 게다가 그런 노동이 오히려 교과 학습을 방해해요. 수업에서 배운 내용을 숙지하려면 복습을 포함해 추가로 공부를 할 시간이 필요하잖아요. 그 시간을 수행평가와 발표 준비에 빼앗기는 거예요.

재학생 H (강원권 중소도시/일반계고) 중간고사 끝나면 한달 반 뒤가 바로 기말고사고, 기말고사 끝나고 시간 나면 '과목별로 PPT 발표하니 만들어 와라' 이런 식이에요. 두세 과목 빼면 수행평가도 해야 하죠. 그렇다보니 수시 최저 맞추는 게 너무 힘들었어요. 배운 것 중 기억에 남는 건 하나도 없고, 완전히 노베(기초가 없다는 뜻)나 마찬가지죠.

학생 ER 선생님 수업 대신, 애들이 발표하고 그 내용을 생활기록부에 쓰는 시간이 있거든요. 그게 아무 의미가 없어요. '자신의 탐구과제를 발표하며 서로의 이해를 돕고' 이런 게 절대 아니고 그냥 ASMR 깔리는 자습시간이에요. 다들 숙제하고 자고 인강 듣고. 그런데 이렇게 발표 수업이 대부분을 차지하니까 정작 본수업 진도 나갈 시간이 없어요. 못 나간 진도는 중간고사 기말고사 직전에 후다닥 처리하고.

고등학생들이 보고서를 작성하거나 PPT를 준비하기 위해서는 자습시간을 포기해야 하고, 세특 발표를 위해서는 수업시간을 넘겨줘야 합니다(수업시간에 하지 않은 일을 생활기록부에 쓸 수는 없기 때문입니다). 기본 개념과 원리를 학습할 시간이 절대적으로 부족해지지요. 이렇게 기본조차 제대로 익히지 못한 상태로 응용을 시도해봤자 흉내에 그칠 뿐이고, 결과적으로 학생들은 더 많은 시간을 소모해서 더 적은 내용을 배우게 됩니다.

그리고 본질적인 차원에서, 올바른 지도가 전제되지 않은 정성평가는 반교육적이기만 합니다. 턱없이 무거운 역기를 들어올리려 하면 근육이 다치고, 잘못된 자세로 운동하면 근골격계가 비틀리기 마련이지요. 운동의 효과가 나타나기는커녕 건강을 해치고 마는 겁니다. 지적인 역량도 마찬가지입니다.

수많은 고등학생들이 활동기록에 쓰일 보고서를 작성하기 위해 논문을 찾아 읽는 시대입니다만, 과연 이것만으로 '공교육이 진보했다'고 평할 수 있을까요. 논문은 학문적 흐름 전체를 아우르는 개요가 아니라 특정한 주제에 대한 각론일 뿐입니다. 골조가 없는 건물에 벽지를 바를 수 없듯이, 총론을 모르는데 각론을 접해봤자 소용이 없습니다. 대학생들도 전공 교재를 통해 학문 기초를 학습한 뒤에야 비로소 최신 논문을 접하기 시작한다는 사실이 이를 방증합니다.

또한 논문은 정설이 아니라 '정설이 되려면 수많은 검증을 견뎌내야 하는 연구자의 제안'에 가깝습니다. 기초 소양을 갖춘 사람이 논문을 읽더라도, '서로 반대되는 의견을 내세우는 논문들을 올바로 비교하며 읽는 법' '최신 논문에서 새로이 내세우는 주장과 인용하는 근거가 타당하게 조응하는지 판단하는 법' 등을 익히지 않았다면 제대로 된 깨달음을 얻어가기란 불가능하지요. 대다수 고등학생에게는 초록과 결론만 대강 읽은 다음 절반도 이해하지 못한 상태로 그럴듯한 문장만 옮겨오는 게 최선입니다. 이런 편의주의적 인용 행태는 자기주도적 학습이 아니라 학문적으로 나쁜 습관을 심어주는 요식행위에 불과합니다.

더 나아가 학습에는 '성취 수준을 점검하고 결점을 파악한 뒤 원점으로 돌아가서 재시도하는 과정', 즉 피드백이 반드시 필요합니다. 학종으로 대표되는 정성평가 체제하에서는 특히 그렇습니다. 객관식 시험은 정답과 오답이 확연히 구분되니만큼 최소한도의 피드백이 자동적으로 이루어지는 반면, 보고서 작성이나

PPT 발표는 "이 부분의 논리 연결이 느슨하니 보강하고, 저 부분에서는 구체적인 사례를 적시할 필요가 있겠고……"처럼 개별적인 접근을 통해서만 평가될 수 있으니까요. 달리 말하면 학생들이 세부적인 지적을 듣고 반영하는 절차가 결여될 경우 보고서 작성은 학습이 아니라 무의미한 활동으로 전락하고 맙니다.

물론 이상적인 학교[4]에서는 기초 역량 배양과 추가 지도가 충분히 이루어질 수 있으며, 이런 곳에서의 학습은 학생 개인의 다채로운 성향을 존중하며 지식의 폭을 넓혀줄 것입니다. 그러나 이는 어디까지나 이상적인 여건이 갖춰졌으며 학교 생활이 수시 대비에 종속되지 않는다는 전제하에서의 이야기입니다. 지방 일반계 고등학교들은 대개 무기력에 사로잡혀 있고, 이른바 사교육 특구의 고등학교들은 대입 실적에 눈멀기 일쑤입니다. 또한 학교별 편차를 최대한 줄이고 교사들의 지도 역량을 끌어올리려는 제도적 개입은 부족했지요. 결국 절대다수의 학생들은 행정편의주의와 미비한 지도에 그대로 노출되고 맙니다.

그러니까 이렇게 물어봅시다. 한국의 2370여개 고등학교 (2023년 교육통계서비스 자료) 중에서 교육적 이상에 따라 학생들을 지도하는 곳이 얼마나 있겠습니까? 사교육의 도움 없이, 스스로 원하는 주제를 파고들어서 대학에 가는 고등학생은 35만여명 중

4 '현실적'으로 최선의 환경을 갖췄다 할 수 있는 유명 전국자사고에서도 이런 '이상적' 수준의 지도는 불가능하거나 부분적으로만 가능한 형편입니다. 학생 수준이 비교적 균일해 눈높이에 맞는 수업이 이루어지고, 전문적 지도를 할 수 있는 교사가 있을지라도 이러한 개별 지도를 위해서는 통상적으로 기대되는 수준에 비해 터무니없이 많은 자원의 투입이 필요하기 때문입니다.

몇이겠습니까? 그런 활동이 자신의 성장에 정말로 도움이 된다고 느끼는 학생은요?

셋 다 절반쯤은 될까요?

이 질문에 선뜻 동의하긴 어려우리라 생각합니다.

거짓말을 가르치는 전형

결국 내신과 활동기록이라는 두 요인이 입시 경쟁과 결합하며 나타나는 현상들은 세가지 차원에서 문제적입니다. 첫째는 정보 접근성에 따라 격차가 벌어지며 양극화가 극심해진다는 것이고, 둘째는 내실 없는 활동과 지도 없는 탐구가 거듭되는 가운데 교육이라는 본령이 사라진다는 것이며, 셋째는 학교 생활과 희망 진로 사이에서 주객전도가 발생하며 기만적인 태도가 배태된다는 것입니다.

최규진(인하대학교 의과대학 교수, 의학교육 및 의료인문학교실) 의대에 지원할 성적을 충족한 학생인데도 실제 면접에서 학생부에 써 있는 책에 대해 물어보면 엉뚱한 대답을 하거나 내용도 잘 모르는 경우가 부지기수입니다. 예를 들어 가장 많이 감명 깊게 읽었다고 언급되는 책이 도킨스의 『이기적 유전자』인데, 이 책의 강점과 한계에 대해 말해보라고 하면 제대로 얘기하는 사람이 거의 없습니다.

교사 KU 2차 면접 준비를 시키는데, 이게 생활기록부 기반으로 진행되잖아요. 생활기록부에 적힌 활동에 대해 학생에게 물어보면 대답이, '처음 보는데요' 이래요. 그런데 면접이라는 게 생활기록부의 신뢰도를 판단하겠다는 취지니까, 어쨌든 학생을 합격시키려면 그런 활동을 한 거로 만들어서 면접장에 보내야 돼요. 눈 가리고 아웅이죠.

직장인 QI 동생이 힘들어하니까 도움을 주긴 하는데, 이런 상황 자체가 잘못된 메시지를 보낸다는 느낌이 있어요. 학생들로서는 해야 할 일이 너무 많다보니, 그중에서 일정 부분을 남한테 넘기지 않으면 요구치를 충족할 수 없는 상태. 자기 역량만으로는 해결이 안 되고 가족한테 도와달라고 하거나 학원에 가야 하는 상황의 부조리함. 저는 학종이 학생들한테 그런 부조리를 강요한다고 생각하거든요.

학생부종합전형을 주요 소재로 다루는 드라마 「SKY 캐슬」에는 입시 코디네이터가 전형적인 악역으로 등장합니다. 학교 현장과 제도 자체의 문제를 조명하는 대신, 개인적인 일탈과 악의에 집중함으로써 사회현상을 이야기의 재료로만 소비해버리는 것입니다. 그러나 사태의 본질은 어디까지나 '실존하는 불평등과 인간의 욕망에 대한 고려가 없이 설계된 제도'가 그러한 행동을 유도한다는 사실에 있습니다.

배우지 않은 것을 배웠다고, 관심도 없는 주제를 깊이 파고들었다고, 요식행위에 가까운 교내 행사조차 엄청난 탐구라고, 컨설팅의 산물을 자신이 고민한 결과라고 거짓말하는 일이 '세특을 채워 넣어야 한다'는 미명하에 정당화되는 상황입니다. 행동특성, 즉 교우관계와 품성에 대한 기록은 악효과가 더욱 큽니다. 자기수양은 어렵지만 '내가 이렇게 착한 일을 했다'며 행동특성에 몇줄을 추가하기는 쉽기 때문입니다. 또한 학생의 내면이야 어쨌든 간에 그런 서술이 있어야만 대학 입학사정관에게 높은 평가를 받을 수 있다는 사실을 다들 알지요.

결과적으로 학생들은 정직성을 내려놓고 일상의 모든 요소를 도구화하는 법을 배우게 됩니다.

학생 HM(영남권 중소도시/일반계고) 의대 합격자 중에는 이런 케이스가 있어요. 생활기록부는 되게 공익적인 방향으로 적어놓고, 합격한 다음에는 손바닥 뒤집듯이 '나 성형외과 갈 거다' 하는 거예요. 학종 준비해서 대학 가려면 뭔가 부풀리거나 꾸며낼 수밖에 없다지만, 그 정도로 입장을 바꿔버리는 건 살짝 충격이죠.

학생 I 반에서 뭔가 활동을 한다고 치면, 주도적인 역할을 맡을 사람을 구하게 되잖아요. 그러면 늘 선생님이 뒤에 붙이는 말이 '이거 하면 세특에 써준다'예요. 애들이 선생님한테 고민 상담을 하러 갈 때도 진심으로 가질 않아요. 왜냐하면 그것까지도 세특에 영향을 줄 수 있다는 생각이 드니까.

또 조별과제도 원래는 잘 맞는 애들끼리 조를 짜는 건데 생활기록부를 신경쓰게 되면 거꾸로가 돼요. 애들도 누가 편애받는지 다 아니까, 일부러 그런 애들이랑 같은 조를 하려고 해요. 이러면 선생님이 내 생활기록부를 조금이라도 봐주시겠지 하는 마음에.

이런 상황이니까 친구를 챙겨주는 애들도 선생님한테 가서 '누구누구 도와줬는데 이런 것도 생활기록부에 써주나요' 그래요. 오죽하면 생활기록부에 쓸 게 필요하다고, 애들끼리 역할극을 해서 없던 갈등 상황을 만들고 그걸 쓴 적도 있어요. 대학을 가기 위해서 이런 역할극을 해야 하는지 몰랐어요. 그냥 다 가면을 쓰고 살아가는 것 같아요.

'공동체적이며 전인적인 인간 육성'이라는 명목과는 반대로, 대학 합격이라는 포상이 걸린 이상 품성은 편익을 위한 도구로 전락할 공산이 큽니다. 미덕과 이익을 결부시킴으로써, 다양한 정신적 가치들을 물질과 타산의 세계로 끌어내리는 것입니다.

학생도, 교사도 이런 상황이 잘못됐다는 것을 알지만 정직성을 지켜봤자 손해를 볼 뿐입니다. 거짓말에 보상을 해주고 정직성을 홀대하는 제도하에서 소신을 고수하기란 지극히 어려우며, 개인적인 고결함은 제도의 건전성을 보장할 수 없습니다. '공동체 역량 평가를 대입에 반영하면 선량한 아이들이 보상받겠지, 다들 선량해지려 노력하겠지'라는 발상은 너무나도 순진한 접근이라는 것입니다. 이상주의적인 순진성은 필연적으로 현실의 좌절을 낳게 됩니다. 심지어 이 좌절을 짊어지는 것은 정책 입안자들이 아니라 청소년들입니다.

업무 폭증과 각개격파

교사들도 힘들긴 마찬가지입니다. 학종이라는 카드를 활용해야 하니 가외시간까지 쓰며 생기부를 꾸며주는데, 이렇게 최선을 다하더라도 돌아오는 건 없습니다. 사실은 최선을 다할 의무부터가 없는 일이지요. '생활기록부 잘 꾸며서 좋은 대학 보내주기'는 법적으로 규정된 업무 내용이 아니니까요. 달리 말하면 교사들은 '당연하지 않은 일을 당연하게 하며 업무 과중에 시달리는' 처지에 놓인 셈입니다. 게다가 세특과 행특을 쓰고 각종 활동을 준비하다보면 교과 연구를 할 시간이 사라집니다. 세특 발표에 수업시수가 잡아먹히니 가르칠 시간마저 부족해지지요. 이런 와중 중간·기말고사 문제를 출제해야 하고, 행정 업무는 또 별개입니다. 종례 시간에 가정통신문과 알림사항 몇가지를 전달하면 끝이었던 과거와는 달리, 카카오톡과 밴드를 통해 실시간으로 학부모들의 문의에 답하게 된 것 역시 현장 교사들에게는 큰 부담으로 다가옵니다.

내일뉴스(입시 컨설턴트) 교사들 입장에서 생활기록부 쓰기가 힘들겠죠. 예를 들어서 한 반에 25명이라고 칩시다. 수학은 5학점짜리라서 선생님이 세 반만 들어가도 주당 수업시수 15시간을 채우거든요. 이 수학 선생님은 75명한테 세특 써주면 끝나요. 이것도 쉬운 일이 아니지만 정보 과목 같은 경우는 학생 수가 두세배가 돼요. 정보는 2학점짜리라 주당 수업시수 16시간을 채우려면 한분이 1반부터 8반까지 들어가서 혼자 200명치 세특을 써야 하거든요. 일주일에 2시간밖에 학생을 못 보는데 누가 누구인지 어떻게 알아요. 기억도 안 나죠.

교사 FD(강원도/고등학교 역사 교사) 담당 학생 수가 많으면 교사가 다 기억하기가 어려워요. 대신 학교 내부대회를 열어서, 그걸 중심으로 거의 소설을 쓰죠. 이런 생기부용 기획 행사들은 일정이 하반기에 몰려 있어요. 학생들 입장에서는 기말고사 끝나자마자 아무짝에도 도움 안 되는 대회에 시간 쓰게 되는 거죠. 그렇다고 해서 담당 학생 수가 적은 주요 교과 선생님들은 생기부 쓰기가 편하냐면 그것도 아니에요. 한줄 한줄이 진짜 중요해지니까. 예를 들면 선생님들이 화학공학과 갈 학생에게 사회 세특 길게 써줘도 큰 소용이 없지만, 수학이나 국어 같은 것은 어느 학과든 중요하니까. 최대한 길고 자세하게 써줘야 하죠.

2024학년도 입시부터는 학종에 수상경력이 반영되지 않아 교과 세특 자체의 중요성이 더욱 높아졌습니다. 한편 시상 계획이 없는 교내 행사(학교에서 주최하고 주관하여 시행한 시업식, 입학식, 졸업식, 종업식, 전시회, 발표회, 학예회, 학생건강체력평가PAPS, 수련활동, 현장체험학습 등)의 경우 적절한 영역이나 활동에 포함시켜 기재할 수 있습니다.

이런 현실 속에서, 열정적인 교사들은 치명적인 딜레마를 맞닥뜨리게 됩니다. 학종은 열심히 노력하는 교사에게 무한한 부담을 지우고, 업무를 학생에게 떠넘기는 교사에게는 모종의 편의를 제공하는 시스템이라는 것입니다. 결국 수업·진로지도·생활지도를 모두 챙기려 애쓰던 교사들은 어느 순간부터 각각의 요소를 저울에 올려놓고 무게를 비교하게 되지요. 그리고 최종적으로는 무기력과 열패감에 사로잡힙니다.

그 열패감의 핵심에는 이런 인식이 있습니다.

"나는 정말이지 다양한 업무를 맡고 있지만 사교육 강사들은 교과 연구에만 전념할 수 있다. 따라서 사교육 강사들은 공교육 수업보다 훨씬 매력적인 강의와 교재를 제공하게 되며, 학부모와 학생들도 강사를 더욱 믿고 따르는 것처럼 보인다. 그렇다면 모든 업무에 최선을 다하려는 노력에 무슨 소용이 있는가? 교사의 존립 근거는 무엇인가?"

일선 현장에 만연한 '세특 떠넘기기' 현상은 열패감을 증명합니다. 컨설팅을 받아 오든, 혹은 학생 혼자서 상상력을 발휘하든 간에 쓰고 싶은 내용이라면 무엇이든 옮겨 적어주겠다[5]는 겁니다(혹자는 세특 떠넘기기가 극히 일부의 사례에 불과하다고 주장합니다만, 네이버 지식iN 등 문답 사이트에 '세특 써오면' '알아서

5 단, '세특 떠넘기기'의 양상은 교사에 따라 상이합니다. 세특에서 강조하기를 원하는 키워드 정도만 학생이 작성하도록 요구하는 경우도 있고, 수업시간에 이루어진 활동을 기반으로 하되 구체적인 내용은 학생에게 맡기는 경우도 있고, 수업에서 다루지 않았던 내용까지도 세특에 적힐 수 있도록 방임하는 경우도 있습니다. 물론 그 중 가장 나쁜 것은, '학생이 내용을 작성해서 제공하지 않으면 수업에 참여하지 않은 것으로 간주하고 세특 기재를 누락하겠다'는 식으로 '세특 떠넘기기'에 대한 협조와 평가에서의 불이익을 연계하는 경우입니다.

세특' 등을 검색하면 이런 행태가 일상화되어 있음을 추측할 수 있습니다. 학원가에서는 널리 알려진 사실이며, 무엇보다도 취재 과정에서 만난 학생들 또한 세특 떠넘기기가 매우 보편적임을 거듭 강조했습니다[6]). 여기에는 학생 각각을 지도할 여력이 없으니 학생들에게 직접 써오게끔 하는 편이 피차 나으리라는 체념이 깔려 있지요.

앞선 3부에서는 '수시와 수능이 분화된 까닭에 공교육이 그 둘을 동시에 대비할 수 없게 되었고, 사교육이 두 분야를 각개격파하며 세를 키웠다'는 진단을 내렸습니다. 그 분화의 정체가 바로 이것입니다. **수시 전형의 비중을 높이고 정성평가를 강화하는 과정에서 교사 개인은 부담이 폭증하면서 기본 원리를 가르칠 시간도, 심화탐구를 지도할 여력도 부족해진 것입니다. 그렇다보니 학교 생활에 충실한 학생들조차 수능 공부와 내신 공부를 따로 해야 하는 아이러니가 발생한 것이고, 그만큼 사교육의 힘이 커진 것입니다.** 이것은 그 자체로 교육 시스템의 실패를 방증합니다. 정상적으로 작동하는 시스템이라면, 수능과 내신과 활동기록은 고등학교 교육과정 학습이라는 공통분모를 통해 하나로 묶여야 하기 때문입니다.

그러니까 학생들의 거짓말이 도덕적 일탈 이전의 문제이듯, 공교육의 좌절도 교사 개인의 태만과 구분되어야 합니다. 형식적인

6 혹시 '인기 고교에 진학하면 이를 피할 수 있지 않을까' 생각할 수도 있겠지만, '세특 떠넘기기'는 지역, 고교 유형, 과목을 가리지 않고 정도의 차이만 있을 뿐 예외 없이 일어나는 현상입니다.

제도 변화가 본질을 바꿀 수 있으리라는 안일한 믿음과도 거리를 두어야 하고요. 수능 문턱을 좁혀놓고 수시를 강화한다고 해서 공교육이 살아나는 것이 아니듯, 정성평가의 중요성을 높인다고 해서 학생들이 자율성과 창의성을 발휘하는 것도 아닙니다. 구체적인 여건이 갖춰지지 않는 한, 학생들은 무리한 요구하에 학원가로 내몰리고 교사들은 그런 상황을 별수 없이 받아들이며 사교육이 주도하는 질서에 굴종하게 될 뿐입니다.

교과범위 축소 기조도 이러한 상황과 어느정도 연관이 있습니다. 가외적인 업무가 늘어날수록 교사가 교과 연구에 할애할 시간이 줄어들고, 제때 진도를 나가기도 어려워집니다. 따라서 교과범위 축소는 교사의 부담을 덜어주는 매력적인 선택지로 인식됩니다.

학종정치의 탄생: 정시파이터와 수시라이팅

학생의 좌절과 교사의 열패감은 짝패 관계를 맺고 있습니다. 활동기록 관리에 충실할수록 교과 공부를 위한 시간이 부족해지는 학생들의 상황과 업무에 충실할수록 부담이 커지는 교사들의 상황은 '과중한 요구량'이라는 본질을 공유하지요. 이에 대한 대안은 '떠넘기기'의 형식으로 나타납니다. 교사는 자신의 몫을 학생에게, 학생은 자신의 몫을 사교육에 일임하는 것입니다. 즉, 지금의 체제하에서 가장 큰 이득을 보는 주체는 사교육입니다.

전국 고교 교사 3305명 대상 긴급 설문조사 실시

(…) 첫 문항은 '학생부종합전형이 2015 개정 교육과정의 실현이나 공교육 정상화에 기여하고 있다고 생각하십니까?'라는 질문으로 시작됐다. 이에 71%가 '그렇다'고 답해 압도적인 비율을 나타냈다. 이어 13%가 '보통'이고 '반대' 입장을 보인 비율은 16%에 그쳤다.

(…)

전진협(전국진학지도협의회) 유석용 회장(서라벌고)은 "실제 현장 교사들의 입장에서 학종은 귀찮다. 수업과 평가 등 해야 할 일이 너무 많기 때문에 싫어하는 게 정상이다"라며 "하지만 학생들을 생각하면 수시 학종을 지지하지 않을 수 없다. 그만큼 학교의 변화를 가져왔기 때문이다. 실제 서울 지역도 강남 3구, 양천구, 노원구를 제외한 일반고는 거의 대부분 학종을 선호한다"고 말했다.[7]

그럼에도 불구하고 많은 고등학교가 학종을, 활동기록에 근거한 정성평가를 선호합니다. 첫번째 이유는 그 설계도면이 이상주의적이고 아름다운 그림을 그려내기 때문이고, 두번째 이유는 그것이 실적과 효능감을 함께 가져오기 때문입니다.

학종은 '수능 경쟁력을 잃은 일반계 고등학교들이 전교 1등의

7 「현직 고교 교사 긴급설문 … '정시 비중 확대'는 개악!」, 『에듀진』 2019. 11. 1.

생활기록부를 잘 다듬어서 인기 대학에 보낼' 수단입니다. 게다가 정시나 내신만을 보는 교과 전형의 경우, 학생이 인기 대학에 진학했다는 사실만으로는 학교의 존재의의를 확인하기가 어렵습니다. 수능이나 학생부 지필고사 성적에는 교사가 직접적으로 개입하기 어려운 만큼, 그 성취는 학생 개인이 노력한 결과로 여겨지니까요. 반면 활동기록은 학교의 관할하에 있습니다. 그 수혜를 받지 못하는 절대다수의 존재가 불가피한 것과 별개로, "학교가 밀어주니 서울대 합격자가 나오지 않느냐" 하는 한국의 교육현실하에서 강한 소구력을 지니는 논변이지요.

그리고 세번째 이유는, 활동기록이야말로 교사 권위의 보루이자 교실 통제의 수단이기 때문입니다. 내신 전문 학원이 존재하며 충분한 성과를 보이는 이상, 시험범위를 교사가 결정한다는 사실만으로는 학생들에 대한 통제력을 확보할 수 없습니다. 학생과 학부모도 "중간·기말고사를 출제하고 채점하는 건 교사인데, 내신 대비를 위해 학원에 갈 이유가 없다"는 말을 불신하지요. 반면 활동기록은 다릅니다. 학생이 고액의 컨설팅을 받아 훌륭한 보고서를 써 가더라도 교사가 누락시킬 경우 아무런 소용이 없으니까요. 최종적인 결정권이 교사에게 있는 겁니다.

그렇다보니 수시를 노리는 학생들은 교사의 심기를 거스르지 않기 위해서라도 수업에 충실할 수밖에 없고, 이 충실성은 일반적으로 통용되는 '학생은 수업을 잘 들어야 한다'의 수준을 훌쩍 넘어서곤 합니다.

학생 I 선생님들이 '나중에 세특 봐라' 이런 식으로 이야기하는 경우가 있어요. 그걸 무기로 써요. 언제는 이런 적이 있었거든요. 어떤 애가 지필시험 문항에 오류가 있다고 이의제기를 했는데, 선생님은 '계속 이러면 네 수행평가 점수를 깎겠다'는 식으로 나온 거예요. 진짜 이의제기가 될 만한 건이었는데도 그걸 수행평가를 이용해 누른 거죠. 그 사건 이후로 애들이 이의제기 자체를 포기했어요.

학생 F 친구들은 수업시간에 졸았으면 꼭 교무실에 가서 질문을 해요. 나쁜 이미지로 찍혔을 수 있으니까 만회를 해야겠다 하는 마음으로. 이의제기를 할 때도 선생님의 심기를 건드리지 않도록 최대한 착하게 말하죠. 아이들이 이런 부당함에 대해 건의를 할 수 있는 창구도 없어요. 만약 교원 평가에 적더라도 이게 완전히 익명이 아니라는 걸 다들 알잖아요. 학종에 매여 있을수록 학교에 반대되는 사안을 말하기가 불안해져요.

첫번째나 두번째 이유도 무시할 수 없는 요인이지만, 세번째 이유는 '학생들에게 가하는 영향력과 직접적인 관련을 맺는다는 점에서' 더욱 중요합니다. 그러니 이번에는 '교실 통제'라는 키워드와 학종으로 인한 교사 부담을 중심으로, 일부 교사들의 일탈을 살피도록 하겠습니다. 크게는 두 종류입니다.

우선 방임적인 교사들은 아예 교실 통제를 포기하고 보신에만 전념하곤 합니다. 수업시간을 모두 자습으로 돌리거나 흥밋거리 퀴즈 따위로 때운 다음 시험문제는 프린트만 외워도 풀 수 있는 수준으로 출제하지요. 그리고 세특은 학생들의 요청을 그대로 받아들여 써줍니다. 이렇게만 하면 큰 불만이 나오지 않습니다. 은사나 참스승 대우를 받을 수는 없겠지만 학생들에게 미움받을 일이 없고, 무엇보다 업무 부담이 크게 줄어드니 편합니다.

반면 어떻게든 자신의 존재 의의를 증명하려는 교사들, 학생들에 대한 통제력을 유지하려는 교사들은 야합을 택하게 됩니다. 이 시스템이 실질적으로는 자신의 자리를 좁히고 사교육에게 먹이를 준다는 것을 알고 있을지라도, 어쨌거나 교실 내에서는 자신의 전권을 유지할 수 있으니 그것으로 충분하다는 겁니다. 사실상의 적대적 공생이지요.

그리고 야합을 택한 교사들은 수시를 유도하는 동시에 정시를 택하는 학생들을 도외시하곤 합니다. 때로는 지도에 소홀한 수준을 넘어, 적극적인 방해를 시도하기도 하고요. **수시라이팅**이라는 신조어가 인터넷에 널리 퍼질 정도입니다. 교사들이 수시를 강권하는 수준이 '가스라이팅'(gaslighting, 상대방의 자주성을 교묘하게 무너뜨림으로써 심리적 복속을 시도하는 행위)에 가깝다는 겁니다.

학생 | 선생님들이 학생들한테 학종을 강요해요. '네 생활기록부는 학종으로 가면 딱이다.' 그렇게 칭찬받은 생활기록부를 컨설팅에 들고 가니까 전혀 경쟁력이 없다고 하더라고요. 저는 그때 절망을 했고요. 그렇다고 정시를 하겠다고 하면 많은 걸 포기해야 돼요. 선생님들한테 비웃음거리가 되는 거예요. '정시 하겠다는 애들은 왜 자퇴를 안 하냐' 이런 식으로. 그러니까 선생님들 앞에서는 수시로 대학에 가겠다고 이야기를 하고, 집에 가면 정시 대비를 하는 애들이 너무 많아요.

학생 U(경기권 대도시/특목고) 수시를 택한 친구들 중에는 '가망 없는 생활기록부를 붙잡고 있다가 잘 안 풀린' 케이스가 많아요. 선생님들이 학생한테, '조금만 더 하면 될 것 같다'는 희망을 미끼로 희망 고문을 하는 거죠. 반면 정시로 돌리겠다고 하면 학교가 거의 가스라이팅을 해요. '야, 고3 때 모의평가 잘 나와봤자 다 망한다. 너도 재수할 거다. 수능 때 어차피 말아먹을 거다.' 그렇게 폭언을 하던 선생님들이 졸업식 날 저한테 이렇게 이야기하더라고요. 정시 하는 것 때문에 애들 물 흐릴까봐 그랬다고.

정시로 대학에 진학하려는 고등학생들은 흔히 **정시파이터**라 불립니다. 이 '파이트'(fight)가 사실은 수능과의 싸움이 아니라 교사들과의 싸움이라는 말이 있을 정도로, 정시파이터들은 학교에서 엄청난 압박을 받곤 하지요.

그러나 수능은 교육과정을 토대로 국가기관에서 출제하는 시험이자 엄연한 공적 제도입니다. 통제에서 벗어나 안하무인으로 행동하는 학생들의 존재를 부정할 수는 없겠습니다만, 학생이 단순히 '정시를 택했다는 이유만으로' 교사에게 적대시되는 상황은 부당합니다. 그것은 성인이 청소년에게 해서는 안 될 일이고, 스승이 제자에게 해서는 더욱 안 될 일입니다.

더 나아가 학종에 기반한 교실 통제는 그 특성상 학생 편애·차별과도 맥이 통합니다. 학교가 학종에 기반한 권위를 유지하고 학생들을 그 자장 안으로 포섭하기 위해서는, 학종이 실제로 그만한 힘을 지닌 도구임을 보여주어야 하기 때문입니다.

학생 H 저희 지역 학교들은 딱 문과 1등이랑 이과 1등 해서 한두명만 밀어줘요. 엄청 심해요. 어느 정도냐면, 1등이 만약 물리를 하고 싶은데 물리 듣는 학생이 12명 이하일 때는 등급 자체가 안 나오잖아요. 그러면 학교에서 그냥 공부 안 하는 애들을 물리에 밀어넣어요. 또 자습실을 1등한테만 주고, 학종도 엄청 잘 챙겨줘요. 듣기로는 선생님 4명이 달라붙어서 면접 날까지 면접 대비만 시켰다는 거예요. 그렇게 학교 전체에서 딱 2~3명 정도만 대학을 잘 가고, 나머지는 어디 갔는지도 모르고……

교사 FD 이 지역 몇몇 학교는 모의고사 성적 상위권 학생들만 추려서 자습실에 밀어넣거나 별도 학술동아리를 만들거나 해요. 교사가 과외라도 해주듯이 전담으로 붙어서 조정해주는 학교도 있고요. 중하위권 애들은 그런 게 있다는 걸 모르는 채로 진행되는 거죠. 그래도 애들은 학교가 누굴 밀어주는지 다 알아요. 생활기록부 장수부터가 다르니까요. 그런데 학교는 또 모르쇠로 나오니까 애들이 학교를 싫어하죠.

모든 학교가 이렇다고 말할 수는 없겠지만 이런 사례가 예외적인 극소수라고 말하기도 어렵습니다. 오히려 정치와 통치의 본성을 감안하자면 이는 당연한 귀결 중 하나인지도 모릅니다. 정치란 권력이 행해지는 방식과 그 성격을 결정하는 작업이고, 무엇을 취하고 무엇을 버릴지에 대한 원칙을 정립하는 일이니까요. 그렇다면 이런 교실에서는 도대체 어떤 종류의 정치가 발생하는 것일까요?

아실 음벰베(Achille Mbembe)는 생산성 없는 사람들을 사회적 안전망 바깥의 죽음으로 몰아넣고 '인적 자본'에게만 생명의 권리를 부여함으로써 사회를 유지하는 정치를 죽음정치(necropolitics)로 규정했습니다. 동일한 논리를 적용하자면, 이러한 현상에 대해서는 **학종정치**라는 호칭을 붙일 수 있겠지요.

귀인을 만나야 한다?

물론 모든 교사의 열정이 통제욕만으로 환원될 수는 없으며, '존재 의의의 증명'과 '직업에 대한 소명의식'은 한몸이니만큼 이런 서술에는 부당한 면이 있습니다. 수많은 교사들은 헌신적으로 학생들을 지도하며, 학생들은 '귀인' 혹은 '은사'의 도움으로 대학에 갑니다.

게다가 고등학교의 특성과 학습 분위기는 학교별로 천차만별이다보니, 각 학교의 교사들이 학종을 선호하는 이유와 그에 대응하는 방식은 상이할 수밖에 없습니다. 가령 서울의 사립 고등학교들이 Z점수 평가 방식의 이점을 극대화하며 최대한 많은 학생들을 인기 대학으로 밀어넣으려 한다면, 소위 '지방 명문고' 취급을 받는 지방 사립 고등학교들은 소수 정예반을 운영하며 될 학생만 밀어주는 전략을 채택하곤 합니다. 한편 '명문고'라는 평가와 거리가 먼, 평범한 공립 일반고는 사정이 또 다릅니다. 인기 대학 합격자를 여럿 배출해서 지역 평판을 올린다는 식의 접근은 애당초 언감생심이기 때문입니다.

교사 HX(공립 일반고 교사) 교사의 71%가 학종을 지지한다는 통계를 어떻게 해석할 것인가? 이 부분에 대해 의견을 말씀드리면, 학종이 교육적 제도라고 생각해서 교사들이 지지하는 것은 아닙니다. (입시 실적 압박에서 비교적 자유로운 공립 일반고 교사의 관점에서 말하자면) 정시로 대학을 못 갈 아이가 그나마 학종으로 가니까 그런 의견을 갖게 되는 겁니다. 저는 비록 학종을 반대하는 입장이지만, 학생들이 의욕을 가지고 학교생활을 할 수만 있다면 수능이든 학종이든 돕게 됩니다.

즉, 앞서 설명한 폐단과 별개로, 악조건 속에서도 최선을 다해 학생들을 지도하고자 하는 교사들의 존재를 도외시해서는 안 됩니다. 공교육계 전반의 학종 선호를 통제욕과 인기 대학 선망만으로 환원할 수는 없다는 것입니다. 이것이 악이라는 것을 알면서도, 최악은 아닌 차악이라고 판단해 지지를 보내는 경우도 다수이니까요. 또한 거듭 강조하듯 현 상황에 대한 책임을 교사 개개인에게 전가하는 식의 접근도 최대한 멀리해야 합니다. 이러한 실정에는 한국 교육 현실의 다양한 이율배반과 모순이 얽혀 있기 때문입니다. 5부라는 제한된 분량 내에 온전히 담아내기 어려울 정도의 다양함이지요.

다만 개인의 열망과 선의가 결함 있는 구조 속에서 왜곡되며, 미시적으로 좋은 성과를 내더라도 거시적으로는 그 결함을 강화한다는 사실은 얼마나 말하든 모자람이 없을 듯합니다. 뚜렷한 문제의식을 지닌 교사들조차도, 담당 학생들을 저버릴 수 없으므로 학종 대비에 최선을 다하게 되는 데에서 나타나듯 말입니다(한편 '은사의 지도'가 교육과정에 부합하는 탐구 주제를 논의하거나 참고문헌 목록을 제시하는 수준에서 끝난다면 모를까, 면접 대비를 위해 하지도 않았던 활동을 꾸며내는 '해킹'의 범주에 도달하면 그 지도의 성격은 무의미함을 넘어 유해한 것이 되는 것도 사실입니다).

무엇보다도 '은사를 만난 학생이 대입에서 내는 성과'와 '은사를 만나지 못한 학생의 손해'는 제로섬 관계를 맺으며, 막 중학교를 졸업한 학생이 둘 중 어디에 속하게 될지는 장담하기 어렵습니다. 경험과 의욕이 있는 교사가 많은 지역의 고등학교에 입학한 경우라면 위험을 피할 확률이 그나마 높아지지만,[8] 반 배정에서는 다시 행운의 룰렛을 돌려야 하지요. 이 룰렛에는 종종 치명적인 수준의 '꽝'이 존재하며, 이로 인한 좌절은 다른 학생의 기쁨으로 벌충될 수 없습니다. 따라서 '교사가 평가권을 남용할 경우 이런 문제가 발생할 수 있다'는 지적에 대해 '모범 사례를 보아라. 열심히 하는 교사들은 잘하지 않느냐?'라고 대답하는 것은 외면이자 합리화에 가깝습니다. 훌륭한 공적 시스템이라면 교사가 의욕이 없더라도, 심지어 악의를 품더라도 학생들을 그 해악

8 교사들이 선호하는 지역 및 학교와 선호하지 않는 지역 및 학교는 명확히 존재합니다. 공립학교는 순환근무가 원칙이지만, 한번 선호 지역 또는 학교에 자리잡은 교사는 당연히 비선호 지역에서 근무하는 것을 피하기에 실질적으로는 순환이 잘 이루어지지 않습니다.

으로부터 보호할 수 있어야 하기 때문입니다.

해악 금지와 자율권

해악 금지(non-maleficence)는 선행(및 정의 추구)과 구분되는 독립된 개념입니다. 이 개념을 뒷받침하는 문구인 '두 노 함'(Do no harm)은 "득과 실이 뒤섞였다면 위험을 감수하기보다는 아무것도 하지 않는 편이 나을 수도 있다"는 이해를 전제하고 있지요. 그렇다면 이 '아무것도 하지 않는 편이 나을 수도 있다'의 구분선은, 해악 금지와 선행의 경계는 어디에 그어져야 할까요?

이는 일차적으로 참여자들의 권력관계와 각종 득실을 종합적으로 고려하여 판단할 문제이므로 단정적인 결론을 내리긴 어렵습니다. 다만 공교육의 특성을 감안하자면 일방성과 민주적 소통 가능성이라는 개념에 우선 주목할 필요가 있을 듯합니다. 예컨대 학생이 학원을 옮기거나 인터넷 강사를 바꾸는 데에는 아무런 리스크가 없거니와 선택의 폭이 넓습니다. 반면 학교의 과목별 담당 교사는 무작위적으로 배정되며, 잘못된 교실 환경에서 빠져나가려는 학생은 그 환경으로 인한 해악 이상의 손실을 부담할 공산이 큽니다(뿐만 아니라 청소년기의 특성상 교실에서 겪는 해악은 그 이후의 삶에까지 영향을 미치곤 합니다).

악의를 지닌 교사가 활동기록을 무기화할 경우 학생이 민주적 항의를 통해 해당 상황을 바로잡을 수 있을까요? 혹은 선뜻 전학을 택할 수 있는 학생이 얼마나 있을까요? 전학 과정에서 발생하는 유무형의 손실이 악의 자체로 인한 손실보다 결코 작지 않으리라는 점을 감안하면, '어떤 교사를 만나느냐에 따라 생활기록부의 수준이 달라진다'는 사실은 몹시도 부조리합니다. 이것은 행운이라는 예선을 치르고 나서야 학생의 노력을 평가하는 경쟁이기 때문입니다.

학생 G(호남권 중소도시/일반계고) 특정 교사가 활동기록을 충실히 적어달라는 학생의 부탁을 받자 그 학생의 세특을 일부러 망쳤다는 이야기가 돌았어요. 공부를 무척이나 잘해서 학종으로 대학에 가려던 친구였는데 생활기록부를 열어보니까 '수업시간에 적극적으로 참여하지 않는다'는 식의 세특을 특정 과목에서만 받았다나 봐요. 절대 그런 친구가 아니었거든요. 그렇게 생활기록부 폭격을 맞은 친구들이 여럿 있었어요.

내일뉴스 저 같은 컨설턴트들은 세특만 봐도 선생님의 성향이 다 파악돼요. (나쁜 케이스는) 세 종류인데 첫번째, 세특을 애들한테 떠넘기는 교사. 학생들이 알아서 써 온 걸 그냥 옮겨 적기만 하죠. 두번째는 자존심이 강한 교사. 학생들이 뭘 써달라고 해도 절대 안 써주고 자기 할 말만 해요. 세번째 그냥 아무 생각이 없는 교사. 개별 학생들 챙겨주기 귀찮으니까 대충 수업 내용만 쓰고 말아요.

이러면 애들이 아무리 열심히 해도 변수가 생기죠. 학생은 열심히 했을 수도 있는데 교사가 성의가 없으면, 아니면 교사 심기가 비틀리면 그냥 꼬이는 거예요. 물론 대학도 이런 게 보이긴 할 텐데, 대충 쓰인 세특에서 '성의 없음' 이상을 읽어낼 수 없으니까, 그러고 끝이죠. 이건 대학이 학생의 수준 대신 교사의 수준을 평가하는 거나 마찬가지죠.

교사 FD 당사자성이 있는 입장에서 이야기하면, 열심히 하는 동료 교사들이 많다는 거 당연히 알아요. 그렇지만 그것으로 끝날 일은 아니라고 봐요. 그건 결국 자율권과 재량권에 달린 문제잖아요. 그 안에서 깨어 있는 교사를 만났으면 다행이지만 만나지 못한 학생들은 어떻게 되는 거예요. '거시적 시야로 봐서 교사 재량권과 자율권을 줄여야 한다, 최소한의 형평성이라도 보장해야 한다'는 말에 '난 잘하고 있는데' 식으로 나오면 안 된다는 거죠.

그리고 이런 재량권과 자율권의 문제는 교사가 짊어지는 부담과 맞닿습니다. 평가 업무의 범위가 늘어난다는 것은 더 많은 것을 결정할 수 있다는 의미와 동치이기 때문입니다. 더 나아가 교사의 업무 부담과 학종 시스템의 과도한 요구가 공교육 자체의 품질을 떨어트리면서 사교육 의존도를 높이고 있다는 점을 고려하면, 각종 문제 상황의 핵심적인 연결고리가 여기에 모여 있음을 다시금 확인하게 됩니다.

'전략적 자퇴'라는 오해, 그리고 심리적 자퇴

이익 극대화와 합리적 전략이라는 키워드는 수많은 현상을 설명하기에 유용한 도구입니다. 그러나 다양한 종류의 이해득실과 그에 따른 동기를 '이익'이라는 키워드 하나에 묶어버리면 사태의 본질을 오도하게 됩니다.

가령 어떤 회사원이 이직을 택했다고 가정합시다. 물론 이 사람은 기존의 회사보다 새로운 회사가 좋다고 느꼈기 때문에 근무처를 옮긴 것입니다. 그러나 "팀장 직함을 달아주고 연봉도 올려준다기에 이직을 선택했다"와 "진급이 부당하게 막힌데다가 상사의 폭언도 심해져서 그 회사에는 더이상 다닐 수 없다고 판단했다"는 다릅니다. 전자의 이탈을 막기 위해서는 물질적 보상의 수준만이 조정되면 그만이지만, 후자의 경우에는 회사의 근무 환경 자체가 바뀌어야 하지요.

그러니 지금까지 논의한 내용을 염두에 두고 자퇴생 증가 추세를 다시 살펴봅시다. 일부 공교육 관계자들은 해당 이슈에 대해, 학교에 다니는 것보다 수능을 준비하는 게 대입에 유리하니 '전략적 자퇴'를 택하는 것이라는 식의 진단을 내립니다만,[9] 과연 그것뿐이겠냐는 것입니다. 3부 2장에서 설명했다시피 정시는 N수생에게 유리한 게임이며 한국은 '표준적인 생애경로'를 벗어나는 사람에게 가혹한 나라입니다. 정시의 본산인 수험생 커뮤니티조차 내신 관리를 강권하지요. 즉, 학생들이 갖가지 핸디캡을 무릅쓰고서라도 학교를 떠나는 데에는, 그런 학생들이 연일 늘어만 가는 데에는 '정시 집중을 위한 전략적 선택' 이상의 요인이 작용할 수밖에 없습니다.

---

9 「"고등학교 첫 시험 망치면 자퇴" 늘어나는 고1 자퇴생들」, 『조선비즈』 2023. 7. 6.

학생 E 교실이 잘 굴러가는 것처럼 보여도 애들 영혼이 다 어디론가 가 있어요. 세특 준비다 심화탐구다 해야 할 게 너무 많은데 수업시간에는 '비문학 지문 빈칸 채우기' 같은 거나 시키고 있으니까. '수능특강 문제 변형하기' 같은 수행평가는 학생이 제출한 게 중간·기말고사에 나오기도 해요. 세특 발표 날에는 그냥 남의 발표 배경음으로 깔아놓고 각자 자기 공부 하고요. 거기에다가 교사들 눈치까지 봐야 하죠. 상황이 이렇다보니까 자퇴를 할 수 있는 애들은 다 떠나요. 남아 있는 애들도 학교가 좋아서 남은 게 아니에요. 안 졸고 수업에 집중하는 건 그냥 겉모습이고, 거의 **심리적 자퇴**에 가깝다고 생각해요.

제도 자체가 학생들에게 과도한 부담을 짊어지우고 거짓말을 가르치는 상황입니다. 뿐만 아니라 정시파이터와 수시라이팅의 사례가 보여주듯이, 일부 학교와 교사는 '학교 수업에 충실할 것' 이상을 요구하며 통제욕을 드러내기까지 합니다. 학생들로서는 가뜩이나 할 일이 많은 판에 감정적 소모까지 추가되는 셈이지요. 이렇게 부담이 심한데도 정작 교과 수업은 부실하다보니, 열의를 가진 학생조차도 "내가 도대체 여기서 뭘 배우고 있는 거지?"라는 의문을 품을 수밖에 없고요. 어쩌면 열의를 가진 학생일수록 허탈감이 심할지도 모릅니다.

따라서 자퇴는 물질적 보상을 위한 전략이기 이전에 도피입니다. 학교 현장의 부조리와 고통으로부터 달아나는 겁니다. 자퇴 허락을 받지 못한 학생들조차도 심리적으로는 이미 자퇴했다고 느끼는 경우가 부지기수지요. 그렇다면 자퇴생 증가 추세를 공교육 권위의 실종이나 사교육 팽창의 문제로, 자기 이익 극대화를 위한 일탈로 환원하는 것은 너무나도 단편적인 인상비평입니다. 학생들이 당위와 가치를 도외시하는 것이 아니라, 왜곡된 공교육 환경이 이런저런 명분을 허울로 만들어버린 판이니까요.

한편 이는 소통의 단절과 교실의 비민주성을 드러내는 삽화이기도 합니다. 이 장의 중반부에서 인용했다시피, '학생부종합전형이 2015 개정 교육과정의 실현이나 공교육 정상화에 기여하고 있다고 생각하십니까?'라는 설문조사 질문에 71%의 교사가 '그렇다'를 택했지요. 반면 이 책이 만나본 학생들의 목소리는 정반대였습니다. 교실이라는 공간을 공유하면서도 학생과 교사의 관점이 이렇게까지 다르다는 것은, 둘 사이에 심각한 불통이 있다는 의미일 겁니다.

물론 교사들에게도 '학종이 아니라면 학생들이 도무지 수업에 참여하지 않는다'는 등의, 학종을 선호할 합리적인 이유들이 있습니다. 그러나 교육의 핵심은 결국 학생입니다. 비록 '학생에 의한' 학교는 될 수 없을지라도 '학생을 위한', '학생의' 학교이기는 해야 한다는 것입니다. 지금처럼 열심히 참여하는 학생일수록 더욱 큰 부담을 느끼는 체제는 어딘가 이상합니다. 진정한 정상화가 이루어지려면 학생의 목소리에 주목함으로써 소통을 재개하는 작업이 선행되어야 합니다. 무엇보다 '수시 대비를 위해 방긋방긋 웃고 열심히 발표하는 상황'과 '수업 자체의 충만함으로 인해 자발적인 발표에 나서는 상황'을 구분해야 합니다. 또한 '겉보기 발표만 활발할 뿐 학생들이 무엇을 배워가는지 알 수 없는 수업'이 아니라 '실제 지식을 가르치는 수업, 현실의 여러 과제를 풀어나갈 역량을 길러주는 수업'을 만들어야 합니다. 요식행위와 겉모습에 만족하는 대신 교육이라는 본령을 살펴야 합니다. 최종적으로는 참여자 모두의 불필요한 부담을 줄이고 실질을 되찾는 방향으로 제도를 정비해야 합니다. 학생들에게 학교의 존재 가치를 설득할 수 없다면 작금의 자퇴 행렬은 결코 사그라들지 않을 것입니다.

다만 논의를 마무리짓기 전에 다른 방향에서도 문제를 살펴볼 필요가 있습니다. 이 사태에서 대학은 어떤 역할을 맡고 있을까요?

수시 대비는 학생과 교사의 협업을 통해 진행되지만 그 선발 과정과 기준을 정하는 것은 대학입니다. 그렇기 때문에 대학은 고등학교의 활동에 직접적인 영향을 주게 됩니다. '무엇을 요구할 것인가'와 '무엇을 해야 하는가'는 불가분의 관계고, '어떤 심화탐구에 높은 점수를 매길 것인가'에는 '학생들은 무엇을 어떻게 탐구해야 하는가'가 수반되니까요. 고등학생이 병사고 교사가 행정보급관이라면 대학은 작전사령관인 셈입니다(이상적으로 말하자면 고등학교는 대학의 요구와 무관하게 자신의 본령에 충실해야겠지만, 이 논의에서는 한국이라는 현실적 조건을 반드시 고려해야 합니다).

그렇다면 대학에도 마땅한 책임이 있겠지요.

최저학력기준이라는 덫

대학의 책임 이야기가 나왔으니 수능 최저학력기준, 즉 '**최저**'를 재차 언급하지 않을 수 없습니다.

앞서 설명했다시피 대다수의 수도권 대학은 수시 합격자를 변별할 목적으로 최소한의 수능 성적을 요구합니다. 정시에서의 수능 등급 커트라인보다 1~2등급가량 낮은 정도지요. 인기 대학의 경우 3~4개 과목의 등급 합이 6에서 8 이내일 것을 요구하기 때문에, 이런 대학에 지원하는 학생들은 정시에서도 경쟁력이 있을 정도의 수능 성적을 따내야 합니다.

그런데 중간고사, 기말고사, 수행평가, 세특 발표, 교내 행사 등을 골고루 챙기면서 수능에서까지 높은 등급을 받아내라는 요구는 지극한 아이러니입니다. "반나절 안에 부산에서 어묵을, 광주에서 무등산 수박을 사서 서울역으로 오라"는 지시와 비슷하지요. 천운이 따르는 게 아니라면 혼자서는 대응이 불가능하고, 보통은 부산에 대신 가줄 사람을 구하게 됩니다. 사교육의 힘을 빌리는 겁니다. 그래야만 제시간에 맞출 수 있습니다.

만약 제시간에 맞추지 못한다면 어떻게 될까요? 여기에 두번째 아이러니가 숨어 있습니다. 생활기록부는 졸업 뒤에도 재활용이 가능하다는 것입니다. 그렇다보니 '경쟁력 갖춘 생활기록부에도 불구하고 최저로 인해 탈락한' 학생들은 수시를 염두에 두고 재수를 택하게 되지요. 재수종합학원에 가서 수능 성적을 올린 다음, 작년에 합격했던 학교에 재차 수시 원서를 넣는 것입니다.

이런 상황은 이상합니다. 똑같은 사람이, 똑같은 생활기록부를 들고, 똑같은 학교에 지원하는데도 1년이라는 시간이 추가로 소요되는 것이니까요. 사회적으로도 그만큼의 낭비가 발생하고요. 대학교 강의를 이해하기 위해서는 고등학교 수준의 성취가 필요하다는 원론과는 별개로, 이런 상황이 합당한지는 고민해볼 부분입니다. 그러니까 이렇게 물어봅시다. 그 학생들이 1년을 더 쓰게 된 것은 역량이 부족했기 때문일까요, 혹은 제도 설계의 결함 때문일까요? 만약 후자라면 설계상의 결함을 지금처럼 심화시킨 주범은 누구일까요?

대학입니다.

정상적인 대학이라면 '고등학생이 재학 기간 중에 독립적으로 도달할 수 있는 수준의 성취'를 입학 요건으로 내걸어야 합니다. 내신·활동기록·최저학력기준이라는 세 요소의 총합이 사교육을 이용하지 않는 학생에게 어느 정도의 부담으로 다가오는지를 고민해야 한다는 겁니다. 균형이 어긋났다 싶으면 바로잡는 것까지가 대학의 몫입니다. 학문적 권위를 인정받는 인기 대학일지라도, 고등교육기관으로 기능하며 공동체의 형성에 기여하는 이상 이런 책무로부터 결코 자유로울 수 없습니다. 지금 같은 상황에서는 최저를 약화시키는 편이 옳고, 만약 최저를 양보할 수 없다면 "수시 대비 과정을 정상화할 수 있도록 대학 자체 가이드라인을 마련하고 선발 과정을 투명히 공개하겠다"라는 식의 대책이라도 발표해야 하지요.

그럼에도 불구하고 대다수 대학은 무책임할 정도의 방임주의를 고수하고 있으며, 일관성 없는 입장을 보이기도 합니다. '수능 성적이 높은 학생보다는 성실한 학생, 비교과 활동을 통해 다양한 경험을 쌓은 학생, 다면적인 역량을 갖춘 학생을 선발하고 싶다'고 말하면서 정작 최저 기준은 슬금슬금 높이는 것입니다. 여기에 더해 학교 현장을 향해서는 '활동기록을 더 자세히 기재해 달라'는 요구를 덧붙이기까지 하지요. 말로는 좋은 명분을 내세우지만, 실제 행동을 보면 어떤 것도 놓칠 수 없다는 식입니다.

이 부정직성 뒤편에는 '더 뛰어난 학생'이라는 허상을 둘러싼 대학의 에고티즘(egotism)이 숨어 있습니다. 단적으로 말해 지방 일반고 학생이 일부 과목에서 4등급을 받고 인기 대학에 수시로 합격했다고 치면 곧바로 기사가 뜨기 마련입니다. '수능 4등급 맞고 ○○대 합격한 수험생, 공정 논란' 같은 헤드라인 말입니다. 반면 과학고 학생들이 비슷한 수능 성적을 받는 데에 대해서는 "원래 과학고 학생들은 수능 성적이 낮다. 대학교 과정을 깊이 배운 것이지 수능에 필요한 문제풀이 스킬은 배우지 않았기 때문이다" 식의 여론이 암묵적으로 형성되어 있습니다. 그렇다보니 대외적 위상을 지키고 싶은 대학들은 일반적인 전형에서도 높은 최저를 요구하게 되지요.

물론 대학으로서는 불필요한 잡음으로 인해 이미지가 실추되는 상황이 싫을 수 있습니다. 활동기록이 상세한 학생을 선호하는 것 또한 그 동기만큼은 이해할 만하고, 모든 면에서 뛰어난 학생을 데려가려는 태도 역시 이익 극대화의 관점에서는 자연스럽지요. 그러나 핵심은 결국 대학이 자기 본위로 행동함으로써 불필요한 사회적 낭비를 발생시킨다는 사실입니다. 지금 여기에서 소개한 최저학력기준뿐만 아니라, 정시와 수시를 막론하고, 모든 영역에서 비슷한 일이 일어납니다. 그 대표적인 결과는 사교육 확장입니다.

그러니까 사교육 확장의 문제로 지목되는 현상들은 반드시 고교·대학의 문제와 짝패 관계를 맺고 있습니다. 1장에서는 고등학교를 주로 다루었으니 2장에서는 대학이 입시 게임의 규칙을 조작하며 부조리와 양극화를 심화시키는 양상을 알아보겠습니다.

자기 본위로 타인의 필요를 무시하는 태도를 일컫는 데에는 주로 이기심(selfishness)이라는 용어가 사용되지만, 이 책에서는 이기심 대신 에고티즘(egotism)이라는 용어를 택하고 있습니다. 에고티즘은 단순한 물질적 이득보다는 광범위한 자기중심성과 과시성에 방점이 찍힌 용어인 까닭에 그 뉘앙스가 다소 다르기 때문입니다.

2. 대학 자율성과 비용 떠넘기기

김대중정부 시절 도입된 '3불 정책'은 서른해 가까이 한국 대입정책의 본바탕이 되고 있습니다. 이 정책의 핵심은 본고사·고교등급제·기여입학제를 금지함으로써 교육 기회의 평등과 사회적 통합을 추구하는 데에 있지요.

학교마다 다른 방식으로 학생을 뽑기 시작한다면 맞춤형 대비가 가능한 학생과 그렇지 않은 학생의 격차가 벌어질 테고, 출신 고등학교를 판단의 준거로 삼는다면 '특목고·자사고 입시 준비가 수월한 집단'과 '고입 경쟁에 투입할 자원이 부족한 집단'이 나뉩니다. 기여입학제는 말할 것도 없고요. 대학별 면접이 실질적으로 본고사처럼 작용한다거나, 학교 이름이 가려져 있더라도 고등학교를 분간할 방법이 충분하다거나 하는 사실들로 인해 종종 '3불 정책 유명무실화'가 화두에 오르곤 하지만, 도입 취지 자체를 부정하는 경우는 얼마 없습니다.

물론 반대 여론도 있습니다. 각 대학의 교육철학에 부합하는 인재를 고유한 방식으로 선발하여 가르칠 자유가 있어야만 고등교육의 품질이 올라가고 대학 경쟁력이 강화된다는 겁니다. 수능 성적만을 기준으로 50만명을 줄 세우는 상황과 대학마다 고유한 선발 기준이 존재하는 상황을 비교하자면, '학문적 자유'라는 측면에서는 후자가 더욱 매력적으로 느껴지는 것이 사실입니다. 교수들로서도 '러시아에는 아무 관심이 없지만 대학 간판만 보고 노어노문학과에 지원한 학생'보다는 '러시아에 많은 관심을 가지고 있지만 수학 점수는 약간 낮은 학생'을 뽑고 싶겠지요(취지상으로는요).

각각의 입장이 나름대로 그럴듯한 근거를 갖춘 것은, 대학이라는 기관의 특성 때문입니다. 대학은 국가의 보조 아래 운영되는 비영리 고등교육기관으로, 청년에게 공통교양 이상의 지식을 제공하고 그들을 사회의 일원으로 길러내는 책무를 맡고 있습니다. 동시에 각 대학은 독립적이고 개별적인 주체로서, 교육적 지향점이나 대외적 위상을 위해 자유를 확보하려 애씁니다. 책무성과 자율성이라는 두 특성이 서로 경합하는 셈이지요.

이상적인 상황에서 책무성과 자율성은 서로를 보완하며 강화하는 방향으로 작용합니다. 대학이 소신껏 학생을 선발하여 가르친 결과가 공공의 복지에 부합한다는 보장이 있다면 대학 자율권의 필요성도 자연스레 증명될 테니까요. 그러나 문제는 언제나 이상주의적인 조화가 아니라 현실의 충돌입니다. 대학은 곧잘 '등급 커트라인'이나 '대학 서열' 같은 지표에 눈이 멀거나, "이 학생은 사교육특구 출신이니 지방 일반고 학생보다 더 뛰어난 인재일 것이다"와 같은 단편적인 판단에 사로잡힙니다. 그 과정에서 책무성이 방기되고 자율권은 대학의 편익과 대외적 위상을 위한 도구로 전락하지요.

즉, **대학 자율성** 관련 논의는 명분만을 대상으로 할 것이 아니라 책무성과 자율성이 현실에서 구현되는 양상에 근거하여 이루어져야만 합니다. 2장에서는 대학 자율성의 실상을 살펴보면서, 대학이 3불 정책의 취지를 무너뜨리고 학생들의 부담을 가중시키는 방식을 논하도록 하겠습니다.

배치표의 원리

수능은 50만명을 차례대로 줄 세우는 시험이라고들 합니다. 점수에 따라 위아래가 명확히 나뉘다보니 학생들의 비인간화를 유도한다고도 하지요. 하지만 이런 평가는 절반만 옳고 절반은 틀립니다. 줄을 서는 순서는 얼마든지 달라질 수 있기 때문입니다.

수능 성적표에는 등급과 표준점수, 백분위가 찍혀 나오지만 그것만으로는 합격을 장담하기 어렵습니다. 과목별 반영비가 대학마다 다르기 때문입니다. 국·수·탐의 반영비율이 2:4:3이냐, 혹은 4:3:2냐에 따라 당락이 훅 갈리지요. 게다가 표준점수만을 써서 학생을 선발하는 학교는 아주 적고 대부분은 **변환표준점수(혹은 백분위 기반 환산점수)**를 쓰다보니 계산이 더더욱 까다로워집니다. '13131'을 받은 학생과 '22222'를 받은 학생이 갈 수 있는 대학이 명확히 갈리고, 가끔은 같은 '22222'라도 탐구 과목의 선택에 따라 대학별 유불리가 발생하지요.

그런데 이런 방식으로 유불리를 조성하는 것은 각 대학만의 교육철학을 드러내기에는 너무나도 지엽적이고 기계적인 듯합니다. 변환표준점수의 도입 취지는 '탐구 과목 선택에 따른 유불리를 완화하겠다'는 것이지만, 이 명분을 온전히 믿기에는 대학의 태도가 수상쩍습니다. 유불리 제거가 유일한 목적이라면 모든 대학의 변환표준점수가 비슷하게 계산되어야 할 텐데, 실제로는 대학마다 보정 수준이 천차만별이기 때문입니다. 어떤 학교는 백분위에 따른 격차를 줄여서 '물보정'을 시도하고, 어떤 학교는 그 반대로 '불보정'을 하지요. 같은 학교라도 해마다 보정 수준이 달라지고요.

왜 이런 현상이 발생하는 것일까요?

대학 서열과 등급 커트라인은 대학 스스로에게도 중대사안이기 때문입니다.

대학 서열에 집단적 믿음 이상의 실체가 있느냐, 그것이 우리 사회에 어떤 의미를 지니느냐 등의 논의는 일단 생략하겠습니다. 대학 서열이 사회적 상상의 결과인 동시에 현실을 재생산하는 방식이라는 사실이 중요합니다. 고정된 규칙이나 구조가 아니라 생동하는 과정입니다. 일종의 권력 게임이라고 평할 수도 있겠지요. 대학들은 단순히 학생들을 선별하는 데에서 그치는 대신 적극적인 플레이어가 되어 게임에 참전합니다.

예컨대 2022학년도에는 서울대가 정시모집군을 가군에서 나군으로 변경했습니다. 그러자 연세대와 고려대가 나군에서 가군으로 옮겨갔지요. 같은 모집군 안에 있으면 서울대와 정면대결을 벌여야 하는 반면, 다른 모집군에 있으면 '서울대를 주력으로 쓰되 보험이 필요한 학생'들을 거두어 갈 수 있기 때문입니다. 그런데 이러면 성균관대의 일부 학과에 불똥이 튑니다. 소프트웨어학과의 경우 고려대·연세대와 같은 군이 되었을 때 누적백분위 커트라인이 1% 이상 하락했을 정도니까요. 고려대·연세대가 서울대를 피하듯이, 성균관대도 고려대·연세대로부터 도망쳐야 하는 겁니다. 결국 성균관대의 일부 학과가 나군으로 이동합니다.

과목별 반영비율을 정하거나 변환표준점수를 보정하는 작업에도 동일한 역학이 존재합니다. 과목 반영비를 2:4:3과 3:4:2 사이에서 선택한다거나, 난도가 유독 높았던 과목에 대해 극단적인 '물보정'을 적용한다거나 하는 시도에는 결국 '상위 대학이 놓친 학생들, 경쟁 대학에 갈 학생들을 우리가 데려가야겠다'는 계산이 깔려 있습니다. 이는 대학이 **입시전형 파편화**에 적극적으로 나서게 되는 핵심 기제입니다. 경쟁 대학과 반영 방식이 상이해지도록 반영식을 바꾸면, 조정된 반영식 기준으로 유리해진 학생들은 경쟁 대학에 지원할 가능성이 낮아지니까요.

이에 더해 배치표(다양한 사교육 업체들이 제작하는 대학 평가·서열 정리표)상의 착시효과도 기대할 수 있습니다. 순수 누적백분위상으로는 4%대에 합격 커트라인이 잡히더라도, 과목별 반영비율과 변환표준점수 계산식을 잘 조정하면 해당 계산식 기준으로 커트라인이 2% 중반대쯤에 형성된 것처럼 보이게 만들 수 있는 겁니다. 이런 조작은 '대학을 바라보는 세간의 시선'에 영향을 미치면서 다른 대학들을 서열 경쟁에 끌어들입니다. 한국은 대학 서열이 그 자체로 사회적 이슈가 되는 나라니까요. "○○대가 입시 결과에서 ××대를 앞질렀다"는 뉴스가 뜨면 ××대도 가만히 있을 수 없는 겁니다(언론은 입시의 세부사항에까지 주목하지 않기에, 배치표상의 겉보기 위치를 그대로 받아들여 보도합니다).

2024학년도 수능 성적표(예시)

영역	한국사	국어	수학	영어	물리학 I	지구과학 I
표준점수		142	126		59	58
백분위		100	89		75	74
등급	1	1	2	2	4	3

⇩

대학별 반영식에 따른 누적백분위

A	B	C	D, E	F, G	H	I, J
7.8%	8.0%	9.6%	10.0%	10.2%	12.0%	12.1%

동일한 성적표라도 대학별 반영식에 따라
실질 누적백분위 최고치 7.8%, 최저치 12.1%로
4%p대의 차이가 발생할 수 있다

* 대입 성적 산출 과정에서 보편적으로 사용되는 A계산기를 이용하였다.

이 장의 서두에서는 '각 대학의 교육철학에 부합하는 인재를 고유한 방식으로 선발'하는 것이 대학 자율성의 이상이라고 설명했지만, 이것은 어디까지나 이상일 뿐입니다. 한국의 입시 현실 아래서 선발의 자율권은 줄 세우기에 기반한 서열 경쟁으로 이어질 공산이 큽니다. 각 대학의 교육철학 자체가 희미하다보니 '경쟁 대학 학생보다 더 뛰어난 학생', 즉 '경쟁 대학보다 더 높은 합격 커트라인'이라는 허상을 쫓는 겁니다. 또한 그렇게 선발이 이루어지고 나면 선발 결과에 따른 배치표가 허상을 다시금 강화하는 순환이 발생하지요.

이런 순환에 실익이 없다는 점은 자명합니다. 실익이 있기는커녕 해롭기까지 합니다. 대학이 배치표를 의식하며 각종 계산식을 만지작거리는 과정에서 학생 부담과 불안이 가중되기 때문입니다.

'3년 예고제'가 아닌 '3주 예고제'

시시때때로 규칙이 추가되거나 사라지는 게임은 할 만한 게 못됩니다. 매번 새로운 규칙을 익혀야 하니 부담이 심하고, 규칙이 개정되었다는 사실 자체를 모르면 막대한 불이익을 겪지요. 이런 테이블에는 처음부터 앉지 않는 편이 좋습니다.

대입전형도 마찬가지입니다. 올해는 수능 100%로 뽑고, 내년에는 수능 80%와 내신 20%로 뽑고, 내후년에는 내신의 평가 기준이 통째로 바뀌는 대학이 존재한다고 가정해봅시다. 다른 대학들도 비슷한 수준으로 전형을 바꾸어대고요. 이런 상황에서 합격

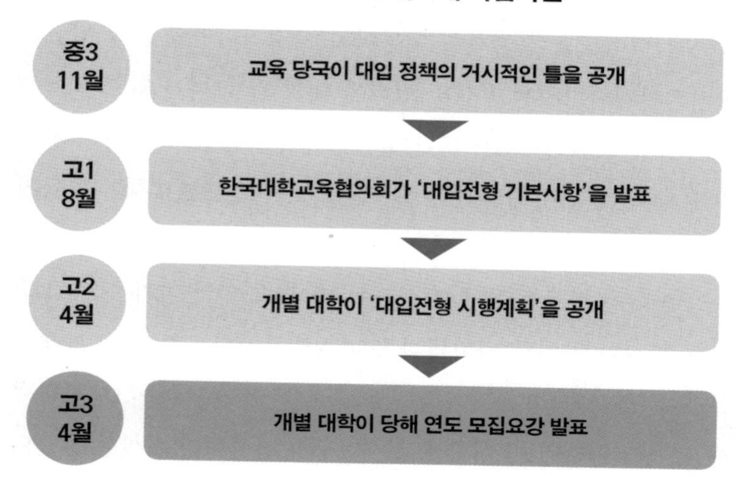

장을 얻어내려면 단순히 공부를 열심히 하는 것 이상의 노력이 필요할 겁니다. 정보 경쟁이 발생하지요. 결국 자본이 부족한 학생들은 정보 경쟁 단계에서부터 불리해지고, 입시에 투자할 여력이 있더라도 소모적인 비용 지출을 겪게 됩니다.

'대입 3년 예고제'는 이러한 폐단을 방지하기 위해 도입되었습니다. 정보 공개 시기를 정해둠으로써 학생들의 정보 접근성을 높이고 입시 불안을 완화하자는 겁니다.

그런데 이 정책에는 맹점이 있습니다. 전형의 세부사항까지 3년 전에 정해둘 필요는 없다는 점을 악용해서, 대학이 스스로 기존 발표를 무력화할 수 있다는 것입니다. 변환표준점수 조작이 대표적인 사례입니다.

변환표준점수 보정은 수능 채점이 완료된 후에, 백분위 분포와 과목별 난이도를 감안하여 이루어지는 것이니만큼 12월 발표가 불가피합니다. 또한 그 산출 방식에 대학 간 차이가 없으며 계산식이 매년 동일하다면[10] 혼란이 발생하지도 않습니다. 그러나 여기에 대학 재량이 개입될 경우 4월에 고지된 모집요강이 흔들리고 맙니다.

가령 특정 탐구 과목에서 백분위 100과 80의 차이가 실제 표준점수 10점의 차이로 나타난다고 가정해봅시다. 그런데 ○○대가 갑자기 "백분위 20 차이를 변환표준점수 5점의 차이로 보정하겠다"고 공고한다면 이 대학에서는 탐구의 영향력이 사실상 절반으로 감소합니다.[11] 69점과 59점의 격차가 68점과 63점으로 좁아질 경우 고득점자가 누리는 이점과 저득점자가 받는 불이익이 동시에 줄어드니까요. 형식적인 과목별 반영비는 모집요강대로 유지될지라도 **실질반영비율**이 대폭 바뀌는 겁니다. 게다가 ××대와 △△대마저도 서로 다른 산출식을 '기습적으로' 발표한다면 같은 점수라도 대학별 유불리가 매년 달라지므로 혼란이 가중됩니다.

2024학년도 성균관대 입시를 보면 대학이 매년 정시 결과에 따라 실질반영비율을 조작하며 기존 입시요강을 무력화시키는 방식을 확인할 수 있습니다.

---

10 연세대학교의 경우, 도입 초기부터 변환표준점수를 계산하는 방식을 크게 바꾸지 않아 실제 세부 반영식이 12월에 발표되더라도 그 이전부터 예측과 대비가 가능합니다. 이런 경우 변환표준점수는 그 자체로는 큰 혼란을 유발하지 않습니다.

11 인하대학교가 이러한 방식으로, 매년 실질반영비율이 요강에 명시된 비율의 절반 이하가 되도록 산출식에 기본 점수를 부여해 탐구 영역의 비중을 낮추고 있습니다.

해당 연도에는 영어가 특히 어렵게 출제되었습니다. 평년에는 절대평가 기준 8~9% 선이었던 1등급 비율이 4%대로 곤두박질쳤지요. 이는 고득점자 중에서 영어를 망친 학생들이 늘어났다는 의미기도 합니다. 성균관대로서는 '고려대·연세대에 갈 수 있었지만 아쉽게 미끄러진 학생들'을 주워 담을 기회입니다. 이에 따라 성대는 영어 1·2 등급을 구분하여 감점하던 작년까지의 기조[12]를 원서 마감 3주 전에 뒤집어, 영어 변환표준점수를 1·2 등급 132점, 3등급 129점, 4등급 103점으로 발표하지요. 이렇게 되면 모집요강에 쓰인 '영어 반영비율 10%'는 유명무실해지고 맙니다. 3등급까지는 사실상 1등급과 동일하게 처리하고, 4등급 이하는 볼 것도 없이 탈락시키겠다는 의미니까요. 원서 마감 3주 전에 약식으로 공개한 표 하나로 매년 지켜온 기조와 모집요강상 반영비율을 동시에 뒤엎는 셈입니다.

성균관대뿐만이 아닙니다. 탐구 영역에서는 거의 모든 인기 대학이 이런 일을 해왔으며, '이래도 책임을 묻지 않는다'는 사실을 인지한 대학들은 '세부사항'의 범위를 넓혀나가며 모집요강을 껍데기로 만들고 있습니다. 심지어 대학 간의 눈치싸움이 극심해진 나머지, 이제는 원서 마감 3주 전에 변환표준점수표를 발표하면 양심적이라는 평가를 들을 지경이 되었습니다. 심한 곳은 원서 마감 1주일 전에야 정보가 공개되니까요. 모집요강과 실제 입시를 좌우하는 정보 사이에 일상적인 괴리가 발생하는데다가 타임

12 전년도에 시행된 2023학년도 성균관대 입시의 경우 영어는 가산점 형태로 반영되었으며, 1등급은 100점, 2등급은 97점, 3등급은 92점으로 환산되었습니다.

어택마저 강제되는 것입니다.

이렇게 되면 일선 교사들로서는 매주 급변하는 입시 정보를 파악할 여력이 없으니 공교육 대응력이 급감하며, 그에 반하여 입시 컨설턴트 수요는 폭증합니다. '3년 예고제'가 사실상 '3주 예고제'가 되며 그 취지를 잃은 것입니다. 그럼에도 불구하고 이 사태에 대한 공적 대응은 거의 이루어지지 않았습니다. 교육 당국 자체로서는 거의 전문분야에 가깝게 발달한 '원서 영역'의 톱니바퀴를 해독할 여력이 없기 때문일 겁니다. 그렇다보니 불만을 토로하더라도 응답받지 못하는 학생들은 공적 영역과 제도에 대한 신뢰를 잃을 수밖에 없고, 그에 대한 반작용으로 사적 서비스에 대한 의존을 키워갑니다.

게다가 원서 영역에서의 사교육 팽창은 수능 사교육의 팽창보다 더 나쁩니다. 수능을 대비하기 위해서는 어쨌거나 윤동주를 읽고 극한의 개념을 이해해야 하기 때문입니다. 또한 퍼즐화된 문항이 스도쿠와 진배없을지라도, 스도쿠를 하면 두뇌계발의 효과라도 기대할 수 있습니다. 이후의 삶에 최소한도로나마 도움이 될 뿐만 아니라 '명시적인 수준에서 모두에게 공개된' 정보에 기반한다는 겁니다(탐구 영역이라도 '계산이 충분히 빠르다면, 이론적으로는' 교과서와 기출문항, EBS만으로 고득점을 거둘 수 있습니다). 반면 원서 영역에 대한 공부는 해당 연도 입시가 끝나면 대체로 쓸모를 잃고, 투명성과 안정성이 결여된데다가, 쓸데없이 방대한 탓에 개인으로서는 대응이 불가능합니다. 입시 컨설턴트를 이용하지 않는 학생들조차도 진학사 같은 모의지원 사이트와 환산점수 분석 프로그램을 이용하면서 입시 커뮤니티에 추가 의견을 구할 수밖에 없지요.

결국 대학이 조장하는 입시전형 파편화는 아무런 부가가치를 산출하지 않을 뿐만 아니라 여러모로 해롭습니다. 공적 영역에 대한 사회적 신뢰를 저하시키고, 정보 비대칭성으로 인한 양극화를 발생시키며, 내수 구멍을 만들지요. 대학들이 '대학 자율성'이라는 가치 뒤에 숨어 서열 경쟁에 참전하는 동안, 그 군비는 실질적으로 사회 전체에 전가되는 것입니다.

한편 원서 영역 대비에는 '입시전형에 대한 지식'만큼이나 '실지원자 표본'도 중요합니다.

대학별 전형에 대한 지식이 전자회로의 도면이라면 실지원자 표본은 그때그때 발생하는 전기 공급입니다. 어떤 회로에 전기가 공급될지 모른다면 어떤 스위치가 켜질지 파악할 수 없지만, 반대로 전기 공급의 명세를 파악하고 조작할 수 있다면 마음대로 스위치를 끄거나 켤 수 있겠지요. 영향력이 큰 사교육 업체라면 '어떤 학생이 몇점을 받았으며 이것이 고득점자 집단 내에서 정확히 몇등인가'를 파악하고 개별 학생 간의 교통정리를 시도할 수 있는 겁니다.

따라서 사교육 의존이 강해질수록 '고득점자 표본을 장악한 소수 입시 컨설턴트 및 사교육 업체'가 고득점권 입시의 판세를 흔드는 경우가 잦아집니다. 대학이 사교육에 실제적인 힘을 부여하는 것이나 마찬가지지요. 반대로 개인의 대응력은 위축될 수밖에 없습니다.

대학은 특목고·자사고나 이른바 사교육특구 출신 학생을 뽑고 싶다는 속내를 드러내지 않습니다. 오히려 대외적으로는 '대치동 80점 대신 시골에서 독학한 70점을 뽑고 싶다'[13]는 식의 주장을 반복하면서 교육철학과 사회적 가치를 강조하지요. 이를 명분 삼아 대학 자율성의 확대를 바라고요. 그러나 대학의 실제 행동을 살펴보면 진정성을 의심할 수밖에 없습니다.

앞서 설명했다시피 대학은 배치표상의 우위를 점하기 위해 그때그때 새로운 전략을 세웁니다. 정면대결이 어려운 대학을 피해 그 대학의 정시모집군과 다른 군으로 도망치는 것, 과목별 반영비율을 파편화하는 것, 변환표준점수표 반영식을 주무르는 것 모두가 그 전략의 일환입니다. 여기에는 교육철학이 부재할 뿐만 아니라 "학문적 역량이 우수한 학생을 선발하고 싶다"는 욕망조차 부족합니다. 특정 구간에서는 전년도 대비 가점을 주고, 다음 해에는 다시 손바닥 뒤집듯 반영식의 세부를 바꾸는 판입니다. 순전히 "배치표상 위치에서 경쟁 대학을 앞서고 싶다"는 대학의 욕망 때문에, 전년도 전형 기준이 유지됐다면 충분히 합격했을 학생이 올해는 불합격하는 상황이 발생하는 셈입니다. 변덕을 뒷받침하는 것은 '학문적 역량 검증'이나 '교육철학의 추구'라는 고상한 명분이 아니라 기계적이며 산술적인 과정에 불과하고요.

13 「성균관대 총장 "대치동 80점과 시골 독학 70점, 누구를 뽑는 게 공정인가」, 『조선일보』 2023. 8. 10.

그러나 다양한 문제에도 불구하고 정시는 비교적 정직한 게임입니다. 대학이 아무리 반영식을 만지작거리더라도 수능 성적표 자체를 바꿔놓을 방법은 존재하지 않고, 뒤틀린 반영식이라도 접수 마감일 전까지는 공개해야 하기 때문입니다. 반면 수시는 어떨까요. 수시는 대학 스스로가 전형 요소와 선발과정을 주재하거니와 반영식과 구체적인 기준 역시 거의 공개되지 않습니다. 정성평가가 이루어지는 학생부종합전형은 불투명성이 특히 심합니다. "학업 역량, 진로 역량, 공동체 역량이라는 중심 평가요소 및 세부 평가항목에 기반하여 종합적 판단을 내리겠다"는 수준의 추상적 입장만 있을 뿐 구체적인 채점 기준은 깜깜이로 남는 겁니다. 여기에는 공개 의무도, 공적 감시도 없습니다. 그야말로 '장막 너머의 게임'인 셈이지요.

정직한 게임에서조차 반칙을 시도하는 대학들이, 장막 너머의 게임에서 정직성을 발휘할 리가 없습니다. 심지어 수능 성적과 달리 학교생활기록부에는 출신 학교를 분간할 만한 **표식**이 존재합니다. 고교 블라인드제 아래서도 뚜렷이 보이는 표식 말입니다. 따라서 대학들은 표식을 최대한 활용함으로써 특목고·자사고 및 이른바 사교육특구 학생들을 선발하려 하고, 그러다보니 각종 수시 전형의 요구사항은 액면가 이상으로 까다로워집니다. 또한 고등학교들이 표식 조작에 가담하는 과정에서 공교육마저 어그러지고 맙니다. '경쟁 대학의 학생보다 더 뛰어난 학생을 선발함으로써 대학의 위상을 높이겠다'는, 허상에 가까운 목적으로 인해 교육이라는 실체가 사라지는 것입니다.

내신 등급 이야기부터 시작하겠습니다.

Z점수 해킹

변환표준점수로 인해 수능 성적표를 액면 그대로 받아들일 수 없게 된 것처럼, 수시에서도 비슷한 일이 벌어집니다. 일부 대학은 내신 등급에 더해 '원점수 평균·표준편차·이수자 명수'를 함께 제공받아 **Z점수**를 산출하기 때문입니다. Z점수는 서로 다른 집단 간의 비교를 가능케 하는 장치입니다만, 현실적으로는 고등학교의 수준과 지원자의 수준을 함께 판별하는 용도로 사용되곤 합니다.

Z점수 = (학생 원점수 - 원점수 평균) / 표준편차

Z점수는 시험이 어렵고 응시 집단의 수준이 균질할수록 높게 계산됩니다. 예컨대 '원점수 평균이 70점, 표준편차가 15점인 학교 A'와 '원점수 평균이 50점, 표준편차가 10점인 학교 B'가 있다고 가정해봅시다. 난이도 차이를 감안하면 학교 A에서 100점을 맞은 학생보다 학교 B에서 100점을 맞은 학생이 더 높은 성취를 보인 것이고, Z점수상으로는 2.5배의 차이가 나게 됩니다.[14]

---

14 이론상 학교 A에서는 2, B에서는 5. 단, 실제 현장에서는 Z점수가 3을 초과할 경우 3으로 간주합니다.

그런데 '시험이 어렵고 응시 집단의 수준이 균질한 학교'는 그 특성상 특목고·자사고와 강한 상관관계를 지닙니다. 입학을 위해 별도의 준비 과정이 필요하다보니 비슷한 수준의 학생들이 모이고, 이런 학생들을 줄 세우려다보면 자연스레 문제가 어려워지기 때문입니다. 따라서 대학은 Z점수만 보아도 '여긴 자사고거나 특목고구나'를 짐작할 수 있고, Z점수를 근거 삼아 더 높은 점수를 부여하게 되지요.

이렇게 되면 고등학교도 가만히 있을 수 없습니다. Z점수를 높일 수 있도록 채점 방식과 시험 설계를 매만지는 겁니다.

교사 KU 수행평가는 가장 잘했으면 만점, 한 급간 떨어질 때마다 1점씩 제해요. 첫째로 수행평가 타당성이 떨어진다는 지적이 계속 들어오니 교사들 스스로가 방어적으로 채점을 하고, 둘째로 그렇게 하면 밑에 있는 애들을 위로 올려서 표준편차를 좁힐 수 있어요.

표준편차랑 평균만 봐도 고등학교가 어디인지 다 보여요. 특목고인지 자사고인지, 일반고면 어느 정도 하는 데인지. 그런데 시스템상 쌍봉이 나오면, 그러니까 애들이 한곳에 모이는 게 아니라 집단이 수준별로 나뉘어서 봉우리가 두개 생기면 곧바로 불리해지잖아요. 이게 너무 심해서 몇몇 서울 고등학교에서 '우리는 운동부가 있기 때문에 Z점수가 제대로 나올 수 없다'고 이야기한 적도 있어요. 이런 학교들은 그걸 줄이려고 꼼수를 써야 하죠.

학생 OS(경기권 중소도시/비평준화 일반계고) 표준편차가 특정 구간에 학생들이 많이 밀집될수록 낮아지잖아요. 유명 전국 자사고 표준편차가 10점쯤이면 저희는 12쯤으로 나오거든요. 엄청 모여 있는 거죠. 그렇다보니 선생님들은 시험을 엄청 어렵게 내서 줄 세우기를 시키려 해요. 저희는 그러면 교과로는 대학을 못 가는데 그 대안으로 학종에 집중하죠. 저희 학교에서는 학종으로 서울대를 진짜 많이 가요. 그렇게 못 가는 애들은 어차피 재수를 할 테니까 신경을 안 쓰고요. 이게 학교 전략이에요.

결국 Z점수로 인한 문제는 변환표준점수 악용과 근원을 공유하고 있습니다. 대학교가 자기 본위로 평가도구를 만듦으로써 낭비를 유발하고 사회 전체에 그 청구서를 떠넘기는 것입니다. 3불 정책이 목표로 제시한 '사회 통합'이라는 측면에서도, 이 책이 강조하는 '교육'이라는 측면에서도 그렇습니다.

일단 사회 통합의 관점에서 보겠습니다. Z점수는 '학생 수준이 균질한 특목고·자사고 및 사교육특구 학생을 우대하겠다'는 동기와 불가분의 관계입니다. 그런데 이것은 거주 지역과 집안 사정에, 순전한 요행에 직접적인 이익을 부여하겠다는 말이나 마찬가지입니다. 거주지의 교육열이 높지 않다면, 심지어 재학 중인 학교에 예체능 희망자가 많다면 그 학생은 본인의 특성과 무관한 차별을 겪고 맙니다. 대학의 전횡으로 인해 지방·계층 간 차별 대우가 공공연히 자행될 뿐만 아니라 개개인의 역량 및 노력조차 제대로 평가받지 못하는 것입니다.

반대로 Z점수의 수혜자들은 교육이라는 목적과 동떨어진 노력을 강요당합니다. 요컨대 학교에서 학생들을 차례대로 줄 세우는 것만이 목적이라면(내신 9등급제나 석차백분위만을 지표로 활용한다면) 상대평가제 시험이라도 문제를 극단적으로 어렵게 낼 이유가 없습니다. 상대적인 순서만 논할 경우 '평균이 70점대고 1등은 95점인 시험'과 '평균이 40점대고 1등은 70점인 시험'은 동일한 평가 기준이기 때문입니다. 그러나 Z점수 계산식하에서는 차등이 발생하기 때문에, 학교는 이익을 극대화하기 위해 후자를 택하게 됩니다. 최종적으로는 학생들이 부담과 비용을 짊어지게 되지요. '적당히 어려워서 성취 수준을 점검하기에 적합한 시험'이 아니라 '극단적으로 어려운데다가 타임어택이 강요되는 시험'을 대비해야 하고, 좋은 성적을 거두더라도 남는 것은 Z점수상의 이득뿐이니까요.

이런 문제는 학종의 활동기록 평가에서, 즉 정성평가와 가치판단이 개입되는 영역에서 훨씬 극명하게 나타납니다.

친구의 강아지보다 더 귀여운 강아지

같은 값이면 다홍치마라는 말이 있듯이, 더 좋은 것을 얻으려는 심리는 자연스럽습니다. 그러나 이런 마음은 정성평가의 영역으로 넘어가는 순간부터 모호해집니다. 100미터를 10초 내로 주파할 수 있는 대형견을 바라는 사람에게는 그런 대형견을 안겨주면 되지만 '친구의 강아지보다 더 귀여운 강아지'를 데려오라는 이가 있다면 난처할 따름입니다. 그것은 도대체 어떤 강아지일까요? 요구하는 사람도 정확한 답을 모를 것이 분명합니다. 기본적인 태도가 "일단 보여줄 수 있는 걸 다 보여주면 그때 판단하겠다"로 굳어지지요.

이에 따라 요구받는 사람의 부담이 폭증하고, 요구하는 입장에서도 타인의 가치 기준을 의식하다보니 왜곡된 결정을 내릴 공산이 큽니다. '품종견 혈통 인증서'와 같은 표식들이 그 자체로 귀여움의 근거가 된다고 믿어버리는 식입니다. 전자의 문제, 즉 교육적 목적이 결여된 학종 대비 과정과 그로 인한 학생 부담은 1장에서 중점적으로 다루었습니다. 여기에서는 활동기록에 따른 표식이 혈통 인증서처럼 작용하는 방식을 논하도록 하겠습니다.

일단 특목고에서는 '고급 수학 I·II'나 '화학실험' 등의 전문교과 수업이 상시 개설됩니다. 명목상으로는 일반고에서도 이수가 가능하지만 실제로는 거의 개설되지 않는 과목들이지요. 그렇다보니 학교 이름이 가려지더라도 커리큘럼상의 차이가 명백히 나타납니다. 한편 커리큘럼이 아니더라도 표식을 보여줄 방법은 많습니다. 공식 동아리명이나 특색 있는 행사 등을 통해 '이 학교는 사교육특구 미션스쿨이다' '이 학교는 분당에 있는 거기다' 등을 얼핏얼핏 나타내는 식입니다. 그러면 대학은 표식이 보이는 학생을 눈여겨보게 됩니다.

물론 2024학년도부터 적용되는 '대입제도 공정성 강화 방안'(2019. 11. 28. 발표)은 '청소년단체활동·소논문 기재 금지' '수상경력과 독서활동, 자율동아리, 영재·발명교육 실적 대입 미반영' 등을 골자로 삼고 있습니다. 표식의 영향력을 최소화할 것을 요구하는 겁니다. 그런데 이런 변화를 감안하더라도, **개별 학생의**

특성을 살피고 그에 따라 정성적으로 평가한다는 학종의 대원칙하에서는 우회로가 생길 수밖에 없습니다.

예컨대 소논문 자체는 기재될 수 없지만 '어떠한 내용의 심화탐구 보고서를 작성하여 수업시간에 발표함'과 같은 내용은 교과 세특에 기재될 수 있고, '등수를 나누어 상을 주는 대회'는 입시에 반영되지 않지만 '상을 주지 않는 행사 및 교내 활동'은 관련 교과 세특이나 창체에 기재될 수 있습니다. 대학의 입학사정관이 각 활동의 세부 내용을 참고하면 그 너머의 고등학교를 분간할 수 있는 겁니다. 뿐만 아니라 종합적인 서술 스타일마저도 서울과 비서울을 구분하는 표식으로 작용합니다(예컨대 서울에서는 '전공적합성이 교과 세특에 너무 강하게 드러나면 나쁜 평가를 받는다'가 입시 상식이 되었습니다만, 지방 학교일수록 이러한 인식이 희미합니다). 하지만 우회로를 차단하기 위해 모든 활동과 서술을 표준화된 형태로 고정시킨다면 학생의 고유한 특질을 확인할 방법마저 사라지고 맙니다. 활동기록에 의한 표식은 학종이라는 제도의 본질인 셈입니다.

최규진 학생부에 출신지역, 고교, 성별 등을 블라인드 처리하고 있지만 사실 완벽할 수 없습니다. 수강한 교과목 제목만 봐도 해외고, 과학고, 외고, 자사고는 너무 쉽게 구별되고, 대회나 동아리 이름 등을 통해 지역이나 성별도 어렵지 않게 유추할 수 있습니다. 문제는 그것이 구분된다는 사실보다 평가자가 어느 지점에 포커스를 두는가일 것입니다. 특목고에 높은 가치를 두는가, 심지어 어느 지역 출신이나 어떤 성별을 선호하거나 차별하는가 하는 문제 말입니다.

현재의 대학 입시에서는 공정한 평가자를 선임하거나 불공정한 평가자를 걸러내기 어렵습니다. 물론 대학에서 입학사정관 교육은 합니다만, 실제 입학사정관이 어떤 주관을 가지고 평가하든 거기에 개입하기 어렵습니다. 그나마 공정성을 기할 수 있는 제도적 보완책은 평가자를 여러명 두거나 다양한 평가제도를 도입하는 것인데, 이 모든 것에 돈이 들기 때문에 대학 입장에서는 간소화하려고 합니다. 특히 지방 사립대일수록 그런 경향이 강합니다.

결국 입학사정관으로 뽑힌 소수의 평가자에게 엄청난 권한과 부담이 주어집니다. 현행 입시 환경에서는 최대한 공정하게 하고자 할수록 학생부의 다른 것은 배제하고 결국 성적 등급, 수능 점수에 치중할 수밖에 없게 됩니다.

다만 표식에 의한 가점이 "활동기록을 보니 특목고 학생인 것 같다. 특목고 학생에게 일괄 5점을 추가하겠다"처럼 투박한 방식으로 부여되는 것은 아닙니다. 입학사정관에게 긍정적인 인상을 심어주는 효과가 절반, 암묵적인 프로토콜과 정보 비대칭성을 통해 성립하는 영합이 절반입니다. 전자는 객관적으로 증명하거나 논박할 방법이 부족하니(혈통증명서를 보니 강아지가 더 귀엽게 느껴지는 사람에게 어떤 말을 해줄 수 있을까요?) 후자에 초점을 맞추도록 하겠습니다.

오른쪽으로 바닥을 기울이는 일

A출판사에서 장편문학상을 제정해 시행한다고 가정해봅시다. 만약 공모 공고를 내기도 전부터 수상자가 정해진 상태였고 다른 응모자는 내정자를 위한 들러리에 불과하다면, 이는 명백한 부조리고 부정행위입니다.

그러나 A출판사의 편집자가 자체 워크샵에서 "요새 A출판사는 영상화 판권 판매를 신경쓰고 있습니다. 묘사와 관념에 치중하기보다는 스토리가 뚜렷한 소설이 좋겠죠"라고 귀띔해준다면, 워크샵 참여자가 거기에 부합하는 소설을 써내서 '공정한 경로로' 1등을 거머쥔다면 문제가 미묘합니다. 해당 참여자가 독점적인 정보를 통해 이익을 본 것은 사실이지만, 경쟁력 있는 작품을 제출해서 공적 승인을 받은 것 또한 사실이기 때문입니다.

대학이 정보 비대칭성을 주도하며 특목고·자사고와 이른바 사교육특구 학교들에게 어드밴티지를 부여하는 방식도 이와 비슷합니다.

교사 KU 일반고도 심화 과목을 개설할 수는 있는데 파행적으로 운영되는 면이 있으니까 교육청은 되도록 열지 말라고 하거든요. 그래서 '심화 수업 개설이 안 되어 못 들은 학생은 학종에서 감점되나요' 하고 현직 대학 입학사정관한테 직접 물어봤죠. 대답이 '공동교육과정(각 시도 교육청 주관하에 다수 학교가 연계하여 온라인 혹은 오프라인으로 공동 강의를 개설하는 제도)으로 들을 수 있는 거 아니에요? 당연히 감점되죠' 이래요.

이런 건 물어보는 사람이 없으면 얘기를 안 해줘요. 그리고 공동교육과정이 학생 수요를 다 받쳐줄 수 있는지 혹은 대학이 '공동교육과정으로 들은 학생'이랑 '학교 자체에서 개설된 심화 과목을 들은 학생'을 똑같이 취급할지 이런 것도 확신하기 어려워요.

내일뉴스 2019년쯤까지는 모 대학을 필두로, '자기 진로에 대한 관심 분야를 확실히 드러내 전공적합성을 강하게 보여야 한다'는 게 중론이었단 말이에요. 그러다가 갑자기 분위기가 또 바뀌어서, '진로 이야기 너무 많이 하면 안 좋다'가 됐죠. 물론 대학의 평가 기준이야 변할 수 있습니다만, 그건 현장의 요구가 있을 때 납득할 만한 과정을 거쳐 대학이 수용하는 방식으로 이뤄져야 하는 거예요. 갑자기 여러 학교가 말을 맞추기라도 한 것처럼 기준을 바꾸겠다고 나오면 의아하죠. 그리고 이렇게 내부적으로 바뀐 게 일선 학교에 제대로 전달되지 않다보니, 그런 학교들은 또 입시 대응력이 낮아지고요.

심화 과목이랑 전문교과의 경우 기본적으로 특목고 위주로 개설되는 과목들이고 일반고도 제도상 개설할 수는 있게 되어 있죠. 원래는 "전문교과 많이 이수하면 그 노력을 좋게 봐주겠다"가 대학들 입장이었어요. 그것도 최근 싹 바뀌었거든요. "보통교과 내에서 과목 간 위계에 적합하게 이수하면 된다. 전문교과 이수하더라도 우리는 좋게 보지 않는다"는 식으로 대학들이 입을 맞췄어요. 대학이 무작정 전문교과 이수를 권장하니까 일반고는 준비도 안 됐는데 어쩔 수 없이 장단 맞춰야 하고, 그러니까 대학이 보기에 '이건 막아야겠다' 싶은 게 있었겠죠.

심지어 동일한 입시 시즌 내에서도 말이 바뀔 때가 있어요. 어느 대학교는 전공적합성 평가가 50%길래 '다른 대학들은 진로 너무 강조하는 걸 안 좋아하던데 괜찮습니까?' 물어서 괜찮다는 대답을 들었어요. 그게 봄에 열린 설명회 때였는데, 여름이 지나서 접수 시기 직전이 되니까 그 대학에서 갑자기 180도 변해요. '우리 대학은 그런 게 별로 좋지 않다고 본다'고요. 이런 식이면 봄에만 이야기 들었던 사람은 어떻게 되겠어요.

대학 홈페이지와 공식 인쇄물은 기초적인 내용과 당위만을 읊는 까닭에 별다른 도움이 되지 않습니다. 설명회에서는 비교적 자세한 이야기를 들을 수 있지만, 그게 오히려 혼란을 불러오기도 합니다. 같은 대학이 진행하는 설명회라도 지방 일반고에서 하는 말과 이른바 사교육특구 고교에서 하는 말이 다르기 일쑤고, 봄에 한 말과 가을에 한 말이 다르기 일쑤니까요. 공식 정보에 숨은 속뜻을 파악해야만 입시에서 손해를 보지 않는 겁니다.

따라서 '입시 명문고'의 경험 많은 교사와 사교육 컨설턴트의 힘은 더욱 커지고, 반대로 대학의 말을 곧이곧대로 믿는 고등학교와 수험생들은 속수무책으로 휘둘리게 됩니다. 일반고 학생들이 "나는 대학이 설명회에서 안내한 방식으로 생기부를 꾸몄고 합격자에 비해 내신 등급도 뒤처지지 않는데, 왜 '학종 6탈락'을 당했는지 납득이 안 된다"는 불만을 토로하듯이 말입니다.

이 지점에서 대학의 다면적인 성격이, 영합의 실체가 뚜렷이 나타납니다. 각 대학은 '입시 게임'의 플레이어인 동시에 규칙을 만드는 입법자고, 고교와 학생에게 상벌을 배분하는 심판입니다. 로열 스트레이트 플러시가 될 패와 꽝이 될 패를 정하는 것, 더 나아가 로열 스트레이트 플러시와 꽝을 구분할 매뉴얼을 특정 집단에게만 공개하는 것, 그럼으로써 승패의 비율을 조정하는 것 모두가 대학의 에고티즘에 종속되어 있지요. 비록 모든 대학이 악의를 품고 행동하는 것은 아닐지라도, 규율과 보상의 체계가 개별 주체의 선량함에 좌우되는 구조 자체가 문제입니다.

뿐만 아니라 이 에고티즘은 "대학 위상을 높이고 싶다, 사회가 더 뛰어나다고 간주하는 학생을 뽑고 싶다"로 요약될 만합니다. 지방 일반고를 우대하도록 규칙이 개정되는 상황은 좀처럼 발생하지 않는다는 것입니다. 오히려 지방 일반고가 표식의 규칙을 파악하고 특목고·자사고를 흉내내려 들면 곧바로 평가 기준을 바꾸어버리는 경우가 부지기수지요. 반대로 특목고·자사고와 이른바 사교육특구의 고교는 하던 대로만 하면 높은 평가를 받게 되니 편합니다. 대학의 암묵적인 비호하에, 이미 고지를 점한 수험생들이 '굳히기'에 들어가는 겁니다.

이런 굳히기의 마지막 단계는 **면접**입니다.

대다수 대학은 수시를 운영하면서, 1차 서류평가에서 2~15배수 전후의 인원을 선발한 후, 2차 면접 점수를 20%에서 60% 사이로 반영하여 최종 합격 여부를 결정합니다. 반영률이 크다면 면접이야말로 최종 관문이 되고, 비교적 낮은 수준이라도 당락을 가르기엔 충분하니 쉽게 보아 넘길 수 없지요. 이때 면접은 교과 내용 또는 학생이 제출한 생활기록부를 바탕으로 진행되는데, 대학이 직접 예시 문항과 매년도 기출문항을 공개하긴 하지만 현장에서 추가되는 '꼬리질문'은 기록에 남지 않습니다.

그런데 실질적인 면접 점수는 꼬리질문에서 나옵니다. 면접의

의의는 지원자가 실제로 어떤 사람인지를 즉석에서 확인하고 판단하는 데에 있으니까요. 예상 질문에 맞추어 외워온 대답을 잘 읊는 능력만으로는 부족한 겁니다. 그렇다보니 면접에서도 '유명무실한 공개 정보'와 '일부 집단에게만 허락된 정보'가 나뉘면서 불평등이 심화됩니다. 특히 극소수 인원만을 선발하는 전형에서는 당락이 순전히 '특정 정보를 아느냐 모르느냐'에 의해서만 결정되기도 하고요.

학생 U 학교에서 면접 기출문항을 제공해줘요. 면접을 본 (고교) 선배들이 후배들을 위해 복기해서 학교에 준 거죠. 대학에서는 1차 자료만 제공해주니까, 꼬리질문이나 생기부에 대한 구체적인 질문이 어떻게 들어오는지 등을 알려면 이렇게 선배들이나 학원을 통해야 해요. 그렇게 면접 기출문항이 복원된 대학이 꽤 많아요. 그리고 학종이 아니더라도 정시에서도 면접을 추가로 보는 대학들이 몇군데 있고요. 정시 면접이 P/F(Pass/Fail) 식으로 진행된다고 해도 떨어지는 사람은 분명히 있잖아요. 그런데 대학 측에서 기출도 안 보여줘요. 인터넷도 한계가 있고요. 하지만 지원자가 매년 있는 학교라면 면접 문제가 다 복원되는 거죠. 정시 면접은 학종 면접에 비하면 정말 별게 아니지만, 그래도 기분이 묘하더라고요. 별게 아닌 것이라도 미리 알면 대비할 시간 자체를 아낄 수 있으니까, 차이가 그렇게 벌어지는 거니까요.

요컨대 합격자를 여럿 배출한 고등학교와 입시 컨설턴트들은 '면접 복원' 등의 관행을 통해 합격자들의 기억을 사유자산으로 귀속시키고 꼬리질문의 유형과 평가 기준을 손쉽게 역추적해 밝혀냅니다. 이런 고교·학원에서는 교사·강사가 '모의 면접 스터디'를 꾸리고, 과거 합격자가 복원해낸 면접 내용을 바탕으로 예상 질문을 만들어 집중 지도를 진행하지요. 반대로 합격 표본의 수혜를 받지 못하는 학생들, 입시 컨설팅을 이용할 여력이 없는 학생들은 훨씬 불리한 위치에서 면접에 임하게 됩니다. 심지어 격차는 매년 누적되며 마태 효과(Matthew Effect)를 발생시킵니다. '있는 자는 받아 풍족하게 되고 없는 자는 그 있는 것까지 빼앗기리라'라는 성경 구절처럼, 해마다 인기 대학 합격자가 늘어나는 고등학교와 그렇지 않은 고등학교가 나뉘는 것입니다.

결착은 문자 그대로 자동적입니다. 대학이 구태여 면접장의 학생들을 구분짓지 않더라도, 그 이전까지의 과정으로 인해 결괏값이 확정되니까요. 바닥을 오른편으로 기울여놓으면 물이 자연스레 오른편으로 흐르는 것이나 마찬가지입니다. 또한 흐름을 내버려둔다면 바닥은 계속 한 방향으로만 기울어져 있습니다. 그러나 이를 근거로 '물은 그 본성상 오른쪽으로 흐르며, 따라서 물의 흐름은 바닥을 오른편으로 기울게 만든다'고 주장할 수 있을까요? 아무래도 이상합니다. 현상을 논하기 위해서는 눈에 보이는 결과를 자연주의적으로 수용하는 대신 '바닥을 실제로 기울이는 주체가 누구인지, 그 동기가 무엇인지, 바닥을 기울이는 비용은 얼마인지, 그 비용을 누가 부담하고 있는지'를 따져야 합니다.

지금까지의 설명은 이러한 질문을 던지고 응답하는 과정이었습니다. 정리해보겠습니다.

특목고·자사고와 이른바 사교육특구의 학생들은 각종 표식과 정보 비대칭성에서 오는 혜택을 누리며, 지방 일반고 학생들은 소외를 겪습니다. 면접에서의 합·불합은 노력의 결실이면서도 다양한 혜택과 소외가 점층적으로 누적된 결과입니다. 게다가 이 과정에 수반되는 경쟁과 혼란은 소모적이기만 합니다. 승리를 거둔 학생조차도 실제로는 막대한 낭비를 겪지요.

예컨대 '교육의 질이 높고 특성화된 교육과정을 제공하니 특목고의 인기가 높을 것이다'라는 통념과는 다르게, 많은 학생들은 외고에서 집중적으로 가르치는 제2외국어가 향후 진로와 큰 연관이 없음을 알면서도 진학을 선택합니다.[15] 순전히 '대입에 유리하다는 이유로' 학생 수준이 균질한 특목고·자사고 또는 신도시/사교육특구 학교에 대한 강력한 선택압이 생기는 것입니다.

또한 선택압은 교육의 품질 등과는 전혀 무관한 요인으로서 수도권, 또는 이른바 사교육특구로의 인구 쏠림과 부동산 가격 상승에 영향을 줍니다. 표식이 교육적 목적과 가치를 붕괴시키고, 인구 구조와 실물경제마저 타격하는 것입니다.

이런 일들은 왜 일어나는 것일까요?

---

15 재학생들은 현재 외고의 제2외국어 위주 교육과정에 불만이 큽니다. 시대가 변해 해당 언어 능통자의 수요가 줄어들어 대학 공부나 취업에 큰 도움이 되지 않는데도, 독어나 노어 등 전공과목의 시수가 지나치게 많다는 것입니다. 그럼에도 일단 이러한 제2외국어 과목은 이 학교가 외고임을 드러내는 대체 불가능한 '표식'이 되고, 무엇보다도 학생 수준이 상대적으로 균질하다는 '표식'이 관건으로 작용해 학생과 학부모들은 그저 대입을 위해 외고를 선택합니다. 과거의 '외고 이과반' 같은 촌극도 학교 교육과정의 특성보다는 '표식'이 강조되다보니 벌어진 일입니다. 이 현상은 '학생 수준의 균질함'이 깨진 몇몇 지역 외고는 일반고보다도 선호도가 떨어진다는 점에서도 미루어 짐작할 수 있지요.

입시 게임의 게임판이 그렇게 짜였기 때문입니다.

입시 게임을 주도하며 '게임판을 짜는' 주체는 누구일까요?

대학입니다.

그 동기가 무엇일까요?

대학의 위상과 '더 뛰어난 학생'이라는 모호한 관념입니다.

비용은 얼마일까요?

혼란과, 낭비적인 경쟁과, 사회적 양극화와, 사교육의 팽창과, 교육의 실종입니다.

비용을 부담하는 이는 누구일까요?

좁게 보면 학생과 학부모이고, 넓게 보면 이 사회 전체입니다.

학벌주의를 주입하는 대학

이번 소송의 쟁점은 고려대가 전형방식에서 고교별 학력차이를 점수로 반영했는지와 원고들이 이 전형 때문에 탈락했는지 여부였다. 원고들은 "고려대가 소위 일류고를 우대해 일류고 출신 지원자들의 내신 등급을 상향 조정해 탈락했다"는 주장을 폈고, 고려대 측은 "서로 다른 학교들 간의 차이를 지원자 전체를 대상으로 하는 표준화 작업을 거쳐 내신 등급을 보정했으며 이는 적합하다"고 주장했다. 재판부는 고려대가 지원자들의 출신 학교 평균점수와 표준편차를 전체 지원자의 평균이나 표준편차에 비추어 다시 표준화하는 방법으로 보정함으로써 실제 전형결과 내신 1~2등급 지원자가 탈락하고 5~6등급

지원자가 합격한 사실을 확인했다.[16]

고려대학교가 수시모집 과정에서 고교등급제를 적용했다는 의혹을 산 적이 있습니다. 2009학년도의 일입니다. 서로 다른 고교 출신 지원자의 성적 지표를 직접 비교하여[17] 특정 고교에 유리할 수 있는 방식으로 환산점수를 산출한 까닭에, 일반고에서 1~2등급을 받은 학생들은 1차 서류전형에서 고배를 마신 반면 외고 학생들은 8등급까지도 논술 고사장에 들어가는 사태가 벌어졌지요. 이는 법정 다툼으로 번졌고, 당시 1심 재판부는 "고려대가 의도적으로 일류고 출신 학생들을 선발하기 위해 고교별 학력 차이를 반영한 점이 인정된다"며 "이는 시험이나 입학전형의 목적 등에 비춰볼 때 현저하게 불합리하거나 부당해 재량권을 일탈하거나 남용한 경우에 해당돼 위법하다"고 판시했습니다. 고교등급제는

---

16 「고려대 '고교등급제' 적용, 법원서 인정」, 연합뉴스, 2010. 9. 16.

17 이런 방식이 Z점수와 비슷해 보일 수 있지만, Z점수는 '학생의 원점수'를 '원점수 평균, 표준편차'라는 개별 고교의 성적 분포 특성만을 이용해 보정한 지표입니다. 물론 Z점수가 서로 다른 고교 간 분포의 차이를 구체적 지표로 나타내기 위해 고안된 것은 사실입니다. 다만 산출 방식 자체만 보면 서로 다른 고교의 분포를 직접 비교하여 보정하는 과정은 없어, '다른 고교의 분포가 내 점수에 직접 영향을 주는' 방식은 아니라는 이야기입니다. 때문에 Z점수 적용만으로는 '내신 성적이 좋은 일반고 학생'과 '내신 성적이 나쁜 특목고 학생'의 점수 차가 줄기는 해도, 역전되는 것은 불가능합니다. 2009년의 고려대학교의 경우 '개별 학교'의 성적분포를 '지원자 전체'의 분포를 이용하여 다시 표준화하는 방식으로 학교 간 지표를 직접 비교하여 지원자의 성적을 보정했습니다. 그러다보니 역전이 일어나 '일반고 1~2등급이 탈락'하고 '특목고 5~6등급이 합격'하는 사태가 벌어져 문제가 된 것입니다. 그러나 고려대가 고교등급제를 적용했다고 본 1심 판결과는 달리 2심과 대법원은 학교 재량이라며 고려대에 면죄부를 줬습니다.

용납할 수 없다는 것이었습니다.

그런데 이런 판결만으로 정의를 보장할 수 있을까요?

물이 흐르는 방향을 조정하기 위해서는 두가지 방법을 쓸 수 있습니다. 하나는 직접 수로를 만들어 물길을 바꾸는 것이고, 다른 하나는 기울어진 바닥에 물을 대는 것이지요. 2009학년도 당시의 고려대학교는 전자로 해석될 만한 방식을 시도하다가 발목이 잡혔지만, 지금의 대학들은 훨씬 교묘해졌습니다. 후자의 방식을 택한다면 절차상의 공정을 흉내내면서도 실제로는 고교등급제의 효과를 마음껏 누릴 수 있다는 사실을 알게 되었기 때문입니다.

'A 고교 10점 가점, B 고교 10점 감점'처럼 명시적인 차별이 존재하는 것이 아닙니다. 정보 비대칭성과 암묵적인 비호로 인해 격차가 발생하고 또 누적되는 것입니다. 각각의 격차는 사소하다 보니 '이게 원인이다!'라며 진단을 내리기가 어렵거니와, 문제제기에 나서더라도 의도적인 차별 여부를 증명하기가 불가능합니다. 공식 자료상의 평가 기준은 껍데기일 뿐이고, 실제 평가는 상당 부분 주관의 산물이기 때문입니다. "입학사정관이 보기에 역량이 부족한 느낌이 들었다"는 논리가 무적의 방패로 기능하며 사회적 논의와 항변권을 가로막는 셈이지요.

결과적으로 학생들은 대학 이후의 삶을 겪기도 전부터 학벌의 힘을 깨닫게 됩니다. 특목고·자사고 학생의 경험과 지방 일반고 학생의 경험이 완전히 다르다는 것을 깨닫고, "특정한 집단에 들어가기만 하면 그 자체로 이득이 발생하는구나. 내가 소속된 집단이 나 자신보다 중요할 수 있구나" 하고 실감하면서 그 질서에

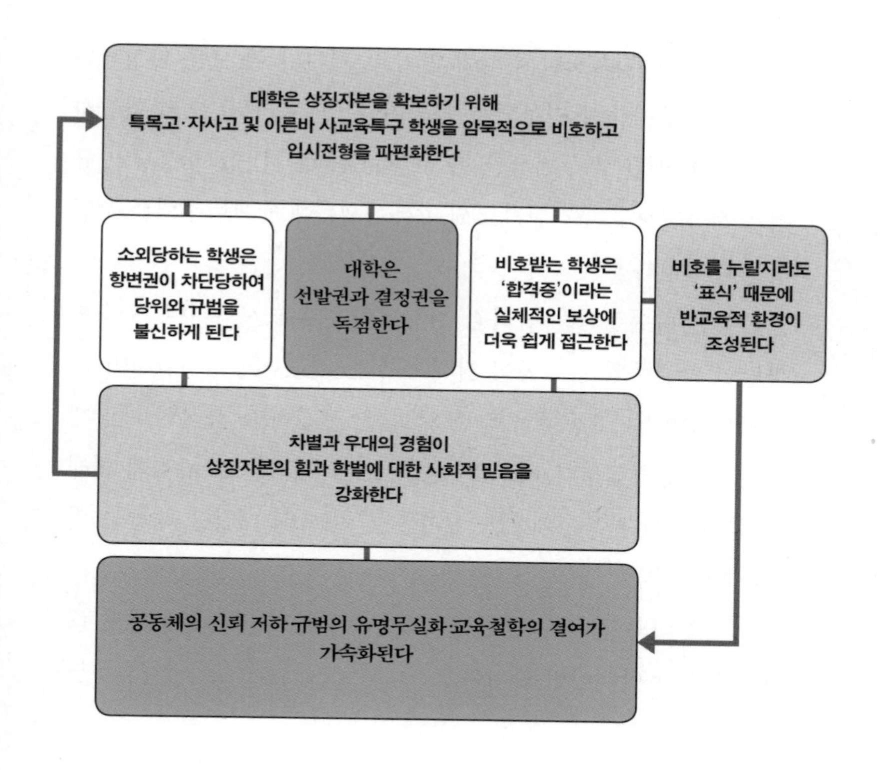

순응하는 겁니다. 게다가 이러한 영향력은 너무나도 현실적으로 다가오는 까닭에, 소외당하는 학생이라도 당위를 믿지 못합니다. "이 ×반고에 온 내 잘못이고, 특목고에 가지 못한 내 잘못이다"라고 느끼며 차별의 위계와 무력감을 내면화할 뿐이지요.

이것이 바로 학벌주의가 집단적 믿음 이상의 실체로 자리매김하는 방식입니다. 서로 앞서거니 뒤서거니 하며 밀어주고, 특정 집단 내에서만 공유되는 정보를 특권화하고, 외부자의 접근 시도를 교묘하게 저지하는 배타주의가 실제적인 이득과 직결되는 이상 간판의 힘은 여전할 수밖에 없지요. 게다가 이 모든 과정에는 대학의 에고티즘이 연루되어 있습니다. '배움의 장'으로 기능하며 공공의 선을 추구해야만 할 고등교육기관이, 입시 경쟁의 규칙을 적극적으로 조작함으로써 고등학생들에게 학벌주의를 주입하는 것입니다.

극심한 학벌주의는 국가적 성장동력을 소모시킵니다. 무수한 사람이 학벌주의에 발목이 잡혀 좌절을 겪는 중이고, 심지어 고등학생들마저 '고등학교 간판'의 힘을 체감하며 좌절의 자장에 포섭되는 상황입니다. 사회와 제도는, 교육기관은 그 좌절에 대해 "열심히 해서 특목고에 갔어야지……" 이상의 대답을 내놓을 의무가 있습니다.

그리고 이와 같은 순환이 존재하는 이상, 다른 무엇보다도 대학이 먼저 응답해야만 합니다.

개별적인 선의가 아니라 본질적인 변화로

이 책의 주장은 수능이 나쁜 시험이니까 폐지해야 한다거나, 상대평가가 아닌 절대평가가 필요하다거나 하는 형식적인 지적과 거리가 멉니다. 모든 사회에 적용될 만한 거시론이 아니라 2020년대의 한국에 대한 각론을, 구호가 아닌 디테일을, 순간적인 장면이 아닌 연속된 과정을, 취지가 아닌 결과를, 형태가 아닌 작동원리를 살피자는 것입니다.

예컨대 "상대평가가 줄 세우기와 무한경쟁, 교육의 왜곡을 부른다"는 진단은 상식처럼 통용되며, 이는 어느정도 사실입니다. 하지만 Z점수의 사례만 보아도 다른 요인이 작용하고 있음을 파악할 수 있습니다. 상대평가 체제가 원인 중 하나일지라도 결정적인 방아쇠는 아니라는 것입니다. 입시의 최전선에서 각종 문제상황을 체감하는 학생들조차 "경쟁 교육이 문제니 절대평가로 전환하자" 같은 구호에 냉소를 보낸다는 사실이 이를 방증합니다—당사자들은 구체성이 결여된 진단이 대입 현실을 변화시킬 수 없다는 사실을 압니다.

현실의 문제는 다양한 물질적 여건과 권력의 관계들이 중층적으로 작용한 결과인 까닭에, 큰 틀에서의 거시론은 실질적인 접근으로 기능하기보다는 '적당히 좋은 말'에 머무를 공산이 큽니다. 게다가 핵심적인 이해당사자들은 편익을 좋은 말로 꾸미는 기법에 능숙하다보니, 그 실체를 철저히 검증하지 않으면 해악이 발생하지요. "줄 세우기는 나쁘니 인성과 잠재력을 고려할 수 있는 정성평가가 필요하다"는 대학의 주장이 실질적으로는 수시의 폐쇄성에 기여했듯이 말입니다. 좋은 말의 함정을 피하기 위해서는 한발짝 더 나아가야 합니다. 물질적 여건과 권력의 관계들을 확인하고 나쁜 연결고리를 끊어야 합니다.

이 권력의 관계란 어떤 양상일까요?

여러차례 언급했듯 수능으로 인한 문제 상황과 수시로 인한 문제 상황은 상당한 유사성을 보입니다. 결정권을 쥔 사람들이 책무를 저버리면서 그 비용이 학생에게로, 사회 전체로 전가되는 것입니다. 즉, 문제의 본질은 각 영역의 주권자(수능에서의 평가원, 학교에서의 교사, 원서 영역에서의 대학……)가 공익이 아닌 편익(보신주의, 통제력, 대외적 위상……)을 위해 재량권을 남용함으로써 공교육 현장이 거기에 말려들고, 대응 과정에서 학생 부담이 커지며 사교육이 팽창하는 데에 있습니다. 사회적 격차 심화와 학벌주의 역시 빼놓을 수 없는 폐단입니다. 게다가 ('특목고 학생들 많이 뽑고 싶다'는 동기를 '대학 자율성' 논의로 가리는 것처럼) 편익을 전문가적 명분 뒤에 숨기다보니 문제제기가 어렵거니와 명분 자체가 껍데기로 전락합니다. 양두구육(羊頭狗肉)은 하지 않느니만 못하다는 것입니다. 의사가 밀가루를 가루약으로 속인다면 환자는 다른 약을 구하지도 못한 채 시름시름 앓기만 할 것이 아닙니까?

그럼에도 불구하고 주권자만을 탓할 수 없는 것은 한 영역의 주권자가 다른 영역의 '을'인 경우가 잦으며, 이에 따라 별도의 권력관계가 설정되기 때문입니다. 또한 '을'들 역시 일방적으로만 당하는 대신 권력 게임에 적극적으로 참여하며, 그 과정에서 자기 나름대로의 이익을 얻어가기도 합니다. 학종이 대표적인 예가 될 것입니다.

즉, 교육 영역에서의 문제 상황이 '비용 떠넘기기'와 '해킹'의 연쇄로 나타난다 치면, 누구 하나만 해킹을 시도하는 것은 아닙니다. 평가원과, 대학과, 고등학교와, 사교육과, 학생 모두가 자기 몫의 전략을 짜고 있습니다. 그런 만큼 자기 몫의 과오와 책임을 짊어지게 됩니다. 뿐만 아니라 3부에서 논했듯 수시와 정시는 분리된 제도일지라도 밀접히 엮여 있기 때문에, 한 영역에서의 전략이 다른 영역에 간접적으로나마 영향을 주게 됩니다. 각각의 영향력이 다양한 층위에서 뒤섞이다보니 어느 하나의 책임만을 묻기가 더더욱 까다로워지는 것입니다.

하지만 그렇다고 해서 무조건적인 양비론이나 상대주의를 펼쳐서는 안 됩니다. "우리 모두의 잘못이다"는 그 용법상 "우리 중 누구도 잘못이 없다"와 동등하기 때문입니다. 각 영역의 위계가 존재하는 이상, 주도하는 측과 적응하는 측이 나뉘는 이상 각 플레이어의 과실 비율은 상이할 수밖에 없습니다. 그러니까 이번에는 이렇게 묻겠습니다.

이 권력 게임의 최상부에는 무엇이 있을까요?

즉각 떠오르는 것은 정부와 평가원일 수밖에 없습니다. 이들이야말로 제도를 직접적으로 구성하는 주체이기 때문입니다. 그러나 '게임'의 관점이라면 이들이 적극적인 플레이어로 기능한다고 보기 어렵습니다. 정부는 어떠한 편익을 추구하기에는 너무나도 거대한 구조물이자 국가 그 자체이고, 평가원 역시 교육과정 설계와 수능 출제를 통해 얻어가는 바가 마땅치 않지요. 편익이래봐야 고작 보신주의에 그칠 뿐입니다. 문제가 터지면 비난 여론은 평가원에게로 향하지만, 그렇다고 해서 '잘 설계된 교육과정·잘 출제된 수능'에 대한 보상을 받진 못하니까요. 한편 각종 민관협의체는 참여자의 성격이 다양하거니와 지속적이지도 않습니다. 그러니까 이들은 주도적인 플레이어라기보다는 딜러(dealer)와 게임판의 역할을 맡고 있는 셈입니다.

그렇다면 나머지에게로 시선을 옮겨봅시다. 대학과, 고등학교와, 사교육과, 학생 말입니다. 대학이 선발권과 결정권을 쥐고 나머지가 거기에 대응하는 이상, 이중에서 가장 큰 힘을 지닌 것은 대학일 수밖에 없습니다. 다시 말해 게임판의 문제는 그 자체로 다루더라도, 플레이어 중에서는 대학에 가장 큰 책임을 물어야 한다는 것입니다. '대학의 선발권과 결정권, 재량권이 불투명한 의사결정 구조와 결합하며 대학의 에고티즘을 다른 플레이어들에게 일방적으로 강요하고 게임판을 왜곡시키는' 구조의 연결고리를 해체해야 합니다.

물론 어떤 대학은 이런 평가에 억울함을 느낄 수 있으며, 실제로 정직하게 행동하는 학교가 적지 않을 것입니다. 앞에서 설명한 전횡은 대개 수도권 소재 인기 대학의 행태로서, 대다수 지방대는 학생을 가려 받을 처지가 아니기 때문입니다. 또한 인기 대학이라도 비교적 소신껏 학생들을 선발하는 경우가 있습니다. 예컨대 고려대의 경우 과거 고교등급제의 예시로 언급되었지만, 현 시점(2020년대)에서는 서울 소재 사립대학 중 그나마 '지방 및 일반고 학생들에게 관심을 가진' 곳이 되었지요.

다만 선의에 기대는 방식으로 이 체제를 지속시킬 수 없다는 점은 명백합니다. 대학이 실질적인 정보를 공개하는 방식이 워낙 불투명하거니와 물밑에서 기준이 바뀌는 경우가 잦다보니 학생들로서는 양심적인 대학과 그렇지 않은 대학을 구분할 수 없고, 따라서 비슷한 수준의 소모가 발생하기 때문입니다. 이는 또한 대학 자율성 논의를 가로막는 주범이기도 합니다. 반칙을 저지르는 대학이 존재하는 한, "나는 잘하고 있으니까 자율성을 더 달라"는 요구는 안 될 말입니다. 1장에서 '좋은 교사의 선행과 나쁜 교사의 해악'을 견주면서 '두 노 함'(Do no harm)을 강조했듯이, 여기에서도 '두 노 함'의 정신이 필요합니다. 정보를 최대한 공개하게끔 강제할 방법, 반칙과 해킹을 시도하는 대학을 규제할 방법을 찾는 일이 중요합니다. 그러지 않는다면 정도를 지키는 대학의 노력도 올바로 존중받지 못하게 됩니다.

대학의 사회적 위상은 공공성과 불가분의 관계입니다. 지식과 배움이 공적 가치를 지닌다는 합의가, 대학이 그 가치의 구현을 통해 공동체에 기여한다는 믿음이 있기 때문에 대학은 공적 자금을 지원받고[18] 권위를 누리는 셈입니다. 그런 만큼 차별 없는 보편적 접근권이 다른 어떤 분야보다도 강조되어야 하지요. 따라서 다시금 강조하건대 정보는 공개되어야 하며 의사결정 구조는 투명해져야 합니다. 대학은 막연한 전망에 기대는 것이 아니라, 구체적 선발 기준 및 전형별 통계와 같은 분명한 수치와 자료를 제시하여 신뢰를 구축하는 방식으로 자신의 요구를 관철해야 합니다. 모두가 납득할 수 있는 공적 원칙이 존재해야 합니다.

무엇보다도 중등교육이 고등교육에 휘둘리고 마는 구조를 탈피해, 중등교육 본연의 목적과 기능을 회복하는 방식으로 **공교육의 정상화**가 이루어져야 합니다. 해당 개념은 논의의 난맥상 속에

18 물론 이 문제에서는 공공성을 구현할 책무를 사학에 맡겨 외주화한 국가의 책임을 제할 수 없습니다만, 그렇다고 해서 자기 본위로 규칙을 조작하고 정보 공개조차 거부하는 대학의 행태가 정당화되는 것은 아닙니다.

서 '학습 부담 완화'나 '교사 권위 강화' 등으로 오인되기 일쑤입니다만, 그것은 아무래도 교육의 본질과 거리가 멉니다. 학생이 수업시간에 졸지 않도록 교사의 평가권을 강화한다거나, EBS 교재를 수능과 연계하는 식의 피상적인 접근만으로는 부족하다는 것입니다. 학생의 발달과 성장과 학습 자체에 주목해야 합니다.

따라서 최종적으로는, 목적과 합목적성에 따른 정렬(alignment)을 염두에 두고 판을 설계해야 합니다. 아래와 같은 질문들에 대해, 일관적이고 정합적인 응답이 가능한 가치체계가 필요한 것입니다.

• 사교육을 통한 사적 구제가 허용될 수 있는 분야와, 반드시 공공이 책임져야만 하는 분야는 어떻게 구분되는가?

• 훌륭한 교육이란 무엇이며, 그 목적과 역할은 무엇이어야 하는가?

• 학생의 발달에 무엇이 필요한가? 학생의 역량이란 정확히 무엇인가?

• 학교의 운영에 무엇이 필요한가? 학교의 역량이란 정확히 무엇인가?

• 고등학교와 대학교는 각각 무엇을 위해 존재하며, 그 역할은 무엇인가?

• 고등학교는 학생들에게 뚜렷한 진로를 심어주는 곳이어야 하는가, 혹은 단순히 공통교양을 갖춘 시민을 육성하는 것만으로도 충분한가?

• 대학은 학생을 잘 선별하는 것에 치중해야 하는가, 혹은 '어떤 학생이 들어오더라도 해당 학문 분과에 대한 전문성과 흥미를 배양하도록 지도할 수 있는' 역량을 갖춰야 하는가?

• 대학, 연구자, 고교, 교사는 학생의 발달과정과 진로 선택에 어느 정도까지 개입해야 하고, 어떤 영역을 학생의 자율에 맡겨 두어야 하는가? 이를 위해서는 무엇을 평가하고, 무엇을 평가와는 무관한 영역으로 두어야 하는가?

• 납득할 만한 차이와 부당한 차이를 가르는 기준은 무엇인가? 이 기준을 뒷받침하는 것은 어떤 가치들인가?

• 대한민국 사회는 어떠한 형태여야 하며, 이를 위해서는 어떠한 교육이 필요한가?

• 이 모든 것은 대한민국 사회에 무엇을 안겨다주는가?

이 논의의 출발점과 종착점은 동일할 수밖에 없습니다. 교육과 사회야말로 핵심입니다. 이어질 6부에서 교육과 사회를 논하며 이 책을 마무리짓도록 하겠습니다.

6부

결국 다시 교육

매듭짓는 말과 남은 말들

당위가 아닌 현상에 대해서만 말하자면, 이 나라의 학벌은 자산이자 상품입니다. 그것도 'A학과에 가면 A학문을 깊이 배울 수 있다'보다는 '○○대학은 국내 최고 대학이며 A학과는 그 대학의 학과다'라는 논리에 의해 선택받는 상품이지요. 고급 자동차나 명품 가방이 그러하듯, 내재된 가치보다는 집단적인 선망에 의해 그 효용이 결정되는 지위재(地位財)라고도 평할 수 있겠습니다.

그런데 학벌의 효용은 소득 수준이나 직업적 안정 등의 '물질적 실용성'과 직결된다는 점에서 유별납니다. 요컨대 고급 자동차나 명품 가방의 효용은 대외적인 이미지에 그치고, 그마저도 계량화되기 어렵습니다. "나는 아벤타도르 차주이므로 대기업 공채에 합격할 수 있을 것"이라고 말할 사람은 당연히 없거니와, "나는 콰트로포르테 차주이므로 애인을 사귈 수 있을 것"이라는 말조차도 우습게 들립니다. 반면 "○○대학교 졸업자라면 ××기업은 쉽게 갈 수 있다"는 다르지요. "요새는 고용시장이 얼어붙어서 ○○대학교라도 쉽지 않다"는 반박이야 있겠지만, 그 주장 자체가 터무니없다고 보는 사람은 없습니다. 한국의 수많은 ××기업들은 실제로 ○○대학교 졸업자를 선호하기 때문입니다.

달리 말하면 학벌을 향한 집단적 선망에는 공포가 깃들어 있습니다. 충분한 학벌을 얻어내지 못한다면 이 사회의 주변부로 밀려나 죽고 말 것이라는, 생존에 대한 공포입니다. 이 감각은 2020년대의 현실이거니와 한국의 근현대사에 뿌리내린 것이기도 합니다. 거칠게 말하자면 한국은 전태일이 지켜내고자 했던 공장 노동자를 제물 삼아 한강의 기적을 이루어낸 (또한 사무직 중산층을 육성한) 나라이고, 삶과 죽음의 권리는 교육 수준과 밀접히 연관되어 있었습니다. 더 나아가 오늘날에도 매일 평균 두명 이상의 노동자가 산업재해로 사망한다는 사실, 청소년이 참여하는 직업계고 현장실습조차 죽음의 위협으로부터 자유롭지 않다는 사실을 감안하면 '삶과 죽음의 권리'는 문자 그대로의 의미를 지니게 되지요.

한편 이 공포는 미지에 대한 것이기도 합니다. 승리자들의 특혜는 '이상한 일이 일어나고 있는데 바깥에서는 그 정체를 모르는' 방식으로도 작용하기 때문입니다. 승리자들은 특정 커뮤니티에서만 공유되는 내부 정보를 통해 부당이익을 거두고, 외부인의 접근을 차단함으로써 자신들만의 성곽을 쌓습니다. 고위공직자뿐만 아니라 특정 기업의 임직원들에게까지 분양권이 우선적으로 제공된 1991년도의 '수서택지 특혜분양 주택조합 비리'처럼,

꾸준히 이어져온 재개발 비리가 대표적인 예시지요.

게다가 비리는 물증이라도 있으니 외부인들이 따질 수 있지만, 대부분의 성곽은 보이지조차 않습니다. 정치인에게 궁금한 점이 있다거나, 공공기관을 상대로 (법적으로는 공개 의무가 없는 영역에 대해) 정보 협조를 구해야 하는 상황을 가정해봅시다. 공적 창구로 문의할 경우 아무런 답을 받지 못하지만, 학연이나 지연을 거친다면 금방 해결되는 경우가 부지기수입니다. '전년도에 도입된 특별 전형이 올해도 그대로일지 궁금하다' 수준의 사소해 보이는 내부 정보조차도 계속 누적되다보면 눈에 띄는 격차를 낳기 마련이고요.

한국의 기성세대는 성곽의 중요성을 온몸으로 느낀 사람들입니다. 성곽 안에 있었든, 혹은 바깥에서 위화감을 느꼈든 간에 "저 안에 들어가야 한다, 들어가지 못하면 손해를 본다"는 합의만큼은 확실히 공유하고 있지요. 그리고 이런 커뮤니티를 발견하고 그 성문을 두들겨볼 첫 기회는 보통 학벌입니다. 학교에서 얻는 학연이며, 그 학교의 졸업장을 통해 얻어낼 만한 직업(법관, 언론 관계자, 교수, 유명 대기업 근무자 등……)이며, 그런 종류의 직업군이 마주치며 형성되는 네트워크입니다.

즉, 기성세대가 자녀들을 학대에 가까울 정도로 몰아붙이며 인기 대학 진학을 종용하는 데에는, 집단적 기억이 강력하게 작용합니다. 이런 기억은 세대가 내려감에 따라 '직접 경험한' 것에서 '구전되는' 것으로 바뀌기도 하지만, 어느정도는 고스란히 반복됩니다. 당장 최근에도, 서울대 교수들이 서로 '논문 품앗이'를

해주면서 동료 자녀의 대입용 스펙을 마련해준 사례가 대거 적발되었듯이 말입니다.[1]

그렇다보니 학벌에 대한 선망이 문제이고, 선망에 실제적인 힘을 부여하는 사회가 문제이며, 극심한 경쟁 또한 문제라는 진단은 곧잘 공허해집니다. 문제제기에 전적으로 동의하는 사람조차 가족 앞에서는 그 신념을 배신하게 되기 때문입니다. 그러지 않는 사람들은 충분한 불로소득을 갖췄을 공산이 큽니다. "대학에 못 가도 원룸 월세 주고 살면 되니까 걱정하지 말아라" 혹은 "미국 유학 보내주마" 식의 여유를 통해 성립하는 탈학벌은 사회 변혁의 발판일 수 없는 것입니다. 한편 "어딜 가든 취직이 어려우니 인기 대학에 목맬 필요 없다"는 입장은 비관 위에 성립한다는 점에서 유효한 출구일 수 없고, 대개는 "인기 대학에 목맬 필요 없으니…… 의대에 가라!"로 흐르게 됩니다. 이것은 가장 나쁜 결론이지요.

교육이라는 목적

그러나 학벌의 위계는 교육의 본질이라기보다는 경쟁의 형식입니다. 시험능력주의도 마찬가지입니다. 생존 게임에 참여할 사람이 충분하고 게임의 보상도 여전하다면 형식에 따른 현상은 영

1 「서울대 교수·동료 '논문 품앗이' … 자녀 등 9명 서울대 입학했다」, 『서울신문』 2021. 10. 14.

속합니다. 서울대를 폐지한다면 다른 인기 대학들이 그 위상을 물려받을 테고, 1종 운전면허가 대학 졸업장을 대체한다면 교통법규 필기문항과 주행 코스가 퍼즐로 변하겠지요.

현상이 작동하는 방식을 이해하는 것은 중요하지만, 이는 현상이 본질의 표현에 관여한다는 의미에서만 그렇습니다. 졸업한 대학의 급간에 따라 소득 격차가 46.5%까지 벌어진다는 통계[2]에 담긴 것은 사회 양극화에 대한 정보지 교육에 대한 정보가 아니라는 것입니다. 그럼에도 불구하고 한국사회는 '교육과 연관된 사회 문제'에만 주목하느라 '교육 자체의 문제'를 외면해온 것처럼 보입니다.

물론 50%에 달하는 소득 격차에 비하면 교육적 이상이나 원칙 같은 개념들은 막연하게만 들리는 것이 사실입니다. 사람에 따라서는 '경쟁 교육에서 벗어나야 한다'는 말보다 '공교육은 일관적인 교육철학을 정립함으로써 교육이라는 목적에 충실할 수 있어야 한다'는 말이 훨씬 공허하다고 느낄지도 모릅니다. 그러나 전자는 현상에 대한 이야기고 후자는 본질에 대한 이야기라는 점에서 다릅니다.

청소년들을 하나로 묶어주는 공통분모로서의 공교육은, 공교육의 기틀이 되는 각각의 학문 분과와 거기에 속한 지식은, 지금은 학벌의 명분으로서만 존재하는 무엇은 공기만큼이나 희미하지만 공기만큼이나 중요합니다. 그것은 지금 당장 누군가를 죽이

---

2 이지영·고영선 「대학서열과 생애임금격차」, 『경제학연구』 71권 2호, 2023.

거나 살리지는 않을지라도 장기적으로는 사회 전체를 만듭니다. 그럼으로써 거의 모든 사람을 죽거나 살게 만듭니다.

이 죽음과 살림의 층위를 나열해보겠습니다.

1) 인적 자본을 길러내는 경제와 생산의 층위, 즉 **산업적 역량**의 층위입니다. 만약 전국의 고등학교에서 형이상학과 각종 문학 작품만을 (그리고 오직 그것만을) 배운다고 가정해봅시다. 학생들은 비록 사상적·문화적으로 융성할지 모르나 현대 산업에는 완전히 부적합한 존재가 될 것이고, 국가의 미래 역시 어두울 것입니다.

2) 사회 형성에 기여하는 정치와 문화의 층위, 즉 **시민적 역량**의 층위입니다. 존 듀이(John Dewey)의 말을 직접적으로 빌리자면, "사람과 정책을 현명하게 판단하는 능력, 법률을 준수하고 제정하는 데 결정적인 역할을 하는 능력"[3] 등입니다. 만약 전국의 고등학교에서 송배전 이론 등 전력공학에 필요한 지식만을 (그리고 오직 그것만을) 배운다고 가정해봅시다. 학생들은 비록 산업의 역군은 될 수 있겠지만 국가라는 공동체를 꾸려나가는 데에는 어려움을 겪을 것입니다.

3) 개인과 사회가 맺는 유기적 관계의 층위, 즉 **연합적 삶**의 층위입니다. 개인은 교육을 통해 사회에 적응하며, 사회는 이러한 개인의 상호작용을 통해 발전합니다. 따라서 모든 사회는 '누구

3 존 듀이 『다시 읽는 민주주의와 교육』, 심성보 옮김, 살림터 2024, 183면.

에게, 무엇을, 얼마나, 어떻게 가르칠 것인가'를 결정함으로써 자신의 미래를 결정하게 됩니다.

공교육은 수많은 요소의 결합입니다. 이 단일한 키워드 뒤편에서 미시사와 거시사가, 개인과 사회가, 타산과 정신성이, 자유로운 개인과 그 개인을 만들어내는 틀이, 지금 이 순간의 현실과 이상주의적인 목적지가, 현재의 자기 이익과 미래의 공동선이, 한 공동체의 과거와 미래가 맞물려 운동하는 셈입니다. 그만큼 중요하고, 그만큼 복잡하며, 그만큼 왜곡되기 쉽습니다. 사회는 이론을 앞세우느라 현실을 무시할 때도 있고, 반대로 지금 당장 주어진 현실만을 긍정함으로써 퇴보를 택하기도 하지요.

따라서 왜곡을 바로잡기 위해서는 현실을 가감 없이 마주보아야 합니다. '우리가 정확히 어떤 여건 속에 있는지' '그 여건 속에서 구체적으로 무슨 일이 일어나는지'를 알아야 그 이후를 모색할 수 있는 것입니다.

예컨대 한 무리의 사람들이 허허벌판에서 물을 찾아다니는 중이라고 가정합시다. 눈을 질끈 감은 채로, "내가 미국에 있을 때는 북동쪽으로 가니까 호수가 나오더라. 북동쪽으로 가자!"라고 말하거나 "프랑스 사람들은 센강에서 물을 뜨더라. 센강으로 가자!"라고 말하는 사람은 바보가 분명합니다. 물을 찾기 위해서는 일단 눈을 떠야 합니다. 그후에 여기가 미국인지 프랑스인지 한국인지를 분간하고, 한국의 호수는 어디에 있으며 거기까지 갈 수단으로는 무엇이 있는지를 파악해야 합니다. 미국과 프랑스의 사례는 그때 참조해도 충분합니다.

이 책의 핵심은 여기에 있습니다. 한국의 교육 현실과 그로 인해 교육이라는 목적이 실종되는 과정을 살피고 구체적인 대안을 모색하자는 것입니다. "경쟁의 결과로 이러저러한 폐단이 발생한다"는 사실도 중요하지만, "경쟁으로 인한 폐단은 잘못 설계된 제도로 인해 발생하는가, 개별 학교의 여건으로 인해 발생하는가, 사회적 상황으로 인해 발생하는가? 청소년들은 정확히 어떤 경쟁에 참여하는가? (보완을 거친다는 가정하에) 용인될 만한 경쟁과 반교육적이기만 한 경쟁은 어떻게 구분되는가?"에 대한 논의도 그만큼 중요합니다.

본문을 돌아보기

이 책의 1부에서는 시험 그 자체로서의 수능을 다루면서 그 내용이 반교육적으로 왜곡되는 양상을 다루었습니다. 2부에서는 사교육 산업의 발전사를 큰 틀에서 쫓아가며 '수능 해킹'이 가능해진 배경을 풀어놓았지요. 3부에서는 고도화된 사교육 산업이 서울과 비서울, N수생과 재학생 간의 격차를 벌리며 사회적 비용을 유발시키는 방식을 설명했고요. 이어 4부에서는 '사교육' 전체를 단일한 행위 주체로 간주하는 기존의 통념에 반대하며, 사교육 산업의 내부적인 작동원리를 알아보았습니다. 그리고 해당 산업의 기층부(基層部)가 경제의 논리뿐만이 아니라 인격적 힘의 논리에 의해서도 지탱된다는 점, 그로 인해 문제의 양상이 더욱 복잡해진다는 점을 지적했지요. 마지막으로 5부에서는 공교육 현장의 파행과 대학의 에고티즘을 다루며 앞선 장에서 논의한 폐단이 '공적 영역의 결함'에서 출발했음을 밝혔습니다.

즉, 1·2부가 본격적인 논의를 시작하기 위한 배경이었다면, 3·4·5부는 표면적인 현상에 대한 분석이자 그 이면을 파악하려는 시도입니다. 수능이나 상대평가의 폐단과는 별개로, 그것이 문제의 근원이라고 보기는 어렵습니다. 마찬가지로 사교육은 공적 영역의 빈틈을 파고들었을 뿐이지 '공적 영역이 아무리 애쓰더라도 저지할 수 없는, 초월적이고 독립적인 실체'로서 존재하는 것이 아니지요. 한국의 교육 현실을 왜곡시키는 원인으로 지목되는 것들은, 사실 왜곡된 교육 현실의 산물이기도 하다는 것입니다. 이 역학은 자기 자신의 꼬리를 문 뱀 같지만, 그럼에도 불구하고 머리와 꼬리는 구분되기 마련입니다.

뱀의 머리를 차지한 것은 두 종류의 결여, 즉 '교육이라는 목적의 결여'와 '현장성과 구체성, 실질성의 결여'입니다. 전자는 교육의 실종, 후자는 민주성의 실종이라고 칭할 수 있겠습니다. 이 실종은 학생들에게 공허감과 불신을, 형식 그 자체에 대한 맹목적인 숭배를 안겨줍니다. '왜 하는지도 모르겠고 지금 한 걸 나중에 써먹을 것 같지도 않지만 대학에 가야 하니 일단 하는 상황'이 실질적으로 가르치는 것은 물질적 보상과 최적의 전략만이 존재하는 세계관, 정신적 가치나 학문적 이상 따위는 일절 배제된 세계관입니다. 그리고 불통입니다.

수능부터 봅시다. 탐구 영역이 2과목제로 바뀔 때, 학생들은 "응시 과목 수가 줄어들면 탐구 영역 난이도가 왜곡되고 다른 영역에도 여파가 미칠 것이다"라고 말했습니다. 이 학생들의 의견은 정책 결정에 일절 반영되지 않았습니다. 10년이 지난 지금, 학생들은 퍼즐화된 수능 문항을 풀면서 이렇게 생각합니다. "이걸 도대체 왜 하는 거지? 문제풀이 스킬에 통달하면 나한테는 뭐가 남지?"

수시는 어떨까요? 학종이 확대되었지만 이를 뒷받침할 제도적 개선은 미비했던 탓에, 대다수 학생은 망망대해 속에서 '심화탐구'를 진행하게 되었습니다. 생활기록부에 몇줄을 추가하기 위해 이해하지 못하는 논문을 읽고 학문적 깊이와 거리가 먼 보고서를 쓰는 것입니다. 이런 일이 터무니없다고, 부담이 과중하다고 말해도 들어주는 곳이 없습니다. 학생들은 세특 발표를 준비하면서 이렇게 생각합니다. "이걸 도대체 왜 하는 거지? 이 보고서를 쓰면 나한테는 뭐가 남지?" 혹은 이렇게 생각하기도 합니다. "다른 사람이 써준 보고서로 세특 채워서 대학에 가면, 나한테는 뭐가 남지?"

지금껏 학교는, 대학 당국은, 기성세대와 사회는 거기에 대해 "대학 합격장이 남는다"고 대답했습니다. 현실적으로도 인기 대학의 간판은 평생에 있어 막대한 어드밴티지로 작용하며, 반대로 '간판 없는' 사람들의 목소리는 묵살당하기 일쑤입니다. 그렇다면 학생들은 "최종적으로 중요한 것은 대학 합격장이다. 오직 그것뿐이다"라는 인식에 매몰될 수밖에 없습니다. 응답받지 못한 공허감으로 인해, 학벌에 유일한 권위를 부여하면서 기존의 질서를 재생산하게 되는 것입니다.

물론 "입시만 바라보지 말아라, 인생이 대입으로만 결정되는 것이 아니다"라고 말하는 기성세대도 있습니다. 이렇게 말하는 사람들은 대학 합격장의 실용성만을 강변하는 부류에 비하면 사회 개선의 의지가 있는 편입니다. 그러나 선의가 효과를 발휘하려면 자신의 주장을 밀어붙이기 이전에 학생의 입장을 먼저 경청해야 합니다. 요컨대 "수능 탐구 과목 문항이 너무 이상하니 조치를 취해달라"는 요구에 "맞다. 수능은 문제풀이 기계만을 만드는 시험이다. 수능에 목매지 않는 사회로 나아가자!"고 답한다면 이것은 또다른 불통이지요.

결과적으로 학생들은 양측에 모두 실망한 상태로, 수험생 커뮤니티 등의 또래 공동체에 깊이 빠져들게 됩니다. 최소한 거기에서만큼은 모두가 서로의 말을 알아듣기 때문입니다.

악순환의 굴레를 끊어야 하는 지점이 여기에 있습니다. 일단은 현장의 목소리를 들어야 하고, 이에 기반해 제도적 변화를 이루어나가야 하며, 최종적으로는 학생들 스스로가 입시를 '한정된 자리를 위한 경쟁'이 아니라 '대학 공부의 준비 단계이자 실질적인 지식을 배우는 과정'으로 여길 수 있게 해야만 합니다. 평가·경쟁 방식을 정상화함으로써 학생들이 "나는 실제로 중요한 내용을 배우고 있구나. 내가 노력해서 더 좋은 성적을 거둔다면 학문적 이해도 그만큼 깊어지겠구나"라고 느낄 여건을 마련해야 한다는 것입니다.

이것만으로 학벌주의나 대입 경쟁으로 인한 문제를 일소할 수 있다고 말하진 않겠습니다. 하지만 '가장 사소하지만 중요한 부분에서부터' 인식이 바뀌는 계기는 될 수 있으리라 생각합니다. 그렇다면 지금과 같은, 극단적인 사교육과 불필요한 고통 또한 줄어들겠지요. 경쟁 교육이나 학벌주의 같은 거대담론도 중요하지만, 지금 이 자리에서 검토해볼 수 있으며 학생들이 체감할 만한 대안에도 관심을 기울여야 한다는 것입니다.

아래의 꼭지글들은 이러한 진단에 대한 설명을 보강함으로써 본문을 마무리짓는 동시에 추가적인 논점을 제시하고자 한 것입니다.

A: 역량과 평등, 현실적 여건

역량과 환경과 기회

사교육 관련자들은 이렇게 말하곤 합니다. "안 될 학생은 고액과외를 받아도 안 된다. 공부는 머리로 하는 것이다." 또한 이렇게도 말합니다. "학원을 보내든 과외를 시키든 해야 한다. 아무리 안 될 것 같은 학생이라도 부모가 돈을 쓰면 뭐라도 하게 된다." 두 주장은 모순되는 것처럼 보이지만, 그들은 진심으로 둘을 동시에 믿습니다. 그것은 아마도 역량이 시간과 환경과 재능의 총합이기 때문일 겁니다.

환경이 뒷받침되지 않는다면 재능이 개화하기 어렵고, 환경이 바뀌더라도 학생의 성적이 원래 상태를 벗어나려면 충분한 시간이 필요합니다. 물론 환경과 시간이 갖춰지더라도 나쁜 성적을 받는 학생은 종종 있지만, 개별 사례만으로 "공부는 역시 재능이군"이라고 말해서는 안 될 것입니다. "모 지역의 평균 성적이 높은 것은 유전자 덕분이겠군"이라며 결론짓는 것은 더욱 과도한 비약일 테고요. 낮은 성적의 원인을 정확히 계량하기는 어렵거니와, 지금의 교육 현실하에서는 환경의 비중이 높을 수밖에 없기 때문입니다.

자원 분배와 정의

인생의 각 사건은 종착지가 아니라 경유지입니다. 중학생 시절에는 전교 꼴찌였다가 수능에서는 좋은 성적을 받는 학생들이 여럿 있고, 그 역도 존재하듯이 말입니다. 어느 한순간만을 보고 사람의 본질을 판단하기 어려운 이유지요. 그러나 현실적으로 말해, 제한된 자원과 자격을 분배하기 위해서는 어쩔 수 없이 '그 순간의 역량과 상황'에 주목할 필요가 있습니다. 세기의 천재라도 의학을 모른다면 의사가 될 수 없는 것입니다.

물론 순간적인 자원 분배가 다방면으로 누적되다보면 장기적인 격차는 걷잡을 수 없이 벌어지고 맙니다. 기득권이 안정적인 어드밴티지를 누리는 동안 소외계층은 더더욱 고립되는 셈이지요. 따라서 사회는 양극화를 막기 위해 제도적 장치를 마련하며, 한국의 대학 입시에도 '지역균형선발'이나 '기회균형전형' 등의 제도가 존재합니다.

그런데 좋은 의도와는 별개로, 이런 제도는 곧잘 의심의 눈초리를 받곤 합니다. 위장전입 문제는 물론이고, "아무리 그래도 눈에 띄게 낮은 성적으로 입학하는 게 말이 되느냐"는 항의도 있지요. 특별전형의 입학 성적이 비교적 낮은 것은 통계적인 사실이니까요. 따라서 이런 질문을 던져볼 필요가 있겠습니다. 성취 수준의 차이가 명확히 드러나는 상황에서, 이러한 장치가 격차 확대와 지역 불균형을 본질적으로 해결할 수 있을까요? 과연 지금의 장치만으로 충분한 것일까요?

경제학자인 앨버트 허시먼(Albert O. Hirschman)은 '이탈'과 '항의'라는 개념을 통해 집단의 회복을 설명했습니다. 가령 어떤 지역의 경찰 조직이 제 기능을 하지 못한다고 가정합시다. 누군가는 사설 경비원을 고용하겠지만 누군가는 시 당국자에게 항의 서신을 보내 조직 개편을 촉구하겠지요. 앞의 대응은 개인적 과정으로서의 이탈이고, 뒤의 대응은 집단적 과정으로서의 항의입니다. 이탈은 다소간 시장경제의 논리를 따르지만 항의는 명백히 정치적(혹은 비시장적)입니다.

이처럼 퇴보에 직면한 집단은 시장적 힘과 비시장적인 힘의 절충을 통해 최적의 균형을 찾아나가게 됩니다. 높은 불량률로 악명 높은 자동차 제조사가 상대라면 구매자들의 이탈이 효율적인 대책일 수 있겠지만, 불안정한 전력공급 시스템에 대해서는 항의가 필요하지요. 그렇다면 소외계층의 문제에서는 어떤 대응이 효과적일까요? 허시먼은 개인적인 상향 이동이 가져올 수 있는 변화에 한계가 있음을 지적하며 이렇게 말합니다.

> 이 모든 '떠나감'은 진정한 의미의 이탈, 즉 공공재보다는 사적 재화로부터의 이탈과 같아서 자신들이 떠난 사회에 어떤 여파가 있더라도 이는 의도하지 않았던 부차적인 효과에 불과했다. (…) 이 모든 경우 기업은 이탈로 인해 품질에 가장 민감한 고객을, 조직은 가장 유능한 구성원을 잃게 되므로 항의의 목소리는 치명적으로 약화되면서도 정작 이탈은 별 효과를 거둘 수 없다. (…) 불이익을 당하거나 억압을 당하는 집단이 신분 상승을 하려면 개인적 과정과 집단적 과정의 혼합, 즉 이탈과 항의의 혼합이 필요하다.[4]

한국의 입시제도 이야기로 돌아가자면, 지금의 보완 장치는 이탈에 가까운 방식으로 작동합니다. '지역할당제'나 마찬가지로, 지방의 각 학교에서 전교권 학생 한두명만을 뚝 잘라 선발하는 것이지요. 이때 선택받은 학생들은 동급생들과 동질감을 느끼기 어렵고, 수도권 대학교로 떠나면서 지역사회로부터 이탈하고 맙니다. 즉, 허시먼이 지적했듯 '개개인들을 소외 집단에서 떼어내 주류 집단에 편입시키는 방식'만으로는 소외 집단 자체의 여건을 개선할 수 없는 셈입니다.

또한 본질적 문제가 남습니다. 교육적 성취입니다. 어쨌거나 지방 학생의 수능 성적은 평균적으로 수도권 학생에 비해 낮습니다. 이는 문제풀이 요령의 부족 때문이기도 하지만, 교육 성취도

---

4 앨버트 O. 허시먼 『떠날 것인가, 남을 것인가』, 강명구 옮김, 나무연필 2016, 200~205면.

차이 때문이기도 합니다. 문제 유형에 익숙지 않아서 낮은 점수가 나오는 상황과 공간벡터에 대한 이해가 부족해서 낮은 점수가 나오는 상황은 구분되어야 한다는 것입니다. 이 책의 문제제기가 전자에 무게를 둔 것과 별개로, 후자의 요인도 분명 존재합니다. 실제로 사교육특구 출신의 내신 3등급 학생과 지방의 전교 1등 학생에게 심화 문제를 풀게 한다면, 후자의 우위를 장담하기 어렵지요.

물론 표면적인 수준에서나마 형평을 맞출 필요성은 있습니다. 지역균형이나 기회균형 등의 특별전형이 사라질 경우 인기 대학은 수도권 중산층으로 가득찰 테니까요. 그러나 본질적인 측면에서의 해결안이 병행되지 않는다면, 그러한 장치는 피상적으로만 작동하면서 혐오의 단초를 제공할 뿐입니다. 충분한 교육적 성취 수준을 보장하는 대신 "지방 학생들은 수능 성적이 낮아도 입학시켜주겠다"는 식으로 대응하는 것은 특별대우인 동시에 차별입니다. 표면적이고 물질적인 보상을 변명 삼아 진정한 손실을 외면하는 태도입니다.

N수생 Y(호남권 중소도시) 현실적으로 지역균형이라는 게, 입학 기준을 낮춰서 뽑는 거잖아요. 그 자체가 문제라는 게 아니에요. 결과적으로 지방이나 저소득층 학생들 비율을 어느정도 맞춰주니 공정성으로 따진다면 그게 맞을 수 있어요.

그렇지만 저는 교육받을 권리에 대해 먼저 이야기하고 싶어요. 서울이나 지방이나 같은 교육과정으로 수업받는데 왜 지방 학생들은 이만큼밖에 못 배우고 올라가냐는 거죠. 물론 시험 점수는 (불확실성이 큰) 확률변수일 뿐이고, 그 차이를 학생 개개인의 능력의 차이라 할 수는 없어요. 하지만 집단 대 집단으로 비교하면 분명 격차가 있거든요.

그러니까 기회를 부여해주는 것까지 좋아요. 근데 할당제로 자리를 채워주는 것만으로는 실력이나 경험에 따른 차이가 메워지지 않아요. 본질적인 해결책은 공교육을 강화하고 지방과 서울 사이의 인프라 격차를 줄이는 거여야죠.

나쁜 교육을 받는 상황, 배워야 할 것을 충분히 배우지 못하는 상황, 동일한 시간과 노력을 투입하고도 여건으로 인해 동등한 성취를 누리지 못하는 상황은 그 자체로 손해입니다. 항의가, 비시장적이고 집단적인 대응이 겨눠야 할 지점도 여기에 있습니다. 지역 격차가 해소되려면 제도적 장치도 중요하지만 우선 공교육 역량이 강화되어야 하는 것입니다.

교사 역량과 제도적 지원

학종을 위시한 대입제도는 교사 부담을 폭증시키는 방향으로 작동하며, 이는 실제로 교사들의 수업 역량을 낮춥니다. 따라서 대학 주도의 의사결정 구조를 파훼함으로써 학종 체제를 정비하고 명확한 가이드라인을 마련해야 합니다. 학부모 상담이나 진로지도 등에서도 적정 업무량의 기준을 마련함으로써 교사가 본연의 업무에 전념할 수 있도록 뒷받침해야 하지요. 여기까지는 이 책의 본문에서 다룬 이야기입니다.

그리고 더 나아가, **교육 자원**에 대한 체계적 지원이 이루어져야 합니다.

교육 자원이란 수업 진행을 도울 수 있는 도구를 의미합니다. 여기에는 탄소 분자 조립 모형이나 현미경 같은 부자재부터 '수행평가 활동 기획안' 등의 가이드라인까지, 모든 유형의 도구가 포함되지요. 지금처럼 교육과정·교과서 대강화(大綱化, 大强化가 아님) 추세가 가속화되고 교사 재량권이 커지는 상황에서는 후자에 대한 지원이 특히 절실합니다. '교과서 서술의 밀도를 낮춤으로써 교사 각각이 학급 특색에 맞추어 재량껏 수업할 수 있도록 한다'는 취지 자체는 좋지만, 이는 실질적으로 '교사 개개인의 역량 및 여유시간에 의해 수업 품질이 좌우된다'는 결과로 이어지기 때문입니다.[5]

행정·지도 업무를 제하더라도, 교사는 수업 자체에 대해서만도 할 일이 많습니다. 수행평가와 창의적 활동을 기획하고, 수업에 필요한 유인물을 제작하고, PPT도 만들고, 중간고사와 기말고사 문제도 출제해야 하니 말입니다. 그런데 이런 업무는 일종의 창작인 만큼 상당한 고민과 노력이 필요합니다. 교사들로서는 교사 커뮤니티(인터넷 카페 등)에서 떠도는 자료를 다운로드해서 쓸 게 아니라면 개인적인 부담을 감수해야 하는 것입니다.

어떤 나라에서도 개별 교사를 동력으로 삼아 발전을 이룬 사례는

5 김대원 「학교 현장에서 본 2022 개정 교육과정」, 『2022년도 한국교육과정학회 특별포럼 자료집』, 한국교육과정학회 2022, 181~88면.

없다. 우수한 성취도를 보인 나라들의 경우 좋은 교사를 이곳저곳에 배치했기 때문이 아니라 '전체 교사의 지도 전문성'과 모두를 위한 성취목표를 향상시켰기 때문에 성과를 거둔 것이다. 다시 말해서, 시스템이 성공한 것은 교사들의 95% 이상이 훌륭한 수준에 도달했기 때문이다. **이를 위해서는 문화와 거기에 내재된 관계를 변화시켜야 하는데, 이는 개인에게만 초점을 맞추어 달성할 수 있는 문제가 아니다.**[6]

교사 개개인의 역량에만 주목하는 것은 개개인의 열정과 근성에 기대어 제도를 작동시키려는 시도이고, 교사 커뮤니티가 자구책으로 작동하는 상황은 사적 구제가 공적 영역의 일부가 된다는 점에서 충분하지 않습니다. 교사들이 '이미 만들어진 교육 자원'을 공유하는 상황이 일반적이라면, 해당 커뮤니티의 기능을 공적인 수준으로 끌어올리고 강화하는 편이 합리적이겠지요. 교육부 및 교육청 차원의 중앙 기관에서, 표준화된 교육 자원을 선택·개량 가능한 형태로 제공하는 것입니다. 짧게 줄이면 **교육 자원 모듈화**입니다.

자동차 업체가 모든 부품을 직접 생산하는 대신 협력업체와 함께하듯이, 교사가 짊어진 업무 부담 또한 체계적으로 분산될 필요가 있습니다. 교사 개인의 역량이 반드시 필요한 분야와 그러지 않은 분야가 구분되어야 하지요. 선택과 집중의 미덕이 필요한 셈입니다.

---

6 마이클 풀란 『학교개혁은 왜 실패하는가』, 이찬승·은수진 옮김, 21세기교육연구소 2017, 90면. 강조는 인용자.

할 수 있는 일과 할 수 없는 일

원칙상으로는 공적 영역 내에서 해결될 수 있지만, 현실적으로는 그렇지 않은 업무가 존재합니다. 5부에서 소개한 '세특'이 대표적인 예시겠지요. 생활기록부 작성이 교사의 정규 업무인 것과 별개로, '대학 입시에 적합한 생활기록부가 필요하다'는 요구가 본래 목적을 압도하는 상황이니까요.

이는 표면적으로는 학생 및 학부모의 요구 때문이지만 본질적으로는 대학이 고등학교에 '학생 선발 과정에서의 부담 요소'를 떠넘기는 탓에 발생하는 문제입니다. 따라서 이 경우 교육 당국에서 '각 학교에 생활기록부 컨설턴트를 배치'하는 식으로 대응하더라도 그 이익은 대학과 민간에만 귀속되고 맙니다. 구체적이고 개별적인 지원을 통해 부담을 줄일 수 있는 상황과 거시적인 개입이 필요한 상황을 구분해야 합니다.

이를 위해서는 교육이라는 목적을 우선시하는 태도가, 또한 '공적 영역'과 '사적 구제'를 분별하는 태도가 필요할 것입니다.

사적 구제에 굴복하지 않기

어떤 교사들은 "이거 다 학원에서 배웠지?"라고 말하며 핵심 개념에 대한 설명을 건너뛰곤 합니다. 정부 또한 EBS 등의 공공 인터넷강의 서비스가 공교육 부실의 대책이 될 수 있으리라 믿는 것처럼 보입니다. 학교의 문제를 학교 바깥에서 해결하려는 식이지요. 그러나 집이 무너지는 상황에서 별장을 가꾼다면 무슨 소용일까요? 무너진 집을 버리고 별장에 눌러살 수야 있겠지만, 그런 상황은 가급적 피해야 합니다. 그게 남의 별장이라면 말할 것도 없습니다.

앞서 허시먼의 '항의'와 '이탈' 개념을 소개했습니다. **학교 바깥의 교육 서비스들은 명백히 '이탈'에 속하며, 그것이 EBS와 같은 공공 인터넷강의일지라도 마찬가지입니다. 항의를 택할 만큼 의욕 있는 학생들은 EBS 강의를 학교 수업의 대체재로 선택함으로써 공교육 현장으로부터 이탈하기 때문입니다.** 그렇다보니 부실한 공교육에 대한 항의는 점차 사라지게 되지요.

게다가 사회적 경향과 가용 자원 등으로 인해, 그나마 남은 항의조차도 대개는 중산층 이상에게서 발현되기 마련입니다. '내 자식이 학교에서 무엇을 배우는지' 주목하고 민원을 넣는 부모의 비율이 어떤 집단에서 (혹은 어떤 학교에서) 더 높을지 생각해보면 이해가 쉽지요. 이러한 집단 구성은 거주 지역과 밀접한 관계를 맺고요. 반면 '의욕이 덜하고 사교육을 이용할 여력이 없는 계층이 주류인 지역'은 열악한 공교육 환경이 유지될 공산이 큽니다(규범적으로 말하자면, 이런 지역에 균일한 교육 서비스를 제공하는 것이야말로 공교육의 가장 큰 책무 중 하나일 것입니다).

허시먼은 그 결과에 대해 이러한 추정을 제기합니다.

교육 문제와 연결시켜보면 일반적으로 '삶의 질'로 개념화된 다수의 기본적인 서비스의 질이 떨어지지 않기 위해서는 항의 방식이 특히 중요하다. (…) 기본적인 서비스의 경우 품질 저하에 저항하기 위해서는 항의 방식이 필요하고 이는 저품질의 범주보다는 고품질의 범주에서 쉽게 발현될 수 있기 때문에 상류층, 중류층, 하류층 사이의 삶의 간극은 더욱 확연해질 것이다.[7]

EBS, 강남인강, 서울런 등의 공공 인터넷강의 서비스를 강화하는 접근만으로는 교육 불균형을 원천적으로 완화할 수 없는 이유입니다.

물론 학생들에게 이탈할 기회를 제공한다는 이유만으로 EBS를 폐지할 수는 없습니다. 공교육이 제 역할을 못해 EBS에 의존하게 된 상황에서, 그마저 없어진다면 학생들만 더 힘들어질 테니까요. 중요한 것은 공공이 도맡아야 할 영역과 사적 구제가 대안일 수 있는 영역을 구분하는 태도입니다. 예컨대 중학교 수준의 교과 개념이 부족해 고등학교 수업을 따라오지 못하는 학생에겐 EBS 강의를 권할 수 있습니다. 그러나 당 학년도 내의 수학 교과서 증명과 예제 풀이는 반드시 교사가 수업시간 내에 다루어야 하지요. 민간이 담당해도 좋을 영역과 교사가 책임져야 할 영역 사이에 명확한 선이 그어져야 한다는 의미입니다.

또한 교육정책은 민간 참여자에게 어드밴티지와 확장성을 부여하기보다는 공적 영역과 밀착하여, 공공의 발전을 보장하는 방향으로 (또한 정보 사유화를 막을 수 있도록) 설계되어야 합니다. 예컨대 교육 자원 모듈화의 경우, 교육 자원 제작에는 민간 전문가가 용역 형식으로 관여할 수도 있겠지만, 해당 자원을 수업에

7 앨버트 O. 허시먼, 앞의 책 115면.

적용하는 업무는 오로지 교사의 몫이어야 하는 것입니다.

또한 일관적이고 효과적인 원칙을 마련하기 위해서는 '모로 가도 서울로 가면 된다'는 태도와 철저히 거리를 두어야 합니다. 목적만을 향해 달려가다보면 과정이 어그러지면서 제반 여건이 바뀌고, 여건이 달라진 뒤에는 기존에 효과를 발휘했던 방식조차 힘을 잃기 때문입니다.

B: 이상적 사례와 환상

인상비평과 함께하는 환상

한국의 교육 현실을 논할 때면 객관식 시험은 창의적 사고를 방해하니 나쁘다거나 경쟁평가가 나쁘니 성취평가로 나아가야 한다는 진단을 어김없이 마주치게 됩니다. 비록 모두가 공유하는 대전제는 아닐지라도, 꽤나 많은 사람이 이런 주장을 상식처럼 받아들이지요. 그런데 이것이 진실인지 인상비평인지는 고민해볼 문제입니다.

우선 시험은 경쟁의 무대이기 이전에 학습을 돕는 도구입니다. 교육적 목적을 염두에 두고 설계한다면 객관식이든 서술형이든 간에 시험 대비 과정을 통해 깊은 학습이 가능하게 되지요(수학 문제를 풀면서 공식과 증명에 대한 이해가 쌓이는 것처럼요). 현행 수능의 문제는 객관식이라는 형식보다는 유형 고착화와 보신주의에서 그 원인을 찾는 것이 옳고요. 마찬가지로 경쟁평가도 나름대로의 장단이 있는 체제입니다. 한국사회 전반의 분위기가 그 경쟁을 살인적인 수준으로 끌어올렸을 뿐이지요. 이 상황에서 무턱대고 성취평가제를 도입한다면 의도한 효과가 발생하기는 커녕 '성취평가제의 탈을 쓴 경쟁평가제'가 등장하게 됩니다. 수능 영어 영역이 절대평가로 전환되었음에도 불구하고, 절대적인 기준이 정립되지 않고 매년 난이도 수준이 바뀌며 만점자 비율이 달라지듯이 말입니다.

그러니까 이와 같은 진단은 인상비평에 근거한 통념입니다. 인상비평은 구체적인 사태로부터 사람들이 눈을 돌리게 만들고 실질적인 해법을 내놓지 못한다는 점에서 나쁩니다. 잘해봐야 탁상공론에서 그치고, 대개는 사태를 악화시키지요. 해결을 위해서는 단편적인 인상이 아니라 현실의 동역학을 면밀히 검토해야 합니다.

정시 확대가 문제라는 환상

이런 인상비평에서 제일 큰 지분을 차지하는 테마는 아무래도 정시일 겁니다. 꽤나 많은 사람들이 말하기를, 각종 격차 확대는 정시 확대 때문이고, N수생·자퇴생 증가도 정시 확대 때문이고, 사교육 팽창도 정시 확대 때문이라고들 하지요.

그런데 이는 사실이 아닐뿐더러(이 점은 3부와 5부에서 깊이 다루었습니다) 해롭기까지 합니다. 이것도 정시 탓, 저것도 정시 탓을 하느라 정작 뻔히 보이는 부실을 내버려두기 때문입니다. 게다가 '수능 자격고사화' 혹은 '전면 철폐'를 주장하는 측은 곧

잘 현존하는 제도로서의 수능을 도외시하곤 합니다. 어차피 없어져야 할 시험이니 신경쓰지 않겠다는 식입니다.

그런데 수능 자격고사화나 전면 철폐는 지금 당장 시행하기에는 너무 거창한 목표입니다. 수능은 듣기평가 시간에 비행기 이착륙이 멈추고 경찰이 수험생을 에스코트해줄 정도의 '전국가적 의례'로 자리매김했거니와, 수시 등 대안적 제도에 대한 불신도 상당하기 때문입니다. 뿐만 아니라 (문항의 퍼즐화가 이루어지지 않았고 사교육 의존도도 비교적 덜했던) 2010년대 초반 이전 대입 세대는 수능이라는 시험에 대해 나름대로 좋은 기억이 남아 있는 상태지요. 이 상황에서 국민들을 설득하고 대중적 합의를 이끌어내려면 오랜 시간이 걸릴 것이 분명합니다.

그러니까 수능 폐지가 아직은 먼 미래의 일이라고 가정하고, 2024년 현재로 시선을 옮겨봅시다. 구체적·개별적으로 접근해야 할 사안에 대해서는 수능을 핑계 삼으면서, 수능 자체의 문제마저 '폐지하면 그만'이라는 식으로 내버려두면 어떻게 될까요? 어떤 것도 개선되지 않은 상태로 곪아가고 맙니다.

편향으로 인한 환상

제2차 세계대전 당시의 일입니다. 미 해군은 전투를 마치고 귀환한 전투기들을 분석해서, 어디를 보강해야 파일럿의 생존율이 높아질지 알아내고자 했습니다. 처음에는 파손 부위가 몸통과 날개에 집중되어 있으니 그 부분을 강화하자는 쪽으로 의견이 모였지요. 그런데 한 통계학자가 반론을 제시합니다. 조종석이나 엔진을 피격당한 비행기들은 돌아오지조차 못했는데, 진짜 약점은 거기가 아니겠냐는 겁니다. 이처럼 주어진 사례를 면밀히 검토했음에도 불구하고, 표본 구성에 의해 왜곡이 발생하는 상황을 생존자 편향(survivorship bias)이라 부릅니다.

교육정책을 결정하는 과정에서도 이런 오류가 발생합니다.

교육혁신 논의에 참여하는 교사들은 누구일까요? 대개 의욕과 열정이 넘치고, "나는 잘한다"고 자부할 만한 유형입니다. 그중에서도 공개토론회가 열리는 장소(국회 등)와 물리적 거리가 가깝고, '전문성'을 쉽게 인정받을 수 있는 배경을 갖춘 서울 사립고, 특히 특목고·자사고 출신이 주류지요. 이러한 공개토론회 대부분이 '교과' 수업보다는 정책 및 제도 관련 이슈를 주제로 삼는다는 사실도 눈여겨볼 만합니다. 실제로 이 책을 준비하면서 만났던 한 교사는 "교과목 수업에만 관심이 깊은 분들은 교사모임 활동에 잘 참여하지 않는다. 정책에도 관심이 있는 우리 그룹과 거리감이 있다"고 증언한 바 있습니다. '지방 공립 일반고 교사'와 '교과 전문성에만 주력하는 교사'들의 목소리가 덜 반영되고, 무기력한 교사의 입장은 아예 논외가 되는 겁니다.

물론 열정 있는 교사들이 논의에 활발하게 참여하는 것은 자연스러운 상황입니다. 교과목 자체보다는 전반적인 정책과 제도에 주목하는 사람들이 논의 자리에 모이는 것도 자연스럽고요. 교과목에 대한 관심이 더 크다면 정책 논의보다는 과목 연구에 더 오랜 시간을 쓸 테니까요. 그러나 이러한 편중이 정책 설계에 반영되기 시작한다면 의도와는 어긋나는 결과를 맞닥뜨리게 됩니다.

열정적인 교사는 다른 교사들이 자신과 비슷할 것임을 전제하지만, 실제로는 그렇지 않을 공산이 크기 때문입니다.

무기력하거나 타성에 젖은 교사들이 실제로 존재하며 이들이 바뀌기는 쉽지 않다는 사실, 그럼에도 불구하고 어떤 학생들은 이러한 교사에게서 배운다는 사실이 중요합니다. 혁신을 상상하기 위해서는 생존자 편향을 경계하고 최악의 상황을 그릴 필요가 있는 셈입니다. 교육 자원 모듈화를 제안한 것도 이와 동일한 맥락입니다. 개별 학급의 특성을 존중하고 교사의 재량권이 보장되는 수업을 추구하되, 의욕이 전무한 교사라도 최소한도의 대비가 가능하도록 여건을 조성해야 합니다.

기술 발전의 환상

종래의 강의식 주입교육 대신 참여 위주 학습이 각광받기 시작한 계기는 무엇일까요? 이런 흐름은 멀게 보면 루소에서부터 시작되었지만(그리고 존 듀이 등의 실용주의 교육학자와 구성주의 관점을 거쳐 현재에 이르렀지만), 가깝게 보면 4차 산업혁명의 역할을 빼놓을 수 없는 것이 사실입니다. 정확히 말하자면 "주입식 교육으로 4차 산업혁명 시대를 대비할 수 있겠느냐"는 문제의식이 대두된 결과지요.

즉, 기술 발전은 사람들에게 불안과 기대를 동시에 안겨주며, 이런 심리적 반응 자체가 사회를 변화시킵니다. 기술의 실제 영향과 별개로 사람들의 기대에 따른 변화가 일어나는 것이지요. 하지만 이는 종종 인상비평에 가까운 방식으로 작동하며, 그만큼

해로운 결과를 낳습니다. 3부 1장에서 언급된 인터넷강의 신화가 대표적입니다. "인터넷강의로 지방 학생도 대치동 강사를 만날 수 있게 됐다"는 환상은 비서울 지역과 서울의 교육 격차라는 현실을 가리는 역할을 했지요.

사회와 교육은 수많은 요소가 서로 얽혀 굴러가는 복잡계(複雜系)고, 이 복잡계의 작용에서는 인간이라는 변수를 빼놓을 수 없습니다. 발전된 기술을 구현하고 활용하는 주체는 결국 인간이며, 변화된 환경을 만들어내거나 그에 대비하는 주체도 결국 인간이기 때문입니다. 또한 인간의 행동은 주변 여건을 비롯한 다양한 사회적 요인에 영향을 받습니다. 교육 당국이 대뜸 "4차 산업혁명에 대비하기 위해 참여 위주 학습을 하자"며 일선 학교에 실천 매뉴얼을 내려보내더라도 그 매뉴얼을 구현할 여건이 갖춰지지 않았다면 주입식 교육보다 못한 결과가 나오고, 만능열쇠처럼 보이는 기술이 등장하더라도 그 기술의 진짜 효용은 사회를 살펴야만 확인할 수 있지요.

2024년 현재로서는 4차 산업혁명과 인터넷강의의 자리에 'AI 교과서'가, 더 나아가 '생성형 인공지능'이 들어간 것처럼 보입니다. 생성형 인공지능이 사회를 어떤 식으로 바꿀지는 모르겠으나, '사회와 인간을 도외시하고 기술 발전 자체에만 주목한다면 실패를 겪게 된다'는 점은 명백합니다. 다음 세대의 사회 구성원을 길러내는 문제에 대해서라면, 빠른 대응보다는 다소 느리더라도 신중한 대응이 필요할 것입니다.

통섭이라는 이상

창의융합형 인재라거나 통섭이라는 말들이 심심찮게 들려오기 시작한 지 10년이 훌쩍 넘은 듯합니다. 이런 추세도 4차 산업혁명(혹은 디지털 전환)이라는 키워드와 깊이 얽혀 있지요. 정보통신기술의 발전으로 새로운 세상이 열리고 있는데 언제까지 '한우물'만 파겠느냐는 겁니다. 이런 흐름에 발맞추어 공교육 현장에서도 **융복합교육**이 시도되기 시작했습니다. 2009 개정 교육과정에서는 네가지 인재상 중 하나로 '창의적인 사람'을 제시했고, 2015 개정 교육과정에서는 '창의융합형 인재 양성'을 주요 방향으로 삼았지요.

이렇게 써놓으니 완전히 다른 교육이 필요할 것처럼 보이지만, 겉보기만큼 난해한 개념은 아닙니다. 우리 모두가 일상적으로 하는 일을 추상적으로 바꿔놓은 것에 가깝지요. 가령 '수요와 공급함수의 관계에 대한 글'은 사회과에서 다루는 내용인 동시에 미적분 원리와도 맞닿아 있습니다. 또한 기본적으로 글이니 독해의 대상이지요. 즉, 학문 간의 접점을 발견하고 경계를 허물어 유연한 접근을 가능케 하는 것이 융복합교육이라 할 수 있겠습니다.

경계를 허무는 교육이 반드시 우월하다고 말할 수는 없겠지만(기초가 없는 상태로 연계부터 하면 역효과가 나기 마련이니까요), 그 필요성 자체는 분명합니다. 미술을 통해 수학을 이해하자거나 음악과 물리를 함께 배우자는 식의 파격적인 접근이 아니더라도 괜찮습니다. 정확히 말하자면, 파격보다는 기본에 가까운 영역일수록 융복합교육의 효용이 올라갑니다. 물리학과 수학은 밀접한 관계를 맺고, 사회현상을 파악하는 데에는 통계 자료를 해석하는 능력이 요구되니까요.

그런데 이런 이상과는 별개로, 현실의 융복합교육은 충분한 성과를 거두지 못한 듯합니다. 이 책의 5부에서 다뤘다시피 많은 경우 학생들의 탐구 활동은 기초가 결여된 요식행위로 전락했거니와 올바른 지도는 거의 이루어지지 않는 실정입니다. 연계를 얼마나, 어떻게 해야 할지에 대한 기준도 부족합니다(예컨대 수학과 물리학을 연계하는 것은 합당하지만, 수학과 미술을 효과적으로 연계하기 위해서는 상당한 자원이 필요할 것으로 보입니다). 이것은 좁게 보면 교사들의 담당 영역이겠지만, 그렇다고 해서 융복합교육의 실패가 교사 때문이라고 말할 수는 없습니다.

학습지 업체는 교재가 바뀔 때마다 소속 강사를 대상으로 집체 교육을 시행합니다. 표준화된 교습 매뉴얼과 보조 자료를 제공하고요. 이처럼 중앙에서 체계를 완비하지 않는다면, 현장의 개인들은 혼란에 휩싸일 수밖에 없습니다. 현장의 '간학문적 융복합교육'이 성공을 거두려면, 이를 뒷받침하는 교육과정 설계와 충분한 연수가 선행되어야 한다는 것입니다.

그런데 과연 그랬을까요? 국어과와 수학과 개발자들은 각각 이렇게 이야기합니다.[8]

교과 간에 뭔가 연계와 통합을 통해서 뭔가 교수학습계획을 세우

8 이상은 외 『OECD 교육 2030 참여 연구: 역량의 교육정책적 적용 과제 탐색』, 한국교육개발원 2018, 134면. 강조는 원문.

려고 하는 게 꼭 필요하거든요. **근데 사실 우리가 각 교과 간에 그런 협의를 전혀 안 하잖아요. 교육과정 개발할 때도 전혀 안 해요.** (…)

그래프나 통계는 그렇게 하려고 했죠. 통계 같은 경우에 다른 교과에서도 많이 쓰고, 그래프도 신문 보면 많이 나오고 그러니까. 그런 것을 연계해서 약간 비형식적인 그래프를 이해하는 방법을 애들한테 가르쳐주려고 했죠. (…) 그런데 **그런 거 하나 넣기가 너무 힘들죠.**

2015 개정 교육과정 개발자들의 증언에 따르면 통섭이라는 이상은 교육과정 설계에서부터 좌초를 겪고 있었습니다. 통섭과 연계가 표방되었음에도 불구하고 실제로는 각 영역의 내적 논리에만 집중하는 '분과주의'가 반복됐지요.

이는 총론과 각론, 각론과 각론, 각론 내 영역 간의 의사소통 부재가 복합적으로 작용한 결과이니만큼 자세한 설명은 생략하겠습니다만, 그럼에도 불구하고 확실한 점이 하나 있습니다. 설계에서부터 개념과 원리가 흔들리는 상황이라면, 현장의 개개인에게 '재량껏' 잘해내기를 요구할 수 없다는 것입니다(또한 이러한 의사소통 부재는 교육 현장에서도 똑같은 형태로 반복되곤 합니다).

톱다운 방식이 아닌 민주적 의사소통으로

앞에서 소개한 사례들은 의사결정 구조 자체의 문제이기도 합니다.

5장에서 소개한 사례들은 물론이고 2015 개정 교육과정의 현장 적용에서도 확인할 수 있다시피, 지금의 혁신은 다분히 톱다운(top-down) 방식으로 진행됩니다. 교육 당국이 일선 학교에, 교사는 학생에게 '해야 할 일'을 하달하는 식이지요. 이런 방식이라면 현장의 교사는 설계 의도를 온전히 구현할 수 없고, 실무자로서 의견을 올려보내기도 어렵습니다. 학생의 목소리는 더더욱 작아지고요. 학생이야말로 교육의 중심이라는 점을 생각하면 아이러니컬한 상황입니다.

즉, 환상에 사로잡히지 않는 것, 이상을 무턱대고 추구하지 않는 것, 현실적인 여건을 파악하고 '지금 할 수 있는 일'을 정하는 것은 중요합니다. 다만 이를 위해서는 각 참여자가 온전한 목소리를 낼 수 있는 환경이 우선적으로 갖춰져야 할 것입니다.

C: 정보 공개와 민주성

정보의 중요성

실태 파악과 민주적 의사소통의 관계는 이인삼각 달리기와 같습니다. 명확한 선후가 있다기보다는, 서로 보조를 맞추며 동시에 움직여가야 하지요. 실태가 파악되지 않았다면 부정확한 의견을 낼 확률이 높지만, 관련자들이 자신의 경험을 밝히고 의견을 내지 않는다면 현장 상황에 깜깜이가 될 테니까요.

이때 정보, 그중에서도 통계 데이터는 이인삼각의 다리를 묶어줌으로써 균형을 잡고 첫 걸음을 제시하는 역할을 합니다. 예컨대 이 책에서 가장 핵심적인 역할을 한 데이터는 3부 1장에 인용된 '기초지방자치단체별 수능 성적 격차'였습니다. 해당 데이터에서부터 "어째서 서울 및 이른바 사교육특구와 타지역의 격차가 매년 커지는 것일까?" "기존 사교육과 최근의 사교육 동향은 어떤 점에서 차이를 보일까?" "학생들은 이 상황 속에서 어떤 경험을 하고 있을까?" 등의 의문이 뻗어나온 것이지요.

즉, **투명한 정보 공개**가 중요합니다. 다양한 유형의 데이터가 공개되어야만 시민들의 참여와 문제제기가 원활해지고, 우리 모두는 '정확히 현실에서 어떤 일이 일어나고 있는지'에 대한 상을 그려낼 수 있게 됩니다.

정보는 공개되어야 한다

수능 관련 데이터의 공개범위는 유별나게 좁은 편입니다. 평가원이 매년 12월마다 수능 성적 분석 결과를 발표하긴 하지만, 디테일이 상당히 생략된 탓에 구체적인 상을 그리기 어렵지요.

예컨대 해당 분석은 국·공립과 사립, 그리고 남·여·공학으로만 학교 배경을 분류하는 까닭에 "특목고·자사고와 일반고 사이의 격차는 어떠한가?" 같은 질문에 답하지 못합니다. 게다가 국어·영어·수학 성적만을 분석 대상으로 삼다보니 탐구 영역에 대한 정보는 아예 담고 있지 않지요. 지역 관련 정보의 경우, 2005년, 2010년, 2015년 세 시점에 대해서는 기초지방자치단체별 격차가 세분화된 형태로 제공되었지만 나머지 연도는 모두 깜깜이인 상태입니다(공식 분석상에서는 17개 시·도에 대한 정보만이 주어집니다). 이 책을 집필하는 동안에도 세부 데이터를 평가원에 요청했지만 답변을 받을 수 없었습니다.

김진환(예방의학 전문의, 보건의료정책 연구자) 정부에 이런저런 자료를 요구하면 거절당하는 경우가 대부분입니다. 정부가 자료의 필요성을 몰라서인지 구비되어 있어야 하는 자료가 정말로 없는 경우도 많습니다. 요행히 정부가 돈을 들여 자료를 확보한 경우라도, 관료집단이 '민감한 문제라 책임을 감수하기 어려워서' 임의로 그 자료를 비공개하다보니 대중이 그 편익을 누리기가 어렵습니다. 대신 자료에 대한 해석과 의제화 방식은 정부에게 돈을 받아 자료 생산에 관여한 연구자, 곧 학계가 사실상 독점하는 것이 현실입니다. 2028학년도 대입제도 개편과 관련된 정부의 연구용역 역시 마찬가지 방식으로 이루어졌고, 이에 대한 근거자료 생산이나 의사결정 과정에는 정작 이 대입제도로 인해 큰 영향을 받는 학생과 학부모는 거의 참여할 수도, 관여할 수도 없었지요. 이유야 어쨌든, 현실이 가려져 있는 상황 자체가 민주적이지 않습니다. 의대 정시 합격자의 절반가량이 사교육특구의 특정 학원 출신이었음을 사람들이 미리 알았다면 의대 입시를 지금처럼 방치하지는 않았을 것이기 때문입니다.

"의대 정시 합격자의 절반가량이 사교육특구의 특정 학원 출신이었음을 사람들이 미리 알았다면 의대 입시를 지금처럼 방치하지는 않았을 것"이라는 지적에서 알 수 있듯, 투명한 데이터 공개는 현실의 상을 구체화하면서 실질적인 대안 제시를 돕습니다. 또한 해결 의지가 있고 문제의식을 갖춘 시민들을 공론장으로 이

끌어내지요. 수능의 경우 고교 유형별 채점 데이터, 지역별 채점 데이터, 국어·수학·영어뿐만 아니라 선택과목까지를 포괄하는 과목별 채점 데이터, 문항별 채점 데이터 등이 추가적으로 필요할 것입니다.[9]

대등한 참여

그런데 통계에만 집중하면 놓치는 부분이 생기기 마련입니다. 실태 파악에 필요한 정보는 정량적인 데이터일 수도 있지만 '당사자의 목소리'로 대표되는 정성적 데이터일 수도 있으니까요.

앞서 언급했다시피 이 당사자의 범주는 '논의에 참여할 만큼 열정적인 교사들' 이상으로 넓어져야 합니다. 열정적이지 않은 교사들은 물론이고 다양한 유형의 학생(모범생, 평범한 학생, 등교하자마자 잠드는 학생……)까지가 포함되어야 하지요. 그중에서는 무엇보다도 학생이 핵심이어야 할 테고요.

교육의 동역학은 정부와, 공교육과, 대학과, 사교육 업계 사이에서 발생하는 권력 게임인 동시에 학생 개인이 교실 속에서 겪는 사건입니다. 교육 현실은 학생의 삶을 직접적으로 좌우하며, 학생의 삶은 그 자체로 교육 현실의 증명이 되지요. 편애받는 학

---

9 본 도서의 막바지 작업 기간인 2024년 5월 28일, 교육부는 교육 데이터 개방 범위를 확대하고 '교육행정 데이터 통합관리 시스템'을 마련할 것을 발표하였습니다. 따라서 본 단락에서 해결의 발판 중 하나로 제시한 '교육 데이터 공개' 자체는 부분적으로나마 시행된 셈이지만, 단락이 전달하고자 하는 메시지는 여전히 그 나름의 의미가 있으므로 존치하였습니다. 「교육부, 수능 자료 연구자에 전면 개방」, 『한겨레』 2024. 5. 28 참조.

생과 그렇지 않은 학생이 나뉘는 상황, 편애받는 학생조차도 매사 생활기록부를 신경쓰며 학교생활을 하게 되는 상황, 생활기록부에 교우관계와 감정 표현마저 얽매이는 상황 등 '학교에 정을 붙이지 못할 상황'을 통계나 이론으로 환원할 수 없듯 말입니다.

그런 만큼 학생의 발언권과 참여권이 보장되어야 합니다. 지금의 '학교 교육활동 만족도 조사'는 학생의 목소리를 온전히 듣는다고 말하기에 턱없이 부족한 수준입니다. ("학교는 학생의 건강한 성장을 위해 노력한다"처럼) 정해진 질문에 대해 '매우 그렇다'와 '대체로 그렇다' '별로 그렇지 않다' '전혀 그렇지 않다' 사이에서 선택하게 되는 설문이 절대다수고, 서술형 의견란이 존재하더라도 학생들의 답변이 상위 기관으로 올려보내지는 경우는 아주 적지요.

학생들 스스로가 교실에서 일어나는 일을 증언할 수 있는 창구와 경로가 마련되어야 하며, 정책 및 교육과정 설계에는 이러한 목소리가 충분히 반영되어야 합니다. 물론 이 반영이란 '요구사항을 문자 그대로 받아들이고 따르기'가 아니라 '그러한 의견이 나오게 된 요인을 다각도로 살피고 일관된 교육철학에 입각하여 대책을 마련하기'여야 할 테고요(포퓰리즘을 긍정하는 것이 아님을 확실히 못박아둡니다).

예컨대 "학교 현장의 부담이 크니까 기하를 없애달라",[10] 혹은

---

10 물론 수능 범위에서 빠진 뒤에는 절대평가가 이루어지는 진로선택과목의 형태로 학교 현장에 남겠습니다만, 이러한 '절대평가 진로선택과목'은 교육 현실상 유명무실해지기 일쑤입니다. 과목명에만 '기하'를 걸어두고 실제로는 자습을 시키거나 미

"기술 과목은 수능에 안 나오니 없애자"와 같은 의견을 곧이곧대로 받아들인다면 어불성설입니다. 전자에 대해서는 까다로운 원리를 쉽게 가르칠 방법을 연구하는 편이 옳고, 후자에 대해서는 대입이 아니라 교육 중심으로 학교가 바로 설 방법을 강구해야 합니다. 물론 어떤 개념이나 과목은 사라질 수도 있겠지만, 그 판단 기준은 어디까지나 교육적 필요성과 학문적 충실성이 되어야 할 테고요.

최적화와 효율 극대화를 넘어

"모범생에게만 주목할 것이 아니라 엎드려서 자는 학생의 말도 들어야 한다"고 말하면 "대학 갈 생각 없는 애들을 왜 신경써야 하나?"라는 의문이 따라붙기 일쑤입니다. 하지만 이런 반론은 이상합니다. 공교육의 핵심 목적은 다음 세대를 한 사람의 시민으로 길러내는 것이기 때문입니다. 좋은 대학에 가지 못하는 학생일지라도, 대학 자체에 갈 생각이 없는 학생일지라도 일정 수준의 배움이 보장되어야 하지요. 따라서 엎드려 자는 학생들을 수업으로 다시 데려오는 것까지가 공교육의 책무가 되고요.

그럼에도 불구하고 대학을 근거로 한 반론을 심심찮게 맞닥뜨리게 되는 것은, 서두에 언급한 '죽음과 살림의 논리'가 사회의 대전제로 깔려 있기 때문일 겁니다.

이 나라에서는 정말이지 많은 일이 죽임과 살림의 논리를 통해

적분 진도를 나가는 식입니다.

성립합니다. 그 논리는 "대학 가서 미팅 할래, 공장 가서 미싱 할래?"라는 오래된 문구에, "공부 안 하면 저렇게 된다"라는 말에, 특목고를 우대하고 일반고를 낮잡아 보는 태도에 숨어 있습니다. 이런 기조는 "안 되는 것은 빠르게 죽이고 되는 것만 살리자"로 이어지지요. "이 나이에는 이걸 해야 하고, 이걸 할 때는 저 정도는 되어야 하고, 이 수준 아래면 '망한 인생'이고……" 등의 암묵적 합의와도 연관되어 있고요.

그러나 이런 가혹성이 우리 사회 전체에 무엇을 가져오는지는 따져볼 문제입니다. 인간을 '인적 자본'으로만 간주하면서 극한의 최적화를 시도하는 태도가, 실제로 경제적인지를 고민해보자는 것입니다.

절대다수의 사람은 평범하며, 국가의 행복은 그 절대다수의 행복으로 이루어집니다. 그러나 일부 엘리트만을 우대하고 나머지에게 모멸을 안겨주는 사회는 필연적으로 공포와 불안을 불러옵니다. 구조상 반드시 발생하게 되는 패배자들을 본보기 삼아 통제력을 강화하고, 사람들로 하여금 특혜를 맹목적으로 좇게 만듦으로써 그들의 시야를 좁히지요.

한국은 분명히 공포와 불안의 힘을 통해 여기까지 달려왔지만, 그 동력의 내적 모순이 한국을 붕괴시키는 것 또한 사실입니다. 0.7명대로 떨어진 합계출생률과 40%에 가까워지는 수능 응시 N수생 비율이, 역대 최고를 기록한 사교육비 규모가 대표적인 증거겠지요. 어떤 목적을 위해 누구를 가르치는지, 가르침의 방식은 어떠해야 할지를 전면적으로 재검토하고 구체적인 대안을 세울 때입니다.

*

궁극적인 가치는 중요합니다. 그렇기 때문에 지금 이 순간을 직시하는 태도가 중요하고, 지금 이 순간의 개선이 중요합니다. 전자는 후자의 누적으로써만 구현될 수 있다는 점에서, 후자를 외면하고 전자만을 주장하는 사람은 자기 신념에 대해 거짓말하는 것입니다. 이 책은 그 실수로부터 멀어지려는 노력의 산물입니다.

한편 앞에 나열한 꼭지글들은 이 책의 보론이기도 하지만 그 자체로도 매우 중요한 주제입니다. 또다른 책에서, 좀더 깊은 이야기를 풀어놓을 수 있기를 바라며 이 책을 여기에서 매듭짓습니다.

책을 마치며

사교육 문제를 본격적으로 다루고자 할 때, 주변의 반응은 대체로 "한국의 입시 환경은 노동시장의 문제, 나아가 교육을 돈으로 환원하는 자본주의 자체의 문제이기 때문에 교육 및 입시제도를 바꿔서는 풀 수 없다"는 식이었습니다. 이는 교육정책의 변화가 있을 때마다 신문이나 방송에서 흔하게 듣는 논평이기도 합니다. 그렇지만 책 전체의 논의에서 살펴봤듯 교육은 분야의 특수성 때문에 그 자체의 논리회로와 작동 방식을 갖고 있습니다.

'한 아이를 키우려면 온 마을이 필요하다'라는 유명한 나이지리아 속담이 있습니다. 이는 대개 교육의 공동체성을 강조하기 위해 인용되는 말이고, 그런 관점만으로도 뜻깊은 통찰을 주지요. 다만 공동체성을 다른 방향에서 바라본다면 '총체성'이라는 키워드를 발견할 수 있을 겁니다. 본문에서 다룬 여러 현상이 방증하듯 교육에는 교습 방법론이나 물리적인 인프라뿐만이 아니라 다양한 요인이 개입하며, 교육과 얽힌 현상들을 이해하기 위해서는 다학제적이고 범사회적인 접근이 필요합니다. 따라서 교육 관련 문제를 풀기 위한 논의 역시 그러해야 하지요. 사회 구성원들이 각자의 영역 내에 머무르기만을 고수할 경우, 작년의 '킬러 문항' 사태가 그랬듯이 해결책에 가닿기는커녕 문제 상황의 본질을 정의할 수조차 없습니다. 또한 당연하게도, 학생 당사자들의 고유한 특성과 중요성을 도외시하고 그 목소리를 듣지 않는다면 협력은 결코 성공적일 수 없을 것입니다.

시간이 많이 남지 않았습니다. 사교육비는 역대 최대치를 매년 갱신하고 있고, N수생 비율 역시 나날이 치솟는 형편입니다. 우왕좌왕하며 낭비되고 있는 학생들의 젊음을 위해서라도, 하루빨리 각 주체들의 경계가 허물어지기를, 그럼으로써 유의미한 소통과 논의가 시작될 수 있기를 간절히 바랍니다.

한편 5부와 6부에서 훑듯이 지나갔던 주제들을 포함해, 분량상의 문제로 이 책에는 담지 못한 이야기가 아직 많이 남아 있습니다. 비록 이 책의 문제의식은 사교육으로부터 출발했지만, 근본적인 해결은 공교육과 그를 둘러싼 사회의 동역학 속에서만 찾을 수 있기 때문입니다. 학생의 인권, 교사의 노동권, 청소년의 하위문화와 그로 인한 학급 내 개별화, 학생과 교사에 대한 학부모의 통제욕, 또한 가장 중요하게는 교실과 학교, 나아가서는 **교육의 모든 과정에 '민주주의'가 진정으로 깃들게 하기 위한 논의**가 필요합니다. 이 점에 대해서도 또다른 책으로 만나볼 기회가 있었으면 합니다.

서문에서도 간략히 언급한 바이지만, 이 책이 세상에 나오기까지는 많은 분들의 도움이 있었습니다. 두 공저자가 만나 이 책을 쓰기로 결정할 수 있도록 가교 역할을 해주셨고, 원고 작성 과정에서도 여러 의견을 보태주신 손명환 선생님께 감사드립니다. 문제의식을 공유하는 동지로서 논지 정립에 도움 주신 서울대 보건환경연구소 김진환 박사님과 이성민 평론가님, 데이터를 구체화하고 이론적 틀을 정립하는 데 도움 주신 카이스트 수리과학과의 전은찬 선생님께도 감사의 말씀을 전합니다. 그리고 갑작스러운 르포 기획을 흔쾌히 검토하고 출간까지 도움 주신 창비 인문교양출판부 이하림 편집자님과 촉박한 일정과 많은 작업량에도 힘써주신 담당 편집자 이선엽 님 그리고 초기 검토 맡아주신 이수빈 편집자님, 검토 진행되기까지 힘써주신 창비 청소년출판부 김영선, 구본슬 편집자님께도 감사인사 드립니다. 또한 출간 전 검수를 맡아주신 박정훈 선생님과 추천사 흔쾌히 승낙해주신 김동춘 선생님께도 깊은 감사를 드립니다.

그리고 무엇보다도, 자신의 고통과 경험을 솔직히 나눔으로써 이 책의 논지를 구체화하고 입시 경험을 온전히 담아내는 데에 핵심적인 역할을 한 수험생 여러분께 가장 큰 감사를 표합니다. 그러한 도움이 없었다면 이 책은 지금의 모습으로 세상에 나오지 못했을 것입니다. 마찬가지로 기꺼이 취재에 응하고 경험을 나눠주신 공교육 및 사교육 관계자분들께 감사드립니다. '교육계와 무관한 사회인'의 눈높이로, 작성중인 원고를 읽고 진솔한 의견

건네주신 이아름 선생님을 비롯한 여러 사람들께도 감사인사 드립니다.

또한 마지막으로, 다소 낯선 접근과 방대한 분량에도 인내심을 가지고 완독해주신 독자분들께 감사의 뜻을 전합니다.

① 5면을 보면 2024학년도 수능 응시자의 N수생(재수생 이상 응시자 및 검정고시 합격 후 응시자) 비율이 35.2%로 28년 만에 최고였음을 알 수 있다.

② 6면을 보면 강남 3구에서의 ADHD 약물 처방량은 근 5년 사이 2.5배가량 급증했음을 알 수 있다.

③ 18면을 보면 우리나라의 청년 대학교육 이수율은 69.6%로 OECD 국가 평균 47.2%를 크게 웃돎을 알 수 있다.

④ 34면을 보면 수학 1등급의 서울:비서울 비율은 2016년 이후로 급격히 상승해 2024년 현재는 3:1에 이르렀음을 알 수 있다.

⑤ 30면을 보면 한국교육과정평가원의 역대 평가원장 11명 중 8명이 3년 임기를 무사히 끝마치지 못하고 중도 사퇴했음을 알 수 있다.

* 책날개에 수록된 문제의 정답은 모두 옳다, 입니다.

수능 해킹
사교육의 기술자들

초판 1쇄 발행 / 2024년 6월 24일
초판 2쇄 발행 / 2024년 7월 29일

지은이 / 문호진 단요
펴낸이 / 염종선
책임편집 / 이선엽 신채용
조판 / 박아경
펴낸곳 / (주)창비
등록 / 1986년 8월 5일 제85호
주소 / 10881 경기도 파주시 회동길 184
전화 / 031-955-3333
팩시밀리 / 영업 031-955-3399 편집 031-955-3400
홈페이지 / www.changbi.com
전자우편 / human@changbi.com

ISBN 978-89-364-8024-0 03300